Geschichte der deutschen Literatur
von den Anfängen bis zum Beginn der Neuzeit

Herausgegeben von Joachim Heinzle

Band II/2

Geschichte der deutschen Literatur
von den Anfängen bis zum Beginn der Neuzeit

Herausgegeben von Joachim Heinzle
unter Mitwirkung von Wolfgang Haubrichs, Johannes Janota, L. Peter Johnson,
Gisela Vollmann-Profe, Werner Williams-Krapp

Plan des Gesamtwerks:

Band I: Von den Anfängen zum hohen Mittelalter
Teilband I/1: Die Anfänge: Versuche volkssprachiger Schriftlichkeit im frühen
Mittelalter
Von Wolfgang Haubrichs
Teilband I/2: Wiederbeginn volkssprachiger Schriftlichkeit im hohen Mittelalter
Von Gisela Vollmann-Profe

Band II: Vom hohen zum späten Mittelalter
Teilband II/1: Die höfische Literatur der Blütezeit
Von L. Peter Johnson
Teilband II/2: Wandlungen und Neuansätze im 13. Jahrhundert
Von Joachim Heinzle

Band III: Vom späten Mittelalter zum Beginn der Neuzeit
Teilband III/1: 14. Jahrhundert
Von Johannes Janota
Teilband III/2: 15. Jahrhundert / Perspektiven des 16. Jahrhunderts
Von Werner Williams-Krapp

Geschichte der deutschen Literatur von den Anfängen bis zum Beginn der Neuzeit

Herausgegeben von Joachim Heinzle

Band II: Vom hohen zum späten Mittelalter

Teil 2:
Wandlungen und Neuansätze im 13. Jahrhundert
(1220/30 – 1280/90)

von Joachim Heinzle

2., durchgesehene Auflage

Max Niemeyer Verlag Tübingen
1994

Quellenverzeichnis der Abbildungen

Abb. 1:   Staatsbibliothek zu Berlin
Abb. 2:   Bundesdenkmalamt Wien/Österreich
Abb. 3:   Fondation de l'Œuvre Notre-Dame Strasbourg/Frankreich
Abb. 4–7:   Bildarchiv Foto Marburg
Abb. 8:   Aargauische Kantonsbibliothek Aarau/Schweiz

Umschlagbild: Der heilige Franziskus (Vogelpredigt), aus der Handschrift K 410
der Badischen Landesbibliothek Karlsruhe, Blatt 18^r (13. Jahrhundert)

Die Deutsche Bibliothek – CIP-Einheitsaufnahme

Geschichte der deutschen Literatur von den Anfängen bis zum Beginn der Neuzeit
/ hrsg. von Joachim Heinzle. – Tübingen : Niemeyer.
    Früher im Athenäum-Verl., Frankfurt am Main
NE: Heinzle, Joachim [Hrsg.]

ISBN 3-484-10700-6

Bd. 2. Vom hohen zum späten Mittelalter.
Teil 2. Wandlungen und Neuansätze im 13. Jahrhundert : (1220/30 – 1280/90) / von Joachim Heinzle.
– 2., durchges. Aufl. – 1994

ISBN 3-484-10704-9

Inhaltsverzeichnis

Aus dem Vorwort zur ersten Auflage

[...] Entschiedener als ihre Vorgängerinnen versteht sich diese Literaturgeschichte [...] als Vor- und Frühgeschichte der volkssprachigen Schriftkultur in Deutschland. Das bedeutet zum einen, daß mit einem Literaturbegriff gearbeitet wird, der grundsätzlich das gesamte Schrifttum umfaßt: vom Minnelied bis zum medizinischen Traktat, vom Roman bis zur Predigt (wobei nicht zuletzt deutlich gemacht werden soll, daß der uns geläufige exklusive Begriff von „Poesie" im Sinne der „Schönen Literatur" erst allmählich als Folge eines Differenzierungsprozesses im umfassenden Feld der schriftlichen Kommunikation entstanden ist). Es bedeutet zum anderen, daß die Formen der Schriftlichkeit konsequent in Zusammenhang gebracht werden mit der Lebenspraxis, für die und aus der heraus sie entwickelt worden sind, die sie bezeugen und die sie mitgestaltet haben. Damit soll ernst gemacht werden mit der Einsicht, daß hinter der Entfaltung der volkssprachigen Schriftlichkeit im Mittelalter allemal das Interesse bestimmter Gruppen bzw. Institutionen steht, die Möglichkeiten des Mediums für sich zu nutzen. Nach dem Vorbild von Arbeiten wie Herbert Grundmanns Untersuchungen über die geschichtlichen Grundlagen der deutschen Mystik soll die Darstellung von konkreten, aufgrund historischer Quellen einwandfrei fixierbaren Situationen literarischer Interessenbildung ausgehen: von der Schriftproduktion etwa in bestimmten Klöstern, an bestimmten Höfen, in bestimmten Städten, Territorien etc. Dieser Ansatz zieht die Konsequenz aus der wachsenden Skepsis gegenüber einer Literatursoziologie, die sich – im Glauben, Gebrauchssituationen durch bloße Textexegese ermitteln zu können – darauf beschränkt, Textbefund und gesellschaftliches Interesse auf der Ebene abstrakter Reflexion zu verknüpfen.

Daß der Durchführung des Ansatzes durch die notorische Quellenarmut vor allem im Bereich des Hochmittelalters enge Grenzen gesetzt sind, liegt auf der Hand – wir wissen in vielen Fällen nicht, was wir wissen müßten: wo, wann, von wem und für wen ein Text verfaßt wurde. Die Darstellung wird dem Rechnung tragen, indem sie sich auf „Modelle literarischer Interessenbildung" konzentriert, d.h. auf eine Auswahl gut dokumentierter Gebrauchssituationen, die als repräsentativ für eine bestimmte Epoche gelten können. Neben die Präsentation dieser Modelle, in denen oft mehrere Texte quer durch die literarischen Formen hindurch zusammengefaßt werden, soll von Epoche zu Epoche komplementär eine Beschreibung der literarischen Formen treten. Sie soll die Texte, die in den „Modellen" unter

dem Aspekt ihres Gebrauchszusammenhangs gezeigt wurden, unter dem
Aspekt ihres Formenzusammenhangs noch einmal vorführen, und zwar
gemeinsam mit den Texten, die in der „Modell"-Reihe nicht berücksichtigt
werden konnten. Die Zweisträngigkeit der Darstellung will nicht als
Notlösung verstanden sein. Selbst wenn es möglich wäre, das gesamte
Material unter dem Aspekt der literarischen Interessenbildung zu ordnen,
könnte auf eine Darstellung der Formenzusammenhänge nicht verzichtet
werden. Beschränkung auf den einen oder den anderen Aspekt verstellte den
Blick entweder auf die historischen Grundlagen oder auf die Entwicklung
des Instrumentariums der werdenden Schriftlichkeit. Beides zusammen aber
macht erst das aus, das begreifbar zu machen das Ziel der Literaturgeschichte
ist: wie im wechselseitigen Bezug von spezifischen Eigentümlichkeiten der
Lebenspraxis und spezifischen Eigentümlichkeiten des Mediums entsteht,
was als umfassende Schriftlichkeit die Gesellschaft der Neuzeit prägt.

[...]

Vorwort zur zweiten Auflage

Die bisher erschienenen, mittlerweile vergriffenen drei Teil-Bände dieser
Literaturgeschichte (I/1: 1988, I/2: 1986, II/2: 1984) haben viel Resonanz
gefunden. Die Diskussion hält an, und so schien es angezeigt, sie in zweiter
Auflage vorzulegen, noch ehe das Werk abgeschlossen ist. Dies geschieht
unter dem Dach des Max Niemeyer Verlags, in dessen Obhut das Unternehmen übergegangen ist.

Die Revision des Bandes II/2 konnte sich in der Darstellung auf wenige
Korrekturen und kleinere Retuschen beschränken. Die Literaturhinweise
wurden von Grund auf erneuert.

Ich benutze die Gelegenheit, auf eine Änderung im Plan des Gesamtwerks
hinzuweisen: Johannes Janota ist nur noch für Band III/1 (14. Jahrhundert)
zuständig; den Band III/2 hat als ganzen (15. Jahrhundert / Perspektiven
des 16. Jahrhunderts) Werner Williams-Krapp übernommen; Joël Lefebvre
ist ausgeschieden.

Marburg, im Juni 1993   Joachim Heinzle

TEIL 2

Wandlungen und Neuansätze
im 13. Jahrhundert
(1220/30 – 1280/90)

von Joachim Heinzle

Einleitung

Dieser Teilband unserer Literaturgeschichte ist den Jahrzehnten von ca. 1220/30 bis ca. 1280/90 gewidmet. Er berichtet vom Gang der Entwicklung in eine Zeit hinein, die gewöhnlich „Spätmittelalter" genannt wird. Wir müssen gestehen, daß wir diesen Begriff mit noch schlechterem Gewissen benutzen als den der „Blütezeit", mit dem wir die vorhergehende Teilstrecke etikettierten. Wir verzichten nur deshalb nicht auf ihn, weil er so fest eingebürgert ist, daß der Versuch, eine tauglichere Terminologie an seine Stelle zu setzen, wahrscheinlich mehr Schaden anrichten als Nutzen stiften würde und jedenfalls vergeblich wäre: der „historische Schulgebrauch" ändert, wie der Historiker Hermann Heimpel weise bemerkt hat, nur „ungern und mit wenig Glück die Etiketten".

Unser Unbehagen an dem Begriff rührt daher, daß ihm eine Vorstellung vom Lauf der mittelalterlichen Geschichte anhaftet, die immer deutlicher als unzulänglich erkannt wird. Er ist nämlich darauf angelegt, die historische Epoche, die er bezeichnet und die man meistens mit der Mitte des 13. Jahrhunderts beginnen läßt, nicht nur chronologisch als Schlußphase des Mittelalters zu bestimmen, sondern auch wesensmäßig: er meint Spätzeit als Zeit des Verfalls. Die Auffassung ist offenbar geprägt vom Blick auf den Niedergang der „universalen" Mächte des Hochmittelalters: des Kaisertums und des Papsttums, von der Perspektive der Politik- und Kirchengeschichte also, die dann auf die anderen Lebensgebiete übertragen wurde. „Die Einheit des Reiches zerfallen, der Einheitsbau der Kirche von außen und innen aufs schwerste erschüttert, die Einheit des Glaubens fast nur noch ein Schein, die Einheit der Wissenschaft vorüber, die alte ständische Gliederung zerbrochen, die alte Sitte verloren oder innerlich unwahr geworden ... die Welt geht allenthalben aus den Fugen ..." – so zeichnete Friedrich Ranke das düstere Bild einer Zeit, in der auch die Literatur nicht gedeihen konnte, denn – so nun Helmut de Boor – „dem Zerfall der Ordnungen entspricht ... eine unruhige Vielheit der dichterischen Erscheinungen und Ausdrucksformen, die auch dem bedeutendsten Dichter die Geschlossenheit der klassischen Leistung versagt".

Wir haben mittlerweile gelernt, daß diese Sicht der Dinge zumindest einseitig ist. Gewiß hat das Kaisertum seit der Mitte des 13. Jahrhunderts und das Papsttum seit der Wende vom 13. zum 14. Jahrhundert gewaltige Einbußen an Macht und Prestige hinnehmen müssen. Und ebenso gewiß kann sich, was in der Tradition der höfischen Literatur seit dem Abtreten

Wolframs und Walthers hervorgebracht wurde, im ganzen mit den großen Leistungen der Blütezeit nicht messen. Aber dem Verfall jener Mächte und der an sie geknüpften Lebens- und Wertordnungen steht die Entwicklung neuer, zukunftsträchtiger Institutionen und Ideen gegenüber: mit dem fortschreitenden 13. Jahrhundert verändern eine neue Art der staatlichen Organisation und eine neue Art von Frömmigkeit aus dem Geist des Evangeliums immer tiefer das Leben und Denken der Menschen, schaffen Formen gesellschaftlicher Existenz und individuellen Selbstverständnisses, in denen erstmals scharf Konturen unserer modernen Welt hervortreten. Die beiden Vorgänge, die eng ineinandergreifen, lassen sich bis zu einem gewissen Grad als Momente der großen historischen Bewegung verstehen, die man mit dem Schlagwort „Laienemanzipation" belegt hat (vgl. Bde. I und II/1). Im Zuge wirtschaftlicher und politischer Umwälzungen aus der Vormundschaft heraustretend, die die Kirche auf allen Lebensgebieten ausübte, hatte sich der weltliche Adel im 12. Jahrhundert angeschickt, eine Laienzivilisation zu schaffen, deren wichtigste kulturelle Manifestation die volkssprachige Literatur der Höfe gewesen war. Diese Bewegung erfährt in jenen Entwicklungen des 13. Jahrhunderts einen neuen Schub, der mit einem neuen Aufbruch auch der volkssprachigen Literatur verbunden ist: die volkssprachige Schriftkultur der Laien erobert für sich weitere Domänen der lateinischen Schriftkultur der Kleriker.

Das Auftreten solcher neuen Formen der volkssprachigen Schriftlichkeit bestimmt die obere Grenze unseres Zeitraums – um 1220/30 werden sie zuerst für uns greifbar: Rechtsprosa, geistliche Prosa, geistliches Schauspiel, episch-didaktische Kleinformen der Versliteratur. Wenn wir die Darstellung gerade bis um 1280/90 führen, dann hat das seinen Grund darin, daß um diese Zeit wiederum neue Entwicklungen der Literatur hervortreten, die es geraten sein lassen, das Kontinuum der historischen Ereignisfolge hier gliedernd zu akzentuieren. Wie jede Grenzziehung so zerschneidet auch diese schmerzlich manchen Zusammenhang, aber sie gewährt auch eben den Raum, der erforderlich ist, jene neuen Formen in ihrer ersten Entfaltung vorzustellen.

Wir unternehmen das, gemäß dem Konzept unserer Literaturgeschichte, in zwei Durchgängen. Der erste Durchgang soll in einer doppelten „Modell"-Reihe exemplarisch zeigen, wie die neue Staatlichkeit und die neue Frömmigkeit Produktion und Rezeption von Literatur im lebendigen Gebrauchszusammenhang geprägt haben. Der zweite Durchgang, die formengeschichtliche Darstellung, wird dann erweisen, inwieweit diese Doppelperspektive geeignet ist, das Material über die ausgewählten Fälle hinaus dem historischen Verständnis aufzuschließen, und wo ihre Grenzen liegen.

Modelle literarischer Interessenbildung

Literatur und neue Staatlichkeit

Einführung: Strukturwandel der Herrschaft — Das Beispiel des ‚Sachsenspiegels'

In den zwanziger oder frühen dreißiger Jahren des 13. Jahrhunderts stellte ein Mann im Anhaltischen eine Sammlung von Rechtssätzen in deutscher Prosa zusammen. Der Mann hieß Eike von Repgow, sein Werk nannte er *Spegel der Sassen*, das heißt: ‚Sachsenspiegel' (Reimvorrede v. 178). Es sollte die Rechtsentwicklung in Deutschland auf Jahrhunderte hin beeinflussen.

Die von Repgow waren ein edelfreies Geschlecht, das seinen Namen nach dem Dorf Reppichau bei Dessau führte. Eike ist in sechs Urkunden zwischen 1209 und 1233 bezeugt (ein mögliches siebentes Zeugnis ist unsicher). Man hat angenommen, daß er, der 1215 ausdrücklich als *nobilis vir* bezeichnet wird, später Ministeriale des Grafen Heinrich I. von Anhalt geworden ist, doch stützt sich diese Annahme auf eher schwache Indizien. Keineswegs bewiesen ist auch eine andere, die in der Forschung meist als verbürgte Wahrheit ausgegeben wird: daß Eike Lehnsmann des Grafen Hoyer von Falkenstein gewesen ist, der in zwei der genannten Urkunden mit ihm unter den Zeugen figuriert. Auf Bitten dieses Grafen hat Eike, wie er selbst angibt, das zuerst lateinisch abgefaßte Werk ins Deutsche umgesetzt. Wie gerade er dazu gekommen ist, ein Rechtsbuch zu schreiben, bleibt unklar. Es liegt nahe, daß er seine Rechtskenntnis in eigener Praxis als Schöffe erworben hat, aber sichern läßt sich auch diese Vermutung nicht.

Recht in der Volkssprache aufzuzeichnen, war damals ein unerhörter Vorgang. Wir begreifen ihn als Ausdruck der umfassenden Veränderung der Lebensverhältnisse, die, von weither angebahnt, im 13. Jahrhundert in eine entscheidende Phase trat und tiefe Spuren in der Literatur hinterlassen hat, wie sie ihrerseits von Literatur sehr weitgehend mitbestimmt wurde.

Erkennbar ist sie für uns primär als ein Strukturwandel der Herrschaft, der allmählich zu jener neuen Art von Staatlichkeit geführt hat. Die Entwicklung ging vom relativ locker organisierten Personenverbandsstaat, der sich auf persönliche (lehnrechtliche) Beziehungen zwischen den Herrschenden gründete, zum straff organisierten, bürokratisch verwalteten Flächenstaat neuzeitlichen Zuschnitts. In verschiedenen lokalen Ausformungen und mit gewissen zeitlichen Verschiebungen ist diese Entwicklung überall im westlichen Europa zu beobachten. In Deutschland wurde sie vor allem von den im 12. Jahrhundert reich und mächtig gewordenen Fürsten getragen. Diese strebten, mit mehr oder weniger Erfolg, danach, ihre Herrschaftsbereiche — das Herzogtum Österreich, die Landgrafschaft Thüringen, die

Markgrafschaft Brandenburg etc. – zu „territorialisieren", d.h. zu
Territorien im Sinne geschlossener Flächenstaaten auszubauen, an deren
Spitze sie als „Landesherren" die Macht ausübten, in Frontstellung gegen
die Partikularinteressen kleinerer Herrschaften auf der einen, gegen das
Zentralisierungsinteresse des Königtums auf der anderen Seite.

Die Formierung solcher Staatsgebilde steht offenbar im Zusammenhang
mit dem Wandel in Wirtschaft und Gesellschaft, den wir etwa seit der
Mitte des 11. Jahrhunderts beobachten können (vgl. Bde. I und II/1). Die
wachsende Prosperität, durch die er gekennzeichnet ist, geht einher mit
einer wahren Explosion der Bevölkerungszahlen. Schätzungen sprechen
davon, daß die Bevölkerung Europas von ca. 42 Millionen Menschen im
Jahre 1000 auf 48 Millionen im Jahre 1100, 61 Millionen im Jahre 1200
und 73 Millionen im Jahre 1300 angewachsen ist. Derartige Zahlenangaben
sind angesichts der miserablen Quellenlage natürlich fragwürdig, aber wir
dürfen doch annehmen, daß jedenfalls die Größenordnung der Relationen
der Wirklichkeit einigermaßen nahekommt. Und nur auf die Relationen,
d.h. auf die Vehemenz der Entwicklung, kommt es in unserem Zusammenhang an. Sie hat das Zusammenleben der Menschen immer vielfältiger und
komplizierter werden lassen mit der Folge, daß zunehmend differenziertere
Formen der Regulierung dieses Zusammenlebens nötig wurden, hinter
denen eine Institution stehen mußte, die in der Lage war, sie notfalls mit
Gewalt aufrecht zu halten. Dies zu gewährleisten: „öffentliche Ordnung"
mittels „öffentlicher Gewalt", war die neue Herrschaftsstruktur wesentlich
geeigneter als die alte. Ihre Logik läßt sich modellhaft am ‚Sachsenspiegel'
ablesen.

Man darf dabei freilich nicht vergessen, daß der ‚Sachsenspiegel' kein Gesetzbuch
war, keine „offizielle", sondern eine „private" Aufzeichnung. Es kann aber keinem
Zweifel unterliegen, daß sich in ihm die Vorstellungen von der neuen Ordnung
artikulieren, wie sie sich in den Kreisen derer herausgebildet haben, die sie verwirk-
lichten. Das Umfeld, in dem er entstanden ist, beleuchten die Urkunden, in denen
Eike als Zeuge genannt wird: als Parteien oder Zeugen erscheinen da neben dem
Grafen von Falkenstein und anderen Personen Reichsfürsten wie Markgraf Dietrich
von Meißen, Graf Heinrich I. von Anhalt, Landgraf Ludwig IV. von Thüringen,
die Markgrafen Johann I. und Otto III. von Brandenburg. Im übrigen hat der
‚Sachsenspiegel' schon im 13. Jahrhundert die Gesetzgebung nachhaltig bestimmt
(vgl. S. 168ff.).

Wir heben fünf Momente hervor:

1. Der ‚Sachsenspiegel' propagiert das territoriale Prinzip. Legte bisher
die Stammeszugehörigkeit fest, nach welchen Bestimmungen einer Recht
bekam, so jetzt der Ort, an dem die Rechtshandlung geschieht: „jeder
Zugewandte", heißt es ausdrücklich, „empfängt in Sachsen Erbe nach
dem Recht des Landes und nicht nach dem Recht des Mannes, er sei Bayer,
Schwabe oder Franke" (Landrecht I 30). So entspricht der Territorialisierung

der Herrschaft eine Territorialisierung des Rechts; und es liegt auf der Hand, daß Gleichförmigkeit des Rechts über ein größeres Gebiet hin eine stabilere Ordnung garantiert als ein buntes Neben- und Durcheinander einer Vielzahl von Rechten, die an die einzelnen Personen gebunden sind.

2. Der ‚Sachsenspiegel' will nicht neues Recht setzen, sondern das herkömmliche Recht festschreiben. Das besagt sein Titel: als „Spiegel" gibt er nur Vorhandenes wieder – das eben, was von altersher in Sachsen Recht ist. Er dokumentiert und konstituiert damit ein Bewußtsein der Zusammengehörigkeit und der besonderen Identität der Bewohner seines Geltungsbereichs. Solches Landesbewußtsein aber ist eines der Merkmale der neuen staatlichen Ordnung, ein Stabilitätsfaktor von nicht zu unterschätzender Bedeutung für den einzelnen (dessen Identität es mitdefiniert) wie für das Gesamtgebilde (das es zusammenhält).

Als Aufzeichnung von Gewohnheitsrecht ordnet sich der ‚Sachsenspiegel' in eine gesamteuropäische Entwicklung ein. Im 12. und 13. Jahrhundert sind allenthalben entsprechende Werke entstanden, zunächst in lateinischer Sprache, dann zunehmend auch in den Volkssprachen. An der Spitze dieser Entwicklung steht das ‚Decretum Gratiani', eine Sammlung von Rechtssätzen, die der Bologneser Magister Gratian um 1140 für den Unterricht zusammengestellt hat (sie ist später die Grundlage des Kirchenrechts geworden). Gratian hat die Rechtsauffassung, die diese Tradition prägt, auf die bündige Formel gebracht: es sei die *lex*, die Rechtsaufzeichnung, nichts anderes als *consuetudo in scriptis redacta*, „schriftlich fixierte Gewohnheit".

3. Der ‚Sachsenspiegel' behandelt in zwei Teilen zum einen das Recht der freien Leute im allgemeinen (Landrecht), zum anderen speziell die Grundsätze, nach denen Lehen ausgegeben, empfangen und genutzt werden (Lehnrecht). In diesem Rahmen ist er auf Vollständigkeit angelegt und läßt damit das Bedürfnis erkennen, jeder nur denkbaren Rechtsunsicherheit von vornherein zu begegnen: die Materie reicht vom Verhältnis zwischen Kaiser und Papst bis zu Vorschriften über die Haltung bissiger Hunde und die ordnungsgemäße Placierung von Backofen, Abtritt und Schweinekoben. In den Grundzügen zeichnet sich hier die uns vertraute Vorstellung vom Gemeinwesen ab: der Staat als Rechtseinheit, die auf einem umfassenden Normeninventar beruht, das das Leben jedes einzelnen in so gut wie allen Bereichen berührt.

Der Universalismus des ‚Sachsenspiegels' hat noch eine tiefere Dimension. Sie läßt sich vom Titel her erschließen, der das Werk in den Traditionszusammenhang der im Mittelalter verbreiteten *Specula* stellt. Das sind Bücher, die mit enzyklopädischem Anspruch die verschiedenen Bereiche der Wirklichkeit zu beschreiben trachten als Teile der Schöpfungsordnung in ihrer von Gott gewollten Form. Eben dies ist auch Eikes Absicht. Er akzeptiert durchaus nicht alles als rechtens, was gewohnheitsmäßige Übung ist, sondern – wiederum gemäß einem von Gratian ausgesprochenen Grundsatz – nur das, was in Einklang mit den christlichen Glaubenswahrheiten steht. Der Gedanke, daß alles Recht seinen Ursprung in Gott hat, ja daß Gott selbst das Recht ist, durchzieht als seine Leitidee das gesamte Werk.

4. und 5. Die drei Momente: Territorialität, Traditionalität und Universalität kommen erst zum Tragen durch zwei weitere, die wir eingangs schon genannt haben: Schriftlichkeit und Volkssprachigkeit. Die Schriftlichkeit bedeutete eine Objektivierung der Rechtsordnung. Sie garantierte deren Gleichförmigkeit im gesamten Geltungsbereich und erleichterte ihre institutionelle Absicherung. Die Volkssprachigkeit aber, die der Volkssprachigkeit der alten mündlichen Rechtsweisung und der Prozeßpraxis entsprach, verbürgte, daß jedem die Rechtsordnung in ihrer objektiven Gestalt unmittelbar zur Kenntnis gebracht werden konnte – *chain rihter*, heißt es im ‚Bayrischen Landfrieden‘ von 1256 (vgl. S. 169), soll *an dem gerihte sitzen*, ohne *den frid teusche* („in deutscher Sprache") *bi im gescriben* zu haben (c. 32 – vgl. S. 23). Deutlich wird darin auch der laikale Charakter der neuen Ordnung, d.h. ihre Prägung durch Menschen (und z.T. auch schon durch Ideen), die nicht der lateinischen Klerikerkultur zugehörten.

Auf diese Weise also antwortet der ‚Sachsenspiegel‘ als eine Art indirektes Manifest der neuen Staatlichkeit auf die beschriebene historische Situation, in der die Menschen darauf angewiesen waren, neue Formen der Orientierung und Selbstbehauptung zu finden. Die volkssprachige Schriftlichkeit spielte dabei nicht nur bei der Fixierung allgemeiner Normen und einzelner Rechtshandlungen eine wichtige Rolle. Sie wurde vielmehr in ihrer ganzen Breite, in alten wie neuen Gattungen, dazu verwandt, Ordnung zu sichern, Maßstäbe des Urteilens und Handelns zu vermitteln, Ansprüche anzumelden und durchzusetzen.

Der ‚Sachsenspiegel‘ belegt exemplarisch, daß dieser fortschreitende Prozeß der Etablierung einer eigenständigen Schriftkultur der Laien weiterhin von der Herrenschicht des Adels getragen wurde und daß er sich weiterhin in Auseinandersetzung mit der lateinischen Klerikerkultur vollzog: daß Eike das Werk zuerst in lateinischer Sprache schrieb und es dann auf Bitten eines adligen Herrn in die Volkssprache umsetzte, hat in diesem Sinne Modellcharakter. Seine Bindung an die lateinische Tradition beschränkt sich im übrigen nicht auf die Sprache, sie betrifft auch das Gedankliche: man kann zeigen, daß er auf Schritt und Tritt lateinisches Schrifttum, darunter vor allem auch kanonistische Literatur, verarbeitet hat. Das regt zu der Spekulation an, die Verbindung von Hof und Kloster, die am Beginn der volkssprachigen Adelsliteratur im 12. Jahrhundert gestanden hatte, sei auch für die Entstehung des ‚Sachsenspiegels‘ von Bedeutung gewesen: vielleicht hat Eike die Hilfsmittel, die er für seine Arbeit benötigte, in der Bibliothek der bedeutenden Reichsabtei Quedlinburg gefunden, deren Stiftsvogt der Graf von Falkenstein gewesen ist.

Deutsche Literatur im Umkreis des letzten Babenbergers

Zu den Herrschaftsbereichen, deren Territorialisierung zu Eikes Zeit am weitesten fortgeschritten war, gehörte das Doppelherzogtum Österreich/Steiermark. In den ersten Jahrzehnten des 13. Jahrhunderts war es dort

Herzog Leopold VI. (1195/98−1230) gelungen, die landesfürstliche Position erheblich zu stärken, auf Kosten der Landherren, des auf seine partikularen Herrschaftsrechte pochenden hohen Adels, der sich seit der Mitte des 12. Jahrhunderts aus den alten Dynastenfamilien und der zu Macht und Einfluß gelangten landesfürstlichen Ministerialität formiert hatte. Leopolds Sohn und Nachfolger Friedrich II. (1230−1246), genannt „der Streitbare", der letzte Herzog aus der Dynastie der Babenberger, hat sich nach Kräften bemüht, diese Territorialisierungspolitik fortzuführen. Bei äußerst hochgespannten persönlichen Machtansprüchen, denen er auch mit brutalsten Mitteln stets Geltung zu schaffen bereit war, ist er auf den heftigen Widerstand der Landherren gestoßen. Man war früher der Ansicht, dieser für die werdenden Territorien typische Dualismus zwischen dem Landesherrn und den Ständen habe sich um 1236/37 in einer Aufzeichnung des österreichischen Landrechts niedergeschlagen. Das läge ganz auf der Linie des Entwicklungszusammenhangs zwischen Territorialstaat und volkssprachiger Rechtsprosa, wie ihn der ‚Sachsenspiegel‘ dokumentiert. Nach neuerer Forschung muß indessen damit gerechnet werden, daß die nur in sehr viel jüngerer Überlieferung erhaltene Niederschrift erst unter Rudolf von Habsburg entstanden ist (vgl. S. 56). Gleichwohl behalten die innenpolitischen Verhältnisse in Österreich zur Zeit des letzten Babenbergers ihre Bedeutung für die Literaturgeschichte. Denn nicht nur zeigen die deutschen Dichtungen, die im Umkreis Friedrichs verfaßt worden sind, den Reflex der Spannungen und Auseinandersetzungen, sie geben sich vor deren Hintergrund vor allem auch als Wirkungsmomente eigentümlicher Art im politischen Kräftespiel zu erkennen.

Den Wiener Herzogshof selbst, die einstige Hochburg des klassischen Minnesangs, hat Friedrich noch einmal zu einem glänzenden Zentrum der höfischen Lyrik gemacht. Man kann geradezu von einem spätbabenbergischen Hofstil sprechen, den zwei Dichter getragen haben: Neidhart von Reuental und der Tannhäuser.

Über die Person Neidharts wissen wir kaum mehr, als daß er Berufsdichter am Hof eben des letzten Babenbergers gewesen ist. Die Spur dieser Existenz zieht sich durch sein Werk: wiederholt wendet er sich an den Herzog, bittet um Lohn und dankt für Geschenke, beklagt sein Schicksal der künstlerischen Abhängigkeit vom Publikum und der materiellen Abhängigkeit vom Gönner, preist diesen und kommentiert seine Politik.

Unter den politischen Strophen sind auch solche, die sich so deuten lassen, als seien sie gegen Friedrich gerichtet. Kompliziert überliefert und vertrackt formuliert, sind sie jedoch nicht festzulegen und zwingen jedenfalls nicht zu der Annahme, Neidhart habe sich zeitweise auf die Seite der österreichischen Gegner des Herzogs geschlagen. Sicher dürfte aber sein, daß er auch außerhalb Österreichs tätig war. Dem Engagement bei Herzog Friedrich scheint eines in Bayern vorausgegangen zu sein, vielleicht bei Herzog Ludwig I. (1183−1231). Die Forschung pflegt entsprechend zwischen bayrischen und österreichischen Liedern zu unterscheiden. Weiter gibt es ein Lied (102,32), das in die Umgebung des Salzburger Erzbischofs Eberhard II. (1200–1246) weist, der ebenfalls ein Gönner Neidharts gewesen sein könnte. Im übrigen sind die möglicherweise biographischen und die fiktiven Züge im Werk für uns unauflöslich verschränkt. Das gilt sogar für den Namen „Reuental": mhd. *riuwental* heißt soviel wie „Schmerzenstal", und in den Liedern wird mehrfach mit dieser Wortbedeutung gespielt – ob Neidhart hier poetisches Kapital aus seinem tatsächlichen Herkunftsnamen schlägt oder ob der Name überhaupt erfunden ist, bleibt unklar.

Mit Unsicherheit belastet ist auch das Bild, das wir uns von Neidharts Werk machen können. Wir sind auf die vorliegenden Ausgaben angewiesen, die aber haben aus der reichen und vielgestaltigen Überlieferung eine Auswahl getroffen, die mittlerweile fragwürdig geworden ist. Sie orientiert sich im wesentlichen an zwei großen Sammelhandschriften, der sogenannten Riedegger Handschrift (R) aus der Zeit um 1300 (vgl. S. 51f. und Abb. 1) und der Liederhandschrift C, und scheidet damit vor allem den bei weitem größten Teil der Strophen als „unecht" aus, die in der umfangreichsten Neidhart-Sammlung überliefert sind, der Handschrift c, die im 15. Jahrhundert wahrscheinlich in Nürnberg geschrieben wurde. Eine umfassende Neueinschätzung des als unecht geltenden Gutes gehört zu den dringlichsten Aufgaben der Neidhart-Forschung (vgl. auch S. 89f.).

Neidharts Lyrik präsentiert sich als eine Kunstwelt von einzigartiger Prägnanz und Geschlossenheit. Sie ist in zwei Bereiche unterteilt, die formal und inhaltlich streng voneinander geschieden sind: einer Gruppe stolliger (d.h. nach dem Prinzip der Kanzone gebauter) Lieder, die im Winter spielen, steht eine Gruppe unstolliger Lieder gegenüber, die im Sommer spielen – man spricht von „Winterliedern" und „Sommerliedern". In beiden Bereichen agiert die Autorrolle des standesstolzen, aber mit materiellen Gütern nicht eben gesegneten Ritters von Riuwental. Er lebt und bewegt sich in der Sphäre des Bauerndorfes. Beim Tanz, der im Sommer im Freien, im Winter in der Stube stattfindet, umwirbt er die Bauernmädchen, in den Sommerliedern in der Regel mit Erfolg, in den Winterliedern meist vergeblich, ausgestochen von den rivalisierenden Bauernburschen. Deren Gegnerschaft nimmt für ihn traumatisch bedrohliche Züge an. Mag er sich noch so überlegen fühlen und die Tölpel wegen ihrer plump geckenhaften Nachahmung höfischer Sitte in Benehmen und Kleidung gehässig verspotten, sie sind ihm über, machen ihm, zu Dutzenden und Aberdutzenden von allen Seiten herandringend, das Leben zur Hölle. Das Trauma verdichtet sich in einer Untat des Bauernburschen Engelmar: er hat der schönen Friederun einen Spiegel geraubt. Auf diesen Spiegelraub kommt er immer wieder zurück, er ist für ihn der Inbegriff seiner Ängste und seiner Not, ja des Bösen auf der Welt überhaupt.

In der Verteilung der Rollenaspekte auf Sommerlieder und Winterlieder ist ein zyklisches Ordnungsprinzip erkennbar: dem Sommer als der Zeit der Freude korrespondiert das Glück, dem Winter als der Zeit der Freudlosigkeit die Glücklosigkeit des Liebhabers. Zyklisches Denken zeigt sich auch im einzelnen: wie auf den Spiegelraub so wird auch sonst wiederholt auf bestimmte Gestalten oder Ereignisse angespielt, und bisweilen werden Geschehensabläufe über mehrere Lieder hinweg sukzessive entfaltet. Diesem höchst artifiziellen Entwurf müssen sich auch Themen fügen, die ihm an sich fremd sind: das Thema der Weltabsage und Zeitklage, das Neidhart in der Tradition Walthers aufgreift, das Kreuzzugsthema und vor allem die persönlichen und politischen Äußerungen, die — herkömmlicherweise der Gattung des Spruchs zugeordnet — oft nur lose oder gar nicht mit dem Kontext verbunden in der Form von Einschub- und Anhangstrophen angebracht werden. Wie die zyklische Struktur läßt diese Überformung der Gattungsgrenzen das Werk als eine Art poetisches Sondersystem erscheinen.

Es ist möglich, daß Neidhart mit den Sommerliedern an eine anspruchslosere Tradition von Liebeslyrik anknüpft, die im Schatten des hohen Minnesangs nur wenig bezeugt ist (vgl. S. 86f.), doch gewinnt das Werk erst im Bezug auf diesen sein besonderes Profil: seine Leitwörter und Leitvorstellungen sind stets präsent — der Ritter gibt sich als Diener der Umworbenen, rühmt sie in den Formen des höfischen Frauenlobs, klagt über ihre Unerbittlichkeit und über die Verleumdung dritter. Indem solche höfischen Motive in die unhöfische Welt der Bauern transponiert werden — die Angebetete ein Bauernmädchen ist, die Minnefeinde in Gestalt großspuriger Bauernlümmel oder keifend besorgter Mütter auftreten —, kommt es zu burlesken Spannungen und pointeartigen Umschlageffekten (so, wenn etwa ein traditioneller Schönheitspreis unvermittelt in die bedauernde Feststellung mündet, daß die Füße der Gepriesenen vom Heutreten zerkratzt sind — 49,2). Die Verbauerung des Höfischen geht Hand in Hand mit einer Konkretisierung des im klassischen Minnesang weitgehend abstrakten Systems der Beziehungen zwischen Ritter, Dame und Gesellschaft. Das geschieht nicht nur durch die Einführung der sozialen Chargen, Neidhart stattet das Milieu auch mit einer Fülle von Details des täglichen Lebens aus, schildert die Organisation der Tanzveranstaltungen, macht genaue Angaben über die Kleidung der Akteure, erwähnt landwirtschaftliche Geräte und anderes mehr.

Zu begreifen ist diese Lyrik aus dem fortgeschrittenen Stadium, in dem sich die Entwicklung der höfischen Literatur befand. Es spricht wenig für die oft geäußerte Vermutung, sie reagiere auf den Verfall höfischer Wertvorstellungen oder wolle deren Scheincharakter entlarven. Die komische Brechung der Konventionen des Minnesangs bestätigt eher deren unantastbare Gültigkeit: sie waren mittlerweile in einer Weise etabliert, die es erlaubte, frei mit ihnen zu spielen. Daß es dabei gerade die Bauern sind, an denen das Höfische sich reibt und die Komik sich entzündet, erklärt sich aus der literarischen Tradition, in der die *res rusticanae*, die bäuerlichen Verhältnisse, von jeher als die geeignetste Materie komischer Effekte galten. Aber Neidhart darf nicht als harmloser Spaßmacher mißverstanden werden. Seine Komik ist Mittel zu dem Zweck, den der höfische Sänger wie eh und je zu verfolgen hatte: die *vröude* der höfischen Adelsgesellschaft zu mehren,

ihr im Spiel der Kunst das Bewußtsein einer Ausnahmeexistenz zu vermitteln.
Dabei macht es nicht zuletzt seine Größe aus, daß er gerade im Komischen
auch die Gefährdung des irdischen Glücks zu artikulieren vermag, das
Lebensgefühl der Bedrohung und Unsicherheit, von dem wir aus vielen
Zeugnissen wissen, daß es die Menschen damals beherrscht hat.

Es hat die Forschung immer wieder gereizt, dieses Lebensgefühl als Ausdruck der
bedrängten sozialen Lage einer ganz bestimmten Gesellschaftsschicht zu fassen.
So hat man Neidharts Ritter von Riuwental in seinem Unglück verstehen wollen
als Repräsentanten des Kleinadels, von dem man (ohne zureichende Belege) an-
nahm, er sei durch Aufstiegsambitionen reicher Bauern mit sozialer Deklassierung
bedroht gewesen, oder als (quasi metaphorischen) Repräsentanten der Landherren,
deren Stellung der Herzog mit Hilfe sozial inferiorer Schichten zu untergraben sich
bemühte. Diese Interpretationen überzeugen nicht. Man muß sich immer vor
Augen halten, daß der einzige Mäzen Neidharts, den wir sicher nachweisen können,
der Herzog von Österreich ist. Und es ist schlechterdings unvorstellbar, daß dieser
eine Lyrik gefördert haben sollte, die essentiell die soziale bzw. psychosoziale
Befindlichkeit des Kleinadels oder der Landherren formulierte, womöglich noch
mit einer Tendenz, die sich massiv gegen ihn selbst richtete.

Zu spezifizieren ist das gesellschaftliche Moment des Werks darüber hinaus
weniger an seinem Inhalt als an seiner Struktur, an der zyklusmäßigen
Organisation, die wir beschrieben haben. Das einzelne Lied wird nur verstehen, wer mit den Spielregeln des Ganzen vertraut ist und über genügend
Textkenntnis verfügt, um die oft subtilen Anspielungen, Rückgriffe und
Weiterführungen einordnen zu können. Die Texte sind auf die Teilnehmer
eines Gesellschaftsspiels berechnet, das Kennerschaft voraussetzt. Das hatte
am Wiener Hof wohl auch politische Implikationen. Im Interesse der
Stärkung und Erhaltung seiner landesfürstlichen Macht mußte dem Herzog
daran gelegen sein, die ständisch heterogenen Kräfte des Landes an sich
zu binden und sie in ein stabiles gesellschaftliches Gefüge zu integrieren.
Es scheint, als sei dies auch durch das Angebot gemeinsamer Teilhabe an
einer vom Herzogshof geförderten Kultur geschehen, deren esoterische
Züge Exklusivität versprachen.

Es gibt bei Neidhart eine Stelle, an der dies direkt sichtbar wird. „Ach", heißt es
da, „wer singt uns im Sommer neue Minnelieder? Das tun Monsieur Tröstel und
mein Herr, der Fürst; deren Gehilfe sollte ich sein ..." (85,33ff.). Der Herzog
erscheint hier als Sänger beim höfischen Fest zusammen mit einem Mitglied der
Hofgesellschaft, das wir als den einflußreichen Ministerialen Meinhard Tröstel von
Zierberg identifizieren können. Die Überlieferung kennt freilich weder den Herzog
noch Herrn Tröstel als Dichter. Wohl aber bietet die Liederhandschrift C zwei
Lieder unter einem Namen, hinter dem sich ein weiteres Mitglied des Wiener
Neidhartkreises verbergen könnte: von Scharpfenberg. Die Forschung vermutet
in diesem Dichter einen der mächtigen Herren von Scharfenberg, die in Krain,
Kärnten und Steiermark begütert waren. Die Lieder sind reine Neidhart-Imitate:
Lied I bringt einen typischen Dialog zwischen Mutter und Tochter, Lied II ein

ebenso typisches Freundinnen-Gespräch, wobei Strophe 1 fast identisch ist mit der Neidhart-Strophe 30,4. Die historische Identität des Dichters ist nicht gesichert, aber seine Lieder dürften einen Eindruck davon vermitteln, wie die Stücke aussahen, die der Herzog und Herr Tröstel mit Neidharts „Hilfe" verfertigt haben – in einer Gemeinsamkeit, die wohl dazu angetan war, über die Standes- und Machtunterschiede hinweg ein elitäres Zusammengehörigkeitsgefühl der Führungsschicht zu schaffen, in einem gesellschaftlichen Rahmen, den der Hof bestimmte.

Es könnte sein, daß der Tannhäuser Neidharts Nachfolger am Babenbergerhof gewesen ist: seine Lyrik bezieht sich deutlich auf Neidhartsche Schemata, und sein frühester datierbarer Text (Leich I) ist im Frühjahr 1245 entstanden, während die einigermaßen sicher datierbaren Texte Neidharts alle in die dreißiger Jahre gehören. Auch der Tannhäuser ist ein Berufsdichter gewesen, und auch von seiner persönlichen Existenz wissen wir über die Tatsache seines Engagements am Wiener Hof hinaus nicht viel.

Nach dem Tod des Herzogs, der ihn offenbar reich mit Grundbesitz ausgestattet hatte, hat er sich um die Gunst anderer Herren bemühen müssen – mit zweifelhaftem Erfolg, wie es scheint: soweit wir es datieren können, wird sein Werk seither geprägt von bitteren Klagen über Armut und hartes Wanderleben. Er nennt – preisend, tadelnd, trauernd – eine große Zahl von lebenden und verstorbenen Fürsten: mögliche, erhoffte, tatsächliche Gönner, ohne daß sich eine weitere Patronatskonstellation sicher abzeichnet. Der späteste datierbare Text (Leich VI) stammt aus der Mitte der sechziger Jahre.

Aus dem schmalen, weitgehend nur in der Liederhandschrift C überlieferten Oeuvre – sechs Leichs, eine Handvoll Lieder und spruchartige Strophenreihen – ragen für uns die ersten fünf Leichs heraus. In ihnen hat der Tannhäuser, im Ansatz Neidhart vergleichbar, die überkommene Form zu einer Art übergreifender Sondergattung umgestaltet. Aufforderung zum Tanz und Kommentierung des Tanzgeschehens bilden jeweils das Gerüst, in das – teils enger, teils lockerer mit ihm verbunden – eine besondere Thematik einmontiert ist: Preis Herzog Friedrichs (I); Liebesbegegnung im Freien (II, III); Preis der Geliebten (IV); Totenklage auf Herzog Friedrich und Preis des Herzogs (Otto II.) von Bayern, der nach Friedrichs Tod zum Reichsverweser für Österreich bestellt worden war (V). Im Gerüstteil tritt der Sänger in der Tanzmeisterrolle Neidharts auf, bedient sich Neidhartscher Formeln und zitiert ganze Pulks von Mädchennamen aus Neidharts Welt. Man möchte annehmen, daß dieser Typus des Tanzleichs speziell für das Wiener Neidhart-Publikum geschaffen wurde. Dessen Geschmack, wie wir ihn in Neidharts Werk meinen erkennen zu können, mußten die Stücke auch sonst entgegenkommen: in der spielerischen Ironisierung höfischer Konventionen – wenn etwa französische Modewörter grotesk gehäuft oder absurd verdrehte literarische Reminiszenzen in einer scheinbar bildungsstolzen Aufzählung aneinandergereiht werden –, vor allem aber in der äußerst freizügigen Behandlung des erotisch-sexuellen Bereichs, die bei

Neidhart (wie schon bei den provenzalischen und französischen Troubadours und Trouvères) bis zum obszönen Witz gehen konnte.

So treten uns Neidhart und der Tannhäuser als Schöpfer raffinierter Literatur (und Musik) für die galante Geselligkeit einer exklusiven Adelsgesellschaft entgegen. Nur scheinbar fällt aus diesem Rahmen ein Text, der unter des Tannhäusers Namen überliefert ist, ihm zwar für gewöhnlich abgesprochen wird, aber zumindest im Kern von ihm stammen könnte: die ,Hofzucht'. Es handelt sich um ein Lehrgedicht, das sich vor allem mit Anstandsregeln bei Tisch befaßt. Die Vorschriften, die da gemacht werden, erscheinen uns primitiv: es sollen nicht zwei aus einem Löffel essen; abgenagte Knochen soll man nicht wieder auf die Schüssel legen; man soll sich nicht ins Tischtuch schneuzen etc. Wir haben es hier mit Frühformen einer gesellschaftlich geregelten Affektbeherrschung zu tun, die erst allmählich zu dem Standard gefunden hat, der uns heute selbstverständlich ist. Es sind die großen Höfe gewesen, an denen solche Formen zuerst entwickelt wurden. Sie sind nicht weniger Instrument der friedlichen Integrierung und zugleich Ausdruck des sozialen Distinktionsbedürfnisses der adligen Führungsschicht als die ästhetische Kultur von Fest und Spiel in Literatur und Leben. Der Dichter wirkt nicht nur als Unterhalter und vordergründig propagandistisches Sprachrohr der Herren, er formt und festigt auch die Normen ihres Selbstverständnisses, in der poetischen Fiktion ebenso wie in der direkten Formulierung von Verhaltensregeln im nur vermeintlich Trivialen des täglichen Lebens.

Der besondere literarische Geschmack des Wiener Hofes wird wesentlich vom Herzog selbst bestimmt worden sein. Außer Neidhart und dem Tannhäuser haben wohl auch andere Dichter für ihn gearbeitet. Mit letzter Sicherheit können wir das allerdings nur von einem gewissen Pfeffel sagen, von dem in der Liederhandschrift C drei unbedeutende Strophen überliefert sind, darunter eine an Friedrich gerichtete Preis- und Bittstrophe. Wenigstens zeitweise dürfte sich am Hof ein weiterer Berufsdichter aufgehalten haben, der damals in Österreich tätig gewesen ist: der Stricker.

Der Stricker hat ein umfangreiches und vielfältiges Werk hinterlassen: eine Neubearbeitung des ,Rolandslieds' (,Karl der Große'), einen Artusroman (,Daniel von dem Blühenden Tal'), einen Schwankzyklus (,Pfaffe Amis') und vor allem eine große Zahl kleinerer Reimpaargedichte. Daß zumindest ein Teil dieses Werks in Österreich entstanden ist, ergibt sich aus einigen der kleineren Reimpaargedichte, die sich auf österreichische, speziell niederösterreichische Verhältnisse beziehen. Ob er auch außerhalb Österreichs Gönner gefunden hat – insbesondere wo bzw. für wen die drei größeren Werke verfaßt sind –, ist unklar. Vage bleibt auch der zeitliche Ansatz. Rudolf von Ems erwähnt den Stricker als Zeitgenossen im ,Alexander' und im ,Willehalm von Orlens': das führt auf die zwanziger bzw. dreißiger Jahre (vgl. S. 24f.). Daß er Berufsdichter war, entnimmt man einer Stelle in der Minnerede ,Frauenehre': da stellt er sich vor, wie ein Neider lästert, es stünde dem Stricker besser an, *ein pfert und alt gewant* – typische Geschenke für das fahrende Volk der Künstler – zu loben, als sich im Frauenpreis zu üben (Moelleken Nr. 3, v. 133ff.).

Die literarhistorische Bedeutung des Stricker beruht auf seinen kleineren Reimpaargedichten, Stücken von unter zehn bis zu ein paar hundert (selten über tausend) Versen, deren Ziel es ist, belehrend auf die Menschen einzuwirken. Dies geschieht zum einen durch (vorwiegend) räsonnierende Abhandlung des betreffenden Themas, zum anderen durch exemplarisches Erzählen, d.h. durch Ableiten der Lehre aus einer zuvor erzählten Geschichte, die als Beispiel dient (Typen der „Rede" und des „Bispels", vgl. S. 138ff.).
Diese Stücke zeigen den Stricker als unermüdlichen Vermittler von Ordnungsvorstellungen, der vor allem um die Verbreitung christlicher Glaubens- und Sittenlehre bemüht ist. Bedeutung der Sakramente; Notwendigkeit rechtzeitiger Buße; Sündhaftigkeit von Hoffart, Hurerei, Trunksucht, Homosexualität, Lüge: das sind nur einige der immer wiederkehrenden Themen. Der Stricker wendet sich damit nicht nur an die Laien, sondern auch an Geistliche und Ordensleute, denen er nachdrücklich ihre Pflichten vorhält. Unverkennbar ist bei alledem eine starke Tendenz im Sinne der hierarchischen Amtskirche, die sich nicht zuletzt in heftigen Ausfällen gegen die Ketzer äußert. Die Vermutung liegt nahe, daß diese Texte wie auch einige Gebete zu einem guten Teil im Auftrag geistlicher Institutionen verfaßt sind, wobei (trotz gelegentlich geäußerter Zweifel) in erster Linie an die Bettelorden zu denken ist.
Neben den ausgesprochen geistlichen Texten stehen solche, die sich mit dem Verhalten der Menschen in der alltäglichen Welt ihrer sozialen Beziehungen beschäftigen. Geleitet vom Glauben an die gottgewollte Rechtmäßigkeit einer hierarchischen Gesellschaftsordnung, in der es Herren und Knechte gibt und in der die Frau dem Mann untergeordnet ist, und durchdrungen von der Überzeugung, daß die Welt grundsätzlich schlecht ist und ständiger Ermahnung bedarf, schärft der Stricker allen Ständen ihre Rechte und Pflichten ein. Zugrunde liegt ein patriarchalisches Ordnungsmodell, in dem die Herrschaft des Herrn über die Untertanen und des Mannes über die Frau der Herrschaft Gottes über die Menschen entspricht und in ihr letztlich begründet ist. Das sind Vorstellungen, die stabilisierend zugunsten der herrschenden Mächte wirken, wie der Amtskirche so auch – unter den besonderen politischen Verhältnissen Österreichs zur fraglichen Zeit – des Landesfürstentums. Direkt der Propagierung von dessen Interessen scheinen zumindest zwei Texte dienen zu sollen: das Bispel von den ‚Gäuhühnern' (Moelleken Nr. 36), in dem der Landesherr als Bewahrer des Landes vor der Ausbeutung durch den landsässigen Adel erscheint, und das Dialoggedicht ‚Die beiden Knechte' (bei Moelleken Nr. 4 unter dem Titel ‚Die beiden Knappen'), das als Aufforderung an bestimmte Kreise des Kleinadels verstanden werden kann, sich zur Wahrung des Rechts im Lande in

den Dienst des Landesherrn zu stellen. Die politische Tendenz dieser und
vielleicht einiger anderer Stücke spricht dafür, daß der Stricker auch von
Herzog Friedrich bezahlt worden ist. An einem Hof wie dem in Wien kann
man sich sehr gut z.b. auch einen Text wie die Fabel von ‚Eule und Habicht'
(Moelleken Nr. 55) denken, die das alte hofkritische Thema vom eigen-
nützigen Schmeichler behandelt.

Die Kleindichtung des Stricker hat das Ziel, im Interesse der Begründung
und Bewahrung von Ordnung und Herrschaft Bewußtsein zu formen und
Handeln zu beeinflussen. Auch sie steht damit im Dienst des zivilisatorischen
Prozesses, der zu den heutigen Formen des gesellschaftlichen und staatlichen
Lebens geführt hat. Wir müssen sie in einer Linie sehen nicht nur mit Texten
wie der ‚Hofzucht' des Tannhäusers, sondern auch mit Rechtsbüchern wie
dem ‚Sachsenspiegel', mit denen sie bezeichnenderweise in der Überlieferung
verbunden ist: einige der Strickerschen Bispel sind zur exemplarischen
Verdeutlichung der behandelten Tatbestände in den Kontext von Rechts-
sätzen eingerückt worden, z.B. das vom ‚Richter und dem Teufel' (Moelleken
Nr. 126) in den Zusammenhang der prozeßrechtlichen Bestimmungen des
‚Schwabenspiegels' (vgl. S. 76f.).

Wenn wir den Stricker als Propagandisten im Auftrag der Kirche und
des Landesherrn gekennzeichnet haben, so soll damit nicht gesagt sein,
daß er nicht zu Zeiten seine Gönner auch unter den Landherren gefunden
haben kann. Deutliche Anhaltspunkte hierfür haben sich bis heute jedoch
nicht ausmachen lassen (Versuche der Forschung, anti-herzogliche Tendenzen
im Werk nachzuweisen, überzeugen nicht). Daß man im Kreis der Landherren Interesse an deutscher Literatur hatte, ist allerdings sicher.

Zu nennen ist an erster Stelle einer dieser Landherren, der sich selbst
als Dichter versucht hat: der mächtige steirische Ministeriale Ulrich von
Lichtenstein, der, wohl um 1200 geboren, bis in die siebziger Jahre hinein
eine führende Rolle in der Landespolitik gespielt hat. Von ihm sind an die
sechzig Minnelieder und ein Leich, eine Art Autobiographie (‚Frauendienst')
sowie eine Minnelehre (‚Frauenbuch') erhalten.

In unserem Zusammenhang interessiert vor allem der ‚Frauendienst',
der zwar erst nach der Babenbergerzeit fertiggestellt wurde (1255?), sich
aber auf diese bezieht. Ulrich beschreibt hier sein Leben als Geschichte
einer erotischen Obsession: er stellt sich als Minneritter dar, der sich im
Dienst zuerst einer ungnädigen, dann einer gnädigen Dame sklavisch deren
Willen unterwirft, theatralisch inszenierte Turnierfahrten im Kostüm der
Göttin Venus und des Königs Artus unternimmt und fortwährend Lieder
verfaßt. Diese sind – wie auch Botschaften und Briefe in Vers und Prosa –
in den strophischen Bericht eingefügt.

Solche Formenmischung ist etwas Neues in der deutschen Literatur. Es ist möglich,
daß Ulrich sie erfunden hat, er kann sie aber auch aus romanischen Vorbildern

entwickelt haben. In Betracht kommen etwa französische Romane, in denen Lieder in die Erzählung inseriert sind, z.B. der dem Jean Renart zugeschriebene ‚Guillaume de Dôle‘ oder der ‚Roman de la violette‘ des Gerbert de Montreuil (beide im ersten Drittel des 13. Jahrhunderts verfaßt). Vor allem aber sind die in einer Reihe von Troubadour-Handschriften überlieferten *vidas* und *razos* zu nennen, Lebensbeschreibungen der Troubadours und Erläuterungen zu einzelnen Liedern. Wie der ‚Frauendienst‘ behandeln sie das Leben des jeweiligen Dichters und die Umstände, unter denen seine Lieder entstanden sind, von denen gelegentlich einzelne Verse und Strophen zitatweise in die *vidas* eingerückt werden. Ulrich kann sie an den ihm wohlvertrauten oberitalienischen Höfen kennengelernt haben, wo man damals die Troubadour-Lyrik eifrig gepflegt hat. Wenn er den literarischen Typus des ‚Frauendienst‘ wirklich aus ihnen abgeleitet haben sollte, dann hätte er im Prinzip vorweggenommen, was ein paar Jahrzehnte später, gegen Ende des Jahrhunderts, auf unvergleichlich höherem Kunstniveau einer der größten Dichter des Mittelalters getan hat: Dante in der ‚Vita Nuova‘, die nach dem Muster der *vidas* und *razos* und autobiographisch wie der ‚Frauendienst‘ die Geschichte der Liebe des Dichters zu Beatrice erzählt, in einer Mischung aus Prosabericht und Gedichten, die nach ihrer Entstehung, nach ihrem Inhalt und nach ihrer Form sorgsam kommentiert werden.

Als realistische Autobiographie darf der ‚Frauendienst‘ freilich nicht verstanden werden. Die Minnehandlung verknüpft vielmehr gängige Motive der Minnedichtung zur autobiographisch stilisierten Idealvita des Minneritters schlechthin. Die freie Verfügbarkeit literarischer Traditionen, die bei Neidhart und dem Tannhäuser zu beobachten war, wird als gemeinsamer Zug der nachklassischen Literatur auch hier sichtbar. Gleichwohl stellt sich die Frage nach der historischen Verbindlichkeit des Erzählten. Die auftretenden Personen sind fast ausnahmslos als Angehörige des österreichisch-steirischen Adels nachweisbar, und mehrfach spielen Vorgänge aus der Landesgeschichte, darunter der Tod Herzog Friedrichs in der Schlacht an der Leitha, in die Minnehandlung hinein. Dies verleiht dem ‚Frauendienst‘ den Charakter einer repräsentativen Selbstdarstellung der Führungsschicht. Man kann sich sogar fragen, ob in der Schilderung von Veranstaltungen wie der Venus- und der Artusfahrt nicht Reflexe tatsächlicher Ereignisse zu fassen sind. Das Nachspielen literarischer Themen und Motive läßt sich als beliebte Form adliger Geselligkeit seit der ersten Hälfte des 13. Jahrhunderts in ganz Europa nachweisen (vgl. auch S. 148). Ihre Organisation lag oft in der Hand eigens hierfür gegründeter Korporationen, die nicht selten auch politische Zwecke verfolgten. Derartiges mag man auch hinter den im ‚Frauendienst‘ geschilderten Ritterspielen vermuten. Sie haben nach Ulrichs Darstellung wiederholt zu Spannungen mit dem Herzog geführt, und es ist denkbar, daß diese Art der Pflege ritterlicher Geselligkeit zugleich der Pflege politischer Beziehungen in Gruppierungen galt, die dem Landesherrn nicht genehm waren. Beweisen kann man das nicht, und es muß betont werden, daß auch die zeitgeschichtlichen Bezüge primär Wirkungsmomente des artifiziellen Systems sind, das den ‚Frauendienst‘ als Kunstgebilde

konstituiert. Daß indes gerade auch solche Kunstgebilde politisch relevant
sein können, zeigte die Lyrik Neidharts. Es ist auffällig, daß sich in Ulrichs
Liedern nirgendwo ein Echo des von Neidhart und vom Tannhäuser vertretenen Wiener Hofstils findet, obwohl er diesen Stil gut gekannt haben
muß. Sollte das eine auch politisch gemeinte Distanz zum Herzogshof
demonstrieren?

Unverblümte politische Opposition zum Herzog äußert sich im Werk des
Bruder Wernher, eines Spruchdichters in der Nachfolge Walthers. Er war
ein Berufsliterat wie Neidhart und der Tannhäuser, ist anscheinend weit
herumgekommen und hat vielleicht schon zu Zeiten Herzog Leopolds VI.
im österreichischen Raum gewirkt.

Die meisten seiner Sprüche, die annähernd datierbar sind, beziehen
sich auf die Lage unter Herzog Friedrich seit der Mitte der dreißiger
Jahre. In ihnen erscheint Wernher geradezu als politischer Sprecher der
von der Territorialisierungspolitik bedrohten Landherren (mindestens zwei
Gönner aus diesem Kreis sind durch Preisstrophen bezeugt [30,56]: einer
der österreichischen Herren von Orte und Graf Wilhelm — der III. oder,
wahrscheinlicher, der IV. — von Heunburg, dessen Familie, in Kärnten
beheimatet, über umfangreichen Besitz auch in der Steiermark verfügte
und zum führenden steirischen Adel zählte). Wenn er den Kaiser auffordert,
im Land seines Richteramtes zu walten (10), dann klingt das wie ein
Manifest der Landherren, die tatsächlich 1236 Klage beim Kaiser erhoben
und damit dazu beigetragen hatten, daß dem Herzog der Prozeß gemacht
wurde. Die drohenden bzw. zeitweilig eingetretenen Folgen dieses Prozesses
— Verlust der beiden Herzogtümer — kommentiert er konsequent als
verdiente Strafe (37). Daß er in einer Totenklage auf den Herzog (48)
gerade dessen Verhalten gegenüber den Landherren preist, ist Ausdruck
der gleichen Parteisicht: Klage und Preis münden in eine Aufforderung an
den Böhmenkönig, der vielleicht als neuer Landesherr angesprochen wird,
solchem Verhalten nachzueifern (gemeint ist Wenzel I., der sich in der Frage
der babenbergischen Nachfolge stark engagiert hatte, oder sein Sohn und
— seit 1253 — Nachfolger Ottokar II., der, vor allem auf Betreiben der
Landherren ins Land gekommen, seit 1252 als Herzog von Österreich und
Steiermark anerkannt war).

Zahlenmäßig bilden die zeitgeschichtlichen Sprüche jedoch nur eine
kleine Gruppe in der Überlieferung. Die große Mehrzahl der Strophen
befaßt sich allgemein mit Fragen des rechten Verhaltens, gibt Tugendlehre
und Lasterschelte. Empfohlen werden vor allem *milte*, Freigebigkeit, und
triuwe, Zuverlässigkeit und Aufrichtigkeit, die als Herrentugenden dargestellt sind und aus christlicher Ethik begründet werden. Die Verwandtschaft
mit weiten Teilen der Lehrdichtung des Stricker in Thematik und Tendenz,
z.T. auch in der Argumentationsweise, ist unübersehbar. Die Spruchstrophe
ist allerdings ein anspruchsvolleres Gefäß der Aussage als der allzuleicht

ins Banale abgleitende Reimpaarvers, und Bruder Wernher beherrscht sie meisterhaft. Der religiöse Ernst seiner Dichtung ist überwältigend; von der Diesseitsfreude der höfischen Kultur findet sich nichts in ihr. Wichtig für das Verständnis von Wernhers Gesamtwerk ist, daß die sittlichen Grundsätze, die er als allgemeingültige propagiert, auch den Maßstab für seine Beurteilung der aktuellen Ereignisse in den zeitgeschichtlichen Strophen abgeben. Damit wird denen, für die sie bestimmt sind, das Zeitgeschehen auf einen Sinnzusammenhang hin durchschaubar gemacht, der zugleich ihre eigene Position begründet. Mit Recht hat man darauf hingewiesen, daß das derart geprägte ständische Selbstbewußtsein Züge eines spezifischen Landesbewußtseins im (S. 7) erläuterten Sinne aufweist und damit, obgleich im Gegensatz zum Landesfürstentum entwickelt, ein wichtiger Faktor in der Ausbildung der neuen territorialstaatlichen Ordnung geworden ist.

Deutsche Literatur im Umkreis der letzten Staufer

Daß in Deutschland das Landesfürstentum und nicht − wie etwa in Frankreich und England − das Königtum zum Träger der neuen Staatlichkeit geworden ist, hat seinen Grund in der besonderen Entwicklung des Reichs seit dem frühen Mittelalter. Sie führte zu verfassungsrechtlichen und machtpolitischen Verhältnissen, die die partikularen Kräfte schließlich derart begünstigten, daß alle Versuche der staufischen Herrscher, das Reich als ganzes zu territorialisieren, zum Scheitern verurteilt waren. In unseren Zeitraum fallen die entscheidenden Ereignisse, die mit dem Schicksal der staufischen Dynastie für Jahrhunderte auch das Schicksal der Idee eines deutschen Einheitsstaats besiegeln sollten.

Im April 1220 hatte Kaiser Friedrich II. in der ‚Confoederatio cum principibus ecclesiasticis', der „Vereinbarung mit den geistlichen Fürsten", diesen förmlich eine Fülle landesfürstlicher Hoheitsrechte zu Lasten des Königtums bestätigt. Wie es scheint, ist dies der Preis gewesen, den er zahlen mußte, um die Wahl seines damals noch unmündigen Sohnes Heinrich (VII.) zum deutschen König zu erreichen und damit die Kontinuität der staufischen Herrschaft zu sichern. Im August des gleichen Jahres zog Friedrich wieder nach Italien; er hat Deutschland bis zu seinem Tod im Jahre 1250 nur noch zweimal betreten, für ein paar Monate in den Jahren 1235/36 und 1236/37. Den Sohn ließ er zurück in der Obhut von Erziehern und Beratern. Unter ihnen sind zwei, die man mit Lyrikern gleichen Namens identifiziert: der Ministeriale Burkhard von Hohenfels (Stammburg oberhalb des Dorfes Sipplingen bei Überlingen am Bodensee) und der Edelfreie Gottfried von Neifen (Stammburg Hohenneuffen zwischen Urach und Nürtingen).

Burkhard ist urkundlich bezeugt in den Jahren 1212–1227 und dann noch einmal 1242, und zwar 1222–1227 in der Umgebung Heinrichs. Gottfried erscheint in Urkunden und anderen Quellen der Jahre 1234–1255; in den letzten Monaten der Regierung des Königs, 1234/35, gehörte er zu dessen engsten Vertrauten. In den Literaturgeschichten finden die beiden Lyriker gewöhnlich ihren Platz als Vertreter einer „spätstaufischen Schule" zusammen mit einem dritten, Ulrich von Winterstetten, den man meistens mit dem gleichnamigen Angehörigen eines mächtigen schwäbischen Ministerialengeschlechts identifiziert, der 1241–1280 nachgewiesen ist. Ob sich in den urkundlichen Daten eine literarische Generationenfolge Burkhard – Gottfried – Ulrich abzeichnet, ist fraglich: wir kennen ja weder die genaue Lebenszeit dieser Männer noch wissen wir, wann in der Spanne ihres Lebens sie gedichtet haben. Wenn wir Burkhard und Gottfried im Zusammenhang mit König Heinrich und Ulrich im Zusammenhang mit dessen Nachfolger Konrad IV. behandeln, so ist damit eine historische Möglichkeit angedeutet, nicht mehr. Es ist auch darauf hinzuweisen, daß die Lyrik Burkhards und Gottfrieds, selbst wenn sie in die Zeit Heinrichs fallen sollte, nicht notwendig ein literarisches Interesse des Königs bezeugt. Die in der Forschung liebevoll gepflegte Vorstellung von Heinrichs Hof als einem glänzenden Zentrum der deutschen Literatur steht auf sehr schwachen Füßen. Daß sie sich dort aufgehalten haben, läßt sich nicht für e i n e n der übrigen Lyriker auch nur wahrscheinlich machen, von denen man dies behauptet oder vermutet hat (u.a. Bruder Wernher, der Tannhäuser, Hiltbolt von Schwangau); und die Epiker Rudolf von Ems und Ulrich von Türheim können erst nach Heinrichs Sturz sicher mit den Staufern in Verbindung gebracht werden (s.u.).

Wenn das schmale Werk des Dichters Burkhard von Hohenfels mit seinen achtzehn Minneliedern wirklich aus dem ersten Viertel (und nicht etwa vom Ende) des 13. Jahrhunderts stammt, markiert es einen Wendepunkt in der höfischen Lyrik. Zum ersten Mal begegnen wir hier nämlich einer Stiltendenz, die zu den charakteristischen Erscheinungen der spätmittelalterlichen Literatur gehört, einem intellektuell artistischen Reden in ausgefallenen Wendungen: Vergleichen, Umschreibungen, Metaphern, Allegorien (vgl. S. 92ff.). Wichtig ist uns Burkhard aber noch aus einem anderen Grund: er ist vielleicht der erste Lyriker, der sich produktiv mit Neidhart auseinandergesetzt hat. Zwei ländliche Tanzlieder (I und XI) und vor allem zwei dialogische Freundinnenlieder (VII und XV) verweisen nicht nur in der Motivik, sondern vor allem typusmäßig so massiv auf das Neidhartsche Muster, daß man sich nur wundern kann, mit welcher Hartnäckigkeit die Forschung die Beziehung heruntergespielt oder gar ignoriert hat.

Am schlagendsten tritt der Zusammenhang in Lied VII hervor, das eine arme Magd im Gespräch mit der vornehmen Tochter des Hauses zeigt. Die Magd freut sich nach absolviertem Dienstjahr ihrer Ungebundenheit, um die sie die andere beneidet: *hî waere ich arn,   sô wolte ich mit dir strîchen,   ze fröiden varn* – „ach, wäre ich arm, dann wollte ich mit dir losziehen und mein (Liebes-)Glück suchen". Wie bei Neidhart die Mutter, so hält hier die Tante das Mädchen argwöhnisch von allen Vergnügungen fern, indem sie ihr das Ausgehkleid (*die liehten wât*) wegsperrt. Aber das Mädchen wird sich rächen und der Tante zuleid einen *swachen*, einen

Mann von niederem Stand, heiraten. Das ist, im typisch Neidhartschen Inszenierungs-rahmen des Freundinnen-Gesprächs, eine Umkehrung des typischen Neidhart-Motivs vom Bauernmädchen, das gegen den Willen der Mutter dem sozial höher stehenden Ritter nachläuft. Inwieweit sich dabei über das Spiel mit dem literarischen Muster hinaus eine sentimentale Sozialromantik artikuliert, ist schwer zu sagen. Der Refrain möchte dafür sprechen: *mirst von strôwe ein schapel und mîn frîer muot lieber danne ein rôsenkranz, sô ich bin behuot* – „mir sind ein Strohkranz und meine Freiheit lieber als ein Rosenkranz, der damit erkauft wird, daß man mich einsperrt". Aber wir wissen zu wenig von der Mentalität dieser Menschen, um solche Züge sicher beurteilen zu können.

Das schwäbische Publikum Burkhards muß mit den Neidhartschen Vor-bildern vertraut gewesen sein. Neidhart war, so scheint es, damals der Modeautor, und wer als Lyriker vor seinem Publikum bestehen wollte, hatte wohl das eine oder andere Stück in seiner Art im Repertoire zu führen. Auch Gottfried von Neifen scheint sich wenigstens mit einem der über-lieferten Lieder (L) auf Neidhart zu beziehen (in fünf weiteren, die man wegen ihrer erotischen Direktheit gern mit dem von Neidhart gebildeten Geschmack in Verbindung bringen möchte, könnte er seinerseits auf jene anspruchslosere Liebeslyrik zurückgegriffen haben, der vielleicht auch Neidhart verpflichtet war: XXVII, XXX, XXXIX, XL, XLI). Sein „eigent-liches" Werk ist indes von ganz anderer Art. Es wirkt beim ersten Hinsehen auf eine monströse Weise monoton, so daß mit Recht gesagt worden ist, man kenne alle diese Lieder, wenn man nur eines von ihnen gelesen habe (de Boor). Unermüdlich werden mit immer denselben Wendungen immer dieselben Motive wiederholt: Sommerfreude mit Vogelsang, grüner Heide und bunten Blumen; Winterleid mit Klage über das Verstummen der Vögel, die verwelkte Heide und das Dahinschwinden der Blumen; Liebesqual und Liebesglück; der Zauber der Geliebten, vor allem ihr flammend roter Mund, dessen manische Beschwörung zu einer Art Markenzeichen des Künstlers geworden ist. Man darf das nicht als epigonenhafte Verödung mißverstehen. Es ist vielmehr so, daß Gottfried das traditionelle Sprach- und Motivmaterial (bis hin zu ganzen Verszeilen seiner Vorgänger) bewußt als Inventar von Versatzstücken benutzt. Seine Lyrik lebt aus jener totalen Verfügbarkeit einer fest etablierten Tradition heraus, die uns wiederholt begegnet ist. Anders als bei Neidhart und Ulrich von Lichtenstein erfüllt sich sein Kunstanspruch jedoch in der Form, im genau kalkulierten Arrangement der Versatzstücke, die er zu aufwendigen Klang- und Motivnetzen montiert (vgl. S. 94f.). Die besten dieser Lieder sind wie flirrende Wirbel, virtuos und festlich.

Für den jungen König, in dessen Gegenwart einige von ihnen vielleicht zuerst erklungen sind, führte zunächst Erzbischof Engelbert von Köln als Reichsverweser die Regierungsgeschäfte. Er wurde, von Walther von der Vogelweide in einem seiner letzten Sprüche betrauert, 1225 ermordet. Als sein Nachfolger amtierte, bis Heinrich im Jahre 1228 der Vormundschaft entwachsen war, Herzog Ludwig I. von Bayern, der später, 1231, ebenfalls das Opfer eines Mordanschlags geworden ist (ihn hat Bruder Wernher in einem Spruch beklagt). Die Politik, die Heinrich dann selbständig betrieb, war darauf gerichtet, die königliche Macht mit Hilfe der Reichsministerialität und der Städte zu stärken. Er ist damit rasch in Gegensatz zu den Fürsten geraten und zwangsläufig auch zu seinem Vater, der für seine italienische Politik auf die Fürsten angewiesen war. Diese konnten Heinrich 1231 nötigen, ihnen umfassende Zugeständnisse zu machen: im ,Statutum in favorem principum', der „Festsetzung zugunsten der Fürsten", die Friedrich wohl oder übel bestätigen mußte.

Wesentliche Bestimmungen des ,Statutum' betreffen die Städte. Die Gründung von Städten war eines der wichtigsten Instrumente der Territorialisierungspolitik: mit einem Netz befestigter Städte ließ sich ein Territorium wirkungsvoll kontrollieren und sichern; insofern sie eng geschlossene und hoch organisierte Wirtschafts-, Sozial- und Rechtseinheiten waren, bedeutete Herrschaft über sie Machtkonzentration; als Zentren von Handel und gewerblicher Produktion brachten sie über Abgaben aller Art erheblichen finanziellen Nutzen. So haben die Fürsten ebenso wie die staufischen Könige seit dem 12. Jahrhundert systematisch und in heftigem Wettbewerb Städte gegründet und gefördert. Im ,Statutum' nun wurde das Recht des Königs auf die Gründung von Städten soweit eingeschränkt, daß er auf diesem Wege die Ausbildung eines staufischen Reichsterritoriums nicht mehr wirkungsvoll betreiben konnte. Wie die Städte als Rechtseinheiten zu Keimzellen eines territorialen Reichsrechts hätten werden können, zeigt beispielhaft ein Rechtsbuch in deutscher Sprache, das in jenen Jahren − etwa gleichzeitig mit dem ,Sachsenspiegel' − entstanden ist: das ,Mühlhäuser Reichsrechtsbuch'. In ihm ist das Recht der Reichsstadt Mühlhausen in Thüringen zusammengestellt, der König Heinrich mehrfach Privilegien gewährte und in der er sich im August 1227 aufhielt. Der Verfasser ist unbekannt, und wir wissen auch nicht, ob er die Sammlung als „Privatarbeit" oder in amtlichem Auftrag angelegt hat. An Reichtum der berührten Rechtsgegenstände und an Weite des Horizonts kann sie sich mit dem ,Sachsenspiegel' nicht messen, aber sie beeindruckt durch die sinnliche Anschaulichkeit der Sprache, die ihr einen eigenen Rang in der Frühgeschichte der deutschen Prosa sichert. Wichtig in unserem Zusammenhang ist die Überzeugung des Verfassers, daß dem Recht, das er beschreibt, überregionale Bedeutung zukommt: ausdrücklich hat er sein Werk als *liber iuris secundum ius imperii* betitelt, als „Rechtsbuch nach des Reiches Recht".

Wenige Jahre nach den Vorgängen, die zum ,Statutum' geführt hatten, kam es zum endgültigen Bruch zwischen Heinrich und seinem Vater. Nachdem Heinrich sich 1234 offen gegen ihn empört hatte, setzte ihn der Kaiser, der nach Deutschland gekommen war, im Juli 1235 ab. Man brachte ihn nach Italien, wo er 1242 den Tod fand, als Gefangener, unter niemals ganz geklärten Umständen.

Den glänzenden Höhepunkt von Friedrichs Deutschlandaufenthalt bildete ein feierlicher Hoftag, den er auf Mariä Himmelfahrt (15. August) nach Mainz einberufen hatte. Dort kamen, nach dem Bericht der ,Cronica S. Pantaleonis' fast alle Fürsten des Reichs zusammen; es wurde „ein Friede beschworen", „die alten Rechte" wurden „bestätigt, neue festgesetzt und, in deutscher Sprache auf Pergament geschrieben, allen verkündet". Das Dokument ist (wenn auch nur in jüngeren Abschriften) erhalten. Es handelt sich um das erste Reichsgesetz, das nicht nur in lateinischer, sondern auch in deutscher Sprache ausgefertigt wurde: den ‚Mainzer Reichslandfrieden'.

Die Bestimmungen des Friedens betreffen die Ahndung verschiedener Delikte von unrechtmäßiger Auflehnung des Sohnes gegen den Vater (was man mit dem aktuellen Fall König Heinrichs in Verbindung gebracht hat) bis zur Hehlerei. Im Kern zielen sie auf die Behauptung der alten Königsrechte (Regalien) wie Erhebung von Zöllen, Prägen von Münzen und Stellung von Geleit. Nachdrücklich, mit hämmerndem Pathos, wird die Rolle des Kaisers als Gesetzgeber und Richter herausgestellt in Formulierungen wie: *wir setzen und gebieten* ... („wir setzen fest und gebieten ...") oder: *wer das nicht thut, uber den wollen wir scherpflichen richten als recht ist* ... (4 − „wer das nicht tut, über den wollen wir streng zu Gericht sitzen gemäß dem Recht ..."). Man neigt heute dazu, die Verkündung dieses Friedens nicht so sehr als verfassungsrechtlichen wie als politischen Vorgang zu sehen, nicht als Schritt zu einer umfassenden Reichsgesetzgebung (für die er später freilich eine große Bedeutung erlangt hat), sondern als Geste der Demonstration kaiserlicher Ordnungsgewalt im Reich. Bemerkenswert bleibt gleichwohl ein Zug zur Institutionalisierung des Rechts, der sich in Bestimmungen über die Einsetzung eines kaiserlichen Hofrichters äußert. Dieser Richter soll *alle tage zu gericht sitzen* und *allen luten* („Leuten") *richten, die im clagent* (28), und es soll ihm ein Schreiber beigegeben werden, der über die behandelten Rechtsfälle sorgfältig Buch zu führen hat, um Effizienz und Gleichförmigkeit der Rechtssprechung zu gewährleisten. In diesem Zusammenhang der Idee einer institutionalisierten allgemeinen und objektiven Rechtssprechung dürfte auch die Ausfertigung des Friedens in der Volkssprache zu sehen sein (vgl. S. 8). Das Reichshofgericht hätte der Ausgangspunkt für die Errichtung einer zentralen Justizverwaltung des Reichs werden können; tatsächlich ist es, wie die Entwicklung der folgenden Jahre zeigte, bedeutungslos geblieben.

Auf Versammlungen wie dem Mainzer Hoftag pflegte die adlige Führungselite politische Macht in der Form zeremonieller Prachtentfaltung zur Schau zu stellen. „Am Tage des heiligen Timotheus" (22. August), so wieder die ‚Cronica S. Pantaleonis', „glänzte der Kaiser, mit der kaiserlichen Krone geschmückt, in der Mainzer Kirche in Gegenwart fast aller Fürsten in gebührender Ehre; nach der Messe lud er alle Fürsten mit ihrem gesamten Gefolge zum Festmahl, das auf freiem Feld mit großem Aufwand vorbereitet war". Solche Feste haben immer auch das fahrende Volk angezogen, das hier mehr als sonst auf seine Kosten kommen konnte − wie denn der Kaiser nach dem Bericht des Chronisten die Fürsten bei ähnlicher Gelegenheit ermahnt haben soll, „nicht wie üblich die Spielleute verschwenderisch mit Geschenken zu überschütten, weil er der Ansicht war, es sei eine große Torheit, wenn jemand sein Gut an Gaukler und Spielleute vertue". Es steht außer Zweifel, daß sich unter den *mimi* und *joculatores*, wie sie im lateinischen Text heißen, auch Vortragskünstler befanden. Und es gibt zumindest e i n e n mhd. Dichter, dessen Anwesenheit im Mainz sich wenigstens plausibel machen läßt. Es ist der Spruchdichter Reinmar von Zweter.

Über seine historische Existenz glaubte die Forschung bis in die jünste Zeit ungewöhnlich gut unterrichtet zu sein: seit Gustav Roethes Ausgabe von 1887 kolportierten die Handbücher einen regelrechten Lebensroman. Davon ist nicht mehr viel übrig geblieben (man zweifelt heute sogar am biographischen Quellenwert von Reinmars eigener Aussage, er sei *von Rîne geborn*, „vom Rhein gebürtig", und in *Osterrîche erwahsen*, „in Österreich aufgewachsen" [150]). Wir begnügen uns mit der Feststellung, daß Reinmar ein wandernder Berufsdichter gewesen ist, der etwa im zweiten Viertel des 13. Jahrhunderts tätig war und seine Gönner im hohen und höchsten Adel gefunden hat, bis hinauf zu König Wenzel I. von Böhmen (1230– 1253) und (vielleicht) Kaiser Friedrich. Die Masse seines Werks bilden um die 250 Spruchstrophen, die in ein und demselben Ton („Frau Ehren-Ton") eine außerordentliche Vielfalt von Themen behandeln, vor allem Minne, Religiöses, Tugenden und Laster, Zeitgeschehen, Herrenlob. Dazu kommen noch eine Handvoll Strophen in anderen Tönen, deren Echtheit als nicht sicher gilt, und ein religiöser Leich.

Einige der Sprüche Reimars lassen sich mehr oder weniger sicher auf Vorgänge der Jahre 1235/36 beziehen. Wir greifen vier heraus, die wir uns – mit allem Vorbehalt – als politische Kommentare im engeren oder weiteren Zusammenhang mit der Verkündung des Landfriedens vorzustellen versuchen, als offiziöse Begleitpropaganda gewissermaßen, im Auftrag oder doch zumindest mit Billigung und Unterstützung des Kaisers. An die Spitze stellen wir die berühmte Strophe 136, einen Kaiserhymnus in Miniaturformat, der im schwer geschmückten rhetorischen Prunkstil Lobpreisungen auf den Kaiser häuft. Auf dessen gleichsam amtliche Vorstellung von seinem Kaisertum, seine „Kaiseridee", hebt Reinmar ab mit Rühmungen wie: *wahter Cristentuomes* („Beschützer der Christenheit"), *Roemischer êren gruntveste* („römischer Ehren Fundament"), *ein zunge rehter urteil, vrides hant, gewisser worte ein munt* („Zunge gerechten Urteils, des Friedens Hand, zuverlässiger Worte Mund"). Sie meinen den Kaiser als Schirmherrn der Kirche, als Nachfolger der römischen Caesaren, als obersten Gesetzgeber und Richter. Der juristische Aspekt steht im Zentrum der Strophe, dreifach ausgefaltet, am Ende des Aufgesangs. Auf ihn zielt auch der Spruch 137, der eine weitere Komponente der Kaiseridee ins Spiel bringt mit traditioneller, gleichwohl faszinierend unheimlicher Bildlichkeit („der Wald hat Ohren, das Feld Augen ..."): der Kaiser ist allgegenwärtig, er weiß alles – und das heißt: seinem Gericht entgeht niemand. Gewarnt werden so die *hôhen rûner*, die „vornehmen Tuschler", also wohl die Fürsten, die sich hinter dem Rücken des Kaisers verschwören (könnten). Der Warnung von Friedensbrechern gelten schließlich die Strophen 138 und 139: die eine den *selphêren herren*, den „eigenmächtigen Herren", die andere räuberischen Knappen, denen Haft, Verstümmelung und Galgen angedroht werden. Man nimmt meist an, daß mit den *hôhen rûnern* und den *selphêren herren* ganz bestimmte Fürsten gemeint sind, ohne sich freilich einigen zu können, welche.

Solch spezieller Bezug ist durchaus möglich, aber er nähme der Strophe nichts von ihrem Anspruch auf Allgemeingültigkeit: sie formulierte dann am Einzelfall den grundsätzlichen Anspruch des Kaisers, *lex animata in terris* zu sein, „beseeltes Gesetz auf Erden", wie er sich selbst gesehen hat und wie er als Verkünder des Landfriedens hervorgetreten ist.

Die Ordnung der Verhältnisse im Reich ist auch das Thema des Spruches 140. Das Reich, heißt es da in grotesker Metaphorik, war sehr krank, seine Stimme und Klage heiser, seine Augen waren rot, es war taub und stumm und verwachsen, konnte kaum noch gehen, bis Gott ihm den weisen Kaiser sandte, der es vom Siechtum befreite – bis auf eine Gräte, die ihm noch zwischen den Zähnen steckt ... Es ist möglich, daß Reinmar mit der Gräte die lombardischen Städte meint, die gegen die Oberhoheit des Kaisers rebelliert und sich mit König Heinrich verbündet hatten. Dann ließe sich auch diese Strophe auf dem Mainzer Hoftag denken, denn die Lombardenfrage war dort Gegenstand von Verhandlungen, in denen Friedrich die Fürsten auf einen Feldzug gegen die Rebellen verpflichten konnte. Dieser brachte im Sommer und Herbst des folgenden Jahres 1236 den Parteien wechselnden Erfolg. Im November verließ der Kaiser den Kriegsschauplatz, um eine Strafexpedition gegen den Babenbergerherzog durchzuführen, der der Reichsacht verfallen war (vgl. S. 18). Von Januar bis April 1237 residierte er in Wien, das er zur Reichsstadt erhob. Auf einem Hoftag wurde dort im Februar sein neunjähriger Sohn Konrad als Nachfolger Heinrichs zum deutschen König gewählt.

Wie einst sein Halbbruder blieb auch König Konrad IV. in Deutschland zurück, als der Kaiser sich erneut nach Italien wandte. Soweit wir sehen, spielte bei seiner Erziehung in schwäbischen Adelskreisen ein Dichter eine Rolle, der mit seinem Werk der Entwicklung der mhd. Versepik eine neue Wendung gegeben hat: Rudolf von Ems.

Die Herren von Ems (Stammburg über dem heutigen Hohenems bei Dornbirn in Vorarlberg) waren Reichsministerialen. *Rûdolf von Ense* nennt den Dichter der Fortsetzer seiner ,Weltchronik', der zugleich berichtet, er sei in *welschen richen* (d.h. wohl in Italien) gestorben (vv. 33495 und 33483). Er selbst bezeichnet sich als *dienstman ze Muntfort* (,Willehalm von Orlens' v. 15628f.), woraus man geschlossen hat, er habe ein Dienstlehen der Grafen von Montfort innegehabt.

Fünf Werke sind von ihm erhalten: 1. die Exempelerzählung ,Der gute Gerhard', verfaßt im Auftrag oder zumindest auf Anregung Rudolfs von Steinach, eines Ministerialen des Bischofs von Konstanz (urkundlich 1209–1221); 2. der Legendenroman ,Barlaam und Josaphat', verfaßt auf Anraten des Abtes Wido der Zisterzienserabtei Kappel im heutigen Kanton Zürich (urkundlich 1222–1232); 3. ein ,Alexander'-Roman, begonnen wohl um 1230 und, nach einer Unterbrechung, fortgesetzt (aber nicht beendet) wohl seit den vierziger Jahren; 4. der Roman ,Willehalm von Orlens', verfaßt in der zweiten Hälfte der dreißiger Jahre bzw. um 1240 im Auftrag

des schwäbischen Reichsministerialen Konrad von Winterstetten; 5. eine –
wie der ‚Alexander' Torso gebliebene – ‚Weltchronik', verfaßt in den
Jahren um 1250 für König Konrad IV. (verloren ist eine ‚Eustachius'-
Legende, die Rudolf im ‚Alexander' erwähnt).

In dieser Werkreihe zeichnet sich eine literarische Karriere ab, die den
Dichter aus kleineren Gönnerverhältnissen spätestens mit dem ‚Willehalm
von Orlens' an den staufischen Königshof geführt hat (daß bereits der
‚Alexander' von vornherein für diesen Hof, d.h. noch für König Heinrich,
bestimmt war, wie gelegentlich behauptet wird, ist nicht zu erweisen). Der
Auftraggeber des ‚Willehalm von Orlens', der Reichsschenke Konrad von
Winterstetten (Stammburg zwischen Bad Waldsee und Biberach an der Riß),
war einer der einflußreichsten Männer der staufischen Reichsverwaltung
in Deutschland, Prokurator des Herzogtums Schwaben, Erzieher und
Berater erst König Heinrichs, dann König Konrads. Neben ihm (v. 15662ff.)
nennt Rudolf im ‚Willehalm von Orlens' einen weiteren schwäbischen
Ministerialen, Johannes von Ravensburg, der ihm die französische Quelle
vermittelt habe (v. 15601ff.). Wir fassen hier anscheinend einen Literatur-
zirkel, zu dem vielleicht auch eine dritte zeitgenössische Persönlichkeit
gehört hatte, die im Roman erwähnt wird: der bis 1231 urkundlich bezeugte
Graf Konrad von Oettingen, dessen Tod Rudolf beklagt (v. 2084ff.).

Einen Eindruck von der Literatur, die man in diesem Zirkel gekannt und geschätzt
hat, vermittelt uns Rudolf im ‚Willehalm von Orlens' mit einer Liste von Dichtern,
von denen er behauptet, sie könnten die Geschichte besser erzählen als er (v. 2170ff.):
Heinrich von Veldeke; Hartmann von Aue als Verfasser des ‚Erec' und des ‚Iwein';
Wolfram von Eschenbach als Verfasser des ‚Parzival' und des ‚Willehalm'; Gottfried
von Straßburg als Verfasser des ‚Tristan'; Bligger (von Steinach) als Verfasser des
‚Umbehanc'; Ulrich von Zazikhofen als Verfasser des ‚Lanzelet'; Wirnt von
Grafenberg als Verfasser des ‚Wigalois'; Meister Freidank; ein gewisser Absalon,
der eine Dichtung über die ruhmreichen Taten und das Ende Barbarossas verfaßt
haben soll; Konrad von Fußesbrunnen; Konrad Fleck als Verfasser von ‚Flore und
Blanscheflur'; ein (Heinrich) von Leinau als Verfasser eines Romans mit dem Titel
‚Wallaere'; der Stricker als Verfasser des ‚Daniel von dem Blühenden Tal'; ein
Gottfried von Hohenlohe als Verfasser einer Artusdichtung; Albrecht von Kemenaten;
schließlich Ulrich von Türheim. Den letztgenannten identifiziert man gewöhnlich
mit dem gleichnamigen Angehörigen eines bei Augsburg ansässigen Ministerialengeschlechts, der 1236 und 1244 in Augsburger Urkunden bezeugt ist. Wie Rudolf
hat er nachweislich für den Winterstetten-Kreis gearbeitet. Rudolf nennt ihn seinen
Freund (v. 4390) und rühmt ihn als Verfasser des ‚Cligès', d.h. wohl einer Bearbeitung
des entsprechenden Romans Chrestiens de Troyes. Das ist insofern irritierend, als
Rudolf im ‚Alexander' einen ‚Cligès' von Konrad Fleck erwähnt. Erhalten sind
von einem mhd. ‚Cligès'-Roman nur drei kleine Bruchstücke, über deren Zuordnung
noch nicht das letzte Wort gesprochen ist. Vielleicht ist Flecks ‚Cligès' unvollendet
geblieben, und Ulrich hat ihn fertiggestellt, wie es sich auch bei den beiden Werken,
die mit Sicherheit von ihm erhalten sind, um Ergänzungen unvollendeter Werke
anderer handelt: 1. eine Fortsetzung von Gottfrieds ‚Tristan', verfaßt im Auftrag

Konrads von Winterstetten (v. 25ff.), vielleicht um 1240; 2. eine Fortsetzung von Wolframs ‚Willehalm‘ (über 36000 Verse), in der Forschung ‚Rennewart‘ betitelt, beendet nach 1243 (dem Todesjahr Konrads von Winterstetten, den der Dichter v. 25764ff. neben anderen verstorbenen Freunden beklagt), verfaßt auf der Basis französischen Chanson de geste-Materials, das der Augsburger Bürger Otto der Bogner (urkundlich 1237–1246) vermittelt hatte (v. 10264ff.), der in Beziehungen zu den schwäbischen Adelskreisen um König Konrad stand. Im Anschluß an Ulrich von Türheim erwähnt Rudolf dann noch zwei Kritiker, an deren Urteil ihm gelegen ist: einen sonst unbekannten Herrn Vasolt und den Straßburger Schreiber Meister Hesse (vgl. S. 34). Als weiterer Dichter wird außerhalb des Dichterkatalogs endlich *maister Walther von der Vogelwaide* zitiert (v. 4466ff. – gemeint ist Walthers Spruch 102,1).

Einen ähnlichen Dichterkatalog wie im ‚Willehalm von Orlens‘ gibt Rudolf auch im ‚Alexander‘ (v. 3063ff.). Die beiden Kataloge knüpfen selbstverständlich an den Literaturexkurs in Gottfrieds ‚Tristan‘ an, unterscheiden sich von diesem aber in einem wichtigen Punkt: während Gottfried in der Pose des Kunstrichters kritisch mustert, stellt Rudolf ohne jede kritische Differenzierung Listen von Vorbildern zusammen, in denen Dichter unterschiedlichster Art (Wolfram und Gottfried!) und Qualifikation gleichgeachtet nebeneinander stehen. Was wir hier vor uns haben, ist nichts anderes als die Begründung eines Kanons – eine Aufstellung von Autoren, deren Werk als Maßstab für alle Kunstübung gilt – nach dem Muster der lateinischen Literaturtradition. In dieser hatte sich seit dem Ende der Antike ein Kanon von Dichtern herausgebildet, deren Werke man im Schulunterricht verwendete: die „Schulautoren“. Der Rang, den man ihnen zubilligte, und die intensive Beschäftigung mit ihnen haben die lateinische Literatur des Mittelalters geprägt, insofern die Verfasser teils bewußt, teils unbewußt Wendungen der Schulautoren in ihre eigenen Werke einbauten. Das kann soweit gehen, daß ein Werk wie ein Flickenteppich aus Zitaten zusammengesetzt ist. Die mittellateinische Philologie trägt dem Rechnung, indem sie den Ausgaben einen „Similienapparat“ beigibt, d. h. einen Anmerkungsteil, in dem die Übernahmen und Anklänge verzeichnet sind. Ein solcher Similienapparat wäre auch in der Ausgabe des ‚Willehalm von Orlens‘ am Platz: Rudolfs Text liest sich streckenweise wie eine Collage aus Versen der in der Literaturliste kanonisierten mhd. Dichter. Mit Mangel an Originalität hat das nichts zu tun. Es handelt sich vielmehr um den Versuch, neben der lateinischen eine gleichartige und gleichberechtigte volkssprachige Literaturtradition zu etablieren.

Konrad von Winterstetten und Johannes von Ravensburg haben den ‚Willehalm von Orlens‘ angeblich ihren Damen zuliebe anfertigen lassen, zu deren Kurzweil und als Zeichen ihrer Ergebenheit. Das beleuchtet sehr schön die galante Atmosphäre, in der diese höfische Gesellschaftskunst gelebt hat, aber es darf nicht darüber hinwegtäuschen, daß Konrad von Winterstetten mit seinem Auftrag in erster Linie einen anderen Leser oder Hörer im Blick hatte: seinen Zögling, den jungen König Konrad.

Der Roman, dessen französische Quelle nicht erhalten ist, erzählt die Geschichte des Fürstensohnes Willehalm von Orlens und der englischen Königstochter Amelie: am englischen Hof, wo Willehalm erzogen wird, gehen die beiden Kinder eine Minnebindung ein, werden unter abenteuerlichen

Umständen getrennt und wieder vereint und geben schließlich ein ideales
Herrscherpaar ab. Das grundlegende Handlungsgerüst: Trennung und
Wiedervereinigung der Liebenden entspricht einem Erzählschema, das
letztlich auf den spätantiken Roman zurückgeht und Rudolfs Publikum etwa auch aus dem ‚Flore'-Roman Konrad Flecks bekannt war. Entscheidend
für das Verständnis des Werks sind indes nicht die Verwicklungen der
sentimentalen und spannenden Liebesgeschichte, auch wenn es ihnen ein
Gutteil seines Erfolgs verdanken wird (Willehalm und Amelie werden im
Spätmittelalter zu den „klassischen" Liebespaaren gerechnet). Die Roman-
handlung ist nur Folie für die Demonstration adliger Lebensführung, die
in ihren verschiedenen Aspekten − vom galanten Umgang mit Damen bis
zu den Finessen politischer Diplomatie − anschaulich und, soweit wir es
beurteilen können, außerordentlich realitätsnah präsentiert wird. Eine
wichtige Rolle spielen dabei die Pflichten des Herrschers, als deren wichtigste
die Wahrung des Friedens herausgestellt wird − in Formulierungen, die
z.T. wörtlich an solche des ‚Mainzer Reichslandfriedens' anklingen. Den
Ansprüchen der Lehre, auf deren Vermittlung der Roman durchgängig
angelegt ist, wird bisweilen selbst die Logik der Handlungsführung geopfert.
In ihrem Dienst steht auch die (pseudo-)historische Realität der Schauplätze
(Brabant, Frankreich, England, Norwegen etc.) und der politischen Kon-
flikte. Sie suggeriert eine Art von unmittelbarer Verbindlichkeit, wie sie
der Märchenwelt des Artusromans ganz fern steht. Am Ende der Geschichte
weist Rudolf darauf hin, daß aus Willehalms Geschlecht dereinst Herzog
Jofrit von Brabant hervorgehen sollte: das ist Gottfried von Bouillon, der
Befreier des Heiligen Grabes und der erste Fürst des 1099 gegründeten
christlichen Königreichs Jerusalem (v. 15586ff.). Es kann keinem Zweifel
unterliegen, daß dies eine Reverenz vor König Konrad ist, der als Sohn der
Isabella von Jerusalem *heres regis Hierosolymae* war, „Erbe des Königs
von Jerusalem", wie er sich in seinen Urkunden selbst genannt hat.
Willehalm ist für Konrad damit nicht nur Vorbild, sondern auch Vorfahr,
seine ideale Existenz nicht nur Verpflichtung, sondern auch Verheißung −
der Fürstenspiegel in Romanform weitet sich zum Geschichtswerk.

Diese Zusammenhänge relativieren einen Interpretationsansatz, der die neuere
Forschung beherrscht: die Auffassung des ‚Willehalm von Orlens' als Gegenentwurf
zu Gottfrieds ‚Tristan'. Sie beruft sich auf Handlungszüge, die solchen des ‚Tristan'
zugleich entsprechen und entgegengesetzt sind: der Held wächst an einem fremden
Hof auf und entbrennt in Liebe zu einer Frau dieses Hofes − aber nicht zur
Königin, sondern zur Königstochter; die Liebenden müssen sich trennen − aber
diese Trennung ist nicht Anlaß illegal heimlicher Liebesbegegnungen, sondern wird
geduldig ertragen etc. Gewiß k a n n man den ‚Willehalm von Orlens' dergestalt
als „Anti-‚Tristan' " lesen, aber das setzt einen Abstraktionsaufwand voraus, den
vom Publikum zu verlangen Rudolfs unzweifelhaftem Bemühen um lehrhafte
Anschaulichkeit strikt zuwiderliefe. Das heißt nicht, daß der Vergleich mit dem
‚Tristan' für uns nicht von Interesse sei: vor dem Hintergrund der Tristan-Liebe,

die alle gesellschaftliche Konvention sprengt, wird das Konventionelle der Willehalm-Liebe umso deutlicher. Wohlgemerkt: es wird es für uns. Denn daß man im Winterstetten-Kreis den ‚Tristan‘ so verstanden hat, wie wir meinen, daß er gemeint sei, das ist mehr als fraglich. Die ‚Tristan‘-Fortsetzung Ulrichs von Türheim führt jedenfalls weit ab von der Konzeption Gottfrieds (sie folgt auch nicht Gottfrieds Quelle Thomas von Britannien, sondern wahrscheinlich einer anderen französischen Fassung). Ulrich (bzw. seine Quelle) betont die gesellschaftskonformen idealen Züge des Helden, läßt die verhängnisvolle Liebe als Folge eines bedauerlichen Malheurs erscheinen (v. 3581f.) und führt das Paar in die Gesellschaft zurück, indem es von Marke Verzeihung erlangt und von ihm in einem eigens errichteten Münster bestattet wird. Gesellschaftliche Konformität ist so der gemeinsame Nenner des ‚Willehalm von Orlens‘ und der ‚Tristan‘-Rezeption am Stauferhof.

Die Verbindung von Lehre und Geschichte bestimmt auch den ‚Alexander‘, von dem Rudolf über 21600 Verse (gut die Hälfte des geplanten Umfangs?) gedichtet hat. Auf der Grundlage eines breiten, vor allem auch lateinischen Quellenmaterials hat er hier die Geschichte der Taten des großen Makedonenkönigs als Idealbiographie eines vorbildlichen Herrschers dargestellt. Wie der ‚Willehalm von Orlens‘ kann auch der ‚Alexander‘ als Fürstenspiegel gelten, und es fehlt auch nicht die sukzessionelle Verknüpfung der historischen Vorbildgestalt mit dem herrschenden Geschlecht der Staufer. Der mittelalterlichen Lehre von der Abfolge der Weltreiche nämlich galt das Reich Alexanders als Vorgänger des Römischen Reiches, und Rudolf hat das ausführlich dargelegt in seiner Nacherzählung des biblischen Berichts vom Traum des Königs Nebukadnezar, der von Daniel gedeutet wird (v. 15377ff.). Es nimmt nicht wunder, daß man – wie wir annehmen – Rudolf am Stauferhof die Möglichkeit gegeben hat, das Werk fortzuführen, dessen Stoff sich den Interessen dieses Hofes derart nutzbar machen ließ.
    Wenn Willehalm und Alexander als historische Vorgänger Konrads im gleichen Herrscheramt erscheinen, dann bedeutet das, daß gegenwärtige Herrschaft aus vergangener Herrschaft hergeleitet und damit legitimiert wird. Die Frage der Legitimation hatte für die staufischen Herrscher zunehmende Bedeutung gewonnen, seit Kaiser Friedrich im Jahre 1239 von Papst Gregor IX. erneut gebannt worden war. Der Kampf zwischen Kaiser und Papst, entzündet an Fragen der aktuellen Politik, geführt aber letztlich um die Frage, welchem der beiden Ämter die Herrschaft auf Erden zustehe, trat damit in seine letzte, heftigste Phase. Im Jahre 1245 ließ Gregors Nachfolger Innozenz IV. den Kaiser auf einem Konzil in Lyon für abgesetzt erklären und tat in der Folgezeit alles, um diesem Spruch Geltung zu verschaffen. Ein massiver Propagandafeldzug, getragen vor allem von den Bettelmönchen, sollte die antikaiserliche Stimmung in Deutschland schüren, mit handfesten materiellen Zuwendungen sollten die Fürsten gewonnen werden. Die päpstliche Partei ging soweit, Gegenkönige zu wählen: im Jahre 1246 den thüringischen Landgrafen Heinrich Raspe und nach dessen frühem Tod im Jahr darauf den Grafen Wilhelm von Holland.

Ein eindrucksvolles Bild vom raschen Wechsel der Verhältnisse und von der Heftigkeit der Auseinandersetzung vermittelt das Werk Reinmars von Zweter, der seine
publizistischen Fähigkeiten jetzt in den Dienst der antikaiserlichen Kräfte stellte.
Mit dem gleichen Pathos, mit dem er einst dem großen Kaiser gehuldigt hatte, fleht
er nun Gott um Hilfe an gegen „Friedrich von Staufen", den Feind der Christenheit,
denunziert dessen Rechtfertigungsschreiben als Lüge und „apulischen Zauber"
(169) und ruft die Fürsten auf, einen anderen Kaiser zu wählen (146 und 147). Im
einzelnen sind diese Strophen nicht genau zu datieren, aber es kann nicht zweifelhaft
sein, daß sie in den Zusammenhang der Ereignisse seit 1239 gehören. Sie gewännen
an Profil, wenn in die gleiche Zeit auch Preisstrophen fielen, die Männern gelten,
die damals auf der Seite der päpstlichen Partei standen: dem Erzbischof von Mainz
(185 und 228), wohl Siegfried III. von Eppstein (1230–1249), der zusammen mit
den Erzbischöfen von Köln und Trier die Wahl Heinrich Raspes betrieben hatte, und
einem Herrn von Sayn (216), vielleicht Graf Heinrich III. (1206–1246/47), der
1244 als Parteigänger des Erzbischofs von Köln bezeugt ist. Auch eine Preisstrophe
auf den König Erich von Dänemark mag hierher zu stellen sein (148): es könnte
sich um ein Stück Wahlpropaganda für den (damals schon zum dänischen König
gekrönten) Erik Plogpenning handeln, der in den Jahren 1239/40 als möglicher
Gegenkönig in Deutschland im Gespräch war. Der Däne kann Reinmars Gönner
gewesen sein, aber es ist vielleicht wahrscheinlicher, daß die Strophe im Auftrag
der Befürworter der Kandidatur verfaßt wurde. An deren Spitze stand König Wenzel
I. von Böhmen, für den Reinmar nachweislich eine Zeitlang gedichtet hat (149
und 150).

In diesen bewegten Jahren hat Rudolf von Ems den ‚Alexander' fortgeführt
und, wohl gleichzeitig, an seinem ehrgeizigsten Werk gearbeitet: der ‚Weltchronik', in der er die Geschichte der Welt von ihrer Erschaffung bis zur
Gegenwart darzustellen gedachte. Mit nahezu 33500 Versen ist er bis zum
Tod König Salomos gekommen. Die Fülle des Stoffes, den er — kritisch
sichtend und sorgfältig auswählend — aus lateinischen Quellen bezog, hat
er mit Hilfe eines doppelten Gliederungssystems gebändigt. Eine Quer-
schnittseinteilung gliedert den Ablauf der Geschichte in aufeinanderfolgende
Phasen, die „Weltalter"; innerhalb der einzelnen Weltalter unterscheidet
dazu von der Zeit des Turmbaus zu Babel an eine Längsteilung zwischen
der Geschichte Israels und der Geschichte der heidnischen Reiche, d.h.:
in die Wiedergabe des biblischen Berichts, die als der *maere rehtiu ban*
(„Hauptweg der Erzählung") gilt, sind als *biwege* („Nebenwege") die
Ereignisse der Profangeschichte eingeschaltet, etwa die Zerstörung Trojas
und die Gründung Roms. Dieses Gliederungssystem, das er im Prinzip aus
älterer Tradition der Geschichtsdeutung und Geschichtsschreibung übernommen hat, trägt bei Rudolf eine eminent politische Aussage. Die beiden
Stränge der Heilsgeschichte und der Profangeschichte nämlich konvergieren
in der Gestalt dessen, der das Werk in Auftrag gegeben hat: König Konrads.
Rudolf hat das deutlich gemacht in einem hymnischen Preis des Königs,
der zwischen die Nacherzählung der biblischen Bücher der Richter (Ende
des vierten Weltalters) und der Könige (Beginn des fünften Weltalters)

eingeschoben ist (v. 21555ff.). Konrad wird hier verherrlicht als Träger der Krone Jerusalems und damit Erbe der jüdischen Könige des Alten Testaments und als Anwärter auf die römische Kaiserkrone, die ihm als Sproß des Staufergeschlechts zustehe, dessen Könige und Kaiser von Konrad III. bis Friedrich II. aufgezählt werden. Jerusalem und Rom, das Amt Davids und das Amt Caesars, als legitimes Erbe der Staufer vereint in der Person Konrads — umfassender konnte der so massiv angefochtene staufische Herrschaftsanspruch nicht formuliert werden. Indem sie ihn begründet, macht die Chronik zugleich deutlich, daß es Frevel sei, ihm zu widerstreben (v. 21609ff.): die Fürsten haben kein Recht, sich über den staufischen Herrscher zu erheben. Ihren Abschluß und Höhepunkt sollte die Chronik in der Schilderung der ruhmreichen Herrschaft Konrads finden als ein *eweclih memorial* (v. 21697), „ein ewiges Denkmal" seiner Größe.

Rudolfs Konradshymnus ist nach dem Tod Kaiser Friedrichs verfaßt, der 1250, auf dem Höhepunkt der Auseinandersetzung mit dem Papst, gestorben war. Auf die Nachricht vom Tod des Vaters hat Konrad unverzüglich den Kampf um sein italienisches Erbe aufgenommen. Im Oktober 1251 brach er nach Italien auf, Ende 1252 erreichte er Apulien und übernahm von seinem Halbbruder Manfred die sizilische Herrschaft. Deutschland hat er nicht mehr gesehen: er starb, erst sechsundzwanzigjährig, 1254 im süditalienischen Lavello unweit von Melfi. Wenn man dem Fortsetzer der ,Weltchronik' glauben darf, dann liegt die Vermutung nahe, daß Rudolf dem König nach Italien gefolgt ist und wie dieser dort sein Ende gefunden hat.

Unsere Darstellung könnte den Eindruck erwecken, im Umkreis Konrads sei nur epische Dichtung gepflegt worden. Dies ist sicher nicht der Fall gewesen. Es sei daran erinnert, daß die Daten sowohl für Burkhard von Hohenfels als auch für Gottfried von Neifen die Möglichkeit offen lassen, daß wenigstens ein Teil ihrer Lyrik in die Zeit Konrads fällt. Mit großer Wahrscheinlichkeit aber trifft das zu für Ulrich von Winterstetten.

Man hält ihn gewöhnlich für den Schenken Ulrich von Tanne-Winterstetten-Schmalnegg, der ein Enkel Konrads von Winterstetten war. Er ist, wie gesagt, zwischen 1241 und 1280 bezeugt, und zwar ab 1258 als Kanoniker in Augsburg. Da der Dichter im Leich IV von sich selbst als dem *schenken* spricht (14,7), ist diese Annahme sehr wahrscheinlich (dagegen hat die Erwähnung des *schenken* in Lied IV keinen Beweiswert).

Man hat Ulrich einen Kunsthandwerker gescholten, der den Neifenschen Formalismus zur bloß noch dekorativen Klangartistik übersteigert habe. Daran ist soviel richtig, daß Ulrich den Stil Neifens perfekt beherrscht. Aber er versteht sich genauso auf den derben Dialog in Neidharts Manier (IV, auch XI und XXXVI), auf das Tagelied Wolframscher Tradition (VII, XIII, XXVII, XXVIII, XXXIX — das letzte mit der Gestalt der Zofe, die Ulrich von Lichtenstein eingeführt hatte) und nicht zuletzt auf die schwierige

Kunst des Leichs, den in den staufischen Kreis gebracht zu haben, seine eigentliche Leistung ist. Auffällig im Werk dieses „Allroundkünstlers" ist die starke Betonung des Tanzcharakters der Stücke, nicht nur der Leichs (von denen III und IV nach dem Vorbild der Wiener Tanzleichs des Tannhäusers gearbeitet sind), sondern auch der Lieder, die fast ausnahmslos Refrain haben: Ausdruck offenbar einer besonderen Vorliebe in den Geselligkeitsformen der spätstaufischen Hofgesellschaft.

Die sozialen Verhältnisse der Lyriker am staufischen Hof unterscheiden sich in interessanter Weise von denen der Lyriker am babenbergischen Hof: in Wien dominierte mit Reinmar dem Alten und Walther von der Vogelweide, dann mit Neidhart und dem Tannhäuser der Typus des Berufsdichters, im staufischen Kreis mit Männern wie Friedrich von Hausen, Ulrich von Gutenburg, Bligger von Steinach, Bernger von Horheim, Kaiser Heinrich VI., Otto von Botenlauben, dann mit Burkhard von Hohenfels, Gottfried von Neifen und Ulrich von Winterstetten der Typus des vornehmen Dilettanten.

Solche staufische „Kavaliersdichtung" (Hugo Kuhn) gibt es nicht nur in der deutschen, sondern auch in der italienischen Literaturgeschichte. Seit den dreißiger Jahren des 13. Jahrhunderts gehörte es am sizilischen Stauferhof offenbar zum guten Ton, daß die Höflinge Liebeslyrik nach provenzalischem Muster in italienischer Sprache verfaßten. Man nimmt an, daß die Initiative dazu vom Kaiser selbst ausging, dem auch einige der überlieferten Texte zugesprochen werden. Diese „sizilianische Dichterschule" steht am Anfang der italienischen Dichtung in der Volkssprache (dem *volgare*) überhaupt, und sie hat europäische Bedeutung erlangt durch die Erfindung der Strophenform des Sonetts, das in ihrem Kreis aus der Kanzone entwickelt worden ist.

Was den gleichzeitigen deutschen Minnesang betrifft, so ist mit Sicherheit anzunehmen, daß außer Burkhard von Hohenfels, Gottfried von Neifen und Ulrich von Winterstetten noch weitere Herren aus der Umgebung Heinrichs (VII.) und Konrads IV. als Dichter hervorgetreten sind. Die Überlieferung in den Liederhandschriften hält auch entsprechende Namen bereit, doch stößt man beim Versuch einer genaueren Identifizierung meistens auf unüberwindliche Schwierigkeiten. Ein Beispiel ist der Markgraf von Hohenburg, der in den Liederhandschriften A und C vorkommt. Man kann davon ausgehen, daß sich hinter diesem Namen einer der bayrischen Grafen von Vohburg verbirgt, die sich nach 1210 auch Markgrafen von Hohenburg genannt haben. In Frage kommen in erster Linie anscheinend Graf Diepolt V. und sein Sohn Berthold (doch kann man auch andere Mitglieder der Familie nicht völlig ausschließen). Diepolt (gestorben 1225) ist bei Kaiser Heinrich VI., Kaiser Friedrich II. und König Heinrich (VII.), Berthold (gestorben um 1257) bei Kaiser Friedrich II. und König Konrad IV. nachgewiesen. Beide haben im Dienst der Staufer eine bedeutende Rolle vor allem in Italien gespielt, wo sie mit wichtigen Aufgaben und höchsten Ämtern betraut wurden (Berthold war als „Valet", d.h. als Edelknappe, am sizilischen Hof aufgewachsen und gehört, wenn er ein Dichter war, vielleicht eher in die italienische als in die deutsche Literaturgeschichte: wenn ihn ein in Italien entstandenes lateinisches Klagegedicht von den *carmina*, den „Liedern", sprechen läßt, die er verfaßt habe, so kann sich das auch auf solche in italienischer Sprache beziehen). Eine Entscheidung zugunsten eines der Herren von

Vohburg/Hohenburg (bzw. eine Aufteilung der Lieder unter mehrere von ihnen) wäre nur mit Hilfe einer stilgeschichtlichen Analyse möglich, die Auskunft über die mutmaßliche Entstehungszeit geben könnte. Diese Analyse aber geht ins Leere, weil die Überlieferung – mit verschiedenen Zuschreibungen in den verschiedenen Handschriften – so verworren ist, daß keinerlei Sicherheit über das tatsächliche Oeuvre des Hohenburgers besteht. Das heißt: wir wissen, daß mindestens einer der Markgrafen von Hohenburg im Umkreis der Staufer Minnelieder verfaßt hat, aber wir können nicht sagen, wann zwischen dem Ende des 12. und der Mitte des 13. Jahrhunderts das geschehen ist.

Das letzte Zeugnis für die Beteiligung der Staufer an der deutschen Literatur dürften zwei Minnelieder sein, die unter dem Namen *Kúnig Chûnrad der Junge* in der Liederhandschrift C überliefert sind. Man schreibt sie gewöhnlich Konradin zu, dem unglücklichen Sohn Konrads IV., der auch als Adressat einer fürstenspiegelartigen Mahnstrophe des Lied- und Spruchdichters Marner gilt. Es sind unbedeutende, hölzerne Stücke, die nur wegen der Person ihres mutmaßlichen Verfassers ein gewisses Interesse haben. Mit ihm endet die Geschichte der Staufer: als Sechzehnjähriger ist er 1268 auf Befehl Karls von Anjou, seines überlegenen Gegners im Kampf um das sizilische Reich, enthauptet worden, auf dem Marktplatz von Neapel, *unbarmeliche vurterbet* („erbarmungslos zugrunde gerichtet"), wie der Spruchdichter Meißner mit Entsetzen vermerkt (XIV 2).

Konrad von Würzburg in Straßburg und Basel

Die Verbindung Ulrichs von Türheim mit dem Augsburger Bürger Otto dem Bogner machte deutlich, daß man höfische Literatur auch in Städten gepflegt hat, und zwar nicht nur in solchen, die (wie das babenbergische Wien) der Sitz eines großen Fürstenhofs gewesen sind. Das ist nicht verwunderlich, denn die Städte waren ja – wie wir sahen – ein integrierender Bestandteil der adligen Herrschaftsordnung. Wenn in unserem Zeitraum ihre Zahl sprunghaft anstieg und ihre politische und wirtschaftliche Bedeutung wuchs, so war das kein isolierter Vorgang, sondern Teil jenes umfassenden Prozesses, den wir als Entwicklung einer neuen Staatlichkeit beschrieben haben. Etwas überspitzt könnte man sagen, die Eigenart der Städte habe damals darin bestanden, daß in ihnen die verschiedenen Strukturmomente adliger Herrschaft auf engstem Raum zusammenwirkten. Es war die gleiche Besitz- und Machtelite, die auf dem Land wie in der Stadt die Herrschaft ausübte. Die Stadtherren – der König in den reichsfreien Städten, der Territorialfürst in den Territorialstädten, der Bischof in den Bischofsstädten – waren in der Regel auch Herrscher im außer- und überstädtischen Bereich; und sie hatten es in der Stadt zu tun mit einer Oberschicht, die mit den Adelsfamilien des Umlandes in den engsten verwandtschaftlichen, wirtschaftlichen und politischen Beziehungen stand und ihre Einkünfte gleichermaßen aus Grundbesitz, Ämtern und Warenhandel bezog. Diesem Bild, das in der historischen Forschung der letzten Jahre zunehmend Kontur gewonnen hat, entspricht der literarhistorische Befund: der Augsburger Literaturkreis darf als typisch gelten, insofern es eben Adelsliteratur war, für die er sich interessiert hat, nicht unterschieden von der Literatur des staufischen Hofkreises um Konrad von Winterstetten und getragen zum Teil von denselben Personen. Was wir in Augsburg allerdings nur vage ausmachen konnten, läßt sich genauer beobachten in den oberrheinischen Städten Straßburg und Basel.

Nach Straßburg führt zunächst eine Spur, die ebenfalls vom Winterstetten-Kreis ausgeht. Im Dichterkatalog des ‚Willehalm von Orlens‘ rühmt Rudolf von Ems auch einen gewissen *maister Hesse*, Schreiber (*sribaere*) zu Straßburg, der sich vorzüglich auf Literatur verstehe und dessen Verbesserungsvorschläge förderlich seien (v. 2279ff.). Dieser Mann ist sicherlich identisch mit einem *Hesso*, der als *notarius burgensium*, „Schreiber der Bürger", in Straßburger Urkunden der Jahre 1233 und 1237 bezeugt ist. Leider scheint sonst nichts über ihn bekannt zu sein, so daß von seiner Person aus kein verläßlicher Zugang zur literarischen Szene Straßburgs zu gewinnen ist. Die ältere Forschung hat das versucht, indem sie ihn als Vorsteher einer Straßburger Schreibstube dachte, die das Zentrum der Bearbeitung und Verbreitung von Gottfrieds ‚Tristan‘ gewesen sein soll. Davon ist heute keine Rede mehr. Was bleibt, ist auf der einen Seite die Existenz eines über die Grenzen der Stadt hinaus bekannten Literaturkenners im Straßburg der ersten Hälfte des Jahrhunderts, auf der anderen Seite die Tatsache, daß die frühe Überlieferung von Gottfrieds ‚Tristan‘ ins Elsaß weist, was in der Tat die Annahme nahelegt, daß es in Straßburg eine Pflege der Gottfried-Tradition gegeben hat. Seiner Verehrung für Gottfried, dem er wie kein anderer Dichter nacheiferte, mag es dann Konrad von Würzburg verdankt haben, daß er in Straßburg Fuß fassen konnte.

Konrad, der als d e r Repräsentant deutscher Literatur auf der Höhe des Jahrhunderts gelten kann, hat ein Werk hinterlassen, das an Umfang und Vielfältigkeit im 13. Jahrhundert ohne Gegenstück ist. Erhalten sind drei Romane (‚Engelhard‘, ‚Partonopier und Meliur‘, ‚Trojanerkrieg‘), vier Versnovellen (‚Das Herzmaere‘, ‚Der Welt Lohn‘, ‚Heinrich von Kempten‘, ‚Der Schwanritter‘), drei Legenden (‚Silvester‘, ‚Alexius‘, ‚Pantaleon‘), eine Ehrenrede (‚Das Turnier von Nantes‘), eine Preisrede auf Maria (‚Die goldene Schmiede‘), ein allegorisches Gedicht in Strophen (‚Die Klage der Kunst‘), dazu ein religiöser und ein Minneleich sowie eine Reihe von Liedern und Sprüchen.

Die Lebensgeschichte des Dichters und die Entstehungsgeschichte seiner Werke sind für uns nur zu einem – freilich nicht unbeträchtlichen – Teil durchschaubar. Man nimmt an, daß er, wie sein Name nahelegt, aus Würzburg stammt. Unter seinen ersten Gönnern könnten die in Würzburg begüterten Grafen von Rieneck gewesen sein. Für sie hat er vielleicht den ‚Schwanritter‘ verfaßt, in dem er betont, daß neben den Grafen von Geldern und Cleve auch die Rienecker Nachfahren des sagenhaften Schwanritters seien und den Schwan im Wappen führten. Über Beziehungen der Rienecker, die vom Niederrhein stammten, könnte er an die Grafen von Cleve vermittelt worden sein, die den ‚Schwanritter' ebenfalls geschätzt haben dürften und die den Auftrag für das ‚Turnier von Nantes' und den ‚Engelhard' erteilt haben könnten. Das ‚Turnier von Nantes', dessen Held ein englischer König Richard ist, gilt als eine Art Werbungsgedicht für Richard von Cornwall, der – u.a. unterstützt vom Grafen von Cleve – 1257 in Aachen zum deutschen König gekrönt wurde. In diesem oder dem folgenden Jahr dürfte das Werk entstanden sein, und dieses Datum ist der einzige Anhaltspunkt für die Chronologie von Konrads mutmaßlichem Frühwerk. Das nächste Datum liegt wesentlich später: 1273, das Jahr des Amtsantritts des Straßburger Bischofs Konrad III. von Lichtenberg, auf den man eine Preisstrophe Konrads bezieht. Für einen anderen Straßburger Gönner ist der ‚Heinrich von Kempten' gedichtet. Weitere Gönnerzeugnisse führen nach Basel: dort sind mit Sicherheit die Legenden sowie ‚Partonopier und Meliur' und der (unvollendete) ‚Trojanerkrieg' entstanden. Konrads Aufenthalt in Basel ist auch sonst gut bezeugt: in einer Urkunde, in einem Eintrag im Anniversarienbuch des Basler Münsters und in Notizen des sog. Colmarer Dominikanerchronisten. Demnach besaß er ein Haus in der Spiegelgasse, hatte Frau und zwei Töchter und ist 1287 gestorben (nach zweifelhaften Nachrichten in Freiburg). Wo und wann die übrigen Werke entstanden sind, ist heute wieder offen, nachdem die Forschung das Vertrauen in die Beweiskraft stilkritischer Beobachtungen verloren hat, mit deren Hilfe man früher glaubte, die Werkchronologie präzise festlegen zu können. Unklar ist auch, ob Konrad zuerst in Straßburg und dann in Basel ansässig war oder ob er die Straßburger Aufträge von Basel aus erledigt hat. Beides ist möglich, und wir gehen lediglich aus Gründen der Klarheit der Darstellung so vor, daß wir zunächst die Straßburger, dann die Basler Werke besprechen.

Als Auftraggeber des ‚Heinrich von Kempten' nennt Konrad einen Herrn *von Tiersberc, prôbest* am Dom *ze Strâzburc in der guoten stat* (v. 756ff.). Das ist mit Sicherheit Berthold von Tiersberg, der anscheinend 1261 Domprobst geworden war und als Inhaber dieses Amtes bis 1277 bezeugt sein soll.

Als Probst stand Berthold an der Spitze des Domkapitels, d.h. der Kongregation der Geistlichen des Doms, die den Bischof wählte und wesentlichen Einfluß auf dessen Politik hatte. Seine Mitglieder stammten überwiegend aus einigen wenigen Adelsfamilien aus der Umgebung Straßburgs, für die es zugleich Herrschaftsinstrument und Versorgungsanstalt war (die Mitgliedschaft schloß Nutznießung von Pfründen ein). Bischof und Domkapitel repräsentierten die geistliche Stadtherrschaft, von der sich die städtische Oberschicht der *meliores* oder *majores civitatis* zu befreien suchte. Die Auseinandersetzungen kulminierten in den Jahren 1261 und 1262 im sog. Walther-Krieg, den der neue Bischof Walther von Geroldseck auslöste, indem er alte bischöfliche Rechte einforderte. In den Krieg waren, als Verbündete auf beiden Seiten, auch auswärtige Mächte verwickelt. Entschieden wurde er nicht zuletzt durch einen Parteiwechsel des Grafen Rudolf von Habsburg (Stammburg am Zusammenfluß von Aare und Reuß im heutigen Schweizer Kanton Aargau), der zu den mächtigsten Herren im oberrheinischen Raum gehörte. Zunächst im Bund mit dem Bischof, trat er im Spätsommer 1261 zu dessen Gegnern über und trug wesentlich bei zu deren entscheidendem Sieg in der Schlacht bei Hausbergen am 8. März 1262 (in der auch ein Verwandter Bertholds von Tiersberg fiel, vielleicht sein Vater). Eine wichtige Rolle spielten dabei auch die bischöflichen Ministerialen, die längst zu Besitz und Einfluß in der Stadt gekommen waren und einen beträchtlichen Teil der *meliores* stellten. Im Krieg verließ die obere Schicht der Ministerialen die Stadt, während die übrigen sich der Front gegen den Bischof anschlossen und nach dem Sieg mit neu in die Stadt gekommenen Adelsfamilien eine neue Oberschicht bildeten. Zu ihnen gehörte ein gewisser Ellenhard, der im letzten Jahrzehnt des Jahrhunderts eine umfangreiche Sammlung historiographischer Werke anlegte, von denen er einige durch verschiedene Autoren (darunter den bischöflichen Notar Gottfried von Ensmingen) eigens verfassen bzw. redigieren ließ. Eines der Stücke, das ,Bellum Waltherianum', schildert den Walther-Krieg nach dem Bericht Ellenhards, der an ihm als Befehlshaber des städtischen Vortrupps teilgenommen hatte. Das ,Bellum Waltherianum' ist wie die übrigen Texte des Ellenhard-Codex in lateinischer Sprache abgefaßt (was nebenbei ein Licht auf die Bildungsverhältnisse in der städtischen Oberschicht wirft). Der Krieg ist aber auch für die Geschichte der deutschsprachigen Schriftlichkeit nicht ohne Interesse. In seinem Verlauf sind die ersten (erhaltenen) Dokumente politisch publizistischer Prosa in deutscher Sprache entstanden: zwei Manifeste, mit deren Hilfe der Bischof die Handwerksmeister und das „gemeine Volk" auf seine Seite zu ziehen und so die städtische Partei zu spalten gedachte.

Die Erzählung, die Konrad von Würzburg auf Wunsch des Domprobstes Berthold von Tiersberg gegen ein offenbar nobles Honorar (v. 768f.) aus dem Lateinischen in deutsche Verse gebracht hat, berichtet vom mutigen Ritter Heinrich, einem Ministerialen des Abtes von Kempten: wie der dem jähzornigen Kaiser Otto, der ihn zum Tode verurteilt hatte, Leben und Freiheit abtrotzte, indem er ihm in waghalsiger Attacke das Messer an die Kehle setzte; und wie er später den selben Kaiser vor dem heimtückischen Anschlag der Bürger einer italienischen Stadt rettete, wieder in tollkühner Aktion, aus dem Badezuber springend und nackt mit dem rasch ergriffenen Schwert die Verräter niedermetzelnd. Daß ein Mann wie Berthold von Tiersberg sich für eine solche Haudegengeschichte von *manheit unde ritterschaft* (v. 748) interessierte, läßt erkennen, wie die Angehörigen der geistlichen Stadtherrschaft den Lebens- und Denkformen des adligen Milieus verhaftet blieben, aus dem sie stammten.

Der Domprobst Berthold von Tiersberg war selbstverständlich des Lateinischen mächtig. Daß er dennoch die lateinische Geschichte vom Ritter Heinrich von Kempten ins Deutsche hat bringen lassen, ist nur zu verstehen als bewußte Inanspruchnahme des besonderen Prestigewerts der laikalen Tradition volkssprachiger Dichtung. Es könnte zugleich ein Hinweis darauf sein, daß das Werk für einen nicht nur klerikalen Interessentenkreis bestimmt war: für ein Publikum vielleicht, zu dem auch Angehörige der weltlichen Oberschicht gehörten, mit der die geistlichen Herren in Angelegenheiten von Politik, Verwaltung und Geschäft ja Tag für Tag umgingen.

Auf ein derart „erweitertes" Publikum zielt auch ein Versuch, den Text als Propagandaschrift im Walther-Krieg zu interpretieren: als Aufruf an die Straßburger Ministerialen, in „feudaladliger" Solidarität mit Bischof und Domkapitel gegen die „Bürger" zu handeln. Die Interpretation ist – ganz abgesehen von der Unzulänglichkeit ihrer sozialhistorischen Prämissen – allein schon deshalb problematisch, weil Heinrichs Rettungstat durchaus nicht aus seinem Ministerialenstatus bzw. aus dem *burgaere*-Status der Verräter heraus entwickelt ist.

Daß man am Bischofshof volkssprachige Dichtung geschätzt hat, geht auch aus der Preisstrophe hervor, die Konrad *von Strâzeburc* einem *Liehtenberger* gewidmet hat (32, 361). Man pflegt diesen Lichtenberger wohl zurecht mit Bischof Konrad III. von Lichtenberg (1273–1299) zu identifizieren. Dessen Ruhm, so heißt es in der Strophe, ist hoch gewachsen wie die Zeder auf dem Berg, leuchtet wie ein Edelstein in der Goldfassung, glänzt wie eine Jungfrau in keuscher Unberührtheit, blitzt wie der Morgenstern, ist wie eine Blume im Tau, funkelt wie Wein im Pokal und strahlt wie die Sonne am blauen Himmel. Daß alle diese Vergleiche mit Licht und Leuchten zu tun haben, wird ein Spiel mit dem Namen des Gepriesenen sein, wie es im mittelalterlichen Herrenlob nicht ungewöhnlich ist (das Adjektiv *lieht* selbst v. 365 und 366, dazu *berge* v. 362). Ungewöhnlich in einer solchen Preisstrophe sind hingegen die Vergleichsgrößen. Sie stammen aus geistlichem Vorstellungsbereich und weisen alle in die gleiche Richtung: Zeder, Edelstein, Morgenstern, Blume, Wein, Sonne – das sind ausnahmslos Symbole der Jungfrau Maria. Wenn dies nicht Zufall ist – was man sich kaum vorstellen kann –, dann eröffnet sich hier eine Perspektive auf den Gebrauchszusammenhang des Textes. Zu den bedeutenden Leistungen Bischof Konrads gehört die Förderung des großen Münsterbaus. Im Jahre 1275, in dem das Schiff vollendet wurde, hat er einen Ablaß ausgeschrieben, um Mittel für das Werk einzutreiben, das – wie es in dem Ablaßbrief heißt – „mit seinem vielfältigen Schmuck emporwächst gleich den Blumen des Mai". Zwei Jahre später konnte er den Grundstein zum Nordturm der berühmten Westfassade legen, mit deren Ausführung er nicht lange danach den legendären Baumeister Erwin von Steinbach beauftragt haben soll. Da nun das Münster eine Marienkirche ist, wird man kaum fehlgehen, wenn man die marianische Bildlichkeit der Preisstrophe als Ehrung des Bauherrn Konrad von Lichtenberg versteht.

Es ist begreiflich, daß es die Forschung gereizt hat, mit Bischof Konrad von Lichtenberg und dem Münsterbau auch die ‚Goldene Schmiede' in Verbindung zu bringen. Das Gedicht trägt seinen Namen – der nicht authentisch ist, aber schon früh in den Handschriften begegnet – nach einer Metapher im Prolog: der Dichter wünscht, der hohen Himmelkaiserin in der Schmiede seines Herzens mit dem Hammer seiner Zunge ein goldenes Geschmeide zu verfertigen. Dieses Geschmeide stellt das Werk vor. Es ist ein überbordender Preis der Gottesmutter, der in tausend Reimpaaren (nach dem Bestand des kritischen Textes) mit funkelndem Prunk fremdartiger Bilder und Worte die Fülle der in der Tradition der Marienverehrung angesammelten

Symbole und Lobpreisungen aneinanderreiht, ohne erkennbare Tektonik, sich überstürzend in atemloser Eile (die bewirkt wird durch konsequente „Reimbrechung" – d.h. die Reime sind so gesetzt, daß Satzschluß und Reimpaarschluß nicht zusammenfallen, mithin die Rede immer weitergetrieben wird, am Ende des Satzes von der noch unvollständigen Reimbindung und am Ende des Reimpaars von dem noch unvollständigen Satz). Es spricht manches dafür, daß das Werk zum öffentlichen Vortrag in der Gemeinde bestimmt war, und es könnte gut sein, daß Konrad von Lichtenberg es in Auftrag gegeben hat, als eine seiner Maßnahmen zur Förderung des Marienkults im Zusammenhang mit dem Münsterbau. Indessen ist mit Recht daran erinnert worden, daß etwa auch das Basler Münster eine Marienkirche ist und daß dort Bischof Heinrich II. von Neuenburg 1274 eine Marienkapelle errichtet und einen Marienaltar gestiftet hat. Sicher ist nur, daß die ‚Goldene Schmiede' am Oberrhein bekannt war: der Colmarer Dominikanerchronist nennt als einziges von Konrads Werken gerade die *rhitmos Theutonicos de beata Virgine preciosos*, die „kostbaren deutschen Verse von der seligen Jungfrau".

Die Reihe der Lobpreisungen des Spruchs auf den Lichtenberger gipfelt in der Behauptung, dessen Ruhm sei glänzend *sam nâch dienste werder wîbe loene*, „wie der Lohn, den edle Frauen für empfangenen Dienst spenden". Das spielt offensichtlich auf den Dienst-Lohn-Gedanken des Minnesangs an, der hier – wenn unsere Deutung des Spruches zutrifft – auf Maria zu beziehen wäre: wie die Dame den Ritter für seinen Minnedienst belohnt, so Maria den Bischof für den Dienst des Münsterbaus. Die Wendung zeigt, daß dem Bischof die Galanterie höfischer Geselligkeit nicht fremd gewesen ist. Wir haben ihn uns als einen Fürsten vorzustellen, den sein geistliches Amt nicht daran hinderte, einen Lebensstil zu pflegen, der dem der weltlichen Herren entsprach. Auch von daher ist es wahrscheinlich, daß es in Straßburg einen Literaturbetrieb gegeben hat, der von der geistlichen und weltlichen Oberschicht der Stadt gemeinsam getragen wurde.

Unter solchen Umständen scheint die öfters geäußerte Vermutung durchaus plausibel, daß Konrad von Lichtenberg der Auftraggeber für die Anfertigung der ältesten der drei großen Minnesang-Sammlungen gewesen ist, der Liederhandschrift A (vgl. Bd. II/1). Sichern läßt sich die Zuweisung nicht, und vielleicht spricht (u.a.) gegen sie, daß gerade Konrad von Würzburg in ihr nicht vertreten ist. Es fehlt auch ein Dichter, den man mit einem Mann identifiziert, der damals nachweislich in Straßburg lebte und Verbindung mit dem Bischof hatte: Walther von Klingen, von dem die Liederhandschrift C eine Handvoll konventioneller Minnelieder überliefert, deren Stilmerkmale darauf hinzudeuten scheinen, daß sie um die Mitte bzw. in der zweiten Hälfte des Jahrhunderts entstanden sind. Der Freiherr Walther von Klingen, dem man sie zuschreibt, war einer der einflußreichsten Vertrauten Rudolfs von Habsburg. Er hat sich, nach Verkauf des Stammsitzes Klingnau im Aaretal (unweit der Habsburg), in den siebziger Jahren nach dem Elsaß orientiert, erwarb dort umfangreichen Besitz (u.a. von den Lichtenbergern) und lebte anscheinend in Straßburg und Basel, wo er als Hausbesitzer bezeugt ist. Man hat in ihm früher das Haupt eines Dichterkreises auf der Burg Klingnau gesehen. Diese Annahme ist jedoch nicht beweisbar, und für uns ist Walther – wenn er der Dichter ist – nur interessant als sozialer Typus: als Adliger mit reichem Besitz auf dem „Land" und Wohnung in der Stadt (in einer Straßburger Urkunde von 1274 heißt er *unser burger*!), dessen literarisches Interesse (soweit an den Liedern abzulesen) rein „adliger" Natur war – ohne die Spur eines Einschlags, der auf Spezifika einer stadtbürgerlichen Existenz verwiese.

Gemeinsamkeit der literarischen Interessen der geistlichen und weltlichen Führungselite, wie wir sie für Straßburg vermuten, ist für Basel direkt bezeugt: in den Gönnernennungen der dort entstandenen Werke Konrads, der drei Legenden sowohl wie der beiden Romane.

Die Legenden gelten Heiligen, deren Verehrung damals allgemein verbreitet war: dem Papst Silvester, der den römischen Kaiser Konstantin zum Christentum bekehrte; dem reichen Jüngling Alexius, der freiwillig allen Reichtum und alle weltliche Ehre aufgab; dem Arzt Pantaleon, der als Märtyrer für seinen Glauben in den Tod ging. Es ist nichts darüber bekannt, daß sie zu speziellem Anlaß in Auftrag gegeben wurden, etwa zur Feier der Translation von Reliquien, die es in Basel von jedem der drei Heiligen gibt (nicht hinreichend begründet ist die in der Forschung geäußerte Vermutung, Konrad bzw. sein Auftraggeber habe die Gestalt des Pantaleon irrtümlich gleichgesetzt mit der des heiligen Bischofs Pantalus, dessen Haupt 1270 von Köln nach Basel überführt worden war). Verfaßt sind sie wohl in den siebziger und achtziger Jahren. Darauf weisen die Daten der urkundlichen Bezeugung der von Konrad jeweils sorgsam verzeichneten Auftraggeber.

Auftraggeber des ‚Silvester' war ein Mann, der in Basel die gleiche Position innehatte wie Berthold von Tiersberg in Straßburg: Liutolt von Roeteln, aus angesehener freiherrlicher Familie (Stammsitz bei Lörrach), die in Basel schon mehrere Bischöfe gestellt hatte, Domherr, seit 1277 Archidiakon (d.h. hoher bischöflicher Würdenträger mit weitgehenden Befugnissen vor allem in Vermögensdingen und Rechtsprechung), seit 1289 Domprobst, 1309 zum Bischof gewählt (aber vom Papst nicht bestätigt). Die beiden anderen Legenden hingegen haben Angehörige der weltlichen Oberschicht der Stadt in Auftrag gegeben: Johann von Bermeswil (urkundlich 1273 – 1293 [?]) und Heinrich Isenlin (urkundlich 1265–1294) den ‚Alexius', Johannes von Arguel (urkundlich 1277–1311) den ‚Pantaleon'. Wie der ‚Heinrich von Kempten' sind die drei Werke nach lateinischen Quellen gearbeitet, und deren Umsetzung in deutsche Reimpaarverse bedeutete auch hier eine Transponierung der Stoffe aus dem Bereich der klerikalen in den der laikalen Schriftkultur, die im Raum der Bischofsstadt gemeinsam getragen wurde von der geistlichen und der weltlichen Oberschicht.

Zu dieser gehörte auch der Auftraggeber des wohl ebenfalls in den siebziger Jahren geschriebenen ‚Partonopier und Meliur': Peter Schaler, urkundlich bezeugt von 1258 bis 1307, als Bürgermeister und Schultheiß Inhaber höchster städtischer Ämter. Die adlige Lebensführung dieses Mannes belegt nichts besser als die Tatsache, daß er in der Schlacht auf dem Marchfeld (s.u. S. 47f.) im Ritterheer des deutschen Königs gekämpft hat. Wenn er

einen höfischen Roman nach französischer Quelle anfertigen ließ, so stimmt
dies auf das genaueste zu diesem Milieu.

Der französische ‚Partonopeus de Blois' vom Ende des 12. Jahrhunderts
war das, was man heute einen „Weltbestseller" nennen würde; er hat sich
nicht nur in Frankreich größter Beliebtheit erfreut, sondern wurde außer
ins Deutsche auch ins Niederländische, Dänische, Isländische, Englische
und Spanische übertragen. Er ist ein typischer Minne- und Aventiureroman.
Der Held, Graf von Blois und Anjou, Neffe des französischen Königs,
wird von der Königin Melior, die ihn liebt, auf märchenhafte Weise in ihr
Reich gebracht; er schläft mit ihr, muß aber versprechen, daß er sie, die
sich selbst und ihren ganzen Hofstaat durch Zauberei unsichtbar gemacht
hat, nicht zu sehen begehrt, bis sie ihn offiziell zum Mann nimmt; er bricht
das Versprechen, indem er sie durch einen Gegenzauber sichtbar macht,
und wird von ihr verstoßen, kann sie aber am Ende durch den Sieg in einem
großen Turnier doch noch zur Frau gewinnen. Der Roman – dessen
zentrales Motiv an keltische Erzählungen von der Liebe einer Fee zu einem
Sterblichen und an das antike Märchen von Amor und Psyche erinnert –
bietet eine effektvolle Mischung aus Märchenatmosphäre, raffinierter Erotik
und ausführlicher Darstellung adligen Lebens (wobei auch kriegerische
Auseinandersetzungen, in denen der Held sich bewährt, eine große Rolle
spielen). Der französische Text existiert in mehreren Fassungen. Zu keiner
von ihnen stimmt Konrads Text genau, und da auf französischer Seite mit
Überlieferungsverlusten zu rechnen ist, kann man nicht sagen, in welchem
Umfang die Abweichungen auf das Konto Konrads gehen. Sicher ist nur,
daß er an der ideologischen Ausrichtung des Erzählten auf das Selbstverständnis eines adligen Publikums nichts geändert hat.

Außer Peter Schaler, der das Unternehmen finanzierte (v. 200f.),
nennt Konrad zwei weitere Basler Herren, die es gefördert haben: Heinrich
Marschant, der ihm, der angeblich kein Französisch kann, den Text über-
setzte, und Arnold Fuchs, der mit kritischem Rat zur Hand war. Beide sind
als Angehörige wohlhabender Basler Familien ebenfalls gut bezeugt (1273 –
1296 bzw. 1237 – 1255 [?]). Die Gönnernennung geschieht im Prolog, und
es ist aufschlußreich zu sehen, in welchen Zusammenhang sie Konrad da
gestellt hat. Vorausgeht eine große Zeitklage: eine Inflation stümperhafter
Dichtung hat den Geschmack des Publikums verdorben, so daß es nicht
mehr fähig ist, den *künste rîchen man* (v. 97), den wahren Künstler, zu
würdigen; doch soll dieser sich nicht daran kehren und es halten wie die
Nachtigall, die singt, auch wenn niemand sie hört – und gottlob gibt es ja
schließlich doch noch Leute, die etwas von *guot getichte* (v. 162) verstehen:
Peter Schaler und Heinrich Marschant und Arnold Fuchs ... Hier ist mit
Händen zu greifen nicht nur die Abhängigkeit des unter Konkurrenzdruck
stehenden Berufsdichters, sondern auch die Funktion des literarischen
Mäzenatentums, das Selbstverständnis der Führungsschicht als einer
exklusiven Elite zu dokumentieren.

Einen Eindruck davon, wie sich dieses Selbstverständnis im politischen Alltag äußerte, vermittelt eine berühmte Szene, die sich 1286 im Rat abgespielt haben soll. In hitziger Debatte trat da, nach dem Bericht des Chronisten Matthias von Neuenburg, dem Johannes von Arguel, der sich für die Beteiligung der Zünfte am Rat einsetzte, Peter Schaler entgegen mit der polemischen Frage: ,,weißt du denn nicht, daß in e i n e m Haus der Hausherr und die Schweine leben, aber doch ganz verschieden gehalten werden?'' Man muß sich freilich hüten, aufgrund dieser Äußerung den Standesstolz Peter Schalers einseitig auf Abgrenzung gegenüber den Zünften fixiert zu sehen, und es wäre auch falsch, aus dem Auftritt auf einen gesellschaftlichen Gegensatz zwischen ihm und Johannes von Arguel zu schließen. Zwar gehörten die Kontrahenten Familien von unterschiedlicher Herkunft an: die Schaler waren aus der bischöflichen Ministerialität hervorgegangen, die von Arguel stammten aus einem auswärtigen Freiherrengeschlecht (Stammburg bei St. Imier im Schweizer Jura). Es ist aber für die damalige Situation in Basel (wie in Straßburg) gerade charakteristisch, daß ehemalige Ministerialen und wohlhabende Zugezogene zu einer gesellschaftlich mehr oder weniger homogenen Gruppe verschmolzen waren, die die weltliche Führungsschicht der Stadt bildete. Die politischen Fronten innerhalb dieser Schicht hatten denn auch mit der Herkunft der Familien nichts zu tun: den beiden großen Basler Parteien, die sich nach ihren Wappenzeichen ,,Sterner'' (weißer Stern in rotem Feld) und ,,Psitticher'' (grüner Sittich in weißem Feld) nannten, gehörten Geschlechter beiderlei Ursprungs an. Was für die Politik galt, das galt auch für das Mäzenatentum: es ist keineswegs verwunderlich, daß sowohl ein Arguel als auch ein Schaler unter den Gönnern Konrads ist.

Die gesellschaftliche Homogenität nicht nur der weltlichen, sondern der gesamten, der weltlichen und der geistlichen Oberschicht der Stadt wird schließlich noch einmal sinnfällig in der Gestalt des Domherrn Dietrich am Orte (urkundlich 1255–1289), der Konrad den Auftrag für den ,Trojanerkrieg' erteilt hat. Konrad nennt ihn *singer* (v. 246) und spricht ihn damit als Inhaber des Cantor-Amtes an, als der er seit 1281 bezeugt ist (der Cantor war zuständig für die Organisation des Gottesdienstes). Dies legt die Entstehungszeit des Werkes auf die achtziger Jahre fest. Als Konrad 1287 starb, hatte er mit über 44000 Versen erst eben ein Drittel des Stoffs seiner Hauptquelle bewältigt. Diese ist die gleiche, die schon Herbort von Fritzlar für seinen Troja-Roman benutzte: der französische ,Roman de Troie' des Benoît de Sainte-Maure. Zusätzlich hat Konrad eine ganze Reihe lateinischer Quellen herangezogen (überwiegend Schulautoren, wie man sie in der Bibliothek eines Domkapitels wohl finden mochte) und ihre Berichte untereinander und mit dem Benoîts verbunden – mit Umsicht und Geschick, was die Handlungsführung betrifft, aber auch so, daß das Vorliegende ein übergreifendes Sinnkonzept jedenfalls nicht ohne weiteres erkennen läßt. Direkt ersichtlich ist nur, daß er das antike Geschehen auf die romanhaften Schemata von Minne und Aventiure hin modelliert hat, so daß das Werk, in der gewaltigen Fülle und Vielfalt seiner Personen und Ereignisse, wie eine Summe höfischer Erzähltradition wirkt. Die literarischen Interessen des Domherrn Dietrich am Orte decken sich hier in bezeichnender Weise mit denen des ,,Ritters'' Peter Schaler.

Möglicherweise haben sie jedoch weiter gereicht. Unter den lateinischen Gedichten einer Sammlung, die ein Basler Kleriker am Ende des 13. Jahrhunderts zusammengestellt hat, findet sich eines, in dem der Cantor Dietrich um ein Kleidungsstück gebeten wird. Er ist demnach als Gönner auch für lateinische Autoren zumindest in Frage gekommen. In weiteren Gönnernennungen der Sammlung zeichnet sich ein regelrechter Literaturkreis ab, der offensichtlich am Bischofshof angesiedelt war. Inwieweit er über die Person des Cantors hinaus mit dem Literaturkreis der Gönner Konrads von Würzburg verbunden war, können wir leider nicht sagen (vielleicht handelte es sich um einen besonderen Zirkel primär der Kleriker).

Ausdruck der Zusammengehörigkeit (und gewiß auch Instrument der Integration) der herrschenden Kreise am Bischofshof und im Rat im Geiste adliger Standestradition: auf diese Formel könnte man zusammenfassend die sozialhistorische Bedeutung der Straßburger und Basler Werke Konrads von Würzburg bringen.

Deutsche Literatur im Umkreis der ersten Habsburger

Jener Graf Rudolf von Habsburg, der am Oberrhein eine so mächtige Hand hatte, wurde am 1. Oktober 1273 zum deutschen König gewählt und wenig später, am 24. Oktober, in Aachen gekrönt. Damit ging eine Epoche des Verfalls der deutschen Königsmacht zu Ende, die 1245 mit der Absetzung Kaiser Friedrichs II. durch Papst Innozenz IV. begonnen hatte. Wir sahen bereits (S. 29), daß die päpstliche Partei wie dem Kaiser so auch seinem Sohn, König Konrad IV., die Anerkennung verweigerte und Gegenkönige wählte: Heinrich Raspe (1246–1247) und Wilhelm von Holland (1247–1256). Konrads IV. Tod im Jahre 1254 beendete das Doppelkönigtum nur für zwei Jahre. Als König Wilhelm im Jahre 1256 einem Mordanschlag zum Opfer gefallen war, konnten sich die Kurfürsten nicht auf einen Nachfolger einigen. Gewählt wurde von einer Partei Richard von Cornwall, der Bruder König Heinrichs III. von England (s. o. S. 35), und von einer anderen Partei König Alfons X. von Kastilien. Die Zeit des Interregnums, der „Zwischenherrschaft" der nicht allgemein anerkannten ausländischen Könige (von denen der Engländer nur sporadisch, der Spanier überhaupt nicht in Deutschland gewesen ist), war naturgemäß eine Zeit erhöhter Rechtsunsicherheit. Sie hat als solche vielstimmig klagenden Widerhall gefunden in der Spruchdichtung, die jetzt als Form der politischen Publizistik in einer Breite geübt wurde wie nie zuvor. Spruchdichter haben auch den neuen König Rudolf I. begrüßt: Friedrich von Sonnenburg und Rumelant von Sachsen.

Über die beiden Dichter – berufsmäßige Verfasser von Spruchstrophen der gewöhnlichen Art – ist wenig bekannt. Als Zeit und bevorzugter Ort der Tätigkeit ergeben sich aus Gönnernennungen und anderen Hinweisen für Friedrich von Sonnenburg (der vielleicht aus dem Pustertal bei Brixen stammt) das dritte Viertel des Jahrhunderts und der Südosten (einschließlich Böhmens), für Rumelant von Sachsen die siebziger und achtziger Jahre und der Norden (einschließlich Dänemarks). Beide haben sie für bayrische Fürsten gesungen, Friedrich von Sonnenburg für Herzog Otto II. (1231–1253) und dessen Sohn Herzog Heinrich XIII. von Niederbayern (1253–1290), Rumelant für Ottos anderen Sohn Ludwig II., Herzog von Oberbayern und Pfalzgraf bei Rhein (1253–1294). Diesen preist Rumelant u.a. als *des Roemeschen riches ersten kieser an der kür* (II 13), „des Römischen Reiches ersten Wähler bei der Wahl (des Königs)". Darin manifestiert sich ein politischer Anspruch Ludwigs, der bei der Wahl Rudolfs zur Geltung gekommen war. Er hatte sie als *electio per unum* vorgenommen, als „Einzelwahl" mit Zustimmung und im Namen der übrigen Kurfürsten. Es kann sein, daß Rumelant damals in seinem Gefolge war und in seinem Auftrag die Begrüßungsverse für Rudolf verfaßt hat. Literarisches Mäzenatentum und politische Demonstration zugunsten König Rudolfs hat der Herzog vielleicht auch in einem anderen Fall verbunden: es ist möglich, daß der eigenartige Roman von ‚Lohengrin' in seinem Auftrag als Propagandaschrift für den Habsburger angefertigt wurde (vgl. S. 113).

Rumelant besingt das „Wunder" Gottes, daß die Reichskleinodien Speer und Krone so lange auf Burg Trifels bewahrt wurden, und zwar – so suggeriert die Strophe – aufbewahrt gerade für den Grafen Rudolf von Habsburg (V 7). Die ehrwürdigen Insignien sind Rudolf auf seinem Zug vom Wahlort Frankfurt zum Krönungsort Aachen in Boppard übergeben worden, und aus Anlaß der Übergabe mag Rumelant die Strophe gedichtet haben. Wie sie läßt auch die Strophe Friedrichs von Sonnenburg Rudolfs Wahl durch ein Wunder beglaubigt sein. Sie schildert, wie bei der Krönung über dem Aachener Münster ein großes Kreuz am Himmel erschien – Zeichen dafür, daß Gott selbst den Habsburger erwählt habe (30). Von dem Ereignis berichten auch die Chronisten (der Colmarer Dominikanerchronist spricht von einer W o l k e in Kreuzesform, die dann in der Morgensonne rot aufleuchtete). Daß die Aachener Kreuzerscheinung von allen Anwesenden wahrgenommen wurde (woran zu zweifeln kein Grund besteht), besagt, daß man sich über die Rechtmäßigkeit der Wahl einig war. Diesen Konsens zu dokumentieren und zu verbreiten, war die Aufgabe des Spruches.

Friedrich von Sonnenburg hat sich noch in zwei weiteren Strophen als Propagandist des Königs betätigt. Die eine (28) gibt eine Paraphrase eines Schreibens vom 26. September 1274, in dem Papst Gregor X. Rudolf als König anerkannte; die andere (29) berichtet von einem Rundschreiben, in dem der gleiche Papst unter dem gleichen Datum die Großen des Reichs von der Anerkennung unterrichtete. Das Schreiben an Rudolf, das diesem auf einem Reichstag in Würzburg im Februar 1275 überbracht wurde, muß Friedrich von Sonnenburg genau gekannt haben: seine Paraphrase folgt dem lateinischen Text bis in einzelne Formulierungen hinein. Man wird deshalb annehmen dürfen, daß die Strophe mit offiziellem Auftrag im Dienst der königlichen Informationspolitik verfaßt wurde.

Es gab auch Gegenpropaganda. Von den Spruchdichtern scheint sich einer auf sie spezialisiert zu haben: der Schulmeister von Eßlingen, der Rudolf mit einem Bombardement von Schmähungen verfolgt hat.

Den Verfasser der unter diesem Namen überlieferten Strophen hat man mit einem
gewissen *Heinricus rector scholarum seu doctor puerorum* („Schulleiter") der
Eßlinger Stadtschule identifiziert, der 1279–1281 urkundlich bezeugt sein soll. Das
ist nicht sehr wahrscheinlich, und man wird jedenfalls annehmen dürfen, daß er
zumindest zeitweilig zu den Fahrenden gehört hat. Das erhaltene Werk ist schmal:
zwei Minnelieder und eine Handvoll Sprüche, alles in allem sechzehn Strophen.
Der Polemik gegen Rudolf sind davon nicht weniger als acht gewidmet.

Wir greifen die besonders infame Strophe V heraus. In ihr redet der Schulmeister den König an als den, dem des Reiches Schild anvertraut ist. Auf
diesem ist als Wappen ein aufrechter Adler in goldenem Grund zu sehen:
das bedeutet, daß der König von hoher Geburt sein soll – über die aber
verfügt (wie jeder Hörer leicht ergänzen konnte) der Graf von Habsburg
nicht. Der Adler ist schwarz: das bedeutet, daß des Königs Macht Schrecken
verbreiten soll (unter den Bösen) – aber den Habsburger fürchtet keiner,
der stiftet Frieden bloß wie eine Vogelscheuche. Vom Adler weiß die
Zoologie des Mittelalters zu berichten, daß er seine Jungen in die Sonne
sehen läßt und sie verwirft, wenn sie den Anblick nicht aushalten können
– diese Probe würde der Habsburger nicht bestehen, er müßte denn
genauer hinsehen, wenn es um Recht und Unrecht geht. König und Adler
sollten hoch in den Lüften schweben – der Habsburger aber verhält sich
nicht wie der Adler, sondern wie der Specht: wie der um einen faulen Baum
herumklopft (um Würmer herauszuziehen), so der König um die Güter von
ritter unde kneht (um Steuern aus ihnen herauszuziehen bzw. sich ihrer zu
bemächtigen). Die Strophe ist ein Meisterwerk der Diffamierungskunst.
Sie arbeitet vom ersten bis zum letzten Vers mit dem einen Darstellungsmuster der Wappenallegorese (der Deutung des Wappentiers nach seinen
verschiedenen Eigenschaften auf den Träger des Wappens – das Verfahren
hat in der Spruchdichtung seit Walther eine gewisse Tradition und kam
gegen Ende des Jahrhunderts so sehr in Mode, daß Rumelant von Sachsen
eine Preisstrophe auf Ludwig von Bayern mit der Versicherung einleiten
konnte, es sei ihm nicht möglich, diesen mit einem Tier zu vergleichen: VI 9).
Diese Beschränkung auf ein einziges Darstellungsmuster, das konsequent
durchgeführt ist, verleiht der Strophe eine einprägsame Geschlossenheit, die
unterstrichen wird durch das Argumentationsschema der Beweisführung –
der erste Vers bringt die Voraussetzung: *ir nement des rîches schiltes war* („Ihr
führt den Schild des Reiches"), der letzte die Schlußfolgerung: *der schilt der
wil iu übel an stân* („der Schild paßt schlecht zu Euch"). Der grundlegende
Vogelvergleich: der König als Adler mündet in eine Pointe, deren bösartige
Anschaulichkeit an moderne politische Karikaturen erinnert: der König als
Specht. Schließlich garantiert die Bindung der Invektiven an das reale Wappen eine dauernde Wirkung der Strophe: wer immer sie einmal gehört hat,
wird sich ihrer erinnern, wenn er den König mit seinem Zeichen sieht.

Wir wissen leider nicht, in wessen Auftrag diese und die anderen anti-
habsburgischen Sprüche des Schulmeisters verfaßt sind, wessen politische

Interessen sie artikulieren. Gegner hatte Rudolf von allem Anfang an. Der bedeutendste, mit dem er sich auseinandersetzen mußte, war der König von Böhmen, Ottokar II., der selbst Ambitionen auf die deutsche Königskrone hatte und nicht bereit war, die Wahl Rudolfs anzuerkennen, des „armen Grafen", wie er ihn genannt haben soll.

Die Vorstellung vom „armen Grafen" bestimmt ganz allgemein das Bild, das sich die Zeitgenossen von Rudolf machten. Sie beruht nicht auf finanzieller Realität – der Graf von Habsburg war alles andere als unbegütert –, sondern meint die Tatsache, daß die Wahl nicht einen der großen Reichsfürsten getroffen hatte. Wenn Rudolf „arm" genannt wird, dann ist das eine Art Chiffre dafür, daß des Grafen Wahl zum König ein spektakulärer Aufstieg war. Das Verständnismodell konnte ebensowohl positiv wie negativ akzentuiert werden: positiv etwa mit Hinweis auf das Bibelwort, daß Gott die Niederen erhöht, negativ durch Verknüpfung mit dem Assoziationsfeld von niederem Stand, Unvermögen und niederer Gesinnung, das in der Strophe des Schulmeisters entfaltet ist und auf das die Äußerung Ottokars abhebt. Als gewissermaßen berufsspezifische Variante dieses Diffamierungsmusters wird der Vorwurf der Knausrigkeit zu verstehen sein, den außer dem Schulmeister auch andere Spruchdichter erheben (wohingegen Rumelant von Sachsen gerade die Freigebigkeit des Königs rühmt).

Für Ottokar war Rudolf nicht nur Rivale um die Führung des Reichs. Der neue König hatte nach der Krönung unverzüglich damit begonnen, in großem Stil Reichsgut zurückzufordern, das in den Jahrzehnten der Schwäche des Königtums in fremde Hände gekommen war (auf diese „Revindikationspolitik" könnte das Bild vom klopfenden Specht in der Strophe des Schulmeisters zielen). Betroffen war davon nicht zuletzt der Böhmenkönig, der seit den fünfziger Jahren die durch den Tod Herzog Friedrichs des Streitbaren (vgl. S. 18) herrenlos gewordenen babenbergischen Länder in seinen Besitz gebracht hatte. Das war unter Mißachtung der Rechtslage geschehen, dergemäß die Länder als erledigte Lehen an das Reich hätten zurückfallen müssen. Rudolf zögerte nicht, sie in einem förmlichen Verfahren einzufordern, das im November 1274 auf einem Reichstag zu Nürnberg eröffnet wurde. Ottokar mißachtete die Ladungen, die an ihn ergingen, und verfiel der Acht. Am 24. Juni 1276 wurde ihm der Reichskrieg erklärt.

Als Herrscher über Böhmen, Mähren, Österreich, Steiermark und Krain war Ottokar der mächtigste der Reichsfürsten. Den Kampf gegen ihn aufzunehmen, bedeutete für Rudolf ein erhebliches Risiko. Darauf könnte eine Strophe (I 12) jenes Spruchdichters Meißner abgestellt sein, der uns (S. 33) als Kommentator der Hinrichtung Konradins begegnet ist (er ist anscheinend, etwa in den siebziger und achtziger Jahren, vor allem im nordostdeutschen Raum tätig gewesen). In dieser Strophe wird dem König Rudolf dringend nahegelegt, sich den König von Böhmen – wahrscheinlich eben Ottokar – zum Freund zu machen. Sie ist ganz aus böhmischer Sicht geschrieben: sie rühmt den *hochgelobten kuninc von Bemerlant*, der den Dichter und alle, die um seine Hilfe bitten, von Sorge befreien kann; sie spricht von seinem Reichtum und seinem Ansehen, die den Neid der Treulosen erregen; und sie

empfiehlt ihn als *vrideman*, „Friedensstifter", den besten auf der Erde. Das Lob
des Fahrenden kommt nicht von ungefähr: Ottokar ist ein bedeutender Förderer
der deutschen Literatur gewesen. Die Spruchdichter Friedrich von Sonnenburg und
Sigeher haben sich offenbar längere Zeit in seinem Gefolge aufgehalten. Ulrich von
dem Türlin hat ihm seinen ‚Willehalm' gewidmet (eine Vorgeschichte zu Wolframs
Werk), und ein weiterer Epiker, Ulrich von Etzenbach, den dann sein Sohn Wenzel
II. gefördert hat, ist wohl noch von ihm an den Prager Hof geholt worden. Ob
auch der Meißner dort aufgetreten ist, ist allerdings unklar. Die Preisstrophe jedenfalls ist nicht in Böhmen entstanden, denn sie gibt sich ausdrücklich als Gruß an
den fernen König: „will jemand nach Böhmen, der soll dort den hochberühmten
König von mir grüßen ..." Vielleicht stehen die drei Markgrafen von Brandenburg
hinter der Strophe, auf die der Meißner Preisgedichte verfaßt hat: die Brüder Otto
V. „der Lange" und Albrecht III. sowie deren Vetter Otto IV. „mit dem Pfeile"
(der übrigens als Minnesänger bezeugt ist). Otto V. und Albrecht III. waren Neffen
Ottokars, und Otto V. gehörte zu dessen engsten Verbündeten. Es ist gut vorstellbar,
daß sie den ihnen verpflichteten Dichter beauftragt haben, Stimmung für den
böhmischen König zu machen.

Die Entscheidung fiel vor Wien. Die Stadt, die fest zu Ottokar hielt, war
dessen letzte bedeutende Machtposition im ehemals babenbergischen Raum,
nachdem die Landstände in breiter Front zu Rudolf übergegangen waren.
Der begann im Oktober 1276 mit der Belagerung.

Das Unternehmen hat in der deutschen Literatur eine bemerkenswerte
Spur hinterlassen. Zwei der Herren aus dem Reichsheer beziehen sich
darauf in Minneliedern: Konrad von Landeck, Ministeriale des Grafen von
Toggenburg (im Nordosten der Schweiz) und Inhaber des Schenkenamtes
beim Abt von St. Gallen, und Konrad von Hohenburg aus dem Elsaß,
genannt der Püller. Das Lied des Schenken (6), das offensichtlich während
der Belagerung verfaßt wurde, beginnt in Übereinstimmung mit der tatsächlichen Jahreszeit mit winterlichem Natureingang, beschränkt sich im
aktuellen Bezug dann allerdings auf eine Art Entstehungsnotiz in der letzten
(fünften) Strophe: „der Schönen, der ich diene, sing ich dieses Lied vor
Wiene, wo der König mit Heeresmacht liegt; der hat des Reiches Not im
Sinn, ich aber den Gruß, den so lieblich süß ihr rosenroter Mund gibt".
Das Lied des Püller hingegen (IV) ist in seinen drei Strophen durchgängig
aus der aktuellen Situation heraus entwickelt. Die Not des Sängers, von der
die erste Strophe nach ebenfalls winterlichem Natureingang spricht, ist die
der Trennung: „man lebt zwar nicht schlecht in Österreich, aber ich kehrte
doch gern von Wien zurück an den Rhein zu der Schönen, wenn der König
nur die Zeit für gekommen hielte". In der zweiten Strophe preist der Sänger
die Vortrefflichkeit der Dame: im fremden Land hat er keine gesehen, die
ihr gleichkommt. In der dritten sendet er ihr seine Grüße: „will jemand
ins Elsaß, der soll der Lieben sagen, daß ich mich nach ihr sehne". Schließlich die Pointe: „Wenn mir einer Madame abspenstig macht, dann ist der
König schuld daran; ich möchte sie sehen, dann wäre ich ein glücklicher
Mann; die Abwesenheit kann mir leicht schaden". Es kommt nicht oft vor,

daß wir die Entstehungsumstände von Minneliedern so genau kennen wie
hier. Der Fall ist aufschlußreich, nicht nur weil er uns zeigt, wie eine solche
Militäraktion als gesellschaftliches Ereignis erlebt wurde, sondern auch
und vor allem, weil er deutlich macht, wie diese Männer Literatur gebrauchten, um ihre eigene Existenz in der durchaus unidealen Alltäglichkeit
des Lebens auf einen idealen Grund zu projizieren und so als sinnerfüllt
zu begreifen.

Die Belagerung Wiens endete unblutig. Ottokar, der mit seinem Heer am
Nordrand des Marchfelds lagerte, sah keine Möglichkeit, den Belagerungs-
ring von außen zu brechen, nachdem auch böhmische Adlige sich gegen ihn
erhoben hatten und zur weiteren Unterstützung Rudolfs ein ungarisches
Heer heranzog. Am 25. November erschien er in dessen Feldlager und bat ihn
um Verzeihung, *fracto quidem animo et genibus incurvatis*, „gebrochenen
Sinnes und mit gebeugten Knien", wie es in zeitgenössischen Äußerungen
heißt. Böhmen und Mähren erhielt er zu Lehen, die übrigen Länder mußte
er aufgeben. Rudolf konnte in Wien einziehen. Am Oberrhein, wo man die
Ereignisse mit besonderem Interesse verfolgt haben wird, verkündete Konrad
von Würzburg den Erfolg des Habsburgers in einem Spruch mit modischer
Wappenallegorie (32,316): der Adler von Rom hat den böhmischen Löwen
unter seine Klauen geduckt.

Der Friede war nicht von Dauer. Ottokar setzte alles daran, den Habsburger doch noch zu überwinden, und arbeitete offen auf die Erneuerung
des Krieges hin. Am 26. August 1278 stießen die Heere bei dem Dorf
Dürnkrut auf dem Marchfeld aufeinander. Die Schlacht endete mit der
vollständigen Niederlage der Böhmen. Ihr König wurde auf der Flucht
von persönlichen Feinden ermordet. Ein unbekannter Dichter hat seinen
Tod in einem zweistrophigen deutschen Lied beklagt, das wir aus den Aufzeichnungen des Colmarer Dominikanerchronisten kennen (‚Cantilena de
rege Bohemiae'). Und wieder im Gewand der Wappenallegorie ist der
Kampf der beiden Könige dargestellt worden in einem Reimpaargedicht
(‚Die Böhmenschlacht') eines ebenfalls unbekannten mittelrheinischen
Dichters (dem man, mit ganz unzulänglichen Gründen, eine Reihe weiterer
Kleindichtungen aus der Zeit um 1300 zugeschrieben hat). Der leider nur
als Fragment von 185 Versen erhaltene Text setzt ein mit der Wappnung
Rudolfs, der in dreierlei Gestalt ins Gefecht zieht: als Ritter, als Adler
(d.h. als Träger des Reichswappens) und als Löwe (d.h. als Träger des
habsburgischen Wappens, das in goldenem Feld einen roten Löwen zeigt).
In der Schlacht trifft er auf Ottokar, der das böhmische Löwenwappen
führt (weißer Löwe in rotem Feld). Es kommt zum Zweikampf, der in einer
Art Überblendungstechnik, die nicht ohne Reiz ist, teils als („realer")
Kampf der Wappenträger, teils als (allegorischer) Kampf der Wappentiere
geschildert wird. Der römische Adler und der habsburgische Löwe ringen
gemeinsam den böhmischen Löwen nieder: *da lach der Beheymmer vûr
dem Romer doit* (v. 153). Die Darstellung widerspricht den Fakten: die

beiden Könige sind bei Dürnkrut keineswegs persönlich aufeinandergetroffen, und Ottokar ist nicht in der Schlacht gefallen, sondern wurde, wie gesagt, auf der Flucht erschlagen. Ob der Dichter das gewußt hat oder nicht, gilt gleichviel für das Verständnis des Werks, das unmittelbar unter dem Eindruck des Ereignisses entstanden sein kann, sicher aber noch zu Lebzeiten Rudolfs entstanden ist. Die Abweichung von der Realität ist so oder so als Interpretation aufzufassen, die für das zeitgenössische Bewußtsein die höhere Wahrheit des Geschehens zum Ausdruck brachte, indem sie dieses auf eine Idealvorstellung hinstilisierte, wie sie die höfische Literatur ausgeprägt hatte: die Präsentation als Sieger in einem ritterlichen Zweikampf diente der Verklärung des Habsburgers. Auch die Wappenallegorie hat einen ideologischen, auf die Stabilisierung von Herrschaft gerichteten Charakter. Sie überhöht die Handelnden − und das heißt: die Herrschenden − zu quasi-mythischen Trägern transpersonaler Vorgänge, die als solche hoch über den Köpfen der Beherrschten sich abspielen, ihrem Urteil oder gar ihrem Einfluß weit entrückt.

Mit dem Sieg über Ottokar war Rudolfs Königtum endgültig gesichert. Die Grundlage seiner Macht bildete der Besitz seiner Familie, den er jetzt um das babenbergische Erbe vermehren konnte: seit 1283 regierte Rudolfs Sohn Albrecht, der schon 1282 gemeinsam mit seinem Bruder belehnt worden war, als Herzog von Österreich und Steiermark.

Die Reichspolitik, die Rudolf bis zu seinem Tod am 15. Juli 1291 geführt hat, ist für die Geschichte der deutschen Literatur nur noch insofern von Interesse, als unter seiner Regierung der Prozeß der Etablierung des Deutschen als Urkundensprache vorangetrieben wurde. Das gilt vor allem für die Landfriedensgesetzgebung, um die er sich energisch bemühte: bereits zwei Tage nach seiner Krönung erneuerte er den ‚Mainzer Reichslandfrieden‘ und veranlaßte in den folgenden Jahren eine ganze Serie von allgemeinen und territorial begrenzten Landfrieden.

Mit den Landfrieden in deutscher Sprache nahm Rudolf eine staufische Tradition auf. Das Interesse der Staufer an deutscher Dichtung hat er anscheinend nicht geteilt. Außer Friedrich von Sonnenburg (und vielleicht dem Verfasser der ‚Böhmenschlacht‘) kennen wir keinen Dichter, der in seinem Dienst gestanden hat. Auch ein fester Kreis von adligen Minnesängern läßt sich an seinem Hof nicht nachweisen (die „Kavalierslyrik" der Herren aus dem Reichsheer vor Wien kann selbstverständlich nicht in dem Sinne als habsburgische Hofdichtung gelten, in dem wir von staufischer Hofdichtung sprachen). Über die Gründe für dieses Defizit kann man nur spekulieren. Mit der allgemeinen Situation der Literatur in diesen Jahren hat es jedenfalls nichts zu tun. Am böhmischen Hof König Ottokars etwa ist, wie bereits angedeutet, deutsche Literatur in ähnlicher Vielfalt gepflegt worden wie am Hof der letzten Staufer, und Ottokars Sohn Wenzel II., der vielleicht selbst als Minnesänger hervorgetreten ist, hat diesen Hof später, an der Wende vom 13. zum 14. Jahrhundert, zum bedeutendsten

Zentrum der zeitgenössischen deutschen Literatur überhaupt gemacht. Wenn Ottokar sich im Kampf um die deutsche Königskrone durchgesetzt hätte, dann wäre der böhmische Hof auch in literarischer Hinsicht in die Nachfolge des staufischen Hofes gerückt (vgl. S. 119). Daß man in Prag solchen Wert gelegt hat auf repräsentative deutsche Literatur, beleuchtet den Rang und die Prätention der böhmischen Dynastie. Auf der anderen Seite ist man versucht, das Desinteresse Rudolfs von Habsburg (auch) mit der ständischen Inferiorität seines Hauses in Verbindung zu bringen.

Was auf der Ebene des Reichs für Rudolf gilt, das gilt auf der Ebene des Territoriums für Albrecht. Soweit wir sehen, hat es unter ihm am Wiener Hof keinen Literaturbetrieb gegeben, der an die Tradition der Babenberger angeknüpft hätte. Nach wie vor lebendig war dagegen die Literatur der Landherren.

Deren Tradition ist seit der Babenbergerzeit niemals abgerissen. Wie wir wissen, hat Ulrich von Lichtenstein seinen ‚Frauendienst‘ erst nach dieser Zeit abgefaßt (vgl. S. 16), und das ‚Frauenbuch‘ ist noch später entstanden (1257?). Nicht lange danach dürfte Herrand von Wildonie gedichtet haben, Ulrichs Schwiegersohn, der wie sein Schwiegervater als einer der führenden Landherren eine bedeutende Rolle in der österreichisch-steirischen Politik gespielt hat (urkundlich 1248–1278, Stammburg bei Graz). Wir besitzen von ihm ein kleines Oeuvre von vier Reimpaarerzählungen, das eine beträchtliche thematische Breite aufweist: eine höfische Novelle von der Treue einer Ehefrau (‚Die treue Gattin‘), ein grotesker Ehebruchschwank (‚Der betrogene Gatte‘), eine Mirakelerzählung (‚Der nackte Kaiser‘) und eine Fabel (‚Die Katze‘). Man stellt sich Herrand gern als Mitglied eines adligen Literaturkreises um seinen Schwiegervater vor, den er als Gewährsmann für die Erzählung vom ‚Betrogenen Gatten‘ nennt. Vielleicht ist er auch der Verfasser von drei Minneliedern, die unter dem Namen *Der von Wildonie* in der Liederhandschrift C überliefert sind. Auch Berufsdichter haben damals für die Landherren gearbeitet: von Sigeher gibt es eine Preisstrophe auf die österreichischen Herren von Preuzzel (9), und ein anderer Fahrender erwähnt in einer Strophe, die unter dem mysteriösen Namen Gedrut bzw. Geltar überliefert ist, die ebenfalls österreichischen Herren von Mergersdorf, deren Minnesang er verspottet (I). Ebenfalls ein Berufsdichter ist schließlich Konrad von Haslau gewesen, dem man ein Lehrgedicht in Reimpaarversen zuschreibt, einen „Knigge" für junge Adlige (‚Der Jüngling‘), der bereits in die frühe Habsburgerzeit gehören könnte.

Wie unter dem letzten Babenbergerherzog so ist auch unter dem ersten Habsburgerherzog in deutscher Literatur die ständische Selbstauffassung der Landherren artikuliert worden. Und es gab auch einen Publizisten, der sich wie seinerzeit Bruder Wernher über Jahre hinweg als deren politisches Sprachrohr betätigte. Er hat allerdings keine Spruchstrophen verfaßt, sondern Reimpaargedichte, von denen eine Sammlung von fünfzehn Stücken erhalten ist. Über seine historische Existenz ist nichts bekannt. Man nennt ihn den ‚Seifried Helbling‘-Autor.

Seifried (= Siegfried) Helbling ist der Name eines Hofnarren, der in Stück XIII
der Sammlung als Schreiber eines Briefes vorgestellt wird. Der erste Herausgeber
hat diese Figur des fiktionalen Textes unbegreiflicherweise mit dem Verfasser
identifiziert, der deshalb bis heute unter ihrem Namen durch die Literaturgeschichte
geistert. Wie er wirklich hieß, wissen wir nicht, und da es methodisch nicht statthaft
ist, Äußerungen, die der Ich-Erzähler der Stücke über seine Lebensumstände macht,
auf den Verfasser zu beziehen, können wir auch sonst wenig Sicheres über seine
historische Existenz sagen. Die Mehrzahl der Gedichte scheint in den achtziger und
neunziger Jahren des 13. Jahrhunderts entstanden zu sein; das eine oder andere
könnte ins 14. Jahrhundert gehören. Acht Stücke (I–IV, VIII–X, XV) verbindet
der Bezug auf eine Rahmensituation, in der der Ich-Erzähler und sein Knecht
auftreten, z.T. in Gesprächen, die als Lehrdialoge nach dem Muster des ‚Lucidarius‘
stilisiert sind (*der kleine Lûcidârius* heißt das *buoch* daher nach einer Bemerkung im
ersten Stück der Reihe [I v. 29f.]); Nr. V ist ein Klagemonolog des personifizierten
Landes Österreich, Nr. XIV ein Klagemonolog des Ich-Erzählers; in Nr. VI wendet
dieser sich an Herzog Albrecht und eine Reihe von Landherren, die er zum militä-
rischen Aufgebot gegen die Ungarn mahnt; Nr. VII berichtet von einem Kampf
zwischen den personifizierten Tugenden und Lastern, den der Ich-Erzähler (im
Traum) beobachtet hat; Nr. XI und XII sind Gebete; Nr. XIII schließlich gibt den
besagten Brief des Seifried Helbling wieder.

Die Texte beherrscht die Sorge um die Verhältnisse im Lande Österreich,
die in vielfacher Gefährdung gezeigt werden: moralisches Fehlverhalten aller
Art – eheliche Untreue, Geiz, Trunksucht und anderes – greift um sich;
das Land ist fremden Einflüssen ausgesetzt, die seine Eigenart zerstören,
weil ihnen die Österreicher in ihrer Narrheit nur allzugern nachgeben,
indem sie sich kleiden wie die Fremden und deren Sprache nachahmen;
die neu ins Land gekommenen Habsburger und die fremden Herren, die sie
mitgebracht haben, beuten die Einheimischen aus; das Verbrechen floriert,
weil Gesetzgebung, Rechtsprechung und Strafverfolgung nichts taugen;
Angriffen von außen ist das Land schutzlos preisgegeben, weil die Herren
nicht in der Lage sind, es zu verteidigen; die ständische Ordnung ist
korrumpiert durch Bauern, die sich zu Rittern, und durch Ritter, die sich
zu Landherren aufschwingen. Dieses düstere Bild wirkt umso eindrucks-
voller, als es vor dem Hintergrund der guten alten Babenbergerzeit gezeichnet
wird, in der die Welt angeblich noch in den Fugen war, die Menschen ihre
Pflichten kannten, österreichische Sitte noch etwas galt, der Herzog als
tatkräftiger Beschützer des Landes dessen äußere und innere Feinde in
Schach hielt. Vorgetragen wird das alles mit beträchtlichem Witz, mit Einfallsreichtum in der Wahl und Ausgestaltung der Einkleidungsformen, mit
bösartiger Ironie und einer unerbittlichen, oft satirischen Schärfe, die vor
keiner noch so infamen Schmähung zurückschreckt. Die Neigung, die Dinge
mit den Augen der Landherren zu sehen, ist unverkennbar. Sie werden den
Verfasser gefördert haben, und man kann sich denken, daß sie ihn auch
schützen mußten: die Heftigkeit seiner Ausfälle gegen das Habsburger-
regiment dürfte die herzoglichen Behörden nicht gleichgültig gelassen haben.

Diese Heftigkeit ist Ausdruck der politischen Bedrängnis, in der sich die Landherren seit der Machtübernahme der Habsburger befanden. Die mit diesen ins Land gekommenen Herren machten ihnen wirtschaftlich und politisch in höchst unerwünschter Weise Konkurrenz, und Herzog Albrecht zögerte nicht, die traditionelle landesfürstliche Politik aufzunehmen, die im Interesse der Territorialherrschaft auf Zurückdrängung des Einflusses der Landherren abzielte. Er tat dies äußerst erfolgreich, mit Geschick und Härte, holte alte herzogliche Rechte und Besitztitel zurück, die die Landherren nach Ottokars Tod sich hatten aneignen können, und erwarb neue dazu. Daß der ‚Seifried Helbling‘-Autor im Protest gegen die habsburgische Politik Affekte gegen die Fremden schürt und einer Babenberger-Nostalgie das Wort redet, kann man indessen nicht einfach als billige Diffamierungsstrategie abtun (die noch dazu, was die Erinnerung an die Babenberger betrifft, mit Verdrängung oder bewußter Lüge arbeitete: der mehrfach beschworene *biderb herzog Friderîch* − Friedrich der Streitbare − ist ja alles andere gewesen als ein Förderer der Landherren). Wir werden davon ausgehen müssen, daß hier das „ehrliche“ politische Selbstverständnis einer Gruppe zum Ausdruck kommt, die sich als Träger der im Herkommen verbürgten Identität des Landes fühlte. Alles dreht sich um Vorstellungen, die mit Begriffen wie *lantsit* („Landessitte“) und *des landes reht* umschrieben werden − es äußert sich jenes Landesbewußtsein, dem wir schon in der Literatur zur Zeit Friedrichs des Streitbaren begegnet sind und das sich, so scheint es, seither mächtig entwickelt hat. Der ‚Seifried Helbling‘-Autor hat es aus der Sicht der Landherren dargestellt, aber er ist, bei aller Parteilichkeit, kein finster beschränkter Ideologe gewesen. Betrachtet man sein Werk als ganzes, dann erkennt man das ernstgemeinte und ernstzunehmende Leitbild einer gesellschaftlichen Friedensordnung, in der der Landesherr, die Landherren und der niedere Adel zum Nutzen des *landes* zusammenwirken. In erstaunlich klaren Umrissen wird hier das Modell der landständischen Organisation des territorialen Fürstenstaats sichtbar, dem die Zukunft gehören sollte.

Zu den auffallendsten Charakteristika des ‚Seifried Helbling‘-Autors gehört seine profunde literarische Bildung. Gern kehrt er seine Lateinkenntnisse hervor und bringt auf fast penetrante Weise Reminiszenzen aus der höfischen Literatur an − so nennt er und zitiert direkt oder indirekt u.a. Wolframs ‚Parzival‘ und ‚Willehalm‘, den ‚Reinhart Fuchs‘, das ‚Nibelungenlied‘ und die ‚Nibelungenklage‘, Heinrich von Morungen, Walther von der Vogelweide, Freidank. Er hätte das schwerlich getan, wenn sein Publikum solche Anspielungen nicht geschätzt und honoriert hätte, und er wird für uns damit zum Zeugen dafür, daß die höfische Literatur noch immer − wie zu Zeiten Ulrichs von Lichtenstein − eine bedeutende Rolle für die Formung und Präsentation des Selbstverständnisses der Landherren spielte. Für dieses Interesse besitzen wir aus der Zeit des ‚Seifried Helbling‘-Autors auch ein direktes Zeugnis: die im Zusammenhang mit der Neidhart-Überlieferung

(S. 10) erwähnte Riedegger Handschrift, die um 1300 offenbar für einen der niederösterreichischen Landherren angefertigt wurde. Sie enthält außer den Liedern Neidharts den ‚Iwein' Hartmanns von Aue, den ‚Pfaffen Amis' des Stricker und die Heldenepen ‚Dietrichs Flucht' und ‚Rabenschlacht' (vgl. Abb. 1).

Die beiden Heldenepen, die zeitgeschichtlichen Bezug haben, sind in ihrer vorliegenden Gestalt wohl in der zweiten Hälfte des 13. Jahrhunderts für ein Publikum aus den Kreisen verfaßt worden, aus denen die Handschrift stammt. Ihr Held ist die im Mittelalter berühmteste und beliebteste Gestalt der germanisch-deutschen Heldensage: jener Dietrich von Bern, der auch im ‚Nibelungenlied' und in der ‚Nibelungenklage' vorkommt (vgl. Bd. II/1). Er tritt dort im Exil am Hof des Hunnenkönigs Etzel auf. Im Reimpaar-Epos von ‚Dietrichs Flucht', auch ‚Buch von Bern' genannt, erfährt man, wie er zum Heimatvertriebenen wurde: sein Onkel Ermenrich, der Kaiser von Rom, fordert ihn auf, ihm sein oberitalienisches Erbreich mit der Hauptstadt Bern (= Verona) abzutreten; Dietrich lehnt ab, setzt sich mit Heeresmacht zur Wehr und besiegt Ermenrich; der kann ihn dennoch zur Flucht ins hunnische Exil zwingen, weil es ihm gelingt, die besten Dietrichhelden zu fangen, deren Leben er nur unter der Bedingung schont, daß Dietrich ihm sein Land überläßt; zwei Rückeroberungsversuche, die Dietrich vom Hunnenhof aus unternimmt, scheitern, obwohl er wiederum Sieger in der Schlacht bleibt − der erste, weil ihm der Verräter Witege in den Rücken fällt, der zweite, weil er nach dem Verlust einiger seiner besten Helden den Sieg nicht ausnützt. Die ‚Rabenschlacht' („Schlacht bei Ravenna"), in sechszeiligen Strophen verfaßt und in den (vollständigen) Handschriften mit ‚Dietrichs Flucht' zu einer Art Zyklus verbunden, erzählt von einem weiteren Rückeroberungsversuch, bei dem Ermenrich erneut besiegt wird und Dietrich im Sieg erneut glücklos bleibt: die ihm anvertrauten Söhne Etzels und sein eigener Bruder Diether, alle drei unerfahrene Knaben, werden von Witege getötet, und wieder zieht er sich unverrichteter Dinge ins Hunnenland zurück.

In der Sagengestalt Dietrich von Bern lebt der historische Ostgotenkönig Theoderich der Große (um 455−526) fort, und was von ihr erzählt wird, läßt sich teilweise als Reflex von Ereignissen aus dem Leben Theoderichs verstehen. So führt man die Geschichte von Dietrichs Vertreibung auf das zentrale Ereignis in der Laufbahn Theoderichs zurück: die Eroberung Italiens, das er dem germanischen Heerkönig Odoaker entriß. In der Dietrich-Überlieferung sind die historischen Verhältnisse ins Gegenteil verkehrt worden, hat sich der Eroberer Theoderich in den Vertriebenen Dietrich verwandelt. Man nimmt gewöhnlich an, daß zu Beginn des Umformungsprozesses die Rolle des Usurpators noch Odoaker zufiel (was das ahd. ‚Hildebrandslied' zu bezeugen scheint − vgl. Bd. I/1). In der weiteren Entwicklung wäre dann Odoaker durch Ermenrich ersetzt worden, hinter dem sich der historische Ostgotenkönig Hermanarich verbirgt, ein Vorfahr Theoderichs, der um 375 beim Einfall der Hunnen in sein Reich den Tod gefunden hatte. Sein Eintreten in die Dietrich-

Überlieferung erklärt man daraus, daß ihm in der Erzähltradition der Germanen die typische Rolle des Verwandtenfeinds zugewachsen war. Daß Dietrich gerade zum Hunnenkönig Etzel flieht, dem historischen Attila (gest. 453), kann man daraus verstehen, daß dieser für die südosteuropäischen Völker traditionell der große Beschützer war. Historische Gestalten zusammenzubringen, die in Wirklichkeit zu verschiedenen Zeiten lebten (Hermanarich – Attila – Theoderich), ist ein Verfahren, das man auch sonst beobachten kann, wo Geschichte in heroische Erzählung umgeformt wird: es führt dazu, daß ursprünglich eigenständige Stoffkreise zu einer geschlossenen Heldenwelt integriert werden, die man einem besonderen Zeitalter zuordnet, eben dem Heldenzeitalter („heroic age"), das der Gemeinschaft, die die Erzähltradition trägt, als ferne Frühe ihrer eigenen Geschichte gilt. Nicht hinreichend geklärt ist, wie es zu dem Rollentausch kam, der aus dem Eroberer Theoderich den Vertriebenen Dietrich werden ließ. Und undurchsichtig bleibt, wie die Entwicklung des Stoffes, der durch Jahrhunderte mündlich tradiert wurde, über die skizzierten groben Linien hinaus vonstatten ging, ehe er für uns in den beiden Epen direkt faßbar wird.

Der zeitgeschichtliche Bezug konzentriert sich auf eine Passage in ‚Dietrichs Flucht', einen Exkurs (v. 7949ff. – Abb. 1), in dem ein etwas mysteriöser *Heinrîch der Vogelaere*, vielleicht der Redaktor der vorliegenden Fassung des Werks, im Namen von *grâven vrîen dienestman* („Grafen, Freien, Ministerialen") über die schlechten Zeiten lamentiert: die Herren werden von *boesen vürsten* mit erzwungenem Dienst bei Hoffahrten und Heerzügen um ihr Vermögen gebracht und müssen ohnmächtig zusehen, wie man landfremde Leute (*geste*) auf ihre ererbten Burgen (*erbeveste*) setzt. Das sind Töne, wie wir sie vom ‚Seifried Helbling'-Autor kennen, und wir sind wohl berechtigt, den Exkurs als anti-habsburgisches Manifest aus der Sicht der Landherren neben dessen Werk zu stellen (wenn man auch nicht mit Sicherheit ausschließen kann, daß er schon zu Zeiten König Ottokars entstand).

Zurückhaltender zu beurteilen ist eine weitergehende Hypothese, die man sowohl für die Gedichte des ‚Seifried Helbling'-Autors als auch für ‚Dietrichs Flucht' aufgestellt hat: daß die Werke zugleich eine Art Integrationsangebot an den Kleinadel formulierten, dem eingeredet werden sollte, es liege in seinem Interesse, mit den Landherren gemeinsame Sache gegen den Landesfürsten zu machen. Die Texte bieten nicht genügend Anhaltspunkte, die es erlaubten, die Hypothese zu sichern; überdies fehlt es, jedenfalls von seiten der Literarhistoriker, an sorgfältiger Dokumentation und Analyse der historischen Gegebenheiten, die sie voraussetzt.

Im Zusammenhang der Handlung knüpft der Exkurs an eine Szene an, in der die Hunnenkönigin Helche ihrem Schützling Gold gibt, denn – so bedeutet sie ihm – *swie holt dir die liute sint, si gewinnent undiensthaften muot, swenn dû in niht hâst ze geben guot* (v. 7946ff. – „wie sehr dir auch die Leute gewogen sind, sie werden dienstunwillig, wenn du ihnen nichts geben kannst"). Wie an dieser Stelle, wo der Exkurs dazu anleitet, kann man das Werk auch sonst als eine Demonstration richtigen und falschen Verhaltens in der Beziehung zwischen Fürst und Adel vor dem Hintergrund der österreichischen Verhältnisse lesen. Es wäre aber ein Mißverständnis, wollte man annehmen, der Text sei konsequent aus einem politischen Programm heraus konstruiert. Es ist ganz unwahrscheinlich, daß es eine bestimmte politische Konstellation war, die den Anlaß zur Literarisierung des in mündlicher Erzähltradition beliebten Stoffes gab. Vielmehr dürfte es sich so verhalten, daß politische Interessen sich den Text mit dem ehrwürdigen Traditionspotential seines Stoffes nach Bedarf punktuell zu Nutze machten.

Der Vogler-Exkurs ist auch insofern mit den Gedichten des ‚Seifried Helbling‘-Autors zu vergleichen, als er die üble Gegenwart im Kontrast zu einer besseren Vergangenheit zeigt. Die gute alte Zeit ist die Dietrich-Zeit aber schon nicht mehr. Die ethische Ordnung ist gestört, seit Ermenrich auftrat: er hat die Treulosigkeit in die Welt gebracht (v. 3508f.). Mit ihm endete die ideale Vorzeit, die in einem chronikartigen Bericht über Dietrichs Ahnen vergegenwärtigt wird, der das Werk einleitet. Die kritische Projektion der Gegenwart auf eine Vergangenheit, von der man sich eine genaue Vorstellung macht — sei sie real wie beim ‚Seifried Helbling‘-Autor, sei sie fabulös wie in ‚Dietrichs Flucht‘ —, bezeugt ein ausgeprägtes Geschichtsinteresse. Man ist geneigt, es als einen Grundzug der österreichischen Literatur der Zeit anzusprechen, wenn man bedenkt, daß sie damals, wohl in den späten siebziger und in den achtziger Jahren, auch zwei veritable Chroniken hervorgebracht hat: die ‚Weltchronik‘ und das ‚Fürstenbuch‘ des Wiener Bürgers Jans (Johannes). Mit ihm tritt die führende Schicht der führenden Stadt des Territoriums in unseren Blick, der im Prozeß der Herausbildung der neuen staatlichen Ordnung in Österreich große Bedeutung zukam.

In der Forschung erscheint Jans auch unter den Namen „Jansen Enikel" und „Jans Enikel". Diese Benennung, die suggeriert, er heiße „Enikel" mit Nachnamen, geht auf eine nachlässige Rezeption der Autorvorstellung in den Werken zurück: Jans sagt von sich, er werde *Johans* bzw. *Jans* genannt und heiße *der Jansen enikel* („Enkel von Männern, die ebenfalls Jans hießen") bzw. *hern Jansen eninchel* („Enkel des Herrn Jans") (‚Weltchronik‘ v. 85ff., ‚Fürstenbuch‘ v. 19ff.). Im übrigen ergibt sich aus dem, was Jans über seine Person mitteilt, daß er in Wien ein Haus besaß und sehr wahrscheinlich zur Oberschicht der alteingesessenen „Ritterbürger" gehörte. Urkundlich ist er anscheinend nicht nachweisbar.

Die ‚Weltchronik‘ bietet wie diejenige Rudolfs von Ems zunächst biblische Geschichte des Alten Testaments neben der Geschichte des Trojanischen Kriegs und Alexanders des Großen und schließt daran die Geschichte Roms und der ersten Päpste sowie deutsche Kaisergeschichte, die sich vor allem um Karl den Großen und Friedrich II. dreht, mit dessen Tod das Werk endet (über die Verfasserschaft von Zusätzen, die in einer Handschrift überliefert sind, ist noch nicht das letzte Wort gesprochen). Wichtiger in unserem Zusammenhang ist das (wohl nach der ‚Weltchronik‘ verfaßte) ‚Fürstenbuch‘, eine Geschichte Österreichs und der Steiermark von der Urzeit bis zu Herzog Friedrich II., vor dessen Tod, mitten im Bericht über die Vorbereitungen für die verhängnisvolle Schlacht an der Leitha, der Text abbricht. Das Dispositionsschema entnahm Jans möglicherweise einer Babenberger-Genealogie in Prosa, die er – zusammen mit einem annalistischen Prosabericht über die deutschen Könige und Kaiser von Karl dem Großen bis Friedrich II. – schon in die ‚Weltchronik' eingerückt hatte (nach v. 27652). Die Genealogie ist vielleicht mit einer „Chronik" gemeint, auf die er sich beruft (v. 4 u.ö.). Es ist anzunehmen, daß er diese und andere Quellen im Wiener Schottenstift vorfand und benutzte, wie er es in einem Fall genau schildert (v. 1087ff.). Die Babenberger-Genealogie in der ‚Weltchronik' und das ‚Fürstenbuch' sind weitere Zeugnisse für das Landesbewußtsein, das wir beim ‚Seifried Helbling'-Autor feststellten. Und wie bei diesem äußert es sich bei Jans in der Hinwendung zur Babenbergerzeit, die als Epoche der Stiftung der nationalen Identität begriffen und als große Vergangenheit beschworen wird. Aufschlußreich ist dabei die Perspektive des Wiener Bürgers, der den Geschicken seiner Stadt und ihrer Führungsschicht besondere Aufmerksamkeit widmet. Die Schilderung der Regierungszeit der beiden letzten Babenberger zeigt anschaulich, wie die Herzöge die reichen Wiener Herren begünstigten und sich ihrer im Kampf gegen die Landherren bedienten, sich aber auch nicht scheuten, sie nach Möglichkeit zu schröpfen. Deutlich werden vor allem die ökonomischen Interessen dieser Leute – Grundbesitz in der Stadt und auf dem Land, Handel und Gewerbe, Kreditgeschäfte, Ämter – und ihre adlige Lebensführung, namentlich ihre enge gesellschaftlich-kulturelle Verbindung mit dem Herzogshof. Was da berichtet wird und wie Jans es berichtet und beurteilt, entspricht ganz den Verhältnissen, wie wir sie anläßlich der Beschreibung des Literaturpublikums in Straßburg und Basel gekennzeichnet haben.

Inwieweit Jans' Erzählungen wahr sind, ist von untergeordneter Bedeutung. Entscheidend ist das gesellschaftliche Selbstverständnis der Wiener Bürger, das sich in ihnen niederschlägt. Im übrigen galt das Interesse des Chronisten vor allem dem Unterhaltungswert des Stoffes, den er mit einer Vielzahl von Geschichten zur Geltung brachte, mit denen er sowohl in der ‚Weltchronik' als auch im ‚Fürstenbuch' das chronologische Gerüst gefüllt hat. Sie verleihen den Werken einen novellistischen Zug, der an den gleichzeitigen Aufschwung der Versnovellistik denken läßt, die ja gerade auch in Österreich intensiv gepflegt wurde. Das Novellistische, das nicht selten den Charakter von Klatsch und Anekdote annimmt, dürfte wesentlich zum großen Erfolg der Werke beigetragen haben, vor allem der ‚Weltchronik', die weit über Österreich hinaus Leser gefunden hat (vgl. S. 135).

Als Beschwörer der alten Babenbergerzeit stehen Jans und der ‚Seifried Helbling'-Autor nicht allein. Sie sind Repräsentaten einer allgemeinen Zeitströmung, die man geradezu eine „Babenberger-Renaissance" genannt hat. Diese manifestierte sich nicht nur in literarischen Dokumenten, sondern auch in der bildenden Kunst. Hinzuweisen ist hier vor allem auf Bildwerke

in der Zisterzienserabtei Heiligenkreuz im Wienerwald, der Grablege des
Babenbergerhauses: in den letzten Jahrzehnten des 13. Jahrhunderts versah
man dort die Deckplatten der Babenbergergräber im Kapitelsaal mit In-
schriften und brachte im Brunnenhaus eine Serie von prächtigen Bildfenstern
an, die aus Darstellungen der Angehörigen des Hauses einen gemalten
Stammbaum bilden (Abb. 2).

Zwischen diesen Bildfenstern und dem ‚Fürstenbuch‘ besteht eine interessante
Beziehung. Das ‚Fürstenbuch‘ wird in drei der mittelalterlichen Handschriften, die
es überliefern, von zwei deutschen Texten flankiert, die eine Art Ergänzung bilden:
‚Landbuch von Österreich und Steier‘ und ‚Der fursten geslehte‘. Das Landbuch
(Prosa), das in seiner vorliegenden Gestalt vielleicht im Auftrag Rudolfs von
Habsburg kompiliert worden ist, gibt eine historisch-topographische Übersicht über
den Besitz der Babenberger nebst Notizen über den Besitz von zwei weiteren
Herrschaften. ‚Der fursten geslehte‘ ist eine Babenberger-Genealogie (nicht zu
verwechseln mit der oben erwähnten!), teils in Versen, teils in Prosa abgefaßt.
In ihr sind offenbar Nachrichten aus einer um 1270 in Heiligenkreuz entstandenen
Fassung des ‚Chronicon pii marchionis‘ aus dem letzten Viertel des 12. Jahrhunderts
verarbeitet („Chronik vom frommen Markgrafen“ – gemeint ist Leopold III. der
Heilige, der Gründer von Heiligenkreuz). Und eben diesen Text scheint man auch
bei der Formulierung der Beischriften auf den Bildfenstern herangezogen zu haben.

Die „Babenberger-Renaissance“ ist Ausdruck und Vehikel der Landwerdung
Österreichs gewesen. Wenn man ihre Bedeutung in der gesellschaftlich-
politischen Situation begreifen will, aus der heraus auch die hier besprochene
Literatur entstanden ist, muß man sich vor Augen halten, daß sie sich nicht
unbedingt gegen die Habsburger richtete, wie die Gedichte des ‚Seifried
Helbling‘-Autors vielleicht nahelegen könnten. Das neue Fürstenhaus konnte
auch von ihr profitieren, wenn es ihm gelang, sich selbst in die Babenberger-
tradition einzureihen und als Garant für deren Kontinuität aufzutreten.
Die Habsburger haben diese Chance von Anfang an wahrgenommen – so
z.B., wenn König Rudolf seine 1280 in Wien gestorbenen Enkel Rudolf
und Heinrich in der Babenbergergrablege in Heiligenkreuz bestatten ließ
oder wenn Albrecht dreien seiner Söhne die babenbergischen Traditions-
namen Friedrich, Leopold und Heinrich gab. Das erste literarische
Dokument dieser Politik ist vielleicht das ‚Österreichische Landrecht‘,
das wohl 1278 aufgrund einer Einigung zwischen König Rudolf und den
Landherren aufgezeichnet wurde. Die Landherren konnten hier – unter
Ausnutzung der Situation, in der Rudolf auf sie angewiesen war – ihre
politische Position im Land stärken. Dem König mußte dies unerwünscht
sein. Er scheint aber, da er in jedem Fall zu Konzessionen gezwungen war,
die Lage genutzt zu haben, indem er sich an die Spitze der (pseudo-)baben-
bergischen Restauration stellte, die das Landrecht mit seinem Titel programmatisch betrieb: *Das sind die recht nach gewonhait des landes bei
herczog Leupolten* (d.i. Leopold VI.) *von Osterreich.*

Wenn wir, wie oben festgestellt, unter den ersten Habsburgern auch keinen Literaturbetrieb am Wiener Hof ausmachen können, so gibt es doch wenigstens einen deutschen Text, von dem zu vermuten steht, daß er verfaßt wurde, um das politische Interesse des Landesherrn zur Geltung zu bringen. Es handelt sich um das einzige Werk von weltliterarischem Rang, das die deutsche Versnovellistik des Mittelalters hervorgebracht hat: die Erzählung ‚Helmbrecht' eines weiter nicht bekannten Dichters, der sich Wernher der Gartenaere („Gärtner") nennt und wahrscheinlich ein Fahrender war.

Um Mißverständnissen vorzubauen, sei betont, daß weder die Datierung noch die Lokalisierung des Textes hinreichend gesichert ist, die Placierung ins Österreich der frühen Habsburgerzeit also bloß eine – wie wir freilich meinen: sehr plausible – Hypothese darstellt. Als Entstehungszeit kommt strenggenommen die gesamte Spanne zwischen ca. 1240 und dem Beginn des 14. Jahrhunderts in Frage (sie wird bestimmt durch den Tod Neidharts, den Wernher als Verstorbenen erwähnt, und durch die erste sichere Zitierung des Textes bei dem Chronisten Ottokar von Steiermark [s. Bd. III/1] – alle anderen in der Forschung genannten Indizien sind anfechtbar). Als möglicher Entstehungsraum konkurriert Bayern mit Österreich: von den beiden späten Handschriften, die den Text überliefern, lokalisiert die eine die Handlung im österreichischen Traungau, die andere im damals bayrischen Innviertel. Unsere Hypothese gründet sich auf Übereinstimmungen mit den Gedichten des ‚Seifried Helbling'-Autors. Sie sprechen in ihrer Häufung entschieden dafür, daß der ‚Helmbrecht' aus der gleichen literarisch-politischen Situation erwachsen ist.

Die Erzählung handelt von dem Bauernburschen Helmbrecht, der sich zu fein dünkt, um beim Pflug zu bleiben: er läßt sich von Eltern und Schwester ritterlich ausstaffieren (vor allem mit einer prächtigen bestickten Haube); verläßt gegen die Mahnungen und Bitten des Vaters den Hof; schließt sich einem in Fehde verstrickten Burgherrn an und zieht in dessen Dienst unter dem Kriegsnamen *Slintezgeu* („Verschling-das-Land") mit einer Bande von Spießgesellen raubend und mordend umher; kehrt für kurze Zeit nach Hause zurück, um mit seinem neuen „Stand" zu prahlen; zieht seine nur zu bereitwillige Schwester Gotelint in den Kreis seiner Kumpane; wird mit diesen während der Hochzeit Gotelints mit dem üblen *Lemberslint* („Lämmerverschlinger") von den Behörden ergriffen; kommt zunächst mit Verstümmelungsstrafen davon, fällt dann aber, nachdem der Vater den Zuflucht suchenden Krüppel von der Schwelle gewiesen hat, der Lynchjustiz der Bauern zum Opfer, die er einst geschädigt hatte.
    Die Forschung hat eine ganze Reihe von Vorbildern aufweisen können, an die Wernher in Motivik, Struktur und Sprachstil anknüpft: die Gestalt des Bauerngecken mit der bestickten Prachthaube stammt von Neidhart (85,38ff.); die Struktur der Handlung mit Auszug des Helden, vorübergehender Heimkehr und zweitem Auszug mit erneuter Heimkehr scheint sich (gegenbildlich) am Schema des klassischen Artusromans zu orientieren, verarbeitet aber auch die biblischen Erzählungen vom verlorenen Sohn

und von Absalon; weiteres ist von Hartmann und vom Stricker übernommen, und stilistisch sind Anklänge an Wolfram und Gottfried zu spüren.
Man kann die Kunst nicht hoch genug einschätzen, mit der Wernher diese
heterogenen Elemente zu einem Werk von unverwechselbar eigener Prägung
verschmolzen hat, zu einer Erzählung, die sich in der atemberaubenden
Stringenz ihrer Handlungsführung vor den berühmten Meisternovellen der
neueren Literatur nicht zu verstecken braucht. An moderne Novellendichtung
erinnert nicht zuletzt das Requisit der Haube, mit deren Beschreibung die
Geschichte beginnt und mit deren Zerstörung durch die Bauern sie endet.
Sie vergegenständlicht als eine Art Dingsymbol die Quintessenz des Erzählten
und ist nicht ganz zu unrecht mit dem Falken aus der Federigo-Erzählung
in Boccaccios ‚Decamerone' (V 9) verglichen worden, die in der Novellen-
theorie seit dem 19. Jahrhundert wiederholt als musterhaft angesprochen
wurde.

Um den sozialhistorischen Ort des Werks zu bestimmen, vergleicht man
es am besten mit den ‚Seifried Helbling'-Gedichten – denn was uns Wernher
vorführt, ist ein Ausschnitt aus eben der Welt, um deren Ordnung es in
diesen geht. Die Verwirrung des Ständesystems, verursacht durch *kneppische*
(„sich als Knappen gerierende") Bauern (I v. 644 u.ö.), ist ein Standard-
Thema des ‚Seifried Helbling'-Autors, auf das er immer wieder in den
verschiedensten Zusammenhängen und unter den verschiedensten Aspekten
zurückkommt. Wichtig für uns ist dabei, daß er die bäurischen Möchtegern-
Knappen auch in der Helmbrecht-Rolle als bauernschindendes Raub- und
Mordgesindel zeigt (I, XIII).

Zwischen den ‚Seifried Helbling'-Passagen und dem ‚Helmbrecht' besteht gewiß
ein direkter Zusammenhang, doch kann man jene nicht als bloß literarische Ent-
lehnung aus diesem erklären oder umgekehrt. Es ist anzunehmen, daß sie sich auf
einen tatsächlichen gesellschaftlichen Mißstand beziehen, von dem wir freilich nicht
sagen können, welches Ausmaß er hatte. Ihn scheint auch eine Äußerung des
Franziskanerpredigers Berthold von Regensburg über Bauernsöhne im Herrendienst
zu bezeugen. Sie führt auf eine wichtige Spur, auch wenn man nicht bereit ist, den
Forschern zu folgen, die aus ihr auf die Existenz eines Predigtexempels geschlossen
haben, das Wernhers Quelle hätte sein können. Es lassen sich nämlich Parallelen
zwischen dem ‚Helmbrecht' und der Ständedidaxe der Bettelordenspredigt fest-
stellen, und man stößt dort – d.h. bei ihrem damals prominentesten Vertreter
Berthold – auch auf eine ähnliche Wertschätzung der menschlichen Arbeit, wie sie
im ‚Helmbrecht' in der Position des Vaters zum Ausdruck kommt (vgl. S. 72f.).
Es ist verlockend, noch einen Schritt weiterzugehen und im Hinblick auf die hier
versuchte sozialhistorische Einordnung des Textes an die engen Beziehungen zu
denken, die König Rudolf zu den Franziskanern unterhielt und die sich vielleicht
auch auf das Gebiet der Rechtsaufzeichnung erstreckten (vgl. S. 77).

Die Bauernpolemik des ‚Seifried Helbling'-Autors zielt auf den Landesherrn,
der als unfähig hingestellt werden soll, den Landfrieden zu wahren: *der
herzog doch niht riht* (XIII v. 148 – „der Herzog richtet doch nicht"),

höhnen die Verbrecher, und: *der lantfrid ist sô guot,   daz uns niemen niht
entuot . . . got frist uns disen herzogen,   bî dem wir in dem lant sô brogen*
(XIII v. 169ff. – „der Landfriede ist so gut, daß uns niemand etwas tut . . .
Gott erhalte uns diesen Herzog, unter dem wir so im Land hausen können").
Im ‚Helmbrecht' geschieht nun aber genau das, was dort für unmöglich
erklärt wird: die Justiz des Landesherrn greift erfolgreich ein und befriedet
das Land – *ûf den strâzen und ûf den wegen   was diu wagenvart gelegen:
die varent alle nû mit fride,   sît Helmbreht ist an der wide* (v. 1919ff. –
„auf den Straßen und auf den Wegen war der Verkehr der Wagen zum
Erliegen gekommen: die fahren jetzt alle in Frieden, seit Helmbrecht am
Strang hängt"). Die Gestalt Helmbrechts wird so zur Verkörperung des
Landfriedensbruchs schlechthin. Daß aber die Wiederherstellung des
Friedens so mühelos gelingt, demonstriert die Funktionstüchtigkeit der
landesherrlichen Gewalt. Es ist eine Demonstration, die wohl geeignet war,
einer Stimmung entgegenzuwirken, die zu schüren der ‚Seifried Helbling'-
Autor sich bemühte.

Wenn Wernher gerade den Bauern, der seinem Stand entflieht, zum Friedensbrecher
par excellence macht, dann ist das selbstverständlich eine grobe Verzerrung der
historischen Wirklichkeit. Denn die Bedrohung des Friedens ging primär von den
Herren aus, die letztlich auch für die Helmbrecht-Karrieren verantwortlich waren.
Wernher hat diesen Zusammenhang sehr bewußt mit Hilfe einer raffinierten
Erzählstrategie ausgeblendet. Es kann sein, daß er das tat, um den prospektiven
Adressaten aus dem Kreis des Adels nicht zu nahe zu treten – in seinem eigenen
Berufsinteresse, vielleicht aber auch im politischen Interesse des Landesherrn, der
nur profitieren konnte von einer Konsensbildung im Adel, die auf die Vorstellung
hinauslief, die Störung der Friedensordnung habe ihre Ursache grundsätzlich in
der Störung der hergebrachten Ständeordnung. Wichtig ist in diesem Zusammenhang auch, daß Helmbrechts Vergehen als Verstoß gegen das vierte Gebot stilisiert
wird. Das verleiht der gestörten Ordnung den Charakter eines gottgegebenen
Zustands. Es ist das gleiche ideologische Muster, das wir bereits beim Stricker
beobachten konnten.

Eindrucksvoll ist die Szene der Verhaftung der Räuber. Sie leisten keinerlei
Widerstand, weil allein die Gegenwart des Schergen sie lähmt: *slüege ein
diep al eine ein her,   gein dem schergen hât er keine wer* (v. 1641f. –
„wäre ein Dieb auch imstande, allein ein ganzes Heer zu erschlagen, gegen
den Schergen kann er sich nicht wehren"). Die Wahrung des Rechts vollzieht sich so als Vorgang, der die menschlichen Verhältnisse übersteigt:
die Erzählung gerät zur Apotheose der gesellschaftlichen Friedenswahrung
im Sinne der neuen Staatlichkeit, als deren Träger und Garant der Landesherr erscheint. Der Kreis unserer Darstellung, der mit dem ‚Sachsenspiegel'
begann, schließt sich.

Literatur und neue Frömmigkeit

Einführung: Die religiöse Bewegung

Als Kaiser Friedrich II. im Frühjahr 1236 sich anschickte, Deutschland zu verlassen und gegen die Lombarden zu ziehen, unterbrach er die Kriegsvorbereitungen, um an einem spektakulären Ereignis teilzunehmen, das am 1. Mai in Marburg stattfand. Es galt einer Heiligen, die dort ihre letzten Jahre verbracht hatte: Elisabeth, Landgräfin von Thüringen, geboren 1207, gestorben 1231, heiliggesprochen 1235. An jenem 1. Mai wurde, im Beisein einer ungeheuren Menschenmenge, ihr Leichnam aus dem Grab gehoben und an einen „vorbereiteten" Platz – wohl innerhalb der Kirche, in der das Grab sich befand – überführt. In ein graues Gewand gehüllt, wie Elisabeth es getragen hatte, legte der Kaiser selbst Hand an den Sarkophag und schmückte das Haupt der Heiligen, das man vom Rumpf abgetrennt hatte, mit einer goldenen Krone.

Wie keine andere Gestalt verkörperte Elisabeth in Deutschland eine Frömmigkeitshaltung, die damals im Begriff stand, das Gesicht der Kirche zu verändern, ihm die Züge aufzuprägen, die sein Erscheinungsbild im Spätmittelalter bestimmen. Erfüllt von dem Gedanken, Christus nachzufolgen, hatte Elisabeth sich zu einem Leben freiwilliger Armut und Erniedrigung entschlossen, das dem Dienst am Nächsten gewidmet war. Man muß sich klar machen, was das für einen Menschen in den Lebensumständen bedeutete, in die sie hineingeboren war. Als Tochter König Andreas' II. von Ungarn und dessen Gemahlin Gertrud aus dem Haus Andechs-Meranien entstammte sie höchstem europäischem Adel, wurde schon kurz nach ihrer Geburt mit Ludwig, dem Sohn des Landgrafen Hermann I. von Thüringen verlobt, verbrachte ihre Kindheit am Landgrafenhof in Eisenach, heiratete Ludwig, der 1217 die Nachfolge seines Vaters angetreten hatte, im Jahre 1221 und zählte fortan als Landgräfin von Thüringen zu den ersten Fürstinnen des Reichs, bis ihr Gemahl 1227 auf dem Kreuzzug den Tod fand. Er hatte es ihr durch liebevolle Duldung ermöglicht, ihr Frömmigkeitsideal inmitten der glänzenden höfischen Welt der landgräflichen Residenz zu verwirklichen. Soweit ihre Pflichten als Landgräfin es zuließen, übte sie sich in härtester Askese und entfaltete eine aufopferungsvolle Tätigkeit für die Armen. Deren Not linderte sie durch Spenden von enormem Ausmaß und durch die Errichtung eines Hospitals am Fuß der Wartburg, in dem sie mit eigenen Händen die Kranken pflegte, solche vor allem, die – wie die zahlreichen Leprosen – wegen ihrer ekelerregenden Wunden sonst kaum auf Zuwendung hoffen durften. Angeleitet wurde sie von ihrem Beichtvater Konrad von Marburg, einem religiösen Fanatiker, der sich als Kreuzzugsprediger einen Namen gemacht hatte und später im Dienst der päpstlichen Inquisition als Ketzerrichter in blinder Verfolgungswut ein Schreckensregiment führte, das schon die Zeitgenossen mit Grauen erfüllte

(sie haben ihn, als die Zustände unerträglich wurden, 1233 erschlagen).
Ihm gelobte Elisabeth im Frühjahr 1226 unbedingten Gehorsam und lebte
seither nach seinen Weisungen. Wie die Hofgesellschaft dies als Skandal
empfinden mußte, wird besonders deutlich an Konrads Befehl, Elisabeth
solle alles unrecht erworbene Gut zurückweisen. Das traf die Adelsgesellschaft, die auf den Erwerb von Besitz mit allen Mitteln ausgerichtet war,
im Kern. Wir besitzen Augenzeugenberichte, die sehr anschaulich das
Befremden schildern, das die Landgräfin hervorrief, wenn sie bei Banketten
sich peinlich genau nach der Herkunft jeder Speise erkundigte, die aufge-
tragen wurde. Es ist kein Wunder, daß man ihr nach Ludwigs Tod mit
offener Feindseligkeit begegnete. Sie mußte die Wartburg verlassen und
sah nun, aller Bindungen an ihre fürstliche Stellung ledig, die Möglichkeit,
nach ihrem Willen zu leben. Als Bettlerin von Haus zu Haus zu ziehen, wie
sie es wünschte, verbot ihr freilich Konrad von Marburg, den der Papst
in einem Schutzbrief zu ihrem Vormund bestellt hatte. Nicht hindern konnte
er sie daran, mit der Nachfolge Christi ernst zu machen. Nachdem sie bereits
1226 ewige Keuschheit gelobt hatte für den Fall, daß sie Witwe würde,
entsagte sie am Karfreitag 1228 in feierlichem Gelübde „allen Anverwandten
und ihren Kindern, ihrem eigenen Willen, jedem Glanz der Welt und allem,
was der Heiland im Evangelium zu verlassen geraten hat" (nach Werner).
Die Form ihres Lebens aber bestimmte Konrad von Marburg. Es gelang
ihm, Elisabeths Schwäger, die ihr das Witwengut vorenthielten, zur Zahlung
einer hohen Abfindungssumme zu bewegen. Mit diesen Mitteln gründete
er 1228 ein Hospital in Marburg, in dem unter seiner Leitung eine Hospital-
bruderschaft von Männern und Frauen den Dienst an Armen und Kranken
tat. Ihre Mitglieder legten die Gelübde von Armut, Keuschheit und Gehorsam ab und trugen als gemeinsame Tracht ein graues Gewand. Als eine von
ihnen verlebte Elisabeth ihre letzten Jahre, von Konrad mit unerbittlichen
Auflagen und Strafen psychisch und physisch zu letzter Selbstentäußerung
getrieben. Als sie, in der Nacht zum 17. November 1231, völlig entkräftet
starb, verbreitete sich rasch der Ruf ihrer Heiligkeit. Wunder ereigneten
sich an ihrem Grab: Kranke, die von überallher in immer größerer Zahl
herbeikamen, fanden dort Heilung oder Linderung ihrer Leiden. Im
folgenden Jahr unternahm Konrad von Marburg erste Schritte, um bei
der Kurie den Prozeß der Kanonisierung in Gang zu bringen. Sie wurde
am Pfingstsonntag 1235 von Papst Gregor IX. während des Festgottes-
dienstes in der Dominikanerkirche von Perugia ausgesprochen und fand
ihren sinnfällig glänzenden Ausdruck in der Erhebung der Gebeine am
1. Mai 1236.

Mit ihrer Vorstellung vom rechten Leben in Armut und Nächstenliebe
stand Elisabeth nicht allein. Was sie mit so staunenswerter Konsequenz
verwirklichte, war das Programm einer gewaltigen religiösen Bewegung,
die sich bis an die Wende vom 11. zum 12. Jahrhundert zurückverfolgen
läßt. Seit dieser Zeit machten sich unter den Gläubigen mehr und mehr

Bestrebungen geltend, den evangelischen Gedanken der Nachfolge Christi radikal in die Tat umzusetzen. Es liegt nahe, diese neue Frömmigkeit als Reaktion auf jenen wirtschaftlichen Aufschwung zu deuten, von dem im Zusammenhang mit der Entwicklung der neuen Staatlichkeit die Rede war. Sie mag geboren sein aus der Furcht, es könne das Streben nach irdischem Reichtum, das die führenden Schichten beherrschte, die Bestimmung des Menschen gefährden, ihm den Weg zu Gott verbauen. Es ist jedenfalls nicht zu übersehen, daß es gerade Angehörige dieser führenden Schichten gewesen sind, die die neue Frömmigkeit entwickelt und getragen haben. Nicht in Armut und Niedrigkeit schlechthin bestand für diese Menschen das Verdienst, sondern in der f r e i w i l l i g e n Armut und Erniedrigung, im Verzicht um Christi willen gemäß dem Rat, den der Herr nach dem Bericht der Evangelisten einem reichen jungen Mann gab, der ihn fragte, was er zu tun habe, um vollkommen zu sein.

„Jesus sagte zu ihm: ‚Wenn du vollkommen sein willst, geh und verkaufe, was du hast, und gib es den Armen, und du wirst einen Schatz im Himmel haben; und komm und folge mir nach!' Als aber der junge Mann dies hörte, ging er traurig davon, denn er hatte großen Besitz. Jesus aber sagte zu seinen Jüngern: ‚Wahrlich ich sage euch: ein Reicher hat es schwer, ins Himmelreich zu kommen. Und weiter sage ich euch: leichter schlüpft ein Kamel durch ein Nadelöhr, als daß ein Reicher ins Himmelreich kommt.' Als seine Jünger dies hörten, wunderten sie sich sehr und sagten: ‚Wer kann dann das Heil erlangen?' Jesus aber sah sie an und sagte: ‚Bei den Menschen ist es unmöglich, bei Gott aber ist alles möglich.' Da erwiderte ihm Petrus: ‚Sieh, wir haben alles verlassen und sind dir nachgefolgt. Was wird uns dafür zuteil?' Jesus aber sagte zu ihnen: ‚Wahrlich ich sage euch, daß ihr, die ihr mir nachgefolgt seid, bei der Wiedergeburt, wenn der Menschensohn auf dem Thron seiner Herrlichkeit sitzt, auch sitzen werdet auf zwölf Thronen und richten über die zwölf Stämme Israels. Und jedem, der verläßt sein Haus oder seine Brüder oder seine Schwestern oder seinen Vater oder seine Mutter oder seine Frau oder seine Kinder oder seine Äcker um meines Namens willen, dem wird es hundertfach erstattet und er wird das ewige Leben besitzen. Viele aber, die die ersten sind, werden die letzten sein, und die letzten die ersten' " (Matthäus 19,21ff.; vgl. Markus 10, 21ff. und Lukas 18,22ff.).

Unter denen, die nicht weggingen wie der junge Mann in der Bibel, sondern den Rat des Herrn befolgten, hat es im 12. Jahrhundert einer vor allem zu großer Wirkung gebracht, ein reicher Kaufmann aus Lyon, Waldes mit Namen. Er verteilte – es war um das Jahr 1173 – sein Vermögen unter die Armen und begann damit, in Predigten die Menschen zur Umkehr im Sinne des Evangeliums aufzurufen. Viele fühlten sich angesprochen und taten es ihm nach, eine ständig wachsende Anhängerschaft scharte sich um ihn. Der Kirche war das Wirken dieses Kaufmanns verdächtig: daß er, der Laie, öffentlich predigte, ohne von ihr ermächtigt zu sein, war Anmaßung, man verbot es ihm, exkommunizierte ihn schließlich, als er sich nicht an das Verbot hielt, und erklärte ihn und seine Anhänger zu Ketzern. Welche

Gefahr von solchen Gruppen für die Kirche ausging, liegt auf der Hand: wer einzig und allein das Evangelium als Richtschnur des religiösen Lebens gelten läßt und davon überzeugt ist, daß jeder Gläubige zum apostolischen Leben berufen sei, der wird die in der Tradition der Kirche entwickelten Lehren und Bräuche, wird vor allem die kirchliche Hierarchie der Ämter nicht anerkennen. Waldes und seine Anhänger haben allerdings durchaus nicht daran gedacht, sich gegen die Kirche zu stellen, sondern sind im Gegenteil bemüht gewesen, die kirchliche Erlaubnis zur Predigt zu erlangen. Erst daß der Papst ihnen diese verweigerte, hat sie auf den Weg der Häresie getrieben und zur Sekte gemacht, als welche sie sich rasch in Frankreich und Italien, dann auch in Deutschland ausbreiteten. Die Waldenser in erster Linie waren gemeint, wenn man zur Zeit Konrads von Marburg von Ketzern sprach, neben den Katharern (von griechisch *katharoi* „die Reinen", woraus unser Wort „Ketzer" entstanden ist), die aus dem byzantinischen Osten gekommen waren, wie die anderen Gruppierungen der religiösen Bewegung ein Leben asketischer Frömmigkeit predigten, sich aber dadurch auszeichneten, daß sie von vornherein in schärfstem dogmatischem Gegensatz zur römischen Kirche standen (sie vertraten die Lehre, daß der Kosmos in strengem Dualismus geteilt sei in eine Sphäre Gottes und eine Sphäre Satans).

Eine tiefe religiöse Beunruhigung also trieb damals viele Menschen dazu, die herkömmlichen Formen der Frömmigkeit aufzugeben und, meist in Gruppen und Grüppchen von Gleichgesinnten, das Heil ihrer Seele auf Wegen zu suchen, die von der Kirche nicht vorgesehen waren oder gar aus ihr hinausführten. Das Feuer dieser religiösen Erregung flackerte allenthalben auf in den Diözesen. Es gelang der geistlichen Obrigkeit zwar hier und da, es durch rabiate Maßnahmen zu ersticken, aber sie konnte am Ende doch nicht verhindern, daß es sich zum Flächenbrand ausweitete. Ihn einzudämmen und womöglich zu löschen, war die große Aufgabe, die die Kirche an der Wende vom 12. zum 13. Jahrhundert zu lösen hatte. Daß es ihr gelungen ist, verdankte sie der geschickten Politik der Kurie, an deren Spitze eben jetzt, im Jahre 1198, mit Innozenz III. einer der großen Päpste des Mittelalters getreten war.

Innozenz ist der religiösen Bewegung soweit wie möglich entgegengekommen. Er hat nicht nur die evangelische Armut als christliche Lebensform i n n e r h a l b der Kirche anerkannt, sondern denen, die sich zu ihr bekannten, auch das Recht der apostolischen Predigt eingeräumt, wenn nur nicht vom Dogma abgewichen wurde und die Autorität der Amtskirche grundsätzlich gewahrt blieb. Was mit Waldes und seinen Anhängern geschehen war, sollte sich nicht wiederholen. Das bewährte sich, als im Jahre 1209 oder 1210 ein Mann aus Umbrien mit seinen Gefährten nach Rom kam, um beim Papst das gleiche Anliegen vorzubringen wie einst Waldes. Auch er stammte aus wohlhabendem Kaufmannsmilieu und hatte Besitz und glänzende gesellschaftliche Stellung aufgegeben, um Christus nachzufolgen.

Die Gunst der historischen Stunde hat ihm das Schicksal eines Ketzers erspart — er wurde ein Heiliger: Franz von Assisi. Innozenz gab seinen Segen zur evangelischen Lebensweise der Bittsteller und erlaubte ihnen die Predigt. Ihr Erfolg ging über alles Maß, die Leute liefen ihnen in Massen zu, und unter dem Druck organisatorischer Erfordernisse, aber auch des politischen Interesses der Kirche wurde die Bewegung, keineswegs mit Willen ihres Begründers, zum Orden, dessen definitive Regel Papst Honorius III. am 29. November 1223 offiziell fixierte. Und neben den Franziskanern formierte sich in diesen Jahren ein zweiter großer Orden aus dem Geist der religiösen Bewegung. Sein Gründer, der spanische Priester Domenicus von Caleruega, war in der Ketzermission in Südfrankreich zu der Einsicht gekommen, daß sich die Ketzer nur dann in größerem Umfang für die Kirche zurückgewinnen ließen, wenn deren Vertreter selbst sich zu evangelischer Armut und Einfachheit bekannten, um durch ihre Lebensführung zu überzeugen, und wenn sie mit der Glaubenslehre auf das genaueste vertraut waren, um in der dogmatischen Auseinandersetzung die besseren Argumente zu haben. Armut und wissenschaftlich theologische Bildung als Grundlagen der Verbreitung und Festigung des Glaubens durch die Predigt: das sind die Kennzeichen des Dominikanerordens, den Papst Honorius in Privilegien vom 22. Dezember 1216 und 21. Januar 1217 bestätigte. Beide Orden, Franziskaner und Dominikaner, haben mit ihrer Wanderpredigt früh über das ursprüngliche Gebiet ihres Wirkens ausgegriffen und sich seit den zwanziger Jahren über die ganze Christenheit ausgebreitet.

Konzessionsbereitschaft war allerdings nur die eine Seite der von Innozenz eingeleiteten Politik gegenüber der religiösen Bewegung. Soweit sie durch Zugeständnisse der beschriebenen Art nicht einzubinden war in die Ordnung der Kirche, hat er sie rigoros bekämpft. Er ist in die Geschichte eingegangen nicht nur als Wegbereiter der neuen Orden, sondern auch als derjenige, der zu dem Kreuzzug gegen die Ketzer in Südfrankreich aufrief, den der Historiker Johannes Haller „die widerwärtigste Blüte des Geistes der Kreuzzugszeit" genannt hat, „dem Unduldsamkeit als Pflicht und Blutvergießen als gottgefälliges Verdienst gelten". Dieser Krieg gegen die „Albigenser", wie man die Ketzer nach einem ihrer Hauptstützpunkte nannte, der Stadt Albi, nordöstlich von Toulouse am Tarn, begann 1209 und endete (formell) 1229. Geführt vor allem von nordfranzösischen Ritterhaufen, ist er eine grauenhafte Orgie von Raub und Mord gewesen, in der ein ganzes blühendes Land ausgeplündert, seine Bevölkerung abgeschlachtet, seine Kultur vernichtet wurde.

Die Franziskaner konnten 1221 in Deutschland Fuß fassen, nachdem ein erster Versuch dazu zwei Jahre zuvor gescheitert war. Eine Gruppe von 25 Brüdern zog im September von Trient aus durch Südtirol über den Brenner nach Augsburg und teilte sich dort in drei Gruppen, die in verschiedenen Richtungen ins Land vorstießen. In den folgenden Jahren wurde systematisch Niederlassung nach Niederlassung gegründet, 1225 auch eine in Eisenach, der Stadt des Landgrafen von Thüringen. Dort sind die Franziskaner von Elisabeth unterstützt worden, die ihrerseits durch die

Begegnung mit den Ideen des heiligen Franz zu dem Leben gefunden hat, in dem wir sie kennengelernt haben. Als ihr geistlicher Lehrmeister vor Konrad von Marburg ist ein Laienbruder namens Rodeger bezeugt. Nach dem Bericht des Jordan von Giano, des ersten Leiters der Ordenskustodie Thüringen, unterwies er sie, „Keuschheit, Demut und Geduld zu üben, im Gebet zu verharren und Werke der Barmherzigkeit zu leisten" (nach Werner). Zu den Franziskanern in Eisenach flüchtete sie sich auch nach ihrer Vertreibung von der Wartburg, und dem wenige Wochen vorher heiliggesprochenen Franz wurde im Sommer 1228 die Kapelle des Marburger Hospitals geweiht. Elisabeth ist zwar nicht Franziskanerin geworden, wie man früher gemeint hat, aber sie hat in Deutschland das erste weithin leuchtende Beispiel für den Geist franziskanischer Frömmigkeit gegeben.

Daß es gerade eine Frau war, die derart hervorgetreten ist, kann als symptomatisch gelten: die religiöse Bewegung ist nördlich der Alpen überwiegend von Frauen getragen worden. Im 12. Jahrhundert hatten diese Frauen noch weitgehend in den Reformorden der Prämonstratenser und Zisterzienser unterkommen können, deren strenge Regeln der Art ihrer Frömmigkeit am ehesten entsprachen. Die Sorge für solche Frauenklöster, die immer zahlreicher wurden, ist freilich eine starke Belastung für diese Orden gewesen, die sich schließlich weigerten, weitere Frauengemeinschaften aufzunehmen. Umso stärker war dann der Zudrang der Frauen zu den Franziskanern und Dominikanern. Auch sie haben sich lange und immer wieder dagegen gesträubt, die organisatorische und geistliche Leitung von Frauenklöstern zu übernehmen, sind aber im Lauf des 13. Jahrhunderts von der Kurie dazu gezwungen worden. Trotzdem mußten viele Frauen außerhalb der Orden bleiben. Sie fanden sich meist in klosterartigen Gemeinschaften zusammen, lebten, ohne doch einer approbierten Ordensregel zu folgen, in Armut und Keuschheit, übten sich in Gebet und religiöser Betrachtung und waren karitativ tätig. Ihren Lebensunterhalt verdienten sie in der Regel mit Handarbeit, vor allem mit Spinnen und Weben. Die Lage dieser „Beginen", wie man sie mit einem etymologisch nicht recht geklärten Begriff nannte, war prekär: nicht eigentlich Laien, aber auch nicht eigentlich geistlichen Standes, rechtlich und oft auch wirtschaftlich ungesichert, standen sie außerhalb des gesellschaftlichen Ordnungsgefüges, stießen (nicht immer ohne Grund) auf Mißtrauen hinsichtlich ihrer moralischen Integrität und ihrer Rechtgläubigkeit und sahen sich immer wieder der Verfolgung durch geistliche und weltliche Behörden ausgesetzt. Als Organisationsform des religiösen Lebens ist das Beginenwesen nicht weniger charakteristisch für die Gesellschaft des Spätmittelalters als die Orden der Franziskaner und Dominikaner, und es hat auch quantitativ eine nicht geringe Rolle gespielt — in Köln etwa war die große Zahl der Beginen sprichwörtlich: *quot in mari sunt guttae et in Colonia sanctae Beguttae* sagte man mit einem Wortspiel, „wieviel Tropfen im Meer, soviel heilige Beginen in Köln".

So hat die religiöse Bewegung im 13. Jahrhundert neuartige gesellschaftliche Gruppierungen hervorgebracht. Sie sind, mit ihrer besonderen Geistigkeit, für die Entwicklung unserer Zivilisation ebenso bestimmend geworden wie die gleichzeitig ausgebildeten neuen Formen der staatlichen Ordnung. Und wie diese waren sie in ihrer Entfaltung eng verbunden mit der Entfaltung der volkssprachigen Schriftlichkeit, deren Inhalte und Formen auch sie vermehrt, deren Wirkungsraum auch sie erweitert haben.

Deutsche Literatur der Franziskaner

Die Stadt Augsburg war nicht nur der Ausgangspunkt der franziskanischen Deutschlandmission, die Niederlassung der Franziskaner dort ist in den folgenden Jahrzehnten ein geistiges Zentrum des Franziskanertums in Deutschland geworden, in enger Verbindung, wie es scheint, mit der Niederlassung in Regensburg, wo die ersten Zeugnisse deutschsprachiger Franziskanerliteratur entstanden sind.

Nach Regensburg sind die Brüder von Augsburg aus noch im Jahre 1221 gekommen. Sie erfreuten sich schon bald eines großen Ansehens und hatten offenbar Zulauf. Unter denen, die sich ihnen zuwandten, war ein gewisser Lamprecht, der im Zuge seiner Konversion zwei deutsche Versgedichte verfaßt hat: ‚Sanct Francisken leben' und ‚Tochter Syon'. Über seine Person wissen wir nur, was er in den beiden Werken selbst berichtet. ‚Sanct Francisken leben', um 1238 entstanden, ist das ältere Stück, eine Übertragung der ersten offiziellen Franziskus-Vita, die der Franziskaner Thomas von Celano 1228 im Auftrag Papst Gregors IX. geschrieben hatte. Lamprecht stellt sich hier vor als einen jungen Mann, der den Verlockungen der Welt erlegen war (v. 304ff.), nun aber seine Torheit eingesehen hat und den Wunsch verspürt, dem Orden der Franziskaner beizutreten, deren Lebensweise er genau geprüft und für vorbildlich befunden hat (v. 1738ff.). Aus der ‚Tochter Syon' (um 1250) geht hervor, daß er dann tatsächlich Mitglied des Regensburger Konvents geworden ist, in den ihn Bruder Gerhard aufnahm (v. 1406ff.), der Vorsteher der oberdeutschen Ordensprovinz (v. 52ff.), dem er auch *materie* und *sin* („Stoff" und „Sinngebung") des Werks verdanke (v. 57ff.).

In der ‚Tochter Syon' hat Lamprecht einen anonymen lateinischen Traktat bearbeitet, der später noch mehrfach ins Deutsche übertragen wurde (vgl. S. 145). „Sion" oder „Zion" hieß der Burgberg von Jerusalem. Der Name wurde dann auf die ganze Stadt übertragen, die deshalb in der Bibel personifizierend „Tochter (von) Sion" genannt werden konnte (z.B. Jesaja 1,8; Psalm 9,15). In dem Traktat ist dies eine Art Ehrentitel der Seele, der ihr zukommt, wenn sie den Berg Sion erklommen, d.h. sich zu Gott gekehrt hat (die Seele, die der Welt verhaftet ist, heißt dagegen die Tochter von Babylon). Wie die Seele so treten (gemäß der Tradition der personifizierenden Allegorie) auch die inneren Kräfte des Menschen als selbständig handelnde

Gestalten auf. Geschildert wird der Weg der Seele zu Gott: vom Verlangen nach Liebe ergriffen, sendet die Seele *Cognitio*, „Wahrnehmung" (*bekantnisse*), als Botin in die Welt, damit sie erkunde, ob sich da etwas finde, das dieser Liebe würdig sei. Sie kommt unverrichteter Dinge zurück: *sô ist diu werlt gemeine sô unstaet und sô unreine, daz ich vinde niht dârinne, daz sich gefüege dîner minne* (v. 328ff.), muß sie der Seele berichten — „die Welt ist so unbeständig und so unrein, daß ich in ihr nichts finden kann, das deiner Liebe gemäß wäre". Auf diese Nachricht fällt die Seele in Ohnmacht. Die Tugenden, die ihr Hausgesinde im Palast des Herzens sind, in dem sie wohnt, kommen ihr zu Hilfe, vor allem *Fides* (*geloube*) und *Spes* (*zuoversiht*). Sie weisen sie auf den wahren Gegenstand ihrer Liebe, auf Gott, und ebnen ihr den Weg zu ihm, dem himmlischen Bräutigam, mit dem sie am Ende Hochzeit hält — sich so vollkommen mit ihm vereinigend, wie Honigwein (*met*) sich mit einer Semmel verbindet, wenn man ihn darauf träufelt: *daz in dem met daz brôt ist unde in dem brôte der selbe met ie genôte* (v. 4203ff.). Der Text versucht, ein religiöses Erlebnis eigentümlichster Art zu verdeutlichen, das in seiner Grundform nicht auf das Christentum beschränkt ist, sondern bedeutende Ausprägungen auch in anderen Religionen gefunden hat: das „mystische" Erlebnis. Es besteht — grob gesagt — darin, daß der Mensch sich in diesem Leben schon aus der Verhaftung an seine irdische Existenz löst und zur unmittelbaren Erfahrung Gottes gelangt. Die Vereinigung der Seele mit Gott, die *unio mystica*, wie sie in der ‚Tochter Syon' beschrieben ist, will als realer bzw. als real möglicher Vorgang verstanden sein. Daß er als Hochzeit erscheint, als quasi-geschlechtliche Vereinigung, ist nur eine von vielen Realisierungsmöglichkeiten, allerdings eine, die in der christlichen Welt des Mittelalters außerordentlich wirkungsmächtig gewesen ist. Die Vorstellung geht zurück auf jene Auslegung des ‚Hohen Liedes' der Bibel, die im 12. Jahrhundert vor allem Bernhard von Clairvaux entwickelt hatte (vgl. Bd. I/2: ‚St. Trudperter Hohelied'). In Bernhards Umgebung hat man denn auch die Quelle unseres Traktats gesucht: er soll auf den ‚Liber amoris' zurückgehen, der früher seinem Freund Guerric von Igny zugeschrieben wurde.

Der Bezug solcher Vorstellungen zur Gedankenwelt des heiligen Franz und der Franziskaner ist enger, als es auf den ersten Blick scheinen mag. Der Wille zur Nachfolge Christi, der den Heiligen bewegt hat, ließ ihn in äußerster Konsequenz danach streben, mit Christus eins zu werden. Die Besiegelung seiner Christusförmigkeit empfing er in einer Vision, die ihm zwei Jahre vor seinem Tod auf dem Monte Alverno zuteil wurde: da erschien ihm der Gekreuzigte in der Gestalt eines Seraphs und prägte ihm die fünf Wundmale auf. Als *vita mystica*: als Leben geheimnisvoll gnadenhaften Einsseins mit Gott ist das Leben des heiligen Franz zu begreifen, und so haben es die Zeitgenossen und Nachfahren auch begriffen — augenfällig etwa in den Wandmalereien der Grabkirche von Assisi, wo in ikonographischer Korrespondenz Stationen aus dem Leben Christi und Stationen aus dem

Leben des Heiligen einander zugeordnet sind. Wie alle Franziskus-Überlieferung schöpfen diese Darstellungen aus dem Fundus der Begebenheiten, der in den ersten Lebensbeschreibungen des Heiligen zusammengetragen wurde. Diese Beschreibungen haben auch das Interpretationsschema der *vita mystica* verbindlich gemacht. Wir finden es voll ausgebildet schon in der ersten von ihnen, der Vorlage von Lamprechts ‚Sanct Francisken leben‘, und von daher auch bei Lamprecht selbst. Damit wird der Zusammenhang seiner beiden Werke deutlich. Er besteht eben im Gedanken der Vereinigung mit Gott, der das eine Mal in einem historischen Bericht über ein wirklich gelebtes Leben, das andere Mal in zergliedernder Beschreibung der Bedingungen des Vorgangs schlechthin sich äußert.

Daß der Franziskaner Lamprecht mit Unterstützung seines Vorgesetzten (vielleicht sogar in dessen offiziellem Auftrag) einen Text aus der bernhardischen Tradition zisterziensischer Geistigkeit bearbeitete, ist bezeichnend insofern, als sich die Franziskaner allenthalben die großen Traditionen christlichen Denkens angeeignet haben. Darüber darf nicht vergessen werden, daß ein grundlegender Unterschied besteht zwischen der mystischen Frömmigkeit der Franziskaner und der mystischen Frömmigkeit der Zisterzienser. Diese erfüllt sich in weltabgewandter Meditation, jene aber mitten in der Welt, die für sie noch in ihren geringsten Erscheinungen durchströmt ist vom Atem Gottes. In *wîser einvalt*, heißt es bei Lamprecht, betrachtete Franz die ganze Schöpfung und hatte seine Freude an ihr: an Sonne und Mond und an den Sternen, an Bäumen, Bergen und Tälern, an Weingärten, Äckern und Fluren, an den Vögeln, an allem zahmen und wilden Getier, am Wind, an der Luft, an Laub und Gras (v. 3023ff.). Nah war der Heilige zumal den Tieren, er hat sie in jener *wîsen einvalt* seine Brüder und Schwestern genannt und ihnen gepredigt. Vor allem anderen aber bedeutete Nähe zu den Geschöpfen Gottes Nähe zu den Mitmenschen. Wenn man sie erreichen, ihnen helfen wollte in ihrer geistlichen und leiblichen Not, dann durfte man sich nicht zurückziehen in die Einsamkeit eines abseits gelegenen Klosters, dann mußte man sie aufsuchen und unter ihnen leben. Daher die typische Stadtlage der Franziskanerklöster, daher auch die typische, auf Einfügung statt auf repräsentative Distanz bedachte Situierung ihrer Kirchen, die sie ohne Vorbereiche unmittelbar an die Straße zu setzen pflegten, in die Flucht der Bürgerhäuser, als ein Haus unter anderen.

Die *unio mystica* ist nicht beliebig evozierbar, und sie steht auch nicht jedem offen. Lamprecht hat das schmerzlich erfahren müssen. Die Empfindung der *rehten süeze*, bekennt er in ‚Sankt Francisken leben‘, die sich einstellt, wenn sich der Geist *mit andâht* zum Himmel aufschwingt, diese Empfindung sei ihm leider unbekannt (v. 3272ff.). Und in der ‚Tochter Syon‘ tröstet er die, denen solche Gnade versagt ist wie ihm: auch ohne sie kann man ein Leben in Gott führen, und man soll nicht darum rechten, warum sie Gott den einen gewährt und den anderen nicht (v. 3011ff.). Die Unmittelbarkeit, mit der Lamprecht persönliches Erleben bekenntnishaft zur Sprache bringt, ist bemerkenswert. Sie verweist, wenn wir recht sehen, auf eine Form menschlicher Selbsterfahrung, die geprägt ist durch die neue Frömmigkeit.

Deren Eigenart besteht ja darin, daß sie den einzelnen in der direkten, d.h. nicht über vermittelnde Instanzen hergestellten Begegnung mit Gott sich als autonomes Subjekt erfahren läßt, in höchster Steigerung in der Vereinigung der Seele mit Gott. Es ist schon lange bemerkt worden, daß hier eine der Wurzeln der modernen Vorstellung vom Menschen als Individuum liegt, die im 18. Jahrhundert ihre entscheidende Formung gefunden hat (man hat auch versucht, den Weg der historischen Vermittlung freizulegen, und dabei vor allem auf den Pietismus verwiesen, der nachweislich aus der Tradition der Mystik lebte). Lamprecht ist, obwohl er gerade kein Mystiker wurde, ein wichtiger Zeuge für das Hervortreten dieses neuen Persönlichkeitsbewußtseins. Und es ist für den Literarhistoriker aufregend zu sehen, wie bei ihm Literatur nicht nur Lebensdokument ist, sondern auch Instrument der Lebenspraxis: seine Äußerungen vermitteln den Eindruck, daß seine Konversion sich wesentlich in seinem Schreiben vollzogen hat, daß dieses ihm ein Mittel gewesen ist, sich seiner selbst innezuwerden, sich der Bedingungen seiner persönlichen Existenz zu vergewissern und deren Bestimmung sich zu nähern. Gleichwohl läßt er keinen Zweifel daran, daß er sich mit seinen Versen an ein Publikum wendet. Das ist kein Widerspruch: gerade die Mitteilung des Persönlichen kann anderen helfen, ihren eigenen Weg zu finden, kann ihnen Hinweis und Stärkung geben. Insofern will Lamprechts Werk belehren und bekehren. Es ordnet sich damit in die Tradition der volkssprachigen religiösen Didaxe ein, an die es auch formal anknüpft. Was Lamprecht zu sagen hat, ist neu; wie er es sagt, ist konventionell. Wir werden nun zu verfolgen haben, wie sich die neue Frömmigkeit auch neue Formen des Sprechens und Schreibens: neue Formen von Literatur schuf.

Die Missionstätigkeit der Franziskaner gründete sich auf die Predigt, auf die Verkündigung des evangelischen Lebens im gesprochenen Wort. Wenn die Prediger die Menschen erreichen wollten, dann mußten sie in einer Sprache zu ihnen reden, die sie verstanden und die sie fesselte. In Deutschland haben die Franziskaner das Glück gehabt, daß sich ihnen schon in den ersten Jahren ein Mann anschloß, der dazu wie kein anderer befähigt war. Er war ein Konventsbruder Lamprechts: Berthold von Regensburg.

Als einen der Regensburger Franziskaner, deren Leben ihn so beeindruckt hat, erwähnt Lamprecht in ‚Sanct Francisken leben' *bruoder Berhtold* (v. 1750), den er auch den *süezen Perhtolt* nennt und von dessen charismatischer Frömmigkeit er berichtet (v. 3281ff.). Es läßt sich nicht beweisen, ist aber sehr wahrscheinlich, daß es sich bei diesem Berthold um den großen Prediger handelt. Die erste Predigt, von der wir sicher wissen, hat er 1240 in Augsburg gehalten. In den folgenden drei Jahrzehnten bereiste er mehrfach den gesamten deutschsprachigen Raum südlich des Mains, kam aber auch nach Thüringen, nach Böhmen, Mähren und (vielleicht) nach Ungarn, selbst nach Frankreich, wo er mit König Ludwig dem Heiligen zusammengetroffen sein soll. Im Dezember 1272 ist er gestorben.

Jede Beschäftigung mit Bertholds Werk steht vor der Schwierigkeit, daß außerordentlich zweifelhaft ist, in welchem Umfang und bis zu welchem Grad die überlieferten deutschen Predigten authentisch sind. Die Forschung geht davon aus, daß Bertholds Predigten teils von ihm selbst, teils von anderen in lateinischer Sprache fixiert wurden und daß die überlieferten deutschen Texte bearbeitende Rückübertragungen dieser lateinischen Fassungen sind, von fremder Hand zu Lesezwecken hergestellt.

Lateinische Predigten, die unter Bertholds Namen gehen, sind in großer Zahl vorhanden. Sicher von ihm selbst stammen drei Sammlungen, die er in den Jahren 1250−1255 zusammenstellte, „weil", wie er in einer Vorrede erklärt, „als ich die Predigten dem Volke hielt, einige einfache Kleriker sich notieren wollten, was sie erfassen konnten, und auf diese Weise viel Falsches aufgezeichnet haben". Mit seinen lateinischen Sammlungen gab Berthold interessierten Geistlichen Anleitungen bzw. Vorlagen für ihre eigene Predigttätigkeit an die Hand. Wenn sie sie benutzen wollten, mußten sie die Texte selbst ins Deutsche umsetzen, wofür ihnen (vielleicht von Berthold selbst) gelegentlich Hilfen gegeben wurden in Form von eingestreuten deutschen Glossen. In ihrer Gesamtheit ist die lateinische Berthold-Überlieferung noch nicht hinreichend erforscht. Und ehe dies nicht der Fall ist, wird es auch nicht möglich sein, genauere Aussagen über die Authentizität der deutschen Überlieferung zu machen. Derzeit befinden wir uns noch in der bedrückenden Lage, nicht einen der deutschen Texte als direkte Übertragung einer bekannten lateinischen Predigt Bertholds nachweisen zu können.

Der einzige Trost ist, daß wir annehmen dürfen, die deutschen Texte seien zu einem guten Teil von Personen redigiert worden, die Berthold als Prediger erlebt haben. Und in der Tat geht von diesen Aufzeichnungen über weite Strecken eine sprachliche Faszination aus, die vermuten läßt, sie vermittelten, wenn schon nicht den Wortlaut, so doch etwas vom Geist der wirklich gehaltenen Predigten. Diese müssen die Menschen über alles Maß bewegt haben. Die Chroniken sprechen von einigen Zehntausend, ja von bis zu 200 000 Zuhörern, die sich einfanden, wenn Berthold auftrat. Des Andrangs wegen predigte er öfters auf offenem Feld vor den Toren der Städte. Wenn er die dort eigens errichtete Kanzel bestiegen hatte, pflegte er zuerst die Windrichtung festzustellen, indem er eine Feder in die Luft hielt, die an einem Faden befestigt war; dann bat er das Publikum, sich so zum Wind zu postieren, daß jeder ihn verstehen konnte. Es scheint an der Tagesordnung gewesen zu sein, daß Sünder, von der Gewalt seiner Worte erschüttert, während der Predigt aufstanden, vor aller Augen und Ohren ihre Schuld bekannten, um Vergebung baten und Buße gelobten. Wenn wir der Überlieferung vertrauen dürfen, dann hat Berthold solche Wirkungen mit einer rhetorisch höchst raffinierten Mischung aus rationalen und emotionalen Appellen erzielt, indem er die Leute bald mit ruhiger Darlegung zu überzeugen, bald sie mit Beschimpfungen und Drohungen zu überwältigen suchte, beides in einer ungemein plastischen Ausdrucksweise, die ebenso nüchtern wie leidenschaftlich, ebenso derb wie zart sein konnte, die sich mit populären Redensarten und billigen Witzen anbiederte und doch sogleich wieder auf gelehrte Distanz ging. Und dafür, daß der Zuhörer über den z.T. sehr umfangreichen und langwierigen Ausführungen den Faden nicht verlor, sorgte eine einprägsame Disposition, die oft einem einfachen Zahlenschema folgte, sowohl über die ganze Predigt hinweg (z.B. *‚Von siben übergrôzen sünden‘, ‚Von den vier dienern gottes‘, ‚Von zwelf juncherren des tiuvels‘*) als auch in einzelnen Argumentationsteilen (z.B. Pfeiffer/ Strobl I S. 309: drei Wege zum Himmelreich, S. 310f.: zwei Fittiche, S. 311ff.: fünf Federn des ersten Fittichs etc.).

Entscheidend war, daß es dem Prediger gelang, in ein direktes Verhältnis zu den Zuhörern zu kommen und jedem einzelnen das Gefühl zu geben, er sei ganz persönlich angesprochen. Er erreichte das vor allem dadurch, daß er die Leute immer wieder anredete, seien es alle zusammen: *nû hoeret, ir hêrschaft* ... (I S. 41, „hört zu, Herrschaften...“), seien es einzelne Gruppen oder Personen: *ir witwen und ir meide, ir möhtet wol slâfen die wîle ich disen êliuten predige, oder hoeret mit den andern...* (I S. 310, „ihr Witwen und Mädchen, ihr könntet schlafen, solange ich den Eheleuten predige, nein, hört doch lieber zu mit den anderen...“), *her turneiesman, swenne ir zwêne tage geturnieret...* (I S. 176, „Herr Turnierritter, wenn Ihr zwei Tage lang turniert habt...“), *pfî, ir nascher...* (II S. 140, „pfui, ihr Lüstlinge...“). Dem gleichen Effekt diente das Verfahren des „rhetorischen Dialogs“, das den Zuhörer selbst in fingierter Rede zu Wort kommen läßt: *‚owê, bruoder Berhtolt, wie suln wir uns dâ vor behüeten?‘ Daz kan ich dich wol gelêren...* (I S. 43, „‚ach, Bruder Berthold, wie sollen wir uns davor bewahren?‘ Das kann ich dir genau sagen...“), *‚Bruoder Berhtolt, sage uns, welhez ist diu sünde, die dû sô gar griulich machest.‘ Niht, niht...* (II S. 51, „‚Bruder Berthold, sag uns, was ist das für eine Sünde, die du als so greulich hinstellst.‘ Nein, nein...“).

Welchen Durchbruch solche Predigten bedeuten, kann man nur im Vergleich mit den älteren Sammlungen ermessen. Er betrifft nicht nur im weitesten Sinn den Stil, sondern auch die Inhalte. Daß in der Predigt aktuelle Fragen des täglichen Lebens in derartigem Umfang und derart detailliert zur Sprache kamen, das war etwas ganz Neues. Es gibt so gut wie nichts, worauf diese Predigten nicht eingehen. Ihre Belehrungen, Mahnungen, Warnungen gelten der Berufsausübung in den verschiedenen Gewerben ebenso wie dem ehelichen Beischlaf, der Kindererziehung wie der Ketzerei, der Kleidermode wie dem Wallfahrtswesen. Das alles ist dem Prediger freilich nicht nur aus eigener Anschauung zugeflogen, und was er dazu äußert, ist im Kern der Aussage ebensowenig spontan. Dahinter steht vielmehr die lange und strenge Tradition des Kirchenrechts und der kirchlichen Morallehre, mit der die Prediger der Bettelorden in ordenseigenen Ausbildungsstätten vertraut gemacht wurden.

Die Dominikaner hatten, der Intention ihres Gründers entsprechend, von Anfang an eine ausgedehnte Studienorganisation aufgebaut, deren Zentrum der Studienkonvent St. Jacques an der Pariser Universität wurde (der Hochburg der Scholastik, der spekulativen Schultheologie, die der Orden zunächst ablehnte, dann aber entscheidend gefördert hat: die größten Scholastiker des 13. Jahrhunderts, Albertus Magnus und sein Schüler Thomas von Aquin, waren Dominikaner). Dem heiligen Franz hingegen stand der Gedanke an ein ordensinternes Studium fern, und er hat es erst spät und widerwillig zugelassen. Eine umfassende franziskanische Studienorganisation konnte erst nach seinem Tod etabliert werden.

Berthold hat möglicherweise am ersten deutschen Studienzentrum der Franziskaner in Magdeburg studiert: dort lehrte seit 1231 der große Enzyklopädist Bartholomäus Anglicus, dessen Werk ‚De proprietatibus rerum' („Von den Eigenschaften der Dinge") er nachweislich kannte. Noch vor der Jahrhundertmitte ist Magdeburg auch zu einem Hauptort des franziskanischen Rechtsstudiums geworden durch die Lehrtätigkeit des Heinrich von Merseburg, der um 1242 einen sehr einflußreichen Kommentar zu den Dekretalen Gregors IX. verfaßte (‚Summa super V libros decretalium'). Wir wissen leider nicht, ob Berthold seine Rechtskenntnisse bei diesem Mann erworben hat. Sie waren jedenfalls umfassend: wenn man die Predigten hintereinander liest, dann trifft man auf eine Totalität des Lebens, die an die kirchlichen Kompendien des Rechts und der Moral, vor allem aber an die großen Rechtsbücher von der Art des ‚Sachsenspiegels' erinnert. Und man bemerkt, daß die menschliche Existenz wie in diesen Rechtsbüchern primär als Existenz in der Gesellschaft gesehen wird, unter dem Aspekt des Schadens oder Nutzens, den dieses oder jenes Verhalten den anderen bringt. Man wird nicht fehlgehen, wenn man dies in Zusammenhang sieht mit dem franziskanischen Programm der Hinwendung zu den Menschen: wer sie in ihrem Alltag aufsuchte, der fand sie im Umgang miteinander, vor allem in der Familie und im Beruf. Sie zu bewegen, ein gottgefälliges Leben zu führen, hieß daher in erster Linie, sie in ihrem gesellschaftlichen Verhalten zu beeinflussen. Die Erinnerung an den ‚Sachsenspiegel' kommt mithin nicht von ungefähr: hier wie dort geht es um die Feststellung von Normen für das gesellschaftliche Leben, und da, wie wir sahen, diese Normen auch im ‚Sachsenspiegel' nicht einfach pragmatisch, sondern letztlich religiös begründet sind, ergibt sich eine Konvergenz, aus der die sozialhistorische Bedeutung des Bertholdischen Predigtwerks erhellt. Insofern es religiöse Ethik als Sozialethik vermittelt, will es im Bewußtsein der Menschen verankern, was in den Rechtsbüchern als Summe der Bedingungen für ihr friedliches Zusammenleben in der Gesellschaft niedergelegt ist. So stehen auch diese Predigten letztlich im Dienst der Festigung der neuen Staatlichkeit. Daß sie im ganzen auf die Stabilisierung der bestehenden Herrschaftsverhältnisse abzielen, das System der herrschenden und der dienenden Stände als gottgegeben voraussetzen und rechtfertigen, kann nicht verwundern bei einem Orden, dessen Stifter Gehorsam und Unterordnung gelehrt und gelebt hatte und der zu Bertholds Zeiten bereits in der Hierarchie der herrschenden Kirche aufgegangen war. Umso bemerkenswerter ist die unverhohlene Polemik des Predigers gegen die gesellschaftlich unnütze, ja schädliche Anhäufung von Reichtum und sein scharfer Blick für den gesellschaftlichen Wert produktiver Arbeit (was sich auch sprachlich niederschlägt: das Wort *arbeit* meint in diesen Predigten nicht mehr nur wie früher: „Mühsal" oder „Not", sondern zunehmend auch schon: „zweckgerichtete Tätigkeit"). Es will scheinen, als würden hier – vor dem Hintergrund einer allmählichen Veränderung der Gesellschaft und in der Perspektive ursprünglich franziskanischer Ideale – Vorstellungen artikuliert, die Jahrhunderte später eine weltverändernde Sprengkraft entfalten sollten.

Auf seinen Missionsreisen ist Berthold hin und wieder von einem Ordensbruder begleitet worden, der anscheinend aus Augsburg stammte, um 1240 als Novizenmeister im Regensburger Konvent bezeugt ist und später bis zu seinem Tod im Jahre 1272 außer in Regensburg auch in Augsburg gewirkt hat: David von Augsburg. Er gehört zu den einflußreichsten franziskanischen Autoren des Mittelalters. Sein Hauptwerk, in nahezu 400 Textzeugen überliefert, ist ein Lehrbuch des geistlichen Lebens: ‚De exterioris et interioris hominis compositione secundum triplicem statum incipientium, proficientium et perfectorum' („Über die Verfassung des äußeren und des inneren Menschen gemäß den drei Graden der Beginnenden, der Fortschreitenden und der Vollkommenen"). Dazu treten einige kleinere lateinische und vor allem eine Reihe von deutschen Werken.

Es ist allerdings noch nicht gelungen, aus dem Wust der Überlieferung den Bestand der authentischen deutschen Schriften genau auszugrenzen. Mit einiger Sicherheit können David derzeit zugeschrieben werden: ‚Die sieben Vorregeln der Tugend', ‚Der Spiegel der Tugend', ‚Von der Offenbarung und Erlösung des Menschengeschlechts', ‚Die sieben Staffeln (d.h. „Stufen") des Gebets' sowie Auslegungen des ‚Pater Noster' und des ‚Ave Maria'. Daneben stellt man eine Gruppe „davidischer Texte", d.h. Texte, die nach Geist und Sprachstil auf David weisen und zumindest in seinem Umkreis verfaßt wurden.

In seinen Schriften, den lateinischen wie den deutschen, geht es David um die Vermittlung der Grundsätze des geistlichen Lebens. Dieses wird verstanden als Stufenweg zur Vollkommenheit, der in die gnadenhafte Einheit von Gott und Seele mündet: *Da wirt dv́ sele also vereinit mit gotte, das si ist, das got ist, swie sie doch got niht ist, doch eine herce, ein wile, ein minne, ein geist mit gotte ... so der gottis mensche also in got virwandelt wirt, das er das ist von genaden, daz got ist in siner wise von nature* (‚Staffeln' B, 435ff. – „da wird die Seele so mit Gott vereint, daß sie ist, was Gott ist, wiewohl sie doch nicht Gott ist, aber ein Herz, ein Wille, eine Liebe, ein Geist mit Gott... so wird der Gottesmensch in Gott verwandelt, daß er aus Gnade das ist, was Gott seiner Natur nach ist"). Deutlich wird bei der Lektüre dieser Texte immer wieder Davids Fähigkeit, den Adepten des geistlichen Lebens sicher und ruhig zu geleiten, ihm mit freundlicher Beharrlichkeit den rechten Weg zu weisen: von einer „hohen Kunst der

Seelenführung" hat man gesprochen (Ruh). Sie wirkt, in den deutschen
Schriften, nicht zuletzt vermittels der Sprache, die ganz „natürlich" klingt,
dabei aber auf eine Weise kalkuliert ist, die unverwechselbar scheint, wenn
man sich einmal mit ihr vertraut gemacht hat: sorgfältig ausbalancierter
Rhythmus, diskrete Rhetorisierung (die mit verschiedenen Mitteln vor allem
der Wort- und Satzstellung einen bewegten, stellenweise etwas feierlichen
Ton verhaltener Eindringlichkeit erzielt), glasklare Syntax und plastische
Bildlichkeit – eine deutsche Prosa höchsten Ranges.

Bei den ‚Vorregeln der Tugend' handelt es sich um ein deutsches Gegenstück zu einer Passage von ‚De exterioris et interioris hominis compositione...'; und von den ‚Sieben Staffeln des Gebets' gibt es eine lateinische
Fassung, die ebenfalls von David stammen dürfte. Es hat also derselbe
Mann seine Werke nebeneinander in lateinischen und in deutschen Fassungen
in Umlauf gebracht. Dies erlaubt nur den einen Schluß, daß er mit einem
inhomogenen Publikum zu rechnen hatte. Ganz offensichtlich schrieb er
lateinisch für Kleriker, in erster Linie wohl für seine theologisch gebildeten
Ordensbrüder, und deutsch für Kreise, die des Lateinischen nicht bzw. nur
unvollkommen mächtig waren, vor allem wohl die Menge der Laienbrüder
im Orden, der Nonnen und der Tertiarier (d.h. der Angehörigen des sog.
Dritten Ordens, religiösen Laiengemeinschaften, die unter Aufsicht des
Ordens in der Welt lebten). Man war früher der Ansicht, solche deutschen
Texte seien als Prosaliteratur zur privaten Lektüre bestimmt gewesen
im Unterschied zu den Texten der älteren Tradition geistlicher Versliteratur, von denen man gemeint hat, sie seien für den Vortrag vor
einem im Prinzip analphabetischen Publikum verfertigt worden. Wir wissen
heute, daß die Verhältnisse so einfach nicht liegen: daß auch Versliteratur
still gelesen und Prosaliteratur vorgelesen wurde (was gerade für die hier in
Rede stehenden Texte gut bezeugt ist). Man kann daher den Aufstieg der
volkssprachigen geistlichen Prosa im 13. Jahrhundert nicht ohne weiteres
bildungssoziologisch aus dem Aufkommen einer neuen Leserschicht erklären,
zumal wir über die Bildungsverhältnisse im 12. und 13. Jahrhundert im
ganzen noch sehr schlecht unterrichtet sind. Es bleibt vorerst nur die
Feststellung, daß es eine geistliche Prosa in lateinischer Sprache schon
immer gegeben hat, das Aufkommen entsprechender volkssprachiger Prosa
in größerem Umfang somit ein Einbruch in die Domäne des Lateinischen
war. Man wird kaum fehlgehen, wenn man dies mit der religiösen Bewegung
zusammenbringt. Es ist offensichtlich so, daß diese Kreise direkten Zugang
zu den Quellen des Glaubens haben und wie der Klerus lesend und hörend
selbst mit geistlichem Schrifttum aller Art umgehen wollten, dabei aber
auf den Gebrauch der Volkssprache angewiesen waren, weil sie eben, auch
wenn sie lesen konnten, das Lateinische nicht oder nicht ausreichend
beherrschten. Die historische Bedeutung dieses Vorgangs ist kaum zu
überschätzen. Die massenhafte Produktion geistlicher Prosa in der Volkssprache, zu der er innerhalb weniger Jahrzehnte führte, hat nicht nur die

Entwicklung einer literarischen Prosa in deutscher Sprache kräftig vorangetrieben, sie hat auch eine neue Phase im Prozeß der Emanzipation der
Laien eingeleitet und ist ein wichtiger Schritt gewesen auf dem Weg zur
umfassenden Schriftlichkeit der Gesellschaft.

Dem Regensburg-Augsburger Franziskanerkreis um David von Augsburg
kommt dabei, soweit wir sehen, eine Schlüsselstellung zu. Es sind hier zwar
nicht die ersten Texte dieser Art entstanden (vgl. S. 174ff.), wohl aber ist
er das erste erkennbare Zentrum, in dem sie systematisch und in größerem
Umfang hergestellt wurden. Außer den Schriften Davids gehört hierher
zunächst die deutsche Redaktion der Predigten Bertholds von Regensburg,
zumindest der Klosterpredigten der Überlieferungsgruppe Z, die sich an
geistliche Frauen wenden. Sie wurden im selben Kreis etwa zwischen 1270
und 1290 mit Davids ‚Sieben Vorregeln der Tugend‘ und einer bunten Fülle
weiterer Texte zu einem großen Kompilationswerk zusammengestellt, einem
Lehr- und Erbauungsbuch für geistliche Leute, das den schönen allegorischen
Titel ‚Baumgarten geistlicher Herzen‘ trägt.

Eine Reimvorrede erklärt den Titel: der Baumgarten ist angelegt zur Erquickung
der Herzen, die sich, vom Fieber der Versuchung zum Bösen geschüttelt, nach
geistlicher Freude sehnen. Geboten wird eine umfangreiche Anleitung zum geist-
lichen Leben, speziell zum Ordensleben, in über 200 locker aneinandergereihten
Kapiteln unterschiedlichsten Umfangs: Anweisungen, Ermahnungen, Ratschläge,
Belehrungen, traktathaft ausführlich oder in Form sentenzhafter Aussprüche von
Kirchenlehrern (z.B. Nr. 23: „Sankt Augustin sagt: ‚Du sollst dich stets mit guten
Werken abmühen, damit dich der Teufel nicht müßig findet, denn er kann den
nicht leicht in Versuchung führen, der sich mit guten Werken abmüht‘ "), dazu
Gebete (z.T. gereimt) und Betrachtungen. Charakteristisch ist dabei eine Technik
rigoroser Kompilation, die Textmaterial in Splittern und in größeren Stücken von
allen Seiten zusammenzieht (bevorzugt aus den Werken Bertholds von Regensburg
und Davids von Augsburg), sie umformt und mosaikartig neu arrangiert. Die
Publikumsanreden des Buches wenden sich teils an Frauen, teils an Männer. Was
das Frauenpublikum in Augsburg betrifft, so wird in erster Linie an die Drittordens-
schwestern des Klosters Maria Stern zu denken sein, das 1258 als Beginensiedlung
errichtet worden war. Aus diesem Haus soll auch eine Handschrift aus der Zeit um
1300 stammen, die eine offenbar im Augsburger Franziskanerkreis hergestellte
deutsche Fassung der Ordensregel enthält, die ‚Augsburger Drittordensregel‘, eine
Übertragung der Regel, die Papst Nikolaus IV. im Jahre 1289 approbiert hatte.
Dazu stellt sich eine deutsche Fassung der Regel, die Papst Urban IV. 1263 dem
Klarissenorden gegeben hatte, einem den Franziskanern angegliederten Frauen-
orden, den Franz und seine geistliche Freundin Klara von Assisi 1212 gegründet
hatten. Diese ‚Augsburger Klarissenregel‘ ist wahrscheinlich von den Augsburger
Franziskanern für das Klarissenkloster in Regensburg angefertigt worden. Die
Regeln waren von großer Bedeutung für die Ordnung des Lebens in den Klöstern
und klosterähnlichen Gemeinschaften; sie wurden turnusmäßig vorgelesen und
erklärt.

Vielleicht gehört in den Augsburger Franziskanerkreis auch eine Übertragung der ,Epistola ad fratres de Monte Dei' („Brief an die Brüder von Mons Dei") des Wilhelm von Saint Thierry, eines Freundes Bernhards von Clairvaux, der bis 1135 Abt des Klosters Saint Thierry (bei Reims) war und sich dann als einfacher Mönch in das Zisterzienserkloster Signy (im Norden der Champagne) zurückzog. Der Traktat, der den Kartäusermönchen des Klosters Mons Dei („Gottesberg") in den Ardennen gewidmet ist (daher der Titel), zählt zu den bedeutendsten und verbreitetsten Werken der mystischen Theologie des Mittelalters. Die deutsche Übertragung ist in einer Kopie überliefert, die um 1300 im Augsburger Raum geschrieben wurde. Der Entstehungsort der Handschrift, die sprachliche Qualität der Übertragung und nicht zuletzt die Tatsache, daß David von Augsburg die ,Epistola' gut gekannt und häufig zitiert hat, sprechen für den Augsburger Franziskanerkreis – zu beweisen ist das (vorläufig) nicht, und man wird auch daran denken müssen, daß es wohl noch von der ersten Hälfte des Jahrhunderts her eine zisterziensische Tradition geistlicher Prosa in deutscher Sprache gab (vgl. S. 176ff.), in der sich ebenfalls Spuren der ,Epistola' nachweisen lassen (wie denn auch der Herausgeber die Handschrift der Schreibstube des Zisterzienserklosters Kaisheim bei Augsburg zuweisen möchte).

Die volkssprachige Schriftproduktion des Regensburg-Augsburger Franziskanerkreises beschränkte sich jedoch nicht auf geistliche Texte im engeren Sinn, sie erstreckte sich auch auf juristische und historiographische Prosa. Bei der wichtigen Rolle, die, wie wir sahen, das Recht in der Seelsorge der Franziskaner spielte, war es nur konsequent, wenn sie über die Umsetzung der kirchlichen Rechts- und Morallehre in der Predigt hinausgingen und versuchten, gestaltenden Einfluß auf die Fixierung auch des außerkirchlichen Rechts zu nehmen. Der Ausgangspunkt hierfür konnte nur der ,Sachsenspiegel' sein. Mit ihm scheinen sich die Franziskaner schon früh auseinandergesetzt zu haben, und zwar in Magdeburg, wo die Bedingungen besonders günstig waren: es gab dort nicht nur die von Heinrich von Merseburg begründete Tradition der franziskanischen Rechtsstudien, die Stadt war auch – in nächster Nähe von Eikes Heimat gelegen – ein Zentrum der Rezeption und Verbreitung des ,Sachsenspiegels'. U.a. scheint man, vielleicht in den sechziger Jahren, in den Magdeburger Franziskanerkreisen eine oberdeutsche Fassung des ,Sachsenspiegels' angefertigt zu haben, die ein Bruder nach Augsburg brachte, wo sie unter Benutzung von Augsburger Gewohnheitsrecht um 1270 umgearbeitet wurde (,Augsburger Sachsenspiegel').

Auf der Basis der oberdeutschen ,Sachsenspiegel'-Fassung und des ,Augsburger Sachsenspiegels' haben dann die Augsburger Franziskaner in den siebziger Jahren zwei große Rechtsbücher verfaßt, zuerst wohl den ,Deutschenspiegel' (oder ,Spiegel Deutscher Leute'), dann den ,Schwabenspiegel' (ein irreführender Titel, der sich in der rechtshistorischen Literatur seit dem 17. Jahrhundert eingebürgert hat – in den Handschriften heißt das Werk ,Kaiserliches Landrecht' und ,Lehnrecht'). Die beiden Bücher repräsentieren zwei Phasen einer umfassenden Neuredaktion des ,Sachsenspiegels', die vor allem darauf gerichtet war, zum einen das sächsische

Partikularrecht zum überregionalen deutschen Recht auszubauen, zum andern geistliche bzw. kirchenrechtliche Gesichtspunkte zur Geltung zu bringen. Das Unternehmen ist erfolgreich gewesen: die Wirkung des ‚Schwabenspiegels‘ in den Gebieten nicht-sächsischen Rechts steht der Wirkung des ‚Sachsenspiegels‘ im sächsischen Rechtsbereich nicht nach, und wie der ‚Sachsenspiegel‘ ist auch er ins Lateinische und in außerdeutsche Volkssprachen (darunter sogar ins Französische) übertragen worden.

‚Deutschenspiegel‘ und ‚Schwabenspiegel‘ sind eindrucksvolle Zeugnisse des franziskanischen Willens, die Gesellschaft zu beeinflussen. Und sie machen ganz deutlich, was sich bereits bei den Predigten Bertholds zeigte: daß diese Einflußnahme im Dienst der neuen Staatlichkeit stand. Der Erfolg, den das ehrgeizige Rechtsbuch-Projekt hatte, legt den Gedanken nahe, daß sich dieser staatsfördernde Effekt nicht bloß vom Ergebnis her einstellte, sondern daß die Brüder von vornherein in ausdrücklicher Übereinkunft mit der weltlichen Herrschaft handelten.

Für die Städte ist solches Zusammenwirken gut bezeugt. Es gibt eine Fülle von Belegen dafür, daß die Franziskaner (wie auch die Dominikaner) den Bürgern ihre institutionellen Möglichkeiten zur Verfügung stellten: ihre Räume für Versammlungen etwa der Zünfte oder des Rats, ihre Schreibstuben für die Ausfertigung von Dokumenten aller Art. Was speziell unseren Augsburger Kreis betrifft, so ist damit zu rechnen, daß er maßgeblich an der Kodifizierung des ‚Augsburger Stadtrechts‘ von 1276 beteiligt war.

Für den ‚Schwabenspiegel‘ hat man Beziehungen zu Herzog Ludwig II. von Oberbayern und zu König Rudolf von Habsburg erwogen (woraus sich die Bezeichnung ‚Kaiserliches Landrecht‘ erklären könnte). Das ist plausibel, konnte aber bisher nicht bewiesen werden. Sicher ist auf jeden Fall, daß sowohl der ‚Deutschenspiegel‘ als auch der ‚Schwabenspiegel‘ bewußt im Blick auf das weltliche Herrscheramt angelegt wurden. Das geht aus historischen Einleitungen hervor, die man ihnen beigegeben hat: dem ‚Deutschenspiegel‘ das ‚Buch der Könige‘, das nach Art der Weltchroniken biblische Geschichte des Alten Testaments als Weltgeschichte erzählt (in Prosa), dem ‚Schwabenspiegel‘ eine überarbeitete Fassung des ‚Buchs der Könige‘ nebst einer Prosafassung der alten deutschen ‚Kaiserchronik‘ aus dem 12. Jahrhundert (zusammen ‚Buch der Könige *alter ê und niuwer ê*‘, d.h. „des Alten und Neuen Bundes“, genannt). Diese Einleitungen geben Exempla richtiger und falscher Ausübung des Richter- und Herrscheramts, die die Bestimmungen der Rechtsbücher illustrieren und zugleich historisch beglaubigen.

Die Werke Lamprechts von Regensburg und die mystische Prosa von und um David von Augsburg auf der einen, die Predigten Bertholds von Regensburg und die Augsburger Rechtsbücher auf der anderen Seite markieren einen historischen Zusammenhang, der merkwürdig widersprüchlich

wirkt. Die neue Frömmigkeit, aus der die Bettelorden erwachsen sind, hat
zugleich die Kräfte des Individuums entbunden und die Institutionalisierung
der Lebensordnung des Kollektivs befördert. Individuum und Staat in
unserem modernen Verständnis sind ohne sie nicht zu denken – und nicht
ohne das Instrumentarium der volkssprachigen Schriftlichkeit, an dessen
Entwicklung sie maßgeblich mitgewirkt hat.

Beginentum und Mystik in deutscher Sprache: Mechthild von Magdeburg

In der ‚Tochter Syon' kennzeichnet Lamprecht von Regensburg die Fähigkeit
zur mystischen Erfahrung als eine *kunst*, die den Frauen eher gegeben sei
als den Männern: ihr „weiches", d.h. empfängliches Gemüt (*senftez herze*),
ihr leicht beweglicher Sinn (*ringer muot*), ihre Einfalt disponierten sie dazu
(v. 2844ff.). Über den Wert dieser psychologischen Erklärung mag man
streiten, an dem Faktum ist nicht zu rütteln: Frauen haben in der Entfaltung
der mystischen Frömmigkeit des Mittelalters eine bedeutende Rolle gespielt,
zu Zeiten, wie in der Tat im 13. Jahrhundert, die dominierende. Wichtig
ist für uns in diesem Zusammenhang Lamprechts Bemerkung, besagte *kunst*
sei in *Brâbant und in Baierlanden undern wîben ûf gestanden* (v. 2839f.),
habe sich „in Brabant und in Bayern unter den Frauen erhoben". Dies ist
anscheinend das einzige Zeugnis dafür, daß es in Bayern damals in größerer
Zahl mystisch begnadete Frauen gab. Für Brabant hingegen können wir die
Aussage bestätigen. Der heute niederländisch-belgische Raum war zu
Lamprechts Zeit vielleicht das bedeutendste Zentrum der religiösen Frauenbewegung, insbesondere des Beginentums, und es entstanden dort gegen
die Jahrhundertmitte die ersten Zeugnisse mystischer Frauenliteratur in
der Volkssprache: der Traktat ‚Van seuen manieren van heileger minnen'
(„Von sieben Zuständen der heiligen Liebe") der Beatrijs (1200–1268),
Priorin des Zisterzienserinnenklosters Nazareth bei Lier (in Belgien), und
das umfangreiche Werk – Gedichte, Visionsberichte, Briefe – der Begine
Hadewijch (aus Antwerpen?), die als die größte niederländische Mystikerin
des Mittelalters gilt. Es ist anzunehmen, daß die religiöse Bewegung in
Deutschland weithin unter dem Einfluß dieser frühen niederländischen
Mystik stand. So wissen wir von Hadewijch, daß sie ausgedehnte freund-
schaftliche Kontakte über die Grenzen Flanderns hinaus unterhielt, nach
dem Rheinland, nach Thüringen, nach Böhmen und nach „Sachsen" (d.h.
nach Niederdeutschland). Anregungen aus diesem Kreis könnte – direkt
oder indirekt – auch die Begine Mechthild von Magdeburg empfangen
haben, die seit 1250 die Geschichte ihres Gnadenlebens in deutscher Sprache
aufgezeichnet hat. Sie schuf damit das erste mystische Bekenntnisbuch der
deutschen Literatur, ein einsames Gipfelwerk religiöser Prosa: ‚Das fließende
Licht der Gottheit'.

Von Mechthilds äußerem Leben ist uns nur bekannt, was sie selbst darüber in ihrem Buch sagt bzw. zu erkennen gibt. Sie stammte anscheinend aus vornehmer Familie, wurde im Alter von zwölf Jahren „gegrüßt vom Heiligen Geist" (IV 2, 8f.), verließ wohl um 1230 das Elternhaus und ging nach Magdeburg, wo sie als Begine ein Leben freiwilliger Erniedrigung führte. Nach schwerer Krankheit und vorübergehender Rückkehr in die Familie zog sie sich um 1270 für die letzten Jahre ihres Lebens in das Kloster Helfta (bei Magdeburg) zurück, dessen Insassinnen die Zisterzienserregel befolgten. Das geistliche Klima dort ist ihrer Frömmigkeit entgegengekommen und dann zweifellos von ihr mitgeprägt worden: zwei ihrer Mitschwestern gehören mit ihren (in lateinischer Sprache aufgezeichneten) visionären Erlebnissen ebenfalls zu den großen Gestalten in der Geschichte der Mystik, Mechthild von Hackeborn (1241–1299) und Gertrud („die Große") von Helfta (1256–1301/02). Um 1282 soll Mechthild gestorben sein.

Bei ihren Aufzeichnungen wurde sie ermutigt und unterstützt von ihrem geistlichen Betreuer, dem Dominikanerbruder Heinrich von Halle, Lesemeister (d. h. Leiter der theologischen Studien) des Konvents von Neuruppin. Wie weit Heinrichs Einfluß auf die Niederschrift gegangen ist, läßt sich im einzelnen nicht mehr erkennen. Sicher ist nur, daß Mechthild, die nach eigenem Bekunden zwar lesen und schreiben konnte, aber kein Latein verstand, sachlich und terminologisch von der Schultheologie profitiert hat. Diese wird ihr wohl in erster Linie Heinrich von Halle nahegebracht haben, möglicherweise nicht nur in Predigt und persönlichem Gespräch, sondern auch vermittels volkssprachiger Erbauungs- und Lehrschriften, wie wir sie aus dem Augsburger Franziskanerkreis kennen. Denn daß auch die Dominikaner schon sehr früh dem Bedürfnis nach solchen Schriften entgegengekommen sind, ist sicher, wenn auch nichts davon erhalten bzw. identifiziert ist: es geht aus dem Beschluß eines Generalkapitels vom Jahre 1242 hervor, der allen Brüdern verbot, Schriften religiösen Inhalts aus dem Lateinischen in die Volkssprache zu übersetzen.

In seiner überlieferten Gestalt gliedert sich das Werk in sieben Teile oder Bücher zu insgesamt 267 Abschnitten oder Kapiteln. Man hat sich vorzustellen, daß Mechthild diese Abschnitte, deren Umfang zwischen wenigen Zeilen und mehreren Seiten schwankt, über dreißig Jahre hin geschrieben und, auf Drängen ihres Beichtvaters, von Zeit zu Zeit in größeren Partien an die Öffentlichkeit gegeben hat. Zum Zweck der Veröffentlichung scheint sie das jeweils angesammelte Material durchredigiert zu haben (unter Mithilfe Heinrichs von Halle, von dem vielleicht auch die Bucheinteilung stammt). Es ist sicher, daß die redaktionelle Anordnung zum Teil von der entstehungsmäßigen Folge der Aufzeichnungen abweicht, indes spricht einiges dafür, daß diese doch in den Grundzügen erhalten blieb. Das bedeutet, daß wir wenigstens der Tendenz nach eine tagebuchartige Autobiographie vor uns haben, die Chronik freilich weniger eines äußeren als eines inneren Lebens, die den Weg einer Seele nachzeichnet, die ergriffen war von der Sehnsucht nach Gott. Mechthild hat, wie treffend gesagt worden ist, das ‚Hohe Lied' bzw. dessen Auslegung mit dem uns aus der ‚Tochter Syon‘ bekannten Gedanken der Hochzeit der Seele mit Christus „experimentiert“ (Haas), und es ist vor allem dieses lebenslange „Experiment“, von dem die Aufzeichnungen berichten. Es hat ihr die Erfahrung der Nähe Gottes gebracht, bräutliche Vereinigung der Seele mit Christus und Einblick ins Jenseits (mit Visionen von Himmel und Hölle), aber auch die Erfahrung der Ferne und Fremdheit Gottes, die *gottes vrômdunge*. Diese kann sie in zutiefst christlicher Paradoxie gleichwohl *selig* nennen, denn der Verlust Gottes läßt die Seele eine Pein erleiden, die sie als Nachvollzug der Pein des leidenden und in seinem Leiden gottverlassenen Christus zu begreifen vermag, so daß eben die Gottesferne sie nur immer tiefer hineinreißt in Gott — „darum freue ich mich meiner Schwäche, meiner Schmach, meiner Not, meiner Verfolgung, meiner Bedrängnis um Christi willen, denn wenn ich schwach bin, so bin ich stark“, heißt es bei Paulus (2. Brief an die Korinther 12,10), *ie ich tieffer sinke, ie ich sûssor trinke* bei Mechthild (IV 12, 107).

Wenn wir davon ausgehen können, daß der Text nach Anordnung und Substanz der Aussage im wesentlichen authentisch überliefert ist, so gilt dies nicht für seine Sprachgestalt. Das mitteldeutsch-niederdeutsche Original Mechthilds ist verloren. Die uns vorliegende Überlieferung geht — abgesehen von einer lateinischen Bearbeitung und einer darauf beruhenden Rückübersetzung ins Deutsche — samt und sonders auf eine Übertragung ins Alemannische zurück, die wahrscheinlich in den Jahren 1343−45 im Kreis der Basler „Gottesfreunde“ um Heinrich von Nördlingen angefertigt wurde (vgl. Bd. III/1). Auch die Urschrift dieser Übertragung ist nicht erhalten. Wir fassen sie nur in einer fehlerhaften Kopie aus der zweiten Hälfte des 14. Jahrhunderts (Handschrift der Stiftsbibliothek Einsiedeln in der Schweiz) und in einer Reihe von Auszügen und Zitaten des 14. und 15. Jahrhunderts. Der Text der Einsiedler Handschrift kann nur teilweise mit Hilfe der splitterhaften Parallelüberlieferung und der (stark verändernden) lateinischen Bearbeitung kontrolliert und gegebenenfalls korrigiert werden. An eine vollständige Rekonstruktion der Basler Fassung oder gar des Originals ist nicht zu denken.

Mechthilds Mitteilungen haben offenbar schon früh Skeptiker und Gegner auf den Plan gerufen. Sie klagt mehrfach darüber, spricht von ihren „christlichen Peinigern“ (V 35, 40) und ihrer zweifachen Furcht: vor Gott, wenn sie schweige, und vor unwissenden Menschen, wenn sie schreibe (III 1, 37f.). Und sie wendet sich angsterfüllt an Gott, weil man sie gewarnt hatte, ihr Buch könnte dem Feuer überantwortet werden (II 26, 2ff.). Hier wird die Gefährdung deutlich, der die Beginen immer ausgesetzt waren: der Häresie, in die sie ihre eminent persönliche Frömmigkeit bei mangelhaften theologischen Kenntnissen leicht verstricken konnte, bzw. dem Häresieverdacht seitens der Behörden, die viele von ihnen auf den Scheiterhaufen gebracht haben (darunter eine der bedeutendsten mystischen Bekennerinnen überhaupt, die Französin Marguerite Porete, Verfasserin des ‚Miroir des simples âmes‘, des „Spiegels der einfachen Seelen“, die 1310 in Paris verbrannt wurde). Was immer man Mechthild zum Vorwurf gemacht haben mag, Anstoß mußte allein schon der Anspruch erregen, mit dem sie auftrat. Er ist ungeheuerlich. Die erste Überschrift (I Prol. 1f.) formuliert ihn: „dies Buch soll man begierig aufnehmen, denn Gott selbst spricht die Worte". Und wenige Zeilen darauf hören wir in Gottes eigener Rede vom Entstehungsgrund des Buches: „Ich habe es gemacht in meiner Unfähigkeit, meine Gabe zurückzuhalten" (I Prol. 8f.). Das bedeutet: Mechthild versteht sich als Mittlerin, als Organ Gottes, durch das er sich den Menschen offenbart − „was in diesem Buch geschrieben steht", heißt es an späterer (interpolierter?) Stelle, „ist aus dem lebendigen Gott in Schwester Mechthilds Herz geflossen und ist hier getreulich so niedergelegt, wie es aus ihrem Herzen von Gott gegeben ist und aufgezeichnet von ihren Händen" (VI 43). Die Vorstellung ist, daß das Licht der göttlichen Offenbarung durch das Herz Mechthilds in die Herzen aller empfänglichen Menschen fließt. Darauf bezieht sich auch der Titel des Werks, das, wie gesagt wird, nach Gottes eigenem Willen heißen soll: *ein vliessende lieht miner gotheit in allú dú herzen, dú da lebent ane valscheit,* „Licht meines göttlichen Wesens, das in alle Herzen fließt, die ohne Falsch leben" (I Prol. 10f.). Wenn Mechthild sich damit neben die großen Träger der Offenbarung des Alten und Neuen Testaments stellt − sie nennt ausdrücklich Moses, Daniel und die Apostel (V 12, 8ff.) −, darf das nicht, wie es manche Zeitgenossen vielleicht taten, als Anmaßung verstanden werden. Im Gegenteil: sie hat sich ihrer Berufung „weinend geschämt", weil ihre „große Unwürdigkeit offen vor ihren Augen stand" (IV 2, 131f.). Daß sich Gott aber gerade durch eine ungelehrte Frau offenbart, sein „goldenes Haus" in einer „schmutzigen Pfütze" baut, wie Mechthild es drastisch ausdrückt, das ist aus dem evangelischen Grundgedanken des Christentums zu verstehen, daß die Niedrigsten vor Gott die Höchsten sind: „die höchsten Berge", erfährt Mechthild aus Gottes Mund, „können die Offenbarung meiner Gnade nicht empfangen, denn die Flut meines heiligen Geistes fließt ihrer Natur nach abwärts" (II 26, 19ff.).

In seinem Anspruch, Offenbarung zu sein, ist das Werk Gegenstand von Theologie und Glaubenspraxis. Das muß nicht heißen, daß es sich der historischen Betrachtung entzieht. Denn die Rede Gottes artikuliert sich in den Ausdrucksformen des geschichtlichen Augenblicks, in den sie hineinspricht. Und so kann und darf das Werk auch als historisches Zeugnis genommen werden, unabhängig davon, wie man sich zur Frage seines religiösen Wahrheitsgehalts stellt.

„Ich kann nichts schreiben", bemerkt Mechthild einmal, „was ich nicht mit den Augen meiner Seele sehe und mit den Ohren meines ewigen Geistes höre und in allen Gliedern meines Körpers spüre durch die Kraft des Heiligen Geistes" (IV 13). Solches Sprechen aus der Inspiration läßt sich nicht in vorgegebene Stil- und Gattungstraditionen einpassen und ist doch nicht möglich ohne Bezug auf sie. So ergreift Mechthild in kühnstem Synkretismus alles, was sie nur finden kann an Möglichkeiten

des Ausdrucks und der Darstellung. Sie spricht in nüchternem Alltagston
und in affektivisch entzückter Rede, die aus der Prosa immer wieder aus-
greift in den Vers und so im Sprachgestus die Spur des Ergriffenwerdens
abbildet; sie gibt Erzählung und Erörterung. Dialog und Lied; sie reiht
Visionen, Bekenntnisse, Gebete, Exempla, Ermahnungen, Belehrungen,
Hymnen und anderes mehr. Nur äußerlich steht das alles unverbunden
nebeneinander. Die Heterogenität der Elemente ist aufgehoben, sie sind
gleichsam eingeschmolzen in der überwältigten und überwältigenden Intensität des Erlebens und Mitteilens. Es ist, als seien die festen Konventionsformen der literarischen Tradition zurückgenommen in die Ursprünglichkeit
eines elementaren Äußerungszwanges, oder: als treibe dieser Äußerungs-
zwang die archetypischen Redeweisen aus sich heraus, die hinter den
Konventionsformen stehen, und zeige uns diese so gewissermaßen *in statu
nascendi*, im Augenblick ihrer Geburt (Mohr).

Mechthilds Werk ist nicht das erste und nicht das einzige Bekenntnisbuch, das sich
in der beschriebenen Weise querstellt zu den etablierten Gattungen der Literatur.
Zu nennen sind vor allem die ‚Confessiones‘, die „Bekenntnisse“, des Augustinus.
Man darf sie freilich nicht als – wie immer vermitteltes – Vorbild in Anspruch
nehmen, sondern allenfalls (und mit vielen Einschränkungen) als Parallelfall aus
analoger Disposition.

Indessen: was wir in diesem Werk als Triumph der Sprache bewundern,
ist von seiner Verfasserin als unzulänglich empfunden worden. „Mich
jammert“, sagt sie, „aus tiefstem Herzen, seit ich sündiges Weib schreiben
muß, daß ich für niemanden die wahre Erkenntnis und heilige herrliche
Anschauung aufschreiben kann, sondern nur diese Worte: sie dünken mich
allzu dürftig gegenüber der ewigen Wahrheit“ (V 12, 3ff.). Die Wahrheit
Gottes, die im mystischen Erlebnis gnadenhaft erfahren wird, liegt außerhalb
aller menschlich irdischen Kategorien und ist daher im letzten unsagbar:
die dem Mystiker angemessene Haltung ist das Schweigen. Wenn aber zur
Gnade der Erfahrung der Auftrag zur Verkündigung tritt, dann kommt es
zu einem Widerstreit zwischen Sprachlosigkeit und Sprechenmüssen, zu
einer Sprachnot, aus der es nur ein Entrinnen gibt: ins indirekte, „über-
tragene“ Reden, in die Allegorie (im mittelalterlichen, der antiken Rhetorik
verpflichteten Verständnis des Begriffs, wie ihn neben vielen anderen z.B.
der Dichter und Dichtungstheoretiker Matthäus von Vendôme im 12. Jahrhundert definiert hat: *allegoria est alienum eloquium, quando a verborum
significatione dissidet intellectus*, „die Allegorie ist ein Andersreden, weil
der Aussagesinn von der Wortbedeutung abweicht“ [‚Ars versificatoria‘
III 43]). Daß bei Mechthild die Vereinigung mit Gott als Geschlechtsakt in
der *minne bette* (I 44, 79) erscheint, ist in diesem Sinne Allegorie, und
Allegorisches spielt in dem Werk immer da eine Rolle, wo von Erfahrungen
in der anderen Welt die Rede ist (nicht nur in den eigentlich mystischen
Passagen, die das Liebesthema variieren). Es wäre jedoch ein Mißverständnis,

wollte man in Mechthilds Allegorik nur ein Instrument sehen, das sie will-
kürlich gebrauchte, um das schlechthin Unsinnliche zu materialisieren und
damit sinnfällig, d.h. vermittelbar zu machen. Allegorie ist hier nicht nur
die Form der Darstellung, sondern zugleich die Form der Erfahrung selbst,
genauer: der Modus, in dem die Erfahrung bewußt wird. Als das ganz
Andere kann das Erfahrene nicht unmittelbar hinübergenommen werden
in das Bewußtsein, das dem diesseitigen Menschen zugehört: es kann sich
in ihm nur abbilden in Gestalt diesseitiger Erlebnismuster. Ein solches
Erlebnismuster ist das der geschlechtlichen Liebe, deren psychische Struktur
und deren geistliche Sanktionierung durch das ‚Hohe Lied‘ sie zur diesseitigen
Hülse der jenseitigen Erfahrung werden ließ.

Neben Elementen aus der Tradition des ‚Hohen Liedes‘ sind in Mechthilds Darstellung bzw. Erfahrung der Liebe auch Elemente aus der weltlichen Liebeslyrik
eingeflossen (etwa des Tagelieds: vgl. I 44, 92f., vielleicht mit einem verkappten
Wolfram-Zitat), wie sich auch sonst der Einfluß der höfischen Kultur zeigt, mit der
sie offenbar gut vertraut war. So ist das ganze Werk durchsetzt von traditionellen
Vorstellungen, die aus den verschiedensten Bereichen kommen, aus der Bibel
und aus der Bibelauslegung, aus der übrigen geistlichen und aus der weltlichen
Literatur, auch − etwa in den Visionen von Himmel und Hölle − aus der
bildenden Kunst. Wichtiger als der detaillierte Nachweis solcher Traditionen ist
indessen die Einsicht, daß es kein Widerspruch ist, wenn individuelles Erleben sich
in vorgeprägten Bahnen bewegt. Eine ganz andere Frage ist dabei die, ob Mechthild
(unter Anleitung Heinrichs von Halle?) den Traditionsbezug durch bewußte Stilisierung verstärkt hat, als sie das Werk für die Veröffentlichung vorbereitete. So hat
man versucht, in den ersten vier Büchern eine genau kalkulierte Struktur aufzudecken, in der jedem Buch schwerpunktmäßig eine Phase der Minnebiographie
zugeordnet sei, die ihrerseits in Beziehung stehe zum vierfachen Minneweg des
‚Hohen Liedes‘, zu den Stadien des Liebesverhältnisses zwischen Gott und Maria
bzw. der Kirche sowie zu den vier Schriftsinnen der Bibelauslegung. Wie stich-
haltig diese Hypothese ist, muß die künftige Forschung zeigen.

Daß es allegorisch, d.h. verhüllt redet, teilt Mechthilds Werk mit aller
Offenbarung, vor allem mit der Bibel selbst, deren geistlichen Sinn, den
Gott hinter dem buchstäblichen oder historischen Sinn verborgen hat, die
Bibelauslegung oder Allegorese aufdeckt. Bei Mechthild nun verschränken
sich Allegorie und Allegorese auf eigentümliche Weise. Was sie erlebt und
mitteilt, ist Allegorie aus Allegorese, d.h. die Bildebene bei ihr − der
buchstäbliche Sinn − baut auf Elementen der Spiritualebene der Bibel auf,
eben der Auslegung des ‚Hohen Liedes‘. In dieser Konstellation tritt der
historische Gehalt der neuen Frömmigkeit zutage. Die subjektiv persönliche
Aneignung der Heilsverkündigung verbürgt deren objektive Gültigkeit und
schwingt sich damit − auf jenes Risiko der Häresie hin − zur Instanz
der Entscheidung über die Richtigkeit der kirchlichen Lehrmeinung auf.
Mechthild hat die Begegnung mit Gott als persönlich gelebtes Leben erfahren
und zugleich als ein Überpersönliches, das seine Bestimmung in der

normensetzenden Mitteilung an andere fand. Die Vorstellung ist uns nicht
fremd, daß ein Leben sich dergestalt in der Äußerung über sich selbst
erfüllt: sie kennzeichnet einen gängigen Begriff von Künstlertum. Hinter
diesem Begriff steht die Überzeugung von der Dignität des Individuums,
steht der moderne Individualitätsgedanke. Danach stammt, was im Kunstwerk zu Gestalt kommt, aus dem Erleben des Künstlers, der als „Genie"
über die Gabe einer besonderen Erlebnis- und Gestaltungsfähigkeit verfügt,
die ihn in den Stand setzt, einen wie auch immer bestimmten Sinngehalt
des Lebens überhaupt in seinem individuellen Erlebnis zu erfahren und im
Kunstwerk für andere erfahrbar zu machen. Es ist unschwer zu erkennen,
daß hier in säkularisierter Form wiederkehrt, was bei Mechthild religiös
begründet ist. Der historische Zusammenhang zwischen dem modernen
Individualismusgedanken und der mystischen Frömmigkeit des Mittelalters,
den uns die Analyse der Werke Lamprechts von Regensburg zeigte, betrifft
somit auch die Entwicklung der Kunst. Von der religiösen Erlebniskunst der
mittelalterlichen Mystik führt der Weg über die Jahrhunderte zur säkularen
Erlebniskunst der Moderne mit ihrem Anspruch, Welt verbindlich zu
deuten und Lebenssinn zu vermitteln.

Die literarischen Formen

Den systematischen Überblick über die Formen der Literatur gliedern wir nach Formen der Versliteratur auf der einen, Formen der Prosaliteratur auf der anderen Seite. Diese Sonderung mag äußerlich erscheinen, und es ist nicht zu leugnen, daß sie zusammengehörige Inhalts- und Funktionstypen auseinanderreißt: Vers- und Prosachronik etwa oder bestimmte Typen der geistlichen Rede, auch den Versroman und den (freilich nur mit einem Exemplar vertretenen) Prosaroman. Wir nehmen das in Kauf, um schon in der Gliederung herauszustellen, was wir für den wichtigsten formgeschichtlichen Vorgang im 13. Jahrhundert halten: eben den Durchbruch der volkssprachigen Prosa auf breiter Front.

Alte und neue Formen der Versliteratur

Bei der Beschreibung der Versliteratur schreiten wir vom Alten zum Neuen fort: von der Lyrik und der Großepik, deren Entwicklung sich als Weiterbildung der in den voraufgegangenen Jahrzehnten entstandenen Traditionen darstellt, über Kleinepik und Rede, wo folgenreiche Neuentwicklungen zu beobachten sind, zum Drama, d. h. dem geistlichen Spiel, dessen volkssprachige Tradition in unserem Zeitraum wo nicht beginnt, so doch zuerst greifbar wird.

Formen der Lyrik

Soweit die Überlieferung sie uns zeigt, ist die volkssprachige Lyrik unseres Zeitraums noch so gut wie ausschließlich höfische Lyrik. Deren morphologisches System mit den Leitformen des strophischen Lieds, des (Sang-) Spruchs und des Leichs, wie sie vorbildhaft im Werk Walthers nebeneinander stehen, behielt seine Gültigkeit. Auch das Inventar der Inhaltstypen blieb im wesentlichen unverändert.

Außerhöfische Lyriktraditionen sind nach wie vor nur schemenhaft wahrnehmbar.
    Von alters her gab es volkssprachige geistliche Lieder, die bei kirchlichen Zeremonien aller Art gesungen wurden, von den Klerikern für die Laien (wie z. B.

das berühmte ‚Ezzolied‘ aus dem 11. Jahrhundert – vgl. Bd. I/2) oder von der
Gemeinde selbst (wie z. B. das weit verbreitete Osterlied *‚Christ ist erstanden‘*,
das noch aus dem 12. Jahrhundert stammt und als „Leis“ – Lied mit der
Akklamation *Kyrie eleison* – einen Typus repräsentiert, der sich schon im ahd.
‚Petruslied’ andeutete – vgl. S. 157 und Bd. I/1). In der Überlieferung sind solche
Lieder allerdings nicht immer sicher zu identifizieren. Bei manchen Texten kann
es sich auch um Stücke handeln, die nicht für den Gesang bestimmt waren, um
Sprech- oder Lesegedichte also, und zwar namentlich um Reimgebete (so ist,
um nur ein Beispiel aus unserem Zeitraum zu nennen, der Liedcharakter einer
Übertragung des Himmelfahrtshymnus *‚Jesu nostra redemptio‘* durchaus zweifelhaft, die ein bayrischer oder österreichischer Zisterzienser namens Dietrich wohl
gegen Ende des 13. Jahrhunderts verfaßt hat). Als Funktionstypen muß man das
geistliche Lied und das geistliche Sprech- oder Lesegedicht gleichwohl grundsätzlich trennen (vgl. auch S. 148ff.), und man muß beide abheben von religiösen
Stücken – Liedern, Sprüchen, Leichs – höfischer Observanz (wenn es auch hier
und da zu Wechselwirkungen und Überschneidungen in Gestalt und Funktion
gekommen sein mag). Das geistliche Lied ist in unserem Zeitraum kaum breiter
bezeugt als zuvor. Erst im 14. Jahrhundert werden die Zeugnisse zahlreicher.
Es gibt Hinweise darauf, daß dies zunächst ein Phänomen der Überlieferung ist:
daß die Texte weitgehend noch mündlich tradiert wurden. Doch wird man damit
rechnen müssen, daß im 14. Jahrhundert nicht bloß die Fixierung der Texte in
breiteren Gebrauch kam, sondern auch die Produktion kräftig zunahm im Zuge
einer auch sonst zu beobachtenden Tendenz zu stärkerer Beteiligung der Gemeinde
an den kirchlichen Handlungen, die auf der Linie der Entwicklung der Laien-
frömmigkeit liegt, deren erste Entfaltung wir verfolgen konnten.

Außerhalb des Bannkreises der höfischen Lyrik hat es in unserem Zeitraum
auch weltliche Lieder gegeben. Das zeigt etwa eine Notiz im sog. ‚Zweiten Wunder-
bericht‘, der im Zusammenhang mit dem Prozeß der Kanonisierung der Elisabeth
von Thüringen angefertigt wurde (vgl. S. 61). Ihm ist zu entnehmen, daß man
schon 1233 in deutscher Sprache ein Lied sang „von der traurigen Trennung der
Elisabeth und ihres Gemahls, des Landgrafen Ludwig, der ins Heilige Land zog“.
Dieses Lied lebt vielleicht nach in der Ballade ‚Elisabeth von Thüringen‘, die aus
dem 15. Jahrhundert überliefert ist. Es repräsentiert offenbar den Typus des
historischen Ereignislieds, der ebenfalls erst seit dem 14. Jahrhundert eine größere
Bedeutung zu erlangen scheint.

Im übrigen müssen wir daran erinnern, daß auch die höfische Lyrik in Wahrheit vielgestaltiger gewesen ist, als die großen Sammelhandschriften des späten
13. und frühen 14. Jahrhunderts erkennen lassen, auf die wir angewiesen sind:
sie verzerren gewiß das Bild zugunsten jüngerer Dichter, zugunsten bestimmter
geographischer Räume und zugunsten des hohen Minnesangs (vgl. Bd. II/1). Das
geht z. T. wohl auf die Redaktoren dieser Handschriften selbst zurück, überwiegend
aber sicher schon auf deren erschließbare Quellen, kleinere oder größere Text-
sammlungen, die in unserem Zeitraum anscheinend in zunehmendem Maße angelegt
wurden. Dieser Zug zur Verschriftlichung der Lyrik im Sinne einer geregelten
Sammeltätigkeit, von der uns ein spektakuläres Beispiel in Gestalt der ‚Frauendienst‘-Sammlung Ulrichs von Lichtenstein bereits begegnet ist (S. 16f.), war ein
wichtiges Moment im Prozeß der Entfaltung der Laienschriftlichkeit. Was diese
Verschriftlichung mit ihrer Tendenz zur Selektion u. a. ausgeblendet hat, kann

man reflexhaft z. B. in der Sammlung der ‚Carmina Burana' erkennen, der „Benediktbeurer Lieder", die in unseren Tagen durch die Vertonungen Carl Orffs populär geworden sind. Es handelt sich um einen Komplex von über 300 Dichtungen, der in seinem Grundbestand in der ersten Hälfte des 13. Jahrhunderts in einer sorgfältig angelegten Handschrift irgendwo am Südrand der Alpen zusammengestellt wurde (vielleicht in Südtirol – ins bayrische Kloster Benediktbeuren, in dem man sie gefunden und nach dem man sie benannt hat, ist die Handschrift erst später gekommen). Die Sammlung ist von erheblichem Interesse für die deutsche Literaturgeschichte. Sie bietet im Kontext lateinischer Dichtungen ein geistliches Spiel, das auch deutsche Partien (Lieder!) enthält (vgl. S. 159), und eine ganze Reihe von deutschen Liedstrophen, die an lateinische Lieder angehängt sind, mit denen sie die Strophenform teilen. Unter diesen deutschen Liedstrophen befinden sich nun neben bekannten Stücken von Reinmar, Walther, Morungen mehrere, die anscheinend eine Schicht geselliger Liebeslyrik konservieren, an der die Verschriftlichung sonst vorbeigegangen ist: anspruchslose Tanzliedchen, die auf Freude an der Natur und an der Liebe ausgerichtet sind. Wir haben wohl anzunehmen, daß solche schlichte Liebeslyrik, ebenso wie eine entsprechend schlichte Form von Spruchdichtung, für uns weitgehend unsichtbar die anspruchsvolle Tradition der höfischen Lyrik von Anfang an begleitet hat.

Daß die Lyrik in unserem Zeitraum typologisch stabil geblieben ist, heißt keineswegs, daß sie erstarrt sei. Das Gegenteil ist der Fall: ihr Motivbestand wie ihre stilistischen und formalen Mittel sind mit erstaunlichem Einfallsreichtum weiterentwickelt worden. Die qualitative Entwicklung ging Hand in Hand mit einer quantitativen. Die Produktion nahm lawinenartig zu: die lückenhafte Überlieferung präsentiert noch an die hundert Lyriker, die damals gewirkt haben oder gewirkt haben könnten. Der zahlenmäßigen Expansion entsprach eine Verbreiterung der sozialen und geographischen Basis. Es scheint, als hätten neben den großen Fürstenhöfen nun zunehmend auch die Höfe kleinerer Adliger eine Rolle für die Pflege der Lyrik gespielt. Und neben die alten Produktions- und Rezeptionsräume im Süden (Südosten und Südwesten) und in der Mitte (Thüringen) traten der Norden und der Osten des Reichs einschließlich Böhmens.

Wir finden dort an den Adelshöfen eine ganze Reihe von Berufsdichtern, von denen wir einige bereits kennengelernt haben: Reinmar von Zweter, den Meißner, Friedrich von Sonnenburg und Sigeher. Vor allem aber haben die Herren selbst gedichtet. Die Überlieferung nennt einen Herzog von Anhalt (vielleicht Graf [!] Heinrich I., 1212–1245), einen Markgrafen Heinrich von Meißen (vielleicht Heinrich III. „der Erlauchte", 1230–1288), einen Herzog Heinrich von Breslau (vielleicht Heinrich IV., 1270–1290), einen König Wenzel von Böhmen (vielleicht Wenzel II., 1278–1305), schließlich – als einzigen, der sicher identifizierbar ist – Markgraf Otto IV. „mit dem Pfeil" von Brandenburg (1267–1308 – schwerlich hierher gehört ein gewisser Wizlav, den man gewöhnlich für den Fürsten Wizlav III. von Rügen hält, bei dem es sich aber eher um einen Berufsdichter aus der ersten Hälfte des 14. Jahrhunderts handelt). An den verwandtschaftlichen Beziehungen dieser Herren kann man exemplarisch den gesellschaftlichen Hintergrund der

Verbreitung der höfischen Lyrik ablesen: Graf Heinrich I. von Anhalt war mit
einer Tochter Hermanns I. von Thüringen, des großen Literaturmäzens, verheiratet;
Markgraf Heinrich III. von Meißen, der Sohn einer weiteren Tochter Hermanns,
in erster Ehe mit einer Schwester Herzog Friedrichs II. von Österreich, in zweiter
Ehe mit einer Schwester König Wenzels II. von Böhmen; Herzog Heinrich IV. von
Breslau, am Prager Hof von Wenzels Vater Ottokar II. aufgewachsen, mit einer
Tochter Markgraf Ottos IV. von Brandenburg. Man kann sich gut vorstellen, wie
die Herren im Wettstreit miteinander Minnesang als repräsentative Standeskunst
gepflegt haben und wie es dabei zum Austausch von Formen, Motiven, Floskeln
etc. gekommen ist.

Das Geflecht der persönlichen Beziehungen, die diese Dichter miteinander verbinden, ließe sich weit über das hier Angedeutete hinaus in die anderen Gebiete
Deutschlands verfolgen, nicht zuletzt auch in seiner Verknüpfung mit Literatur-
kreisen, die in ähnlicher Weise landschaftlich und sozial gebunden waren. Brächte
man über die Gönnerzeugnisse auch die Berufsdichter in diesen Zusammenhang,
dann erhielte man ein Strukturbild, das mit den Befunden der ästhetischen Analyse
der Texte zu kombinieren wäre. Nur auf diesem Wege könnte man zu einer literarhistorischen Darstellung gelangen, die diesen Namen wirklich verdiente. Die
Forschung ist noch nicht imstande, dies zu leisten, und sie wird es vielleicht niemals
sein, weil die historische Identität vieler Dichter zu unsicher ist: die Fälle des Sängers
Wizlav oder des Markgrafen von Hohenburg (vgl. S. 32f.) sind durchaus repräsentativ.

Wir müssen uns im folgenden damit begnügen, die Hauptlinien der
Entwicklung aufzuzeigen und die Dichter vorzustellen, von denen sie
(mutmaßlich) ausgegangen sind. Diese Linien stellen gewisermaßen die
Koordinaten dar, von denen her die künstlerische Stellung der weniger
,,originellen" Dichter zu bestimmen wäre. Dabei muß man sich stets vor
Augen halten, daß eben die Tatsache, daß es soviele Lyriker zweiten oder
minderen Ranges gegeben hat, ein wichtiges Charakteristikum der literarischen Situation ist. Pflege der höfischen Lyrik ist in unserem Zeitraum zum
(selbstverständlich schichtenspezifischen) ,,Massenphänomen" geworden.

Lied

Minnesang in verschiedenen Spielarten vom Werbungslied bis zum Tagelied, dazu religiöse oder religiös akzentuierte Lieder, wie in Kreuzzugs-
liedern oder Liedern der Weltabsage oft mit dem Minnesang verbunden:
das ist das von der Tradition abgesteckte Feld, in dem sich die Neuentwicklungen der höfischen Liedkunst unseres Zeitraums bewegten oder von
dem sie zumindest ausgegangen sind. Ehe wir sie vorstellen, gilt es indes
festzuhalten, daß man das ganze Jahrhundert hindurch nicht müde geworden ist, die klassischen Muster vor allem des Hausen-Kreises und
Reinmars zu repetieren. Man darf diese Nachbildungskunst nicht gering-
schätzen. Sie ist sozialhistorisch bedeutsam als Ausdruck einer konservativ

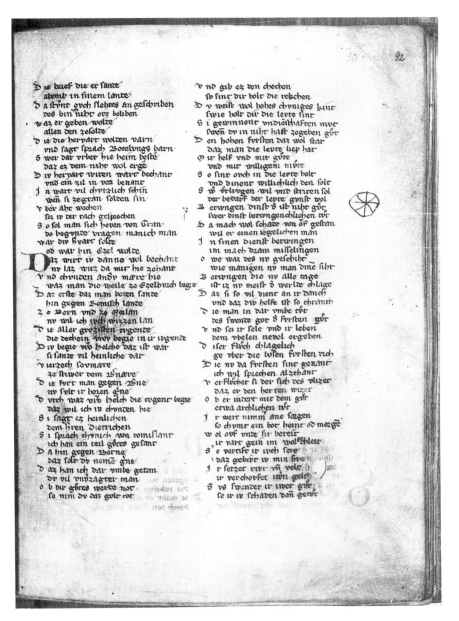

1 Die sog. Riedegger Handschrift, ms. germ. fol. 1062 der Staatsbibliothek Berlin, um 1300, aus Niederösterreich, Blatt 92^r: ‚Dietrichs Flucht‘ v. 7895ff. (am rechten Rand Markierung der politisch brisanten Verse 7955ff. von der Hand eines Lesers vielleicht aus dem 14. Jh.) [zu S. 52 u. 53]

2 Scheibe des Babenberger-Stammbaums im Brunnenhaus des Klosters Heiligenkreuz, Ende 13. Jh.: Markgraf Leopold III. [zu S. 56]

3   Relief im Straßburger Münster (Zwickelfüllung in der Wand-
arkatur des nördlichen Seitenschiffs), Ende 13. Jh.: Stei(n)mar [zu
S. 90]

4   Overstolzenhaus in Köln (Rheingasse 8), um 1230 [zu S. 134]

5 Bildteppich aus dem Kloster Adelhausen (der sog. Malterer-Teppich, Augu-
stinermuseum Freiburg i. Br.), Anfang 14. Jh., Ausschnitt: Aristoteles und Phyllis
[zu S. 141]

6 Statue am Südportal des Wormser Doms, Anfang 14. Jh.: Frau Welt (Luxuria)
[zu S. 142]

7   Statue am südlichen Westportal des Straßburger Münsters, Ende 13. Jh.: Fürst
der Welt [zu S. 142]

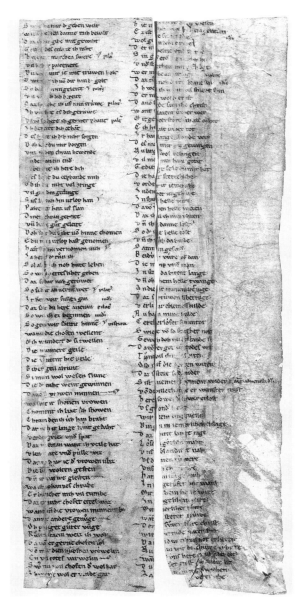

8   Handschrift des ‚Osterspiels von Muri‘, Aargauische Kantonsbibliothek Aarau, Mitte 13. Jh., aleman-
nisch, Blatt 2^r: v. III 13ff. (linke Spalte) und IV 12ff.
(rechte Spalte) [zu S. 161]

aristokratischen Haltung, die für weite Kreise des Adels bezeichnend gewesen sein dürfte. Und sie ist auch ästhetisch nicht ohne Interesse, wenn man sie gerade im „Seriencharakter" ihrer Produktion als das nimmt, was sie offenbar sein wollte: als ein Gesellschaftsspiel mit festen Regeln, deren Beherrschung es immer wieder von neuem unter Beweis zu stellen galt.

Doch kann man die Lyriker des 13. Jahrhunderts nicht einfach in „Konservative" und „Moderne" einteilen. Nicht selten stehen in ein und demselben Oeuvre „konservative" und „moderne" Stücke nebeneinander, und die jeweils „modernen" Muster sind ihrerseits sehr rasch zur gängigen Ware der Nachbildungskunst geworden. So folgte z. B. Ulrich von Lichtenstein in den Liedern der ‚Frauendienst'-Sammlung (vgl. S. 16ff.) weitgehend der alten Reinmar-Walther-Tradition, benutzte aber — in Liedern der Phase nach dem Bruch mit der ersten Herrin — mit der gleichen routinierten Eleganz auch Motive und Techniken, wie sie charakteristisch sind für die neue Lyrik Gottfrieds von Neifen (wobei man sich fragen kann, inwieweit die Abfolge der beiden Stile im ‚Frauendienst' Ausdruck der künstlerischen Entwicklung Ulrichs und inwieweit sie bewußt gesetztes Moment der Werkstruktur ist).

Mit dem Namen Neifens ist eine von insgesamt drei großen Entwicklungslinien der höfischen Liedkunst bezeichnet, die in unserem Zeitraum ausgebildet wurden. Die beiden anderen verbinden wir mit den Namen Neidharts von Reuental und Burkhards von Hohenfels.

Der älteste dieser drei Lyriker wird Neidhart sein. Mit seiner Art, den Minnesang ins bäuerliche Milieu zu transponieren (vgl. S. 10ff.), ist er, wie wir (S. 21) sagten, wohl schon seit den zwanziger Jahren der Modeautor unter den Liederdichtern geworden. Der Einfluß, den er auf die Lyrik unseres Zeitraums ausgeübt hat, äußerte sich in mechanischer Nachbildung ebenso wie in freier Variierung seiner Motivik, und er dürfte auch da maßgeblich gewesen sein, wo uns zwar nicht diese spezifische Motivik, wohl aber das Klima seiner Kunstwelt entgegentritt: die Atmosphäre einer mehr oder weniger burlesken Sinnlichkeit, die aus der unhöfischen Realisierung höfischer Tradition erwächst.

Neidharts Lieder müssen schon zu Lebzeiten des Dichters eine wahre Imitationswut ausgelöst haben. Sie konnte nicht zuletzt deshalb um sich greifen, weil die Prägnanz des Neidhartschen Musters es jedem leicht machte, es zu imitieren. Von den Imitatoren, die wir in unserem Zeitraum namhaft machen können, ist uns bereits der ominöse Herr von Scharpfenberg begegnet (S. 12f.). Weiter wären etwa ein gewisser Goeli und ein Herr von Stamheim zu nennen, deren historische Identität ebenfalls im dunkeln liegt. Die meisten Imitatoren sind jedoch anonym geblieben oder in der Überlieferung anonym geworden. Ihre Produkte werden zu einem nicht geringen Teil in der Masse der Stücke verborgen sein, die unter Neidharts Namen überliefert sind (wie denn auch die Lieder Goelis und des Herrn von Stamheim in einigen Handschriften dem Meister zugeschrieben werden). Die

Überlieferungslage ist also verworren, und sie stellt sich noch verworrener dar, wenn man in Betracht zieht, daß in den Handschriften nicht nur Originallieder und Imitate bunt gewürfelt nebeneinander stehen, sondern von vielen Liedern auch verschiedene Fassungen existieren, die ebensogut auf Neidhart selbst wie auf andere zurückgehen können. Da das Neidhartsche Muster sich so leicht imitieren ließ, waren wohl schon die Zeitgenossen nicht ohne weiteres in der Lage, Originallieder und Imitate, Autorvariationen und Fremdvariationen auseinanderzuhalten; die Sammler seit dem Ende des 13. Jahrhunderts hatten es naturgemäß noch schwerer; und nahezu verzweifelt ist die Situation der modernen Forschung (vgl. auch S. 10). Über dieser Philologennot darf man freilich nicht das literarhistorisch wichtige Faktum aus den Augen verlieren, daß die Unterscheidung von „Neidhart" und „Pseudo-Neidharten" für das Bewußtsein des Publikums im späteren Mittelalter kaum eine Rolle gespielt hat: sein Neidhart-Interesse galt weniger einer bestimmten Dichterpersönlichkeit als einer bestimmten Sorte von Liedern, die man mit Neidharts Namen belegte, so daß dieser zu einer Art Gattungsbezeichnung wurde („ein Neidhart").

Eine freiere Art des Umgangs mit dem Neidhartschen Muster konnten wir bei Burkhard von Hohenfels und (vielleicht) bei Gottfried von Neifen beobachten; auch an Ulrich von Winterstetten sei in diesem Zusammenhang erinnert (vgl. S. 20f. und 31). Auf dem von Neidhart bereiteten Boden hat schließlich ein Dichter weitergebaut, dessen schmales Werk zum Reizvollsten gehört, was die Lyrik unseres Zeitraums hervorgebracht hat: ein Mann namens Steinmar, über dessen historische Existenz wir nicht mehr sagen können, als daß er wahrscheinlich in der zweiten Hälfte des 13. Jahrhunderts gelebt hat.

Der Name Steinmar (oder Steimar) scheint nicht ganz selten gewesen zu sein, und entsprechend unverbindlich sind die Versuche der Forschung, den Dichter mit einem urkundlich nachweisbaren Träger dieses Namens zu identifizieren. Anspielungen auf einen Aufenthalt des Sängers in Wien und seine Teilnahme am Zug eines Königs nach Meißen, die sich in den Liedern finden, sind zu vage, um eine sichere Anknüpfung zu erlauben (wenn es auch verlockend bleibt, sich vorzustellen, das Lied mit der Nennung Wiens gehöre in eine Reihe mit den Wien-Liedern Konrads von Landeck und des Püller – vgl. S. 46f.). Ganz unsicher ist auch der Zeugniswert eines Reliefs im Straßburger Münster, das aus dem letzten Drittel des 13. Jahrhunderts stammen soll. Es zeigt neben der Beischrift *Steimar* einen Mann, der gerade ein großes Trinkgefäß an den Mund setzt (Abb. 3). Das Bildwerk könnte sich – muß sich aber durchaus nicht – auf unseren Dichter als den Verfasser eines berühmten Freß- und Saufliedes beziehen (s. u.), bewiese dann aber auch nicht mehr, als daß dieses Lied damals in Straßburg bekannt war.
    Überliefert sind unter Steinmars Namen vierzehn Lieder. Bei der Hälfte von ihnen handelt es sich um konventionellen Minnesang mit all den Motiven, Wendungen, Formelementen, wie sie die lange Tradition bis hin zu Neifen und Winterstetten ausgebildet hatte und wie sie in der zweiten Hälfte des 13. Jahrhunderts wieder und wieder repetiert wurden. Von der zeitgenössischen Dutzendware heben sich diese Lieder indessen ab durch einen gewissen Glanz handwerklicher Sicherheit, mit der sie gemacht sind, und vor allem durch die Intensität ihrer Bildlichkeit.

Diese neigt zu Exaltation und schreckt auch nicht zurück vor derber Drastik, die dann in gut Neidhartischer Manier einen grellen Kontrast zwischen dem Sublimen und dem grotesk Trivialen erzeugt. Geradezu berüchtigt geworden ist in der Forschung eine Stelle, an der der Sänger sich zu der Erklärung versteigt, sein Herz fahre ihm vor Sehnsucht im Leibe umher wie ein tobendes Schwein im Sack (4,31ff.). Die Kunst Neidharts, die an solchen Stellen in sonst ganz „braven" Kontexten blitzartig aufleuchtet, bestimmt in der anderen Hälfte des überlieferten Werks durchgehend die Struktur der Texte und weitgehend ihre Motivik.

Steinmars Ruhm gründet sich auf das erste Lied der überlieferten Sammlung, das sog. Herbstlied. Die erste Strophe, offenbar Parodie einer Strophe Hartmanns von Aue (MF 207,23ff.), ist Absage an die umworbene Dame: da sie ihn nicht erhören will, sucht sich der Sänger als neuen Herrn den Herbst, um die *sende nôt* (1,14 – „Sehnsuchtsschmerz") des *armen minnerlîn* (1,8) mit den handfesten Eß- und Trinkgenüssen zu vertauschen, die die Jahreszeit der Ernte zu bieten hat. Vom Herbst aufgefordert, ihn zu preisen, stimmt er sodann einen grandiosen Freß- und Saufhymnus an, eine gargantueske Phantasie über Fisch, Geflügel, Würste, Schweine und Ströme von Wein, vor denen die Seele von ihrem angestammten Platz in der Mitte des Körpers angstvoll auf eine Rippe flieht. Wenn der Sänger dem Herbst anbietet, er wolle ihm ein Helfer sein gegen den strahlenden Mai, dann ist das die Umkehrung eines Topos aus dem Minnesang, der Klage über die Gewalt, die der Herbst (bzw. der Winter) dem Mai (bzw. dem Sommer) antut. Es war Neidhart, der solche Umkehrungstechnik in der höfischen Lyrik eingebürgert hatte, und Neidhart mag auch – mit gewissen Wirtshausszenen der Winterlieder – die Atmosphäre von Steinmars Lied beeinflußt haben. Speziell für den Preis des Fressens und Saufens (und deren Bevorzugung gegenüber den zweifelhaften Freuden der Minne) sind jedoch andere Vorbilder in Betracht zu ziehen. Parallelen finden sich zunächst in der zeitgenössischen Reimpaardichtung (vgl. S. 152) und in der mittellateinischen Klerikerlyrik, in der das Trinklied damals schon ein fest etablierter Typus war. Weiter hat man auf vergleichbare Züge in den Liedern des französischen Lyrikers Colin Muset aus dem zweiten Drittel des 13. Jahrhunderts hingewiesen, dessen Werk in seiner Mischung von ernsten und parodistischen Tönen demjenigen Steinmars auch insgesamt verwandt ist. Es ist nicht leicht, die Bedeutung abzuschätzen, die diese möglichen Vorbilder für Steinmar gehabt haben. Sicher ist nur, daß er Anregungen von den verschiedensten Seiten empfangen konnte und daß er aus ihnen das erste Schlemmerlied der deutschen Literatur geformt hat, das wir kennen. Er ist damit anscheinend zum Begründer einer Tradition geworden, die sich in der Folgezeit als recht fruchtbar erweisen sollte.

Es scheint nahezuliegen, die Neidhart-Tradition als eine Art Widerstandsbewegung zu verstehen, als eine Revolte gegen die ideologischen und ästhetischen Positionen des Minnesangs. Bei Licht besehen, ist diese Annahme jedoch nicht sehr wahrscheinlich. Wir haben uns schon bei der Besprechung

der Lieder Neidharts gegen sie gewandt (S. 11), und wir wollen unsere
Bedenken hier im Hinblick auf die gesamte Tradition bekräftigen. Gewiß
mag man diese Parodien und Travestien hier und da als Provokation
empfunden haben, und sie mögen in diesem oder jenem Fall auch als solche
gemeint sein. Daß sie aber insgesamt und grundsätzlich ein Protestprogramm
sein wollten, dagegen spricht schon die Tatsache, daß sie nachweislich nicht
nur von der gleichen Gesellschaftsschicht gepflegt wurden wie der herkömmliche Minnesang, sondern weithin auch von denselben Personen: demselben
Publikum und denselben Dichtern. Wir nehmen daher an, daß sie sich nicht
g e g e n die Konventionen des Minnesangs stellten, sondern n e b e n sie
als ihre (zumeist) komische Variante. Sie haben die höfische Lyrik nicht
zerstört, sie haben sie bereichert: bereichert nicht nur um das Moment der
Komik, sondern auch um Möglichkeiten, menschliche Erfahrung in der
distanzierenden Stilisierung des Kunstgebilds zu erfassen und zu bewältigen.
Denn die bäuerlichen oder grobianischen Rollen und Situationen sind, so
„realistisch" sie auf den ersten Blick erscheinen mögen, nicht weniger arti-
fiziell als die traditionellen Stereotypen des Minnesangs.

Stellte die Neidhart-Tradition dem klassischen Minnesang ein parodistisches
Gegenstück an die Seite, so entwickelten ihn die Traditionen, für die die
Namen Burkhards von Hohenfels und Gottfrieds von Neifen stehen,
gewissermaßen von innen heraus weiter: durch Veränderung seiner
Ausdrucks- und Formfiguren.
    Als das Besondere, wesentlich Neue der Lyrik Burkhards haben wir ein
intellektuell artistisches Reden in ausgefallenen Wendungen – Vergleichen,
Umschreibungen, Metaphern, Allegorien – namhaft gemacht (S. 20).
Er kleidet z.B. Frauenpreis und Liebesklage in eine Kette von mehr oder
weniger bizarren Tiervergleichen: hoch wie der Adler schwebt das Ansehen
der Dame, wie die Lerche vor dem Falken flieht vor ihr die Schande; nie
hat ein Fisch im Netz so verzweifelt gezappelt wie das Herz des Sängers
aus Verlangen nach ihr; sie fasziniert ihn wie den Affen sein Spiegelbild;
seine freien Gedanken folgen ihr nach wie die Bienen der Bienenkönigin;
wie ein Einhorn ist er, das es zum Schoß einer reinen Jungfrau zieht (II).
Oder: die Liebe erscheint als Jagd, wobei die Dame bald das Wild ist (III,
IX, XVIII) und bald die Falknerin (X); als Gärtnerin reutet die Dame
Kummer und Schmerz aus dem Herzen des Sängers und sät statt dessen
Freude ein, woraus Glück und Ansehen (*saelde und êre*) wachsen (VI); die
Dame hat die Herzensfestung des Sängers eingenommen und thront jetzt
mit Macht auf deren Turm, von wo sie mit keinem Belagerungswerkzeug
der Welt – *ebenhoehe* („Belagerungsturm"), *katze* („Sturmbock"), *mange*
(„Steinschleuder") – zu vertreiben ist (XVI). Auch in einzelnen Wendungen
macht sich dieser Hang zum Ausgefallenen geltend: nicht *wankes zange
noch sîn hamer* vertreiben den Sänger aus dem Herzen der Dame (XVI
4,10 – „Zange noch Hammer des Wankelmuts"), die Trauer hat in seinem

Herzen Anker geworfen (IX 3,1ff.) etc. Der extensive, bisweilen exzessive Gebrauch von solchen Formen der übertragenen Rede, die gar nicht von weit genug hergeholt, nicht fremdartig genug sein kann und vielfach die Aussage regelrecht verrätselt, ist ein Hauptmerkmal einer in Lyrik und Epik des Spätmittelalters sehr beliebten Dichtart, die man „geblümten Stil" nennt. Mit gewissen Vorbehalten, zu denen der Stand der Forschung nötigt, kann man diesen Stil als eine der Erscheinungsformen des europäischen Manierismus verstehen, als Ausdruck eines auf „Anormalität" gerichteten Kunstwillens, der in der Kunst- und Literaturgeschichte von der Antike bis in die Gegenwart immer wieder wirksam geworden ist und zu Zeiten, etwa im Barock, die künstlerische Praxis dominiert hat. Insofern er Technik ist – Technik der Verkünstlichung von Rede –, steht der literarische Manierismus in engem Zusammenhang mit der von der Antike her kommenden Tradition der (lateinischen) Rhetorik bzw. Poetik, die die technischen Kunstgriffe zum wirkungsvollen Einsatz von Sprache für die Bedürfnisse des Redners bzw. Schriftstellers systematisiert hat. Was insbesondere die beschriebene Eigenart von Burkhards Lyrik betrifft, so hat man daran gedacht, sie auf die in den Poetiken behandelte Lehre vom *ornatus difficilis* zurückzuführen, dem „schweren Schmuck", der eben durch die Häufung von Formen der übertragenen Rede, den sog. „Tropen", gekennzeichnet ist. Wie es zu einem solchen Zusammenhang gekommen sein könnte, ist allerdings nicht leicht vorstellbar: wenn der Dichter Burkhard von Hohenfels wirklich der Ministeriale aus dem Umkreis der Staufer war, für den man ihn hält (vgl. S. 19f.), dann wäre es jedenfalls bemerkenswert, wenn er lateinische Lehrbücher studiert hätte. Sicher festzumachen ist hingegen ein dichterisches Vorbild: dasjenige Wolframs von Eschenbach. Mit Wolfram teilt Burkhard nicht nur die Stiltendenz, er hat auch mehrfach direkt aus seinen Werken zitiert, und zwar vor allem aus dem ‚Titurel‘, der später über den ‚Jüngeren Titurel‘ zum Schlüsselwerk des geblümten Stils in der Epik geworden ist (vgl. S. 112). Burkhards Bedeutung bestünde dann darin, die Tropen-Manier des geblümten Stils als erster im Lied verwendet zu haben. In der Lyrik der Folgezeit hat sie ihren bevorzugten Ort allerdings gerade nicht im Lied gefunden, sondern im Spruch und im Leich.

So wird es kein Zufall sein, wenn der Dichter, der sich als erster nach Hohenfels – und gewiß unabhängig von ihm – konsequent der übertragenen Rede im Lied bediente, vor allem auch mit Sprüchen und mit einem Leich hervorgetreten ist: der Wilde Alexander, ein Fahrender, der – nach neuerer Forschung – um die Mitte des 13. Jahrhunderts gewirkt hat. Als *wilde rede*, der man die Schale, die bildliche Einkleidung, abziehen muß, um zum Kern, dem Gemeinten, zu gelangen, bezeichnet er selbst (mit einer traditionellen Wendung) die Methode, in seltsamer, auffallender bzw. befremdlicher und mehr oder weniger leicht zu durchschauender Verhüllung zu reden (II 19). Er hat diese Methode in seinem Werk vielfach geübt, meisterhaft im sog. „Kindheitslied", einem der – im ursprünglichen Sinn des Wortes – bezauberndsten Stücke der mittelhochdeutschen Lyrik (V). Es entwickelt zunächst über fünf Strophen hin genrehaft eindringlich die Impression einer Kindheitserinnerung: einst, in lang vergangener Zeit, als wir Kinder waren, da pflückten wir Blumen auf der Wiese und suchten Erdbeeren im Wald, und eines von uns wurde von einer Schlange gebissen trotz der Warnung unseres Hüters, der uns zur Heimkehr mahnte. Die sechste und siebte Strophe eröffnen mit einer Mahnrede die Aussicht auf ein geistliches Verständnis des Geschehens: wenn „Ihr" – das sind nun sowohl die Kinder, von denen erzählt wurde, als auch die Hörer, die sie bedeuten – Euch im Wald versäumt, dann geht es Euch wie den törichten Jungfrauen in der Bibel. Die Schlußwendung lädt ein, das Lied gewissermaßen retrospektiv Stück für Stück im Hinblick auf den geistlichen Sinn zu dechiffrieren, die Erdbeeren z.B. als die Weltlust, die Schlange als den Teufel zu verstehen etc. Die Prozedur gelingt scheinbar leicht, zumal dann, wenn man weiß, daß hinter dem Lied die traditionelle geistliche Auslegung von Versen aus der dritten Ekloge des Vergil steht: was der Wilde Alexander bietet, ist Allegorie aus Allegorese, wie wir sie ähnlich bei Mechthild von Magdeburg beobachten konnten (S. 83). Dennoch ist das Lied mehr als ein Rätsel, das sich erledigt, wenn man die Lösung gefunden hat. Dank der Dichte und Plastizität der Schilderung behauptet sich die Bildebene nämlich mit Erfolg dagegen, von der Bedeutungsebene aufgesogen zu werden. Sie bietet immer einen Überschuß an Beziehungsmöglichkeiten, provoziert nach jeder Deutung sogleich eine andere und hält damit fortwährend den Prozeß der Irritation des Hörers als lebenspraktisches Ziel der Kunstwirkung in Gang. Und sie erzeugt mit ihrem Eigengewicht zugleich den Eindruck einer Ambivalenz des Gebilds, eines eigentümlichen Schwebens zwischen Realismus und Symbolismus, das von fern an die große Bildkunst eines Jan van Eyck erinnert.

Wenn wir an der Lyrik Burkhards von Hohenfels das gedankliche Moment hervorheben, so darf darüber nicht vergessen werden, daß er auch die Form souverän beherrscht hat. Das verbindet ihn mit Gottfried von Neifen, dessen Kunst freilich – wie wir sahen (S. 21) – formale Virtuosität schlechthin ist. Hauptmittel der Montage jener Neifenschen Klang- und Motivnetze, von denen wir sprachen, sind zum einen eine ausgeklügelte Reimtechnik, die raffinierte Effekte der Häufung wie der Verzögerung von Gleichklängen wirkungsvoll einzusetzen weiß, zum andern eine nicht minder ausgefeilte Technik der identischen und variierenden Wiederholung von Wörtern und Wortfolgen.

Zwei Beispiele mögen das verdeutlichen. Zuerst Lied XVI, Str. 1:

> *Ich hoer aber die vogel singen,*
> *in dem walde suoze erklingen;*
> *dringen   siht man bluomen durch daz gras.*
> *was   diu sumerwunne in leide,*
> *nû hat aber diu liebe heide*
> *beide   bluomen unde rôsen rôt.*
> *meie kumt mit manger bluot.*
> *tuot   mir wol diu minnenclîche,*
> *seht, sô wirde ich fröiderîche,*
> *sunder nôt   vil manger sorgen frî.*

(„Ich höre wieder die Vögel singen, im Wald schön tönen; dringen sieht man Blumen durch das Gras. War die Herrlichkeit des Sommers in Not, so trägt jetzt die liebe Heide wieder Blumen und rote Rosen. Der Mai kommt mit vielen Blüten. Ist die Schöne gut zu mir, seht, dann werde ich freudenreich, ohne Leid und frei von vielen Sorgen".) Die Strophe bezieht ihre Wirkung aus dem kunstvollen Arrangement der Reimklänge, die von den Versenden ins Versinnere hineingreifen, mehrfach – als Schlagreime – unmittelbar aufeinanderfolgen, einmal aber auch in einer Art Versteckspiel weit auseinandergezogen sind (v. 6 *rôt*: v. 10 *nôt*). – Überhaupt kein Reim ist hingegen in unserem zweiten Beispiel wahrzunehmen, Lied VII, Str. 1:

> *Wer gesach ie wunneclîcher mê den süezen meien?*
> *wer gesach ie baz bekleit den walt und ouch die wunneclîchen heide?*
> *wer gehôrte ie baz diu kleinen vogellîn gesingen*
> *gein der wunneclîchen wunne in manger süezer wunneclîcher wîse?*
> *dâ gein fröit sich manic herze, wan daz mîne aleine.*
> *daz muoz iemer trûric sîn, ez wende ir wîplîch güete,*
> *diu mich senden mit gewalde lange her betwungen hât.*

(„Wer sah je den schönen Mai herrlicher? Wer sah je den Wald besser gekleidet und auch die herrliche Heide? Wer hörte je die kleinen Vöglein besser singen der herrlichen Herrlichkeit entgegen in vielen schönen, herrlichen Weisen? Darüber freuen sich viele Herzen, nur meines nicht. Das muß immer traurig sein, wenn nicht die weibliche Güte derjenigen es davon befreit, die mich Sehnsüchtigen schon lange überwältigt hat".) Diese Strophe wirkt primär durch textliche Wiederholungen: in den ersten drei Versen dreimal der gleiche Satzbeginn (rhetorische Figur der Anapher), dazu kettenartig viermalige Wiederholung des Adjektivs *wunneclîch*, das einmal direkt mit dem Substantiv *wunne* zusammengestellt ist (in der Rhetorik *figura etymologica* genannt). Die vermißten Reimantworten aber bringt die dritte Strophe, die Vers für Vers mit den entsprechenden Versen unserer ersten Strophe gereimt ist, und ganz ebenso korrespondieren die zweite und die vierte Strophe des insgesamt vierstrophigen Lieds.

Vereinzelt kann man solchen Formalismus schon beim späten Walther finden (vgl. Bd. II/1), aber es darf als sicher gelten, daß es Neifen war, der ihm zum Durchbruch verholfen hat. Durch ihn ist er zu einer Mode geworden, die bei den Lyrikern des fortschreitenden Jahrhunderts nicht weniger beliebt war als die Nachbildung des Neidhartschen Musters. Einzelne von ihnen haben versucht, Neifens Artistik womöglich noch zu überbieten, mit Erfolg vor allem Ulrich von Winterstetten (vgl. S. 31f.) und, anscheinend in dessen Nachfolge, Konrad von Würzburg. Dessen Liedkunst hat in einigen Stücken nun wirklich das Äußerste erreicht an virtuoser Auflösung des Textes zum reinen Klanggewebe – z.B. in Lied 26, einer Schlagreimkaskade, in der durch zwanzig Verse hindurch jedes Wort auf das folgende reimt:

> *gar bar lît wît walt,*
> *kalt snê wê tuot: gluot sî bî mir* etc.

(„ganz kahl liegt der weite Wald, der kalte Schnee tut weh: Glut möge in mir sein...").

Solche Praktiken sind nicht weniger manieristisch als die Tropen-Manier
Burkhards von Hohenfels. Auch sie tauchen in der Tradition des europäischen Manierismus immer wieder auf, und auch sie lassen sich zu einem
guten Teil mit rhetorischen Kategorien erfassen, und zwar mit solchen, die
charakteristisch sind für die Technik des „leichten Schmucks", des *ornatus
facilis*, der durch Figuren gekennzeichnet ist, die man Wortfiguren nennt
(es sind insbesondere die bei Neifen so beliebten Figuren der identischen
oder variierenden Wortwiederholung).

P a r o d i e und M a n i e r i s m u s also sind es, die neben beharrlicher
Repetition der alten Muster die höfische Liedkunst in unserem Zeitraum
bestimmen. Beide Erscheinungen sind charakteristisch für eine fortgeschrit-
tene Phase der Kunstentwicklung. Sie setzen das ausgebildete klassische
Modell voraus, das für sie zugleich bezugstiftendes Normensystem und frei
verfügbares Spielmaterial ist. In Nähe und Distanz zu ihm heben sie es
auf: bewahrend und überwindend.

Spruch

Wie das Werk Walthers modellhaft zeigt, läßt sich der Spruch − genauer:
der Sangspruch − typologisch nicht ohne weiteres vom Lied abheben (vgl.
Bd. II/1). Im ganzen kann jedoch auch in unserem Zeitraum kein Zweifel
daran bestehen, daß wir es grundsätzlich mit zwei Typen von je eigener
Prägung zu tun haben, auch wenn Grenzüberschreitungen zunehmend
häufiger werden.

Derartige Grenzüberschreitungen sind uns schon bei Neidhart und beim Tannhäuser
vorgekommen (vgl. S. 11 und 13). Exemplarisch kann man sie bei Konrad von
Würzburg beobachten. Sie betreffen da gleichermaßen die Form wie den Inhalt.
Mehr als einmal werfen die unter Konrads Namen überlieferten Töne die Frage
auf, ob Reihen von selbständigen Einzelstrophen vorliegen oder liedartige Strophen-
gruppen. Und was das Inhaltliche angeht, so liebt es Konrad, Momente von
Minnesang und Spruch in einer Weise zu verquicken, die bisweilen an ein Vexierspiel
erinnert. Von den drei Strophen des Tones 23 z.B., die man im Zusammenhang
als Lied ebenso lesen kann wie jede für sich als Einzelstrophe, verbinden die ersten
beiden den Natureingang des Minnesangs mit der Ehre-Schande-Thematik der
Spruchdichtung, um die es auch in der dritten geht. Am auffallendsten aber ist,
daß Konrad in seinen Minneliedern eine „objektive" Sprechart bevorzugt: auf
die Autorrolle des Minnenden verzichtet und nach dem obligatorischen Natureingang
in der distanzierten Berichts- und Demonstrationsmanier des Spruchdichters das
Glück der Liebe und der Liebenden im allgemeinen preist und Minnelehre erteilt.
Man hat das aus der besonderen Zusammensetzung von Konrads Basler Publikum
erklären wollen, dessen vermeintliche soziale Heterogenität das herkömmliche
Rollenspiel des Minnesangs nicht erlaubt habe, insofern dieses auf ein homogenes
Publikum angewiesen sei, in dem Einverständnis über die zu beachtenden Spielregeln
herrsche. Diese These steht nicht nur im Widerspruch zu dem oben (S. 33ff.)

skizzierten sozial- und literarhistorischen Befund, sie setzt auch voraus, was nicht zu beweisen ist: daß die Lieder für das Basler Publikum verfaßt wurden. Wir begnügen uns hier damit, die Eigenart von Konrads Lyrik als Ausdruck der umfassenden Stilentwicklung zu kennzeichnen, die zu einer Annäherung zwischen den Typen des Lieds und des Spruchs geführt hat. Das Verfahren, Minnelehre in Liedform zu behandeln, steht dabei in einer Tradition, die man − in jeweils eigentümlicher Ausprägung − über den Marner (s.u.) und Reinmar von Zweter letztlich bis zu Walther zurückverfolgen kann. Die große Zahl solcher Stücke in Konrads Oeuvre bleibt freilich bemerkenswert, und man muß lange suchen, ehe man − z.B. bei Rumelant von Sachsen (s.u.) und bei Johannes Hadlaub (s. Bd. III/1) − ähnlich irritierende Montagen aus dem Natureingang des klassischen „subjektiven" Minnesangs und „objektiver" Minnelehre findet.

Wenn wir feststellten, Pflege der höfischen Lyrik sei in unserem Zeitraum zum Massenphänomen geworden, so gilt das für den Spruch genauso wie für das Lied: etwa jeder zweite der an die hundert Lyriker, die für unseren Zeitraum bezeugt sind, ist auch oder ausschließlich als Spruchdichter bekannt. Man kann − wenn das spärliche und weithin unsichere Datenmaterial nicht trügt − zwei große Generationen unterscheiden, deren Hervortreten etwa auf die Jahrzehnte von 1220/30−1250/60 und 1250/60−1280/90 einzugrenzen ist. Die beherrschenden Gestalten der ersten Generation, deren Angehörige noch dem alten Walther begegnen konnten, sind Bruder Wernher und Reinmar von Zweter. Die zweite, deutlich stärker vertretene Generation ist diejenige Konrads von Würzburg. Mit ihm dürften ihr von den Spruchdichtern, die wir kennengelernt haben, Rumelant von Sachsen (vgl. S. 42f.), Friedrich von Sonnenburg (vgl. S. 42f.), der Schulmeister von Eßlingen (vgl. S. 43ff.), der Meißner (vgl. S. 45f.) und Sigeher (vgl. S. 46) angehören. Selbstverständlich gibt es auch Dichter, die sich mit ihrer Produktion nicht in diesen Raster fügen. Zwischen den beiden Generationen könnte z.B. der Wilde Alexander stehen (vgl. S. 93f.), vor allem aber ist einer zu nennen, der in der Spanne eines offenbar ungewöhnlich langen Lebens erst neben Reinmar von Zweter, dann neben Konrad von Würzburg zur Prominenz der Zunft gehörte: der Marner, der Verfasser des vielleicht an König Konradin gerichteten Spruches, den wir (S. 33) beiläufig erwähnt haben.

Der schulgelehrte Mann, der neben deutschen auch lateinische Stücke verfaßt hat, tritt zuerst 1230/31 in unseren Blick mit einem lateinischen Preisgedicht auf Heinrich von Zwettl, Probst von Maria Saal in Kärnten, der sich damals (erfolgreich) um den vakanten Bischofsstuhl von Seckau bemühte. Als weitere Stationen des Wanderlebens, das er als Berufsdichter geführt hat, scheinen sich abzuzeichnen: Schwaben (seine mutmaßliche Heimat, wo auch der Spruch an den jungen König entstanden sein könnte), das Rheinland, Thüringen (Lobspruch auf Graf Hermann I. von Henneberg) und Mähren (lateinisches Lobgedicht auf Bischof Bruno von Olmütz). Daß er noch im hohen Alter tätig war, wissen wir aus Spottstrophen Rumelants von Sachsen, der auch berichtet, daß er als blinder Greis ermordet wurde (das mag

in den siebziger oder frühen achtziger Jahren gewesen sein). Das hinterlassene
deutschsprachige Oeuvre umfaßt Minnesang und Spruchdichtung.

Die Spruchdichtung war in unserem Zeitraum – wie eh und je – die
Domäne von Künstlern, die von ihrer Tätigkeit leben mußten (die dilet-
tierenden adligen Herren, die als Minnesänger so rührig waren, haben sich
nur selten in diesem Genre versucht): alle Genannten repräsentieren diesen
Typus des Berufsliteraten. In der älteren Forschung war es üblich, diese
Literaten nach ihrer sozialen Herkunft in „adlige" bzw. „ritterliche" und
„bürgerliche" einzuteilen. Das ist fragwürdig, insofern die Zuordnungen
in der Regel nicht zu sichern sind, und es ist sinnlos, insofern solche Unter-
schiede völlig zurücktraten hinter der Gemeinsamkeit des Berufs. Zu diesem
gehörte die Lebensform des *varnden*, des Reisenden, der unstet von Ort
zu Ort, von Burg zu Burg zog, immer auf der Suche nach einem Publikum,
das bereit war, seine Darbietungen zu honorieren. Der Beruf und die oft
elenden Umstände seiner Ausübung sind bisweilen an den Namen abzulesen,
die den Dichtern beigelegt wurden oder die sie sich selbst beilegten wie
Markenzeichen: „Sing auf" (Singuf), „Räum das Land" (Rumelant),
„Fremdling" (Gast). Kennzeichnend ist, daß sie sich in unserem Zeitraum
zu einer Art Stand mit ausgeprägtem Selbstverständnis und Selbstbewußtsein formierten, die um die Zentralbegriffe *meisterschaft* und *kunst* kreisen.
Diese Begriffe waren nicht fest definiert, sie unterlagen im Laufe unseres
Zeitraums einem gewissen Wandel und wurden bisweilen wohl auch in
schillernder Bedeutung gebraucht. Doch kann man sagen, die Vorstellung
sei im ganzen dahin gegangen, daß den *meister* im Sinne solcher *meisterschaft* das Vermögen auszeichnete, die Menschen zu belehren und zu leiten
aufgrund umfassender Kenntnisse und Einsichten auf allen Lebensgebieten
sowie der Fähigkeit, diese in kunstvoller Form zu artikulieren: aufgrund
von Wissen und Können also, was beides der Begriff der *kunst* umschließt.
Wichtig ist dabei der Gedanke des Lehreramts, der Anspruch, von Gott
dazu berufen zu sein, den Menschen die Maßstäbe für das rechte Verhalten
zu vermitteln und bewußt zu halten, und zwar in allgemeiner Weisung der
Normen ebenso wie in deren quasi-richterlicher Anwendung auf besondere
Zustände, Ereignisse und Personen, wie wir es vor allem bei Bruder
Wernher und Reinmar von Zweter, bei Rumelant von Sachsen, Friedrich
von Sonnenburg und dem Schulmeister von Eßlingen beobachten konnten
(vgl. S. 18f., 24f. und 30, 42ff.). Das bedeutet aber auch, daß zur
meisterschaft moralische Vorbildlichkeit gehörte, weil der allemal unglaub-
würdig ist, der selber den Anforderungen nicht genügt, die er an andere
stellt.

Ein solcher Anspruch bedurfte der Legitimation. Die Spruchdichter suchten sie auf
zwei Wegen. Zum einen führten sie ihre *kunst* auf Gott zurück, waren bzw. zeigten
sich überzeugt davon, daß Gott selbst ihr Amt zum Nutzen der Menschen geschaffen
habe. Zum andern beriefen sie sich auf die ehrwürdige Tradition dieser *kunst*, die

in den Namen berühmter Vorgänger verkörpert war. So stellte schon der Marner eine lange Liste von Autoritäten zusammen, aus deren Garten er seine Blumen beziehe (XIV 18): Walther, Rudolf von Fenis, Heinrich von Rugge, zwei Reinmare – wohl Reinmar der Alte und Reinmar von Zweter –, Heinrich von Veldeke, Wachsmut, Rubin und Neidhart. Hier äußert sich auf die gleiche Weise das gleiche Literatur- bzw. Literatenbewußtsein wie in den Dichterkatalogen Rudolfs von Ems (vgl. S. 26f.).

In der Spruchdichtung war die Ausbildung dieses Bewußtseins verbunden mit der Ausbildung einer eigentümlichen Tradition von Berufspolemik. In Angriff und Verteidigung stritten die Dichter erbittert miteinander um ihren Rang als *meister*, erörterten kritisch – mit spitzer Ironie und unflätiger Beschimpfung, differenzierter Argumentation und plump massivem Vorwurf – die gegenseitigen Fähigkeiten, den Anforderungen der *kunst* gerecht zu werden. Inwieweit diese Tradition an die literarischen „Fehden" der klassischen Zeit anknüpfte – Walther/Reinmar, Wolfram/Gottfried (vgl. Bd. II/1) –, ist nicht recht klar. Ihr erstes Zeugnis ist ein wütender Ausfall des Marners gegen Reinmar von Zweter, wohl noch vor der Jahrhundertmitte; ihm folgt eine ganze Reihe ähnlicher Polemiken, an denen in auffälliger Weise immer wieder der Marner beteiligt war. An ihrer Zunahme und an ihrer wachsenden Schärfe kann man ablesen, wie sich das Berufsverständnis der Spruchdichter in unserer zweiten Generation nach und nach verfestigt hat.

Im Habitus des Lehrers und Richters war schon der Spruchdichter Walther aufgetreten. Seine Nachfolger verbanden damit immer selbstbewußter den Habitus des Gelehrten. Es wurde üblich, daß die Dichter in ihren Strophen gelehrtes Wissen ausbreiteten; *künsterîch* zu sein, bedeutete mehr und mehr, gelehrt zu sein, und mit Verachtung blickten die *meister* auf die *künstelôsen*, die literarischen Unterhaltungskünstler schlichterer Art, die für sie im übrigen eine höchst unliebsame Konkurrenz im Kampf um die Gunst des Publikums waren (das Lamento über die Bevorzugung dieser Leute zieht sich durch die ganze Spruchdichtung; auch Konrads von Würzburg allegorisches Gedicht von der ‚Klage der Kunst‘ scheint hierher zu gehören). Was da an Wissensstoff aufgeboten wurde – aus Theologie und Naturkunde vor allem, aber etwa auch aus der Sagenwelt der Antike –, war weniger für sich Gegenstand der Unterrichtung als Mittel der wirkungsvollen Präsentation der alten Themen der Spruchdichtung: Weisheits-, Sitten- und Morallehre; urteilende und agitierende Kommentierung der Gegenwart (einschließlich Lob und Tadel von Personen); Lobpreisungen Gottes und der Gottesmutter. Besonderer Beliebtheit erfreute sich dabei die Darbietungs- form des allegorischen Beispiels (die ihrerseits gelehrter Herkunft ist): der gelehrte Tatbestand – ein Geschehen oder ein Sachverhalt – wird mehr oder weniger breit auseinandergesetzt und dann auf die intendierte Aussage hin ausgelegt. So bezieht z.B. der Marner Perseus' Kampf mit der schreck- lichen Gorgo auf den Kampf der Ritter gegen die Falschheit (XIV 13); der Meißner den Dattelkern, der angeblich siebzig Jahre lang unfruchtbar im Erdreich ruht, dann aber die herrliche Palme hervorbringt, auf einen Menschen, der sein Leben lang nicht nach *ere* strebt, aber gleichwohl einen

vorbildlichen Nachkommen haben kann (XVII 2); Friedrich von Sonnenburg das übelriechende Laub und die süße Blüte des Holunderbaums auf
Judenschaft und Christenheit (40). Gern benutzten die Dichter in dieser
Weise die bekannten ‚Physiologus‘-Exempla (vgl. Bd. I/2), und gern griffen
sie – wie die Verfasser von Kleinepik – auf den reichen Schatz der Tradition
der Tier- und Pflanzenfabel zurück.

Man wird nicht fehlgehen, wenn man diese Entwicklung in Zusammenhang bringt mit dem Prozeß der Laienemanzipation, der damals so kräftig
vorangeschritten ist und der – wie wir mehrfach sahen und noch sehen
werden – die Entfaltung der volkssprachigen Schriftlichkeit insgesamt
getragen hat bzw. von ihr gefördert wurde. Hinter der gelehrten Spruchdichtung steht die Überzeugung, daß Wissenschaft nicht länger Sache allein
der Kleriker bleiben kann und soll, daß sie auch Laiensache sein muß,
von Laien an Laien vermittelte Orientierungshilfe in einer komplizierter
werdenden Ordnung des Lebens.

Die Gelehrsamkeit konnte indessen auch zum Vehikel einer ä s t h e t i -
s c h e n Wirkungsabsicht werden. Entlegener Wissensstoff, fremdartige
Namen und esoterische Fachtermini (z.B. aus der Astronomie) ließen sich
dazu verwenden, die Aussage zu verrätseln, artistisch intellektuelle Spiele
zu inszenieren, ungewöhnliche Klangeffekte zu erzeugen – kurzum: sie
ließen sich in den Dienst jenes manieristischen Kunstwillens stellen, den wir
als einen Grundzug der Entwicklung der nachklassischen Lyrik beschrieben
haben. So hat die gelehrte Richtung wohl nicht unwesentlich dazu beigetragen, daß sich in der Spruchdichtung eine Tendenz zum Manierismus des
geblümten Stils herausbildete, am deutlichsten vielleicht bei Konrad von
Würzburg (der freilich mit seinen Liedern und Leichs und zumal mit der
‚Goldenen Schmiede‘ die Entwicklung des geblümten Stils stärker beeinflußt
hat als mit seinen Sprüchen). Die Dichter unseres Zeitraums haben damit
eine stilistische Wende angebahnt, die dann in der dritten nach-waltherschen
Generation mit Vehemenz vollzogen wurde von einer der faszinierendsten
Dichterpersönlichkeiten des Mittelalters, dem hochberühmten Heinrich von
Meißen, genannt Frauenlob.

Die ältere Forschung pflegte in seinem Spruch-Oeuvre den Abschluß der von Walter
begründeten Gattungstradition zu sehen. Es scheint uns geboten, demgegenüber
herauszustellen, daß dieser große Meister des geblümten Stils auch – vielleicht
sogar mit größerem Recht – als Stifter einer weiterführenden Tradition zu gelten
hat, die im ferneren 14. Jahrhundert vor allem Heinrich von Mügeln repräsentiert.
Wir behandeln ihn daher im folgenden Band unserer Literaturgeschichte, obwohl
die Anfänge seiner Tätigkeit noch in unseren Zeitraum hineinreichen.

Wie sehr man die Verbindung von Laiengelehrsamkeit und Manierismus
als charakteristisch für die Spruchdichtung empfunden hat, läßt sich daraus
ersehen, daß schon früh ein Dichter unter die Gründerväter der Zunft
gerechnet wurde, von dem nicht e i n e Spruchstrophe überliefert ist, in

dessen Werk aber eben jene Züge prägnant hervortreten: Wolfram von Eschenbach. Begründet und verbreitet hat diese Auffassung das merkwürdige Gedicht vom ‚Wartburgkrieg‘, das in typischen Spruchstrophen typische Themen der Spruchdichtung präsentiert, eingebettet in eine Rahmenhandlung. Der mutmaßlich älteste Teil – das sog. ‚Rätselspiel‘, entstanden noch vor der Jahrhundertmitte – zeigt Wolfram im Wettstreit mit Klingsor, einer Figur aus seinem eigenen ‚Parzival‘. Klingsor, der als *meisterpfaffe* auftritt, legt Wolfram mehrere Rätsel vor, die dieser eins ums andere löst als ein *meister*, der *gelêret* ist und *wol tihten* kann (27): *sus swebt ob dîner künste sê mîn arke*, triumphiert er im schönsten Spruchdichterstil – „so schwimmt auf der Flut deiner Kunst meine Arche“ (32). Bei den Rätseln geht es um theologisch-moralische Tatbestände, und daß Wolfram sich behauptet, ist programmatisch dargestellt als Behauptung des Laien gegenüber dem Kleriker auf dessen ureigenstem Feld, dem des gelehrten (Heils-) Wissens.

Seinen Titel trägt das Werk von dem Teil, der in der überlieferten Anordnung dem ‚Rätselspiel‘ vorausgeht, aber wesentlich später entstanden ist (um 1260/80), dem sog. ‚Fürstenlob‘. Es handelt von einem Wettsingen am Hof des Landgrafen Hermann von Thüringen. Der Sänger Heinrich von Ofterdingen – eine vielumrätselte Gestalt, deren historische Existenz nicht zu sichern ist – setzt sein Leben zum Pfand dafür, daß alle anderen Sänger zusammen nicht imstande sind, sein Fürstenlob zu überbieten, und daß der von ihm gelobte Herzog von Österreich der größte (weil *milteste*) aller Fürsten ist. Die Herausforderung wird angenommen von Walther, dem Tugendhaften Schreiber (so heißt ein Dichter wohl noch aus der ersten Hälfte des Jahrhunderts, von dem ein paar Lieder und Sprüche überliefert sind), Biterolf (ein Name, den auch Rudolf von Ems als den eines Lyrikers und Verfassers einer Alexander-Dichtung nennt, von dessen Werken aber nichts erhalten ist – vgl. S. 118), Reinmar (von Zweter) und Wolfram. Außer Biterolf, dessen (später eingefügtes?) Lob dem Grafen von Henneberg gilt, preisen alle den Landgrafen Hermann, und schließlich gelingt es Walther, Ofterdingen mit einer List zu überwinden. Der hat damit sein Leben verwirkt, doch nimmt ihn die Landgräfin in ihren Schutz, und er darf Klingsor aus Ungarn als Helfer holen (Anschluß an das ‚Rätselspiel‘). Ob dieser „Sängerkrieg“ auf ein historisches Ereignis zurückgeht, ist nicht mehr zu erkennen. Die spätere thüringische Geschichtsschreibung hat ihn als solches aufgefaßt (und mit der heiligen Elisabeth verbunden: am Vorabend des Rätselwettstreits sagt Klingsor aus dem Stand der Sterne ihre Geburt voraus). Und es spricht einiges dafür, daß es im Umkreis des thüringischen Fürstenhauses schon früh eine entsprechende Überlieferung gegeben hat, aus der unser Text erwachsen sein könnte, verfaßt vielleicht im Auftrag eines thüringischen Fürsten, etwa des Markgrafen Heinrich III. von Meißen, als politisch ambitiöse Vergegenwärtigung des Glanzes, der einst zu Hermanns Zeiten den thüringischen Hof umgeben hatte. – Außer dem ‚Fürstenlob‘ hat man dem ‚Rätselspiel‘ noch weitere Stücke beigefügt, so daß am Ende ein ziemlich unübersichtliches Konglomerat verschiedenster Texte zustandegekommen ist. Wir nennen nur noch die sog. ‚Totenfeier‘, deren überlieferte Fassung eine Art „Wettklagen“ (um einen Grafen von Henneberg und einen Landgrafen von Thüringen) als Gegenstück zum „Wettpreisen“ des ‚Fürstenlobs‘ bietet. Man

kann sagen, daß der ‚Wartburgkrieg'-Komplex im ganzen wie ein Modell die Welt
der Spruchdichtung abbildet: die Poetik ihrer Themen, ihrer Form, ihres Stils und
die Soziologie ihrer Dichter, deren Verhältnis zueinander und zu ihren Gönnern
und nicht zuletzt die Berufsideologie des gelehrten Laientums.

Als „Laienprediger" bewegten sich die Spruchdichter, zusammen mit
den Reimpaar-Publizisten vom Schlage des Stricker und des ‚Seifried
Helbling'-Autors, weitgehend im gleichen Aktionsraum wie die Missionare
der Bettelorden. Das mußte zu Berührungen führen, zu Interessengemein-
schaft, aber auch zu Interessenkollision, zu Konkurrenz und Konflikt. So
ist damit zu rechnen, daß sich die Orden das publikumswirksame Instrument
des Spruchs nutzbar zu machen suchten (wie möglicherweise auch das des
Reimpaargedichts – vgl. S. 15): im ‚Wartburgkrieg' z.B. meint man, ihren
Einfluß mehrfach wahrnehmen zu können. Auf der anderen Seite hat
Berthold von Regensburg mit der ihm eigenen Sprachgewalt die Spruchdichter als Teufelsgesellen verketzert und es als Sünde hingestellt, ihnen
etwas zu geben (Pfeiffer/Strobl I S. 155f.); im Gegenzug dazu scheint
Friedrich von Sonnenburg eine Reihe von Rechtfertigungsstrophen verfaßt
zu haben, die ihrerseits in einem bitterbösen Angriff auf den Prediger gipfeln
(67–70); und vom Marner ist schließlich ein lateinisches Hetzgedicht gegen
die Mönche der neuen Ordnung überliefert, die lieber umherzögen, als in
ihren Zellen zu sitzen, gerne die Burgen der Reichen aufsuchten und für
ein Frühstück hundert Tage Ablaß gewährten (‚Carmina Burana' 9*).
Nimmt man dazu etwa noch eine (ironische?) Polemik gegen die Spruchdichter beim ‚Seifried Helbling'-Autor (II v. 1291ff.), dann zeichnet sich das
Bild einer sehr bewegten publizistischen „Szene" ab, in der Bettelmönche,
Spruchdichter und Reimpaarpublizisten sich miteinander und gegeneinander
darum bemühten, das Laienpublikum mit Informationen und Appellen zu
bedienen und zu beeinflussen. „Breiten-Publizistik" dieser Art, die dank
der großen Zahl und der Mobilität ihrer Träger relativ rasch relativ viele
Menschen erreichen konnte, war etwas Neues. Sie verweist auf die Ansätze
der Formierung einer „Öffentlichkeit" im modernen Sinne, die ein wesent-
licher Faktor in der Entwicklung der neuen Staatlichkeit gewesen ist. Zu
ihrer Herstellung und Aufrechterhaltung bedarf solche Öffentlichkeit eines
institutionalisierten Kommunikationssystems, das ein Gutteil der Integration
zu leisten hat, auf die komplexe Gesellschaften angewiesen sind. Das gilt
für die Massenmedien von heute und das galt für die Bettelordenspredigt,
die Spruchdichtung und die Reimpaar-Publizistik von damals, die so auch
als Vor- oder Frühformen jener Medien zu betrachten sind.

Leich

Neben der Massenware Lied und Spruch ist die aufwendige Großform des
Leichs wohl immer etwas Besonderes gewesen, umgeben von der Aura
des Exquisiten, Prunkstück im Repertoire der Künstler und mit Spannung

erwarteter Höhepunkt festlicher Darbietungen. Wenn die Produktion in unserem Zeitraum gleichwohl deutlich zugenommen hat, dann entspricht das nur der allgemeinen Entwicklung der Lyrik: wir kennen etwa ein Dutzend Dichter und gut die doppelte Zahl von Texten (eine genaue Angabe ist nicht möglich, weil die zeitliche Zuordnung in einigen Fällen unsicher ist). Auch sonst bewegte sich die Tradition in den gleichen Bahnen wie die der übrigen Lyrik: die Züge, die wir als charakteristisch für Lied und Spruch hervorhoben, lassen sich auch beim Leich beobachten.

Soweit wir sehen, war die Kunst des Leichs in sehr viel höherem Maße als die des Liedes und des Spruchs eine Kunst auch der metrischen Bauform und der musikalischen Komposition. Die Forschung hat sich eifrig darum bemüht, deren Gesetze aufzudecken: metrische und musikalische Typen zu bestimmen und systematisch zu ordnen. Die einschlägigen Untersuchungen belegen eindrucksvoll, mit welchem formalen Raffinement die Dichter zu Werke gingen bis hin zu einer geradezu atemraubenden Artistik der Versikelvariationen und -repetitionen. Auch wenn man dazu neigt, Stilvergleiche zwischen Literatur und bildender Kunst für fragwürdig zu halten, kann man nicht umhin, angesichts der rationalistisch bizarren Tektonik einiger Stücke an die gleichzeitige Baukunst zu denken, an die gotische Maßwerktechnik der Steinmetzen. Über die Vermittlung dieser grundsätzlichen und wichtigen Einsicht hinaus bleiben die Formbaupläne, in denen die Leich-Forschung ihre Ergebnisse zusammenzufassen pflegt, indessen merkwürdig stumm, jedenfalls für den Literarhistoriker. Sie scheinen ihm mehr oder weniger beziehungslos neben oder über den inhaltlich-thematischen und stilistischen Merkmalen zu stehen, ohne daß er sagen könnte, ob das in der Natur der Sache liegt (was wiederum eine wichtige Einsicht wäre) oder an der unzulänglichen Überlieferungs- und Editionslage, die vielleicht Beobachtungen vereitelt, die auf Zusammenhänge führen könnten (das größte Manko ist, daß — wie sonst in der Lyrik — Melodien nur in den seltensten Fällen erhalten sind). Aufschlußreich in diesem Zusammenhang könnte eine Stelle im ‚Frauendienst‘ Ulrichs von Lichtenstein sein, an welcher der Dichter stolz erklärt, sein Leich sei gut zu singen gewesen, manch schöne Dame habe ihn aber auch gern gelesen (1374,1f.). Vielleicht darf man daraus schließen, daß schon für die Zeitgenossen die in einem engeren Sinne literarischen Momente so gewichtig waren, daß es als sinnvoll und erlaubt galt, sie isoliert zu betrachten. Die melodielose Überlieferung der Texte weist in die gleiche Richtung, und so mag es nicht gänzlich illegitim sein, wenn wir im folgenden darauf verzichten, die üblichen Schemata zu zeichnen, und uns auf die Darstellung jener literarischen Momente konzentrieren.

Zwei Inhaltstypen des Leichs hatten die Dichter der vorausgegangenen Periode etabliert: den religiösen Leich und den Minneleich, und bei diesen beiden Typen blieb es im wesentlichen auch in unserem Zeitraum.

Mit religiösen Leichs waren Heinrich von Rugge und Walther hervorgetreten (vgl. Bd. II/1). Rugges Kreuzzugsleich ist ohne Nachfolge geblieben. Walthers Leich hingegen, der im Preis der Trinität und der Gottesmutter das Erlösungswerk besingt, hat eine Tradition begründet, die in unserem Zeitraum Reinmar von Zweter und Konrad von Würzburg fortgeführt haben (dazu kommt vielleicht noch ein drittes Stück, das unter dem Namen Rudolfs von Rotenburg – s.u. – überliefert ist, ihm aber von der Forschung abgesprochen wird). Mit seiner theologischen Thematik, insbesondere mit dem Schatz der Sinnbilder und alttestamentlichen Präfigurationen Marias bzw. der Jungfrauengeburt, erhebt der Typus gelehrten Anspruch. Er nimmt damit die Entwicklung der Spruchdichtung zunächst voraus und fügt sich später in sie ein, auch in der manieristischen Montage der gelehrten Elemente, die wiederum bei Konrad von Würzburg am weitesten vorangetrieben ist mit verblüffenden Bildern (z.B. v. 9ff.: die Dreifaltigkeit als fest geflochtener Zopf), mit rätselartigen Paradoxien (z.B. v. 17ff.: Gott als weiser Jüngling, der grau war und den dann braunes Haar zierte), mit exotischen Reimen (v. 129:131 *crûcifixen* : *wazzernixen*). Es dürfte so auch kein Zufall sein, daß der Typus gerade von *meistern* gepflegt wurde: deren ehrgeizigem *kunst*-Willen mußte er als besonders würdiger Gegenstand erscheinen.

Der klassische Minneleich – bei Ulrich von Gutenburg und Otto von Botenlauben – unterschied sich vom Minnelied bloß durch die geräumigere Form, die es erlaubte bzw. dazu zwang, die Standardthematik von Klage und Werbung breit auseinanderzufalten (vgl. Bd. II/1). Die Tradition hat in unserem Zeitraum weitergelebt, u.a. im Leich Ulrichs von Lichtenstein, in fünf Leichs des eben erwähnten Rudolf von Rotenburg (eines historisch nicht identifizierbaren Dichters, der auch eine Reihe von Minneliedern in der Nachfolge Reinmars und Walthers verfaßt hat) und im ersten von drei Leichs eines Herrn von Gliers (den man für einen Angehörigen eines gleichnamigen Freiherrengeschlechtes aus dem Berner Jura hält).

Neue Wege in der Leichdichtung hat zuerst der Tannhäuser beschritten (vgl. S. 13f.). Mit seinem Versuch, die thematische Beschränkung des Genres aufzuheben, hat er sich freilich nicht durchsetzen können, wohl aber mit dem Typus des Tanzleichs, von dem wir vermuteten, er habe ihn aus der Auseinandersetzung mit Neidhart heraus entwickelt. Dieser Typus ist mehrfach von anderen Dichtern aufgegriffen worden, vor allem von Ulrich von Winterstetten, der ihn mit der Sprachartistik Neifenscher Prägung verband (vgl. S. 31f. und 95), und von Konrad von Würzburg.

Konrad und der Wilde Alexander haben dann eine weitere Neuerung vollzogen, die nicht weniger einschneidend war als die Einführung des Tanzleichs: sie öffneten den Minneleich dem gelehrten *meister*-Stil der Spruchdichtung und des religiösen Leichs. Das Thema von Konrads Minneleich ist Zeitklage: die Männer ziehen lieber in den Krieg, als den Frauen zu dienen. Durchgeführt wird dieses Thema mit dem mythologischen Apparat, wie er dem *meister* zur Verfügung stand: Venus ist in Schlaf versunken, Amor von Mars überwunden – aber die Liebesgötter, die der Dichter zum Widerstand aufruft, werden am Ende doch den Kriegsgott besiegen. Antike Mythologie präsentiert auch der Leich des Wilden Alexander. Er beginnt mit einer konventionellen Minneklage, leitet dann aber rasch zu objektiver Minnelehre über: der Sänger macht alle, die in den Dienst der Minne treten wollen, mit deren Wappen bekannt. Es zeigt das Bild Amors: in rotem Feld ein nacktes blindes Kind mit Flügeln, einer Krone auf dem Kopf, einem goldenen Pfeil in der einen und einer Fackel in der anderen Hand. Das Bild wird zuerst ausführlich beschrieben und dann Zug um Zug ausgelegt nach dem gelehrten Verfahren, das der Wilde Alexander so liebte: die Krone bedeutet, daß die Liebe selbst Könige unterworfen hat; die Flügel bedeuten *wünschen* und *gedenken* des Liebenden etc. Als echter *meister* vermittelt der Dichter damit in der Volkssprache ein Stück lateinischer Schultradition: hinter seiner Wappenallegorese steht die Amor/Cupido-Darstellung und -Auslegung der sog. Mythographien, gelehrten Abhandlungen über die antike Mythologie.

Die didaktische Haltung und die allegorisch-personifizierende Darstellungsweise in diesen Leichs erinnern stark an entsprechende Züge in einer andern Gattung: der Minnerede (vgl. S. 152f.). Parallelität der beiden Gattungen läßt sich auch sonst bemerken. Jener Herr von Gliers etwa handelt in seinem zweiten und dritten Leich, die — inhaltlich explizit aufeinander bezogen und formal identisch — eine Art Diptychon bilden, ganz im Stil der Minnereden das Verhältnis des Sängers zu Frau Minne ab und erörtert die Vortrefflichkeit der Dame und den Lohn, den er von ihr erwarten darf. Was diese Beziehungen für den Zusammenhang der Literaturgeschichte bedeuten, ist nicht leicht abzuschätzen. Man kann nicht übersehen, daß — jedenfalls nach dem heutigen Erkenntnisstand — die Gattungstradition des Leichs zu Beginn des 14. Jahrhunderts ausläuft (mit Johannes Hadlaub und Frauenlob, der hier wohl wirklich als Vollender gelten kann — vgl. Bd. III/1), gerade zu der Zeit, als die Minnerede ihre erste große Entfaltung erlebt. Trotzdem wird man sich scheuen zu sagen, die Tradition des Minneleichs sei gewissermaßen in die der Minnerede eingemündet, solange nicht geklärt ist, weshalb der Leich als Form — anders als Lied und Spruch — keine Zukunft mehr hatte.

Großepische Formen

Die Großepik der Blütezeit war auf den neuen, aus Frankreich importierten Typus des höfischen Romans ausgerichtet; beherrscht wurde sie von dessen reinster und reifster Erscheinungsform: dem Artusroman. In unserem Zeitraum werden die Verhältnisse komplizierter, sowohl durch das Auftreten neuer Traditionen als auch und vor allem dadurch, daß alte Traditionen, die der Artusroman verdrängt hatte oder die in seinem Schatten standen, in üppigster Vielfalt hervortreten — es ist, als ob sie mit einemmal neuen Raum und neue Atemluft gefunden hätten. Das liegt z.T. wohl einfach daran, daß mit der Matière de Bretagne allein die auch auf dem epischen Feld enorm gestiegene Nachfrage nicht zu befriedigen war. Wichtiger ist jedoch, daß man allenthalben eine neue, handfeste Verbindlichkeit des Erzählens in Geschichte und Religion suchte, die gerade der Artusroman letztlich nur um den Preis der Selbstaufgabe bieten konnte. Etwas überspitzt

kann man sagen, daß in unserem Zeitraum der Roman als Leitform der
Großepik abgelöst wird von der Legende und der Chronik. Wie die Werke
quer durch die Stofftraditionen hindurch unterwegs sind zu diesen neuen
Leitformen: das wird ein Hauptthema des folgenden Abschnitts sein.

Artusepik

Die Dichter, die Hörer und die Leser, die der Artusroman in unserem Zeit-
raum gleichwohl noch in großer Zahl gefunden hat, standen im Bann der
Werke Hartmanns, Gottfrieds und Wolframs. Soweit diese Werke unvoll-
endet geblieben waren, wurden sie zu Ende geführt: Wolframs ‚Titurel‘
von einem gewissen Albrecht, von dem noch ausführlich die Rede sein wird;
Gottfrieds ‚Tristan‘ gleich zweimal, außer von Ulrich von Türheim (vgl.
S. 28f.) von einem Heinrich von Freiberg, der auch als Verfasser kleinerer
Reimpaargedichte hervorgetreten ist (vgl. S. 137 und 154f.).

Heinrich hat Gottfrieds Werk in ähnlicher Weise ins Konventionelle umgebogen
wie Ulrich von Türheim. Und es ist möglich, daß auch er für das Publikum eines
Königshofs gearbeitet hat: das vielleicht um 1260/80 verfaßte Werk ist dem böhmischen Adligen Reimund von Lichtenberg gewidmet, der in enger Verbindung zum
Prager Hof stand (vgl. auch S. 119). Über der Pflege der Gottfried-Tradition, die
neben den beiden Fortsetzungen eine beträchtliche Zahl von Handschriften des
13. Jahrhunderts bezeugt, ist die ältere ‚Tristan‘-Version Eilharts nicht in Vergessen-
heit geraten. Die Bearbeitung, aus der allein wir das Werk im vollen Umfang kennen,
dürfte ebenfalls in unserem Zeitraum entstanden sein (vgl. Bd. II/1).

Die Fortsetzungen stellen gewissermaßen den Extremfall der Klassiker-
Nachfolge dar. Weniger extrem, gelegentlich aber doch bis zur Penetranz
manifestiert sie sich in den selbständigen Werken. Die meisten von ihnen
können nur in einem eingeschränkten Sinn als neu gelten. Ihre Verfasser
bauten nämlich – in kunstvoller Variation, raffinierter Brechung, stupider
Imitation – mit dem alten Material weiter, das sie wie aus Steinbrüchen
dem ‚Erec‘ und dem ‚Iwein‘, dem ‚Tristan‘, dem ‚Parzival‘ und dem
‚Titurel‘, aber auch dem ‚Lanzelet‘ und dem ‚Wigalois‘ entnahmen, nicht
bloß Erzählschablonen, sondern auch konkrete Details des Stoffes: Figuren,
Schauplätze, Ereignisse. Der Artusroman, den man einst aus der Fremde
geholt hatte, konnte nun aus eigener deutscher Tradition leben.

Das heißt nicht, daß man nicht nach wie vor französische Quellen genutzt hätte.
Ulrich von Türheim und der Dichter des ‚Jüngeren Titurel‘ haben in ihren Fortsetzungen höchstwahrscheinlich auf französische Texte zurückgegriffen. In den
frei kombinierten Romanen ist neben deutschem (bzw. aus deutschen Texten zu
beziehendem) Stoffmaterial gelegentlich auch französisches einkompiliert worden.
Die ‚Cligès‘-Fragmente (vgl. S. 26) und Fragmente eines ‚Segremors‘-Romans (nach
Raouls de Houdenc ‚Meraugis de Portlesguez‘) weisen darauf hin, daß man auch
weiterhin französische Artusromane im ganzen bearbeitet hat. Erwähnt sei ferner ein
Fragment einer mittelfränkischen Umschrift der mittelniederländischen Bearbeitung

von Chrestiens ,Perceval' (,Parcheval'). Schließlich sind zwei Erzählungen aus dem Artuskreis zu nennen. Die eine, ,Der Mantel', berichtet nach dem französischen Fabliau (d. h. Schwank) ,Du mantel mautaillié' von einer magischen Probe auf die Treue der am Artushof versammelten Damen; sie wird ohne Sicherheit Heinrich von dem Türlin zugeschrieben, dem Verfasser der sogleich zu besprechenden ,Crône'. Die andere, ,Tristan als Mönch', schildert eine der heimlichen Liebesbegegnungen zwischen Tristan und Isolde. Sie ist in zwei Handschriften des 15. Jahrhunderts zwischen Gottfrieds ,Tristan' und der Fortsetzung Ulrichs von Türheim überliefert, war aber ursprünglich gewiß als selbständiges Episodengedicht konzipiert. Wir kennen aus Frankreich mehrere solcher Gedichte, in denen man das Verhältnis zwischen Tristan, Isolde und König Marke weiter ausgesponnen hat, allerdings keines, das dem deutschen Text entspricht. Gleichwohl ist es sehr wahrscheinlich, daß er auf einer französischen Vorlage beruht.

Daß die Artusepik unseres Zeitraums dermaßen auf die Tradition fixiert war, hat die ältere Forschung dazu verleitet, sie in Bausch und Bogen als epigonal abzutun. Dieses Pauschalurteil gilt heute als verpönt, doch zeichnet sich ein neues Bild, in dem die Werke zu ihrem historischen Recht kommen könnten, erst in vagen Umrissen ab: vieles, allzuvieles an ihnen ist noch immer nicht sicher zu beurteilen.

Das gilt zunächst für den Roman, der − neben dem ,Jüngeren Titurel' − der interessanteste der ganzen Reihe ist: die ,Crône' eines sonst nicht bekannten Heinrich von dem Türlin, entstanden wohl in den zwanziger Jahren im südostdeutschen Raum. Der Titel leitet sich von einer Metapher her, die der Dichter im Epilog gebraucht: das Werk ist für ihn eine edelsteinbesetzte Krone, die er geschmiedet hat, damit edle Frauen mit ihr gekrönt würden (v. 29966ff.). Rudolf von Ems hat das im Literaturkatalog des ,Alexander' bewußt oder unbewußt umgedeutet, indem er den Roman als *Allr Âventiure Krône* preist (v. 3219). In sein überschwengliches Lob wird man nicht einstimmen mögen, aber man muß zugeben, daß Heinrich in der Tat etwas Außerordentliches zustandegebracht hat: in nicht weniger als rund 30000 Versen jagt und schleppt er den bald ermatteten Leser durch eine Folge von Aventiuren, die an Zahl und bizarrer Buntheit alles in den Schatten stellen, was die deutsche Literatur in diesem Genre bis dahin zu bieten hatte. Bestehen muß oder darf sie kein geringerer als Gawain, der Musterritter der Artusrunde, dem es bislang nur vergönnt war, n e b e n den eigentlichen Helden aufzutreten. Als Günstling der Fortuna, der Frau Saelde, die er auf ihrem Schloß besucht, schreitet er ohne Fehl und Tadel durch die wilde Welt und überbietet mit leichter Hand die großen Helden der älteren Romane, allen voran Parzival, der als Versager vor der Gral-Aventiure angeschwärzt wird, die Gawain am Ende der ,Crône' mühelos bewältigt. Der Roman liest sich weithin wie eine Reminiszenzen-Collage, in die der ehrgeizige Dichter alles hineingepackt hat, was ihm bei seiner ungewöhnlich ausgedehnten Lektüre begegnet ist (er kennt alle älteren deutschen Artusromane und eine große Zahl französischer Texte). Für das

Publikum muß das so etwas wie ein Literatur-Quiz gewesen sein, ein Spiel
mit seinen literarischen Kenntnissen und Erwartungen, in dem es in seiner
Kennerschaft gefordert und aus ihr heraus unterhalten wurde. Mit der
statischen Idealität des Helden und mit dem Fortuna-Motiv scheint sich
Heinrich auf den ‚Wigalois‘ zu beziehen (vgl. Bd. II/1), und aus dem
‚Wigalois‘, aus Wirnts Kunst, unheimlich schillernde Aventiure-Szenerien
von großer atmosphärischer Dichte zu entwerfen, dürfte er auch entwickelt
haben, was den modernen Leser am meisten zu fesseln vermag: eine Art
phantastischen Realismus in Aventiure-Sequenzen, die mit überscharf
konturierten und zugleich verworrenen Bildern wie Traumprojektionen
aus dem Unterbewußtsein anmuten.

Es sind ganze „Serien bizarrer lebender Bilder" (Haug), an denen Gawein wie in
einem Panoptikum vorbeizieht, ohne daß ihm und dem Leser klar würde, was
sie zu bedeuten haben: z.B. an einem nackten Mädchen, das mit einer Keule Vögel
zu vertreiben sucht, die einen mit Ketten gefesselten Riesen zerfleischen (v. 14125ff.);
oder an einem schönen, kostbar gekleideten Jüngling, der auf einer rosenduftenden
Heide mit Eisenketten an ein Bett gebunden ist, die Augen von einem Pfeil durch-
schossen, in der Hand einen Fächer, mit dem er feurigen Wind, der die Rosen
verdorren läßt, über den weißen, in eine rote Decke gehüllten Leichnam eines
Mädchens fächelt, der auf dem Bett liegt und in dessen Arm ein Zwerg mit einer
strahlenden Krone aus Rubin ruht, zu Seiten eines schwarzen Ritters, in dessen
Brust aus einer breiten Wunde über dem Herz ein abgebrochener Speer emporragt
(v. 14354ff.).

Ob neben oder hinter dem literarischen Spiel und der Bildphantastik ein
zusammenhängendes Konzept steht, ist vorerst schwer zu sagen. Möglicherweise hat dem Dichter vorgeschwebt, den arthurischen Mythos als solchen
episch zu begründen: die Vision des zeitenthobenen irdischen Glücks. Als
Gawein in den Saal der Frau Saelde tritt, steht deren Rad still, endet also
der Wechsel von Glück und Unglück, und sie erstrahlt in vollkommener
Schönheit, während sie sonst zweigestaltig ist wie die Frau Welt (vgl. S. 142),
auf der einen Seite jung und schön, auf der anderen häßlich und alt. Dem
ewigen Glück entspricht die ewige Jugend, die Gawein in einem weiteren
Abenteuer erwirbt. Und indem er König Artus als Geschenk der Frau Saelde
einen Ring überbringt, erscheint er als der Gründerheros aller Artusherrlich-
keit: daß er keine Krise durchzumachen hat, ist von daher durchaus ein-
leuchtend. Das Verworrene, Bedrohliche, Böse in der Welt zu bewältigen,
das ist offenbar seine Sendung, die sich in der Gral-Aventiure erfüllt: mit
der Erlösungsfrage verschwindet die Gralswelt, von der − wie er erfahren
muß − alle Aventiuren gekommen sind, die er gesehen hat, und es fällt fortan
kein Schatten mehr auf die in festlicher Freude schwelgende Artuswelt.
Das mag als Kritik an den Gralsromanen gedacht sein bzw. als Versuch,
die diesseitsbezogene Heilsverheißung der Artuswelt gegen die Ansprüche
der jenseitsbezogenen Gralswelt zu verteidigen, vor denen sie dann im
‚Lancelot‘-Zyklus zerbrechen sollte (vgl. S. 179ff.). Der Dichter der ‚Crône‘

weiß indes und gesteht es ein, daß die Artuswelt vergänglich war und
vergangen ist. Er erzählt seine Geschichte als rückwärtsgewandte Utopie
aus einer Gegenwart, die Artus' Tod als *unvertregelîchen schaden* (v.
297) zu beklagen hat, als eine Schädigung, die sie nicht verwinden kann: seit
dies Unglück geschehen ist, sitzt Frau Fortuna vereinsamt, ohne Erben,
auf ihrem Rad. Man hat freilich allen Grund zu fragen, wie ernst die
utopisch-tragische Perspektive gemeint ist. Die spielerischen Züge des
Romans, die satirischen und parodistischen Töne, die sich immer wieder
bemerkbar machen, scheinen ihr zuwiderzulaufen, ohne daß es doch
schlichtweg möglich wäre, nun umgekehrt in ihnen das Hauptanliegen des
Dichters zu sehen.

Die Frage: Persiflage oder nicht? stellt sich auch bei einem Roman, der
etwa zur gleichen Zeit entstanden sein dürfte wie die ‚Crône': bei des
Strickers ‚Daniel von dem Blühenden Tal'. Auch hier haben wir es mit einem
„Superhelden" zu tun, der, von keiner Krise gefährdet, erfolgreich alle
Aventiuren meistert. Das Besondere daran ist, daß ihm das weniger aufgrund seines Mutes und seiner Stärke, den üblichen Eigenschaften des
Artusritters, gelingt, als aufgrund seiner intellektuellen Fähigkeit: sein Erfolg gründet sich vor allem auf seine *list*, mit deren Hilfe er seinen Gegnern,
bizarren Monstern von ausgesuchter Abscheulichkeit, eins ums andere Mal
ein Schnippchen schlägt. Überspitzt könnte man sagen, daß sich hier eine
Schwankfigur aus des Dichters kleineren Erzählungen ins falsche Genre
verirrt habe. Es ist möglich, daß damit dieses Genre, eben der klassische
Artusroman, persiflierend ad adsurdum geführt werden sollte. Aber bei
aller lächerlichen Überbietung und Verdrehung traditioneller Artusmotive
vom Brunnenabenteuer bis zur Entführung, deren Opfer hier nicht die
Königin, sondern der König Artus selber ist: die komischen Momente sind
keineswegs so eindeutig und dicht gesetzt, daß man sich ohne weiteres
berechtigt fühlen möchte, den Roman im ganzen als Persiflage zu nehmen.
So stehen denn auch in der Forschung Interpretationen, die auf die Komik der
Darstellung abheben, ziemlich unvermittelt neben solchen, die sie überhaupt
keiner Aufmerksamkeit würdigen – in einer entmutigenden Beliebigkeit,
die überdeutlich zeigt, daß wir noch keinen verläßlichen Maßstab für die
Beurteilung dieser Texte besitzen. Wer eine verbindliche Aussage treffen will,
kommt bis auf weiteres über die rein registrierende Feststellung nicht hinaus,
daß der Stricker – auf dem Weg, den Wirnt mit der Einführung des statisch
idealen Helden eingeschlagen hatte, fortschreitend – weitere wesentliche
Elemente des klassischen Artusromans verändert hat, in erster Linie eben
die Art der Konfliktlösung, aber auch die Rolle des Königs Artus, der
höchstpersönlich als Kämpfer und Heerführer aktiv wird.

Dieser radikalen Veränderung der herkömmlichen Struktur hat ein Dichter
widersprochen, von dem wir nur den Namen kennen und von dem wir
ohne jede Sicherheit bloß raten können, daß er in den Jahrzehnten um
die Jahrhundertmitte gewirkt hat: der Pleier. Er hat einen regelrechten

„Anti-‚Daniel'" verfaßt, dessen Programm sich schon im Namen des Helden manifestiert, nach dem man das Werk betitelt hat: ‚Garel von dem Blühenden Tal'. In diesem Namen ist die Herkunftsbezeichnung vom Stricker übernommen, aber der gattungsfremde „Daniel" durch den gut arthurischen „Garel" ersetzt (ein König dieses Namens kommt in Hartmanns ‚Erec', in Wolframs ‚Parzival' und in Wirnts ‚Wigalois' vor). Genauso, in korrigierendem Gleichlauf, ist die Handlung des Romans angelegt. Motive und Motivketten sind analog zu solchen des ‚Daniel' gestaltet, aber die einschneidenden Strukturabweichungen sind rückgängig gemacht: Garel siegt durch Mut und Stärke, nicht durch *list*; und König Artus ist wie ehedem weit davon entfernt, aktiv ins Geschehen einzugreifen. Der restaurative Impetus des Romans kommt aus einer konservativen, auf engen Anschluß an die klassische Tradition bedachten Einstellung, die nicht nur ihm, sondern auch zwei weiteren, vermutlich später entstandenen Artusromanen des Pleier zugrundeliegt, ‚Tandareis und Flordibel' und ‚Meleranz'. Die drei Werke sind offenbar für ein Publikum verfaßt worden, das mit der Tradition der Gattung vertraut war und die Erwartungen erfüllt sehen wollte, die aus solcher Vertrautheit resultierten. Der Pleier erreicht dies in erster Linie durch ein Verfahren der „Imitation" und der „Integration" (Kern). Er bildet traditionelle Darstellungsmuster nach, Motive, Handlungs- und Personenkonstellationen etc. Und er verknüpft das Erzählte mit Personen, Schauplätzen und Ereignissen, die aus den Vorbildern – vor allem den Werken Hartmanns, Wolframs und Wirnts – bekannt sind, und integriert es so in einen umfassenden Zusammenhang, der als werkübergreifende epische Welt vorgestellt wird (so fällt z.B. die ‚Garel'-Handlung zeitlich mit der Entführung Ginovers und ihrer Befreiung durch Lanzelet zusammen). Es ist ein zyklisches Denken, wie es sich in der Epik der Zeit auch sonst beobachten läßt (vgl. S. 119, 121, 125, 127).

Artusromane dieser Art wird es in unserem Zeitraum in größerer Zahl gegeben haben. Vollständig bzw. nahezu vollständig überliefert sind noch zwei: der anonyme ‚Wigamur' und der ‚Gauriel von Muntabel' eines gewissen Konrad von Stoffeln. Ein paar Bruchstücke runden das Bild ab (‚Edolanz', ‚Manuel und Amande', ‚Loccumer Artuseposfragmente').

Gegen Ende unseres Zeitraums, ein Jahrhundert nach seiner Einführung in Deutschland, gelang es dem Artusroman noch einmal, Anschluß an die (damalige) Moderne zu finden: mit dem ‚Jüngeren Titurel', den der bereits erwähnte Dichter Albrecht wohl in den sechziger und (frühen) siebziger Jahren verfaßt hat, anscheinend für mehrere Gönner, von denen er allerdings nur Herzog Ludwig II. von Oberbayern mit Namen nennt (wobei umstritten ist, ob der Herzog das Werk von Anfang an gefördert hat oder erst gegen Ende der Arbeit von Albrecht um Unterstützung angegangen wurde).

In der Forschung hat man Albrecht, den Verfasser des ‚Jüngeren Titurel‘, zeitweise
für identisch gehalten mit dem Dichter Albrecht von Scharfenberg, den im 15.
Jahrhundert Ulrich Fuetrer u.a. als Verfasser zweier Romane aus dem Artuskreis
nennt, die er in zyklischem Zusammenhang bearbeitete und die nur in Gestalt dieser
Bearbeitungen erhalten sind: ‚Merlin‘ und ‚Seifried von Ardemont‘. Die Annahme,
die beiden Albrechte seien identisch, kann einstweilen für erledigt gelten, doch hat
die Literaturgeschichte weiterhin mit Albrecht von Scharfenberg als einem Epiker
aus der zweiten Hälfte des 13. Jahrhunderts zu rechnen. Wenn, wie man vermutet
hat, der in Fuetrers Bearbeitung ebenso bewahrte wie verschüttete ‚Merlin‘ in
Prosa verfaßt war, käme ihm sogar ein sehr prominenter Rang zu (vgl. S. 180).

Im ‚Jüngeren Titurel‘ ist Wolframs unvollendetes Werk in einer Weise zu
Ende gebracht worden, die man nur exzessiv nennen kann: Albrecht hat
um die rund 170 Strophen der alten Fragmente ein Riesenwerk von weit
über 6000 Strophen gebaut! Die Erzählung von Sigune und Schionatulander
ist ihm zum Kristallisationskern eines „geschichtsmythischen Universal-
romans“ (Haug) geworden. Er beginnt mit der Geschichte des Gralge-
schlechts, schließt daran, breit ausmalend, die Kindheitsgeschichte Sigunes
und Schionatulanders (Wolfram-Fragment I) und die Exposition der
Brackenseil-Geschichte (Wolfram-Fragment II), führt sodann Schionatulander an den Artushof und in den Orient, bringt den Konflikt um das
Brackenseil bis zu Schionatulanders Tod, lenkt in die Geschichte Parzivals
ein und erzählt sie nach Wolfram bis hin zur Geschichte Lohengrins, setzt
schließlich die Geschichte des Grals mit dessen Überführung nach Indien
fort. Indem er ein unvollendetes Werk der Blütezeit abschließt und indem
er, was er an Neuem zu berichten weiß, mit penibler Sorgfalt in die vom
älteren Werk vorgegebene epische Welt einpaßt, bewegt sich Albrecht
innerhalb der Konvention des nachklassischen Artusromans. Mit seinem
Sprachstil aber und mit der Sinnkonstruktion seines Werks läßt er sie weit
hinter sich.

　　Was am ‚Jüngeren Titurel‘ modern ist, erwächst zunächst einmal aus
der Erzählerrolle. Albrecht spricht bis kurz vor dem Ende des Werks in der
Maske Wolframs (weshalb man es im späteren Mittelalter und noch in der
Frühzeit der Forschung dem Meister zugeschrieben hat). Das ist kein Betrug
– das zeitgenössische Publikum konnte über die Identität des Verfassers
ja nicht getäuscht werden –, es ist bewußte Adaption einer Rolle: jener
Wolfram-Rolle, die wir aus dem ‚Wartburgkrieg‘ kennen. In der Art der
künsterîchen meister hat Albrecht Laiengelehrsamkeit und Manierismus
verbunden unter virtuoser Ausnutzung aller Möglichkeiten der ‚Titurel‘-
Strophe, die er gegenüber Wolfram reguliert und (durch obligaten Zäsur-
reim) noch schwieriger gemacht hat. Dem Stil entspricht die Intention des
Werks. *Dirre aventûre kere,　si si krump oder slihte,　daz ist nicht wan
ein lere* (Str. 65), erklärt Albrecht selbst: „alle Wege dieser Geschichte, sie
seien gewunden oder gerade, die sind nur eine Lehre“. Wie die Spruchdichter so will auch er die Laien belehren aufgrund eines umfassenden

Wissens, dessen erstaunliche Breite die Liste der Quellen belegt, die man
bis heute namhaft machen konnte – deutsche, französische, lateinische
Texte. Und wie bei den Spruchdichtern zielt die Lehre auf moralische
Besserung aus geistlicher Perspektive, die in einzelnen Zügen wiederum an
die Frömmigkeit der Bettelorden erinnert. Die Lehre hat offenbar ihr
Publikum gefunden: an die sechzig Handschriften und ein Druck aus dem
Jahre 1477 bezeugen den Erfolg des Werks, das in keiner größeren Laien-
bibliothek fehlte und das der Büchernarr Jakob Püterich von Reichertshausen
im 15. Jahrhundert gar *das haubt ab teutschen puechen* nannte, „das
Höchste der deutschen Bücher" (‚Ehrenbrief' Str. 100). Kaum absehbar
ist im übrigen sein Einfluß auf die Entwicklung des geblümten Stils,
namentlich im Bereich der neuen Modegattung der Minnerede (vgl. S. 93
und 152f.).

Es versteht sich von selbst, daß Albrechts Konzept unvereinbar ist mit
der Symbolstruktur des klassischen Artusromans. Wahrheit wird hier nicht
mehr vermittels des epischen Prozesses erfahrbar gemacht, sondern sie
wird expliziert in Reflexionen, Ermahnungen und Vorschriften und
exemplarisch demonstriert an der erzählten Geschichte. Diese hat eine
additive Struktur und ist statt auf den Helden auf das überpersönliche
(heils)geschichtliche Geschehen hin orientiert – womit sich der Roman auf
der Grenze zur Chronik bewegt. Diese Grenze hat dann ein weiteres Werk
der Wolfram-Nachfolge überschritten, das von der auch im ‚Jüngeren
Titurel' wiedererzählten Geschichte von Parzivals berühmtem Sohn handelt:
der ‚Lohengrin', dessen Dichter sich möglicherweise in einem Akrostichon
Nouhuwius (oder Nouhusius) genannt hat („Neuhuber", „Neuhauser"?).
Das Werk steht ohne Zweifel unter dem Einfluß des ‚Jüngeren Titurel'.
Es nimmt nicht nur wie dieser eine bei Wolfram angesponnene Geschichte
auf, es teilt auch seinen Stil, ist wie er in Strophen abgefaßt und spielt mit
der Fiktion, Wolfram sei der Erzähler. Der Dichter benutzt als eine Art
Prolog das ‚Rätselspiel' des ‚Wartburgkriegs' und läßt Wolfram vor dem
auf der Wartburg versammelten Thüringer Hof die Geschichte erzählen,
aus dem Dialog mit Klingsor heraus (vgl. S. 101): wie Elsa, die jungfräuliche
Fürstin von Brabant, von einem ungeliebten Freier mit erlogenen Rechts-
ansprüchen bedrängt wird; wie Lohengrin ihr vom Gral zu Hilfe gesandt
wird im Nachen, den der Schwan zieht; wie er den Bösewicht im gerichtlichen
Zweikampf besiegt und Elsas Gemahl wird; und wie er sie verläßt, als sie
ihn gegen die Verabredung nach seiner Herkunft fragt. In verblüffender
Ungeniertheit hat nun der Dichter diese Märchengeschichte mit realen
historischen Ereignissen verquickt, indem er über weite Strecken die
‚Sächsische Weltchronik' ausschrieb und daneben vielleicht das ‚Buch der
Könige *alter ê und niuwer ê*' und den ‚Schwabenspiegel' zu Rate zog.
Lohengrin erscheint als Zeitgenosse König Heinrichs I. (919–936), den er
als treuer Anhänger im Krieg gegen Ungarn und Sarazenen unterstützt.
Gegenüber diesen reichsgeschichtlichen Ereignissen, deren Schilderung am

Ende in einen chronikartigen Überblick über die Geschicke des sächsischen Kaiserhauses bis auf Heinrich II. mündet, tritt die eigentliche Schwanritter-Handlung auffallend in den Hintergrund. Man gewinnt den Eindruck, daß es dem Dichter darum zu tun war, das Prestige der Schwanritter-Gestalt einer Präsentation des Kaisertums zugutekommen zu lassen, die dieses als Garanten der von Gott gewollten Ordnung auf Erden zeigt.

Die Datierung des Werks war lange umstritten. Heute kann als sicher gelten, daß es noch vor der Wende vom 13. zum 14. Jahrhundert verfaßt wurde. So darf man die pro-kaiserliche Tendenz vielleicht als politische Manifestation zugunsten Rudolfs von Habsburg auffassen und annehmen, daß Herzog Ludwig II. von Oberbayern der Auftraggeber gewesen ist (vgl. S. 43).

Im Anschluß an den ‚Jüngeren Titurel‘ und den ‚Lohengrin‘ ist noch ein weiterer strophischer Roman mit einem Helden aus Wolframs ‚Parzival‘ zu nennen, von dem allerdings nicht sicher ist, ob er zum Artuskreis im engeren Sinne gehört. Erhalten ist er in einem Handschriftenfragment aus dem späten 13. Jahrhundert, das Fetzen einer wilden Abenteuergeschichte um den König Tirol und seinen Sohn Fridebrant erkennen läßt. Ein König *Vridebrant von Schotten* („Schottland") tritt im ersten Buch des ‚Parzival‘ auf im Zusammenhang mit dem Patelamunt-Abenteuer Gahmurets, der ebenfalls in dem Fragment genannt wird. Mit diesem Fragment des Romans von ‚Tirol und Fridebrant‘, der in siebenzeiligen Strophen verfaßt war, muß irgendwie ein Komplex von Strophen des gleichen Baus zusammenhängen, den die Liederhandschrift C unter dem Titel *Kúnig Tyro* (!) *võ Schotten vñ Fridebrant sin sun* überliefert. Er enthält in einem ersten Teil zwei geistliche Rätselallegorien im Stil des ‚Wartburgkriegs‘, die Fridebrant löst bzw. anderen vorlegt, und in einem zweiten Teil eine Fürstenlehre, die Tirol seinem Sohn Fridebrant vorträgt. Es ist gut möglich, daß es sich dabei um Exzerpte aus dem Roman handelt, den das epische Fragment bezeugt. Mit der Verbindung von geistlich orientierter Lehre und einer aus dem ‚Parzival‘ abgezweigten Abenteuerhandlung hätte man sich diesen Roman wohl als eine Art Seitenstück zum ‚Jüngeren Titurel‘ vorzustellen (wobei die Art der geistlichen Thematik auch hier auf die Bettelorden, genauer: auf die Franziskaner weist).

In der ‚Crône‘ als Bedrohung der klassischen Ideologie der Gattung spürbar, haben sich mit dem ‚Jüngeren Titurel‘ und dem ‚Lohengrin‘ im Artusroman die Momente durchgesetzt, von denen wir sagten, sie hätten die Entwicklung der Großepik in unserem Zeitraum bestimmt: Geschichte und Religion. In der Minne- und Aventiure-Epik anderer Stofftraditionen beherrschen sie von Anfang an das Feld.

Minne- und Aventiure-Epik verschiedener Stoffe

Das Muster des pseudo-historischen Minne- und Aventiure-Romans haben wir (S. 27ff.) in Rudolfs von Ems ‚Willehalm von Orlens‘ kennengelernt. In seiner Nachfolge könnten die Romane ‚Demantin‘ und ‚Crâne‘ stehen, die ein gewisser Berthold von Holle um die Mitte bzw. im dritten Viertel des 13. Jahrhunderts möglicherweise für den welfischen Herzogshof in Braunschweig bzw. Lüneburg verfaßt hat.

Daß der Dichter in Beziehung zum Welfenhof stand, ergibt sich aus dem ‚Crâne‘, in dem er Herzog Johann (I.) von Braunschweig-Lüneburg (1252–1277) als Gewährsmann nennt. Außer den genannten kennen wir noch einen dritten Roman von ihm: ‚Darifant‘, von dem leider nur ein geringes Bruchstück erhalten ist.

Das Standardthema: wie der adlige Held in verwickelten Abenteuern die Dame seines Herzens erwirbt, handelt Berthold mit bemerkenswerter Nüchternheit ab. Wunderbares wird allenfalls am Rande geduldet, und das Geschehen ist wie im ‚Willehalm von Orlens‘ in einem realen geographisch-politischen Raum angesiedelt: in England, Ungarn, am deutschen Kaiserhof etc. Die Realitätsfiktion ist so suggestiv, daß man sich zu dem Versuch veranlaßt sah, in bzw. hinter ihr zeitgeschichtliche Zusammenhänge welfischer Politik aufzudecken.

Auch die Tendenz zum Religiösen – gattungsmäßig: zur Legende – ist prototypisch mit einem Werk Rudolfs von Ems zu belegen: mit dem ‚Guten Gerhard‘, den er vielleicht um 1220 für ein Publikum am Konstanzer Bischofshof geschrieben hat (vgl. S. 25). Motive des Minne- und Aventiure-Romans sind hier zur Konstruktion einer Exempelgeschichte verwendet, die einem Typus mit anscheinend spätantiker Tradition folgt (eine eigentliche Quelle ist nicht nachgewiesen). Es ist eine Rahmenerzählung: Kaiser Otto (der Große) verlangt im Gebet von Gott, ihm den himmlischen Lohn zu zeigen, den er mit der Stiftung des Erzbistums Magdeburg verdient zu haben glaubt; ein Engel verweist ihm seinen selbstgefälligen Stolz, mit dem er sich um die Frucht des guten Werks bringe, und nennt ihm das Verhalten des Kölner Kaufmanns Gerhard als Muster eines christlichen Handelns in reiner Demut; der tieferschrockene Kaiser eilt nach Köln und läßt sich von Gerhard dessen Geschichte erzählen: auf einer Handelsreise nach Marokko verschlagen, löste der Kaufmann dort unter Einsatz seines gesamten Handelsguts eine Gruppe gefangener Christen aus, die norwegische Prinzessin Erene nebst ritterlicher Begleitung, die in einem Seesturm auf der Brautfahrt von ihrem Verlobten, König Wilhelm von England, getrennt worden war; als dieser jahrelang verschollen blieb, sollte Erene Gerhards Sohn zum Mann nehmen, doch erschien Wilhelm just während der Hochzeitsfeier, und Gerhard stand nicht an, ihm die Braut zurückzugeben und ihm sein englisches Reich zu sichern; die ihm selbst angebotene englische Königswürde und andere Ehren schlug er aus, um, wie der zerknirschte Kaiser resümiert, auf der *welde rîche werdekeit*, „den üppigen Ruhm der Welt", zu verzichten *durch der sêle heil* (v. 6712f.). Der Sinn der Erzählung liegt auf der Hand. Sie vermittelt christliche Adelslehre am Beispiel einer Begebenheit, die sich durch präzise Fixierung in Zeit und Raum als wahr und damit verbindlich ausweist.

Bis in die jüngste Zeit hinein ist es üblich gewesen, den Text als Dokument eines Gegensatzes zwischen dem aufsteigenden Bürgertum und dem Adel bzw. der Ministerialität zu interpretieren. Demgegenüber scheint sich nun die Einsicht durchzusetzen, daß man Rudolfs Kaufmannsfigur sehr gut verstehen kann, ohne mit der Annahme eines solchen sozialhistorischen Bezugs operieren zu müssen, der sich in keiner Weise sichern läßt. Wenn man die Rahmensituation ernst nimmt, dann wird ganz klar, daß es Rudolf jedenfalls nicht primär darum geht, den Kaufmann als Vorbild herauszustellen. Die Kaufmannsrolle ist vielmehr eine Funktion der Adelslehre: diese demonstriert, was adlig-christliches Verhalten bedeutet, indem sie dem kaufmännisch denkenden und handelnden Kaiser die genaue Kontrastfigur des kaiserlich denkenden und handelnden Kaufmanns gegenüberstellt.

Mit der rührenden Geschichte des Brautpaars Erene und Wilhelm bietet der ‚Gute Gerhard' eine Variante des Erzählschemas von der Trennung und glücklichen Wiedervereinigung eines Paares, das auch der Geschichte von Willehalm und Amelie im ‚Willehalm von Orlens' zugrundeliegt. Wir sagten bereits (S. 28), daß dieses Schema letztlich auf den spätantiken Roman zurückgeht. Dem Mittelalter war es auch aus der Legende des heiligen Eustachius vertraut, die Rudolf von Ems ebenfalls bearbeitet hat (vgl. S. 26).

Die Legende erzählt: Placidus, ruhmreicher Feldherr des römischen Kaisers Trajan, trat mit seiner Frau und seinen zwei Söhnen zum Christentum über und nannte sich fortan Eustachius, nachdem ihm bei der Jagd eine wundersame Erscheinung widerfahren war: zwischen dem Geweih eines Hirschs, den er verfolgte, erschien ein Kreuz mit dem Bild des Erlösers, das ihn zur Bekehrung aufrief. Durch eine Kette von Unglücksfällen verarmt, zog die Familie in die Fremde, nach Ägypten. Als Eustachius bei der Ankunft die Schiffspassage nicht bezahlen konnte, nahm ihm der Kapitän mit Gewalt seine Frau. Wenig später wurden ihm die Söhne von wilden Tieren entführt. In tiefstem Schmerz, aber mit ungebrochenem Gottvertrauen diente er fünfzehn Jahre als Knecht eines Bauern. Dort wurde er schließlich von Boten des in unglückliche Kriege verwickelten Kaisers gefunden, der überall nach dem einst so erfolgreichen Feldherrn hatte forschen lassen. Wieder an der Spitze des römischen Heers, erkämpfte Eustachius erneut glänzende Siege, und auf wunderbare Weise wurde er auch wieder mit seiner Familie vereinigt: zwei Soldaten des Heers entpuppten sich als seine Söhne, die Wirtin, bei der sie wohnten, entpuppte sich als ihre Mutter. Kaiser Hadrian aber, Trajans Nachfolger, ließ die vier zu Tode martern, als er erfuhr, daß sie Christen waren.

Vielleicht im letzten Viertel des 12. Jahrhunderts war die Eustachius-Legende direkt oder indirekt bis in Details als Muster für einen französischen Roman verwendet worden: den ‚Guillaume d'Angleterre', der Chrestien de Troyes zugeschrieben wird. Mit ihm bzw. einer breiteren französischen Erzähltradition, in der er steht, scheinen zwei deutsche Romane des 13. Jahrhunderts zusammenzuhängen. Der eine, ‚Die gute Frau' betitelt und ohne Sicherheit um 1230 datiert, wurde nach v. 6ff. im Auftrag eines Markgrafen (von Montferrat in Piemont? von Baden?) verfaßt. Er verknüpft eine Minnegeschichte (Kinderliebe zwischen der Tochter des Grafen von Berry und dem Sohn eines seiner Vasallen, ritterliche Bewährung des jungen Mannes,

Heirat) mit dem Eustachius-Schema: durch den Anblick von Elenden an die Vergänglichkeit alles Irdischen gemahnt, zieht der Held mit seiner Frau, die unterwegs mit Zwillingssöhnen niederkommt, als Bettler in die Welt; die Familie wird getrennt und nach abenteuerlichen Schicksalen wieder vereint. Am Ende erfährt man, daß es sich um die Geschichte der Stammeltern der Karolinger handelt: der Mann hieß Karlmann, die Söhne waren Karl und Pippin. Bedeutender als dieses etwas armselige Werk, das mit gut 3000 Versen nur knapp über Novellenformat liegt, ist das andere: der ‚Wilhelm von Wenden' des böhmischen Hofdichters Ulrich von Etzenbach, von dem auch ein Alexander-Roman bekannt ist (und dem man, allerdings ohne zwingende Begründung, die Fassung D des ‚Herzog Ernst' zugeschrieben hat – vgl. S. 118f.). Der ‚Wilhelm von Wenden' ist nun, bei ausgeprägter Minne- und Aventiure-Motivik im einzelnen, ein regelrechter Legendenroman: von der Macht des Namens Christi zur Pilgerschaft getrieben, die ihn mit seiner Frau Bene und den unterwegs geborenen Zwillingssöhnen in wilde Verwicklungen nach dem Eustachius-Schema führt, tritt der Heidenfürst Wilhelm von Wenden zum Christentum über, bekehrt seine Familie und sein Land und endet als Heiliger. Ulrich hat den Roman anscheinend im Auftrag des Henricus Italicus (v. 85: *Heinrîch der Walch*), des Leiters der böhmischen Kanzlei, wohl um 1290 für König Wenzel II. geschrieben. Wenzel und seine Gemahlin Guta von Habsburg scheinen Modell gestanden zu haben für die Zeichnung des vorbildlichen Herrscherpaars Wilhelm und Bene (deren Name per Übersetzung *bene = guot* sogar ausdrücklich mit dem der Böhmenkönigin identifiziert wird: v. 4661ff.). Man hat daraus geschlossen, das Werk sei als politische Propagandaschrift konzipiert worden, mit der etwa der böhmische Führungsanspruch in der slawischen („wendischen") Welt bekräftigt werden sollte. Nach allem, was wir über das Verhältnis von Literatur und Politik in dieser Zeit gerade auch am böhmischen Hof wissen (vgl. S. 119), ist mit einer derartigen politischen Dimension durchaus zu rechnen, wir können sie aber kaum mit hinreichender Bestimmtheit fassen.

Ein Faszinationstyp internationaler Erzählliteratur zwischen Legende und Roman (bzw. Novelle) wie das Eustachius-Schema ist das Schema der unschuldig verfolgten Frau, das in der deutschen Literatur seit dem 12. Jahrhundert durch die ‚Crescentia'-Erzählung der ‚Kaiserchronik' populär geworden war (sie wurde in unserem Zeitraum neu bearbeitet: ‚Crescentia C'). Dem Schema folgt auch der Roman von ‚Mai und Beaflor', der vielleicht vom Ende unseres Zeitraums stammt. Der unbekannte Dichter (bzw. der Verfasser seiner für uns nicht greifbaren Quelle) hat aus ihm eine Geschichte von Sex, Verbrechen, Heldentum (Heidenkämpfe!) und Frömmigkeit gemacht, die leider zu schlecht erzählt ist, als daß ihre reißerischen Qualitäten voll zur Geltung kommen könnten.

Einen in ganz Europa verbreiteten Erzählstoff mit legendarischer Komponente hat schließlich auch Konrad von Würzburg zur Grundlage eines

Romans genommen: des ‚Engelhard‘ (vgl. S. 34f.). Eine Exempelgeschichte
wie der ‚Gute Gerhard‘, demonstriert dieser Roman an einem pseudo-
historischen Fall eine bestimmte Tugend. Ging es im ‚Guten Gerhard‘ um
die christliche Demut, so geht es im ‚Engelhard‘ um die Treue: Engelhard,
der Sohn eines armen burgundischen Adligen, und Dietrich, der Sohn des
Herzogs von Brabant, wachsen als Knappen am dänischen Königshof auf;
sie sehen sich gleich wie Zwillinge und sind einander in unverbrüchlicher
Freundschaft zugetan; nachdem Dietrich als Herzog nach Brabant zurück-
gekehrt ist, geht Engelhard ein heimliches Verhältnis mit der schönen
Engeltrud ein, der Tochter des dänischen Königs; es wird von seinem Rivalen,
dem englischen Königssohn Ritschier, entdeckt und verraten; Engelhard
leugnet und muß sich im gerichtlichen Zweikampf mit Ritschier von der
Beschuldigung reinigen; an seiner Stelle kämpft aber unerkannt der eilends
herbeigeholte Doppelgänger Dietrich, der siegreich bestehen kann, da er ja
unbelastet ist; Engelhard wird Engeltruds Gemahl und König von Dänemark;
er kommt seinerseits in die Lage, seine Treue unter Beweis zu stellen, als
Dietrich vom Aussatz befallen wird und nur durch das Blut der Kinder
Engelhards geheilt werden kann; Engelhard zögert nicht, die Kinder eigen-
händig zu schlachten; Dietrich wird gesund, die geopferten Kinder aber
erweckt Gott durch ein Wunder wieder zum Leben.

Die Geschichte von Engelhard und Dietrich ist eine unter Dutzenden von Varianten
der Freundschaftssage von Amicus und Amelius, als deren Ursprung man eine
Chanson de geste des 11. Jahrhunderts erschlossen hat. Neben dem weltlichen Zweig
der Stofftradition, zu dem der ‚Engelhard‘ gehört, steht ein geistlicher, in dem die
Helden als Heilige erscheinen (einen Kult der Heiligen Amicus und Amelius gibt
es im italienischen Mortara [zwischen Vercelli und Pavia], wo ihr Grab verehrt
wird). Auch dieser geistliche Zweig, die Legende von ‚Amicus und Amelius‘, hat
in unserem Zeitraum eine Bearbeitung in deutschen Versen erfahren.

Die Ingredienzien des literarischen Erfolgsmusters: historisch-geographische
Pseudo-Realistik, *zuckersüeze minne* (v. 3145), Legendenwunder hat Konrad
mit aller Virtuosität seiner an Gottfried von Straßburg geschulten Kunst
zur Wirkung gebracht, mit Klangspielen, exquisiter Rhetorik und einem
sublimen Sensualismus, der noch das Häßliche als sinnlichen Reiz goutiert
(Schilderung des Aussätzigen: v. 5150ff.).
   Das Bild, das wir von der Romanproduktion unseres Zeitraums gewinnen
können, mag durch Überlieferungsverluste verzerrt sein (an welch dünnem
Faden es hängen kann, ob ein Werk erhalten ist oder nicht, läßt sich an
versprengten Bruchstücken sehen, z.B. denen eines ‚Blanschandin‘-Romans,
einer Bearbeitung des anonymen französischen ‚Blancandin‘, die um die
Mitte des Jahrhunderts entstanden sein könnte). Aber auch wenn man
solche Verluste in Rechnung stellt, bleibt es erstaunlich, wie weitgehend
die Minne- und Aventiure-Romane unseres Zeitraums dem Zug zu Historie
und Legende folgen. Selbst Konrads ‚Partonopier und Meliur‘, den man

auf den ersten Blick vielleicht als Ausnahme buchen möchte, öffnet sich mit den Kriegsabenteuern des Helden wenigstens partiell einer Pseudo-Historizität und vermochte sich so dem Zeitgeschmack zu empfehlen (vgl. S. 39f.).

Dem konnte auch gedient werden, indem man Stoffe mit verbürgter Historizität aufgriff und sie in höfischem Stil erzählte: auf diese Weise entstanden gewissermaßen sekundäre Minne- und Aventiure-Romane. So erging es, wohl in der zweiten Hälfte des 13. Jahrhunderts, dem ehrwürdigen Herzog Ernst-Stoff (im oben erwähnten ‚Herzog Ernst D‘). Und so geschah es auch den antiken Stoffen, die schon einmal, im 12. Jahrhundert, den Erzählungen von Minne und Aventiure das (oft widerspenstige) Substrat liefern mußten, bevor man die Matière de Bretagne entdeckt hatte. Es waren der Alexander- und der Troja-Stoff, die in unserem Zeitraum erneut Popularität gewannen (und sie, in Versen und schließlich auch in Prosa immer wieder erzählt, das ganze Spätmittelalter hindurch behaupten konnten).

Alexander- und Troja-Epik

Am Anfang der nachklassischen Alexander-Tradition steht für uns der Roman Rudolfs von Ems (vgl. S. 29ff.) – für uns: denn Rudolf nennt im Literaturkatalog zwei Verfasser von Alexander-Dichtungen, Berthold von Herbolzheim und den bereits (S. 101) erwähnten Biterolf, deren verlorene oder unidentifizierbare Werke vielleicht nicht viel älter sind.

Bertholds Werk hat man hinter dem ‚Basler Alexander‘ vermutet (vgl. Bd. II/1). Für die Suche nach dem Werk Biterolfs könnte der ‚Marburger Alexander‘ bedeutsam sein: so nennen wir einen Text, von dem im Marburger Staatsarchiv ein winziges Fragment aus einer Handschrift des 13. Jahrhunderts aufbewahrt wird, die auch die ‚Eneide‘ enthielt.

Rudolf hatte in der Gestalt Alexanders den idealen König gezeichnet. Verbindlich aufgrund ihrer historischen Verbürgtheit, sollte dessen Existenz Vorbild und Legitimation gegenwärtiger Herrschaft sein. Ideales Herrschertum zu demonstrieren, ist auch das Ziel des Alexander-Romans, den Ulrich von Etzenbach am böhmischen Hof verfaßt hat. Das Werk, das im wesentlichen auf der lateinischen ‚Alexandreis‘ des Walther von Châtillon beruht (um 1180), ist König Wenzel II. gewidmet (v. 27730ff.), doch nimmt man im allgemeinen an, daß es noch von dessen Vater Ottokar II. in Auftrag gegeben wurde. Der angestrebte Bezug zwischen Geschichte und Gegenwart wird hier besonders sinnfällig dadurch, daß Ulrich seinen Alexander das böhmische Wappen führen läßt. Es könnte sein, daß damit ein politischer Anspruch ausgedrückt werden sollte: der Anspruch des böhmischen Hauses auf das imperiale Erbe der Staufer. Aus der Sicht der Gegenwart auf die erzählte Vergangenheit muß sich das Verhältnis ja so darstellen, daß der

Böhmenkönig über das Wappen eines Herrschers verfügt, der über ein Weltreich gebot, das als Vorgänger des Römischen Reiches galt (gemäß der Danielischen Traumdeutung, die, wie wir gesehen haben, schon Rudolf dem politischen Interesse seines Gönners nutzbar gemacht hatte).

Bemerkenswert ist in diesem Zusammenhang, daß Meister Sigeher in einem seiner Sprüche Ottokar als prospektiven „Mehrer des Reichs" zusammen mit einem nicht näher bezeichneten Staufer (Konradin?) ausdrücklich in Beziehung zu Alexander setzt (18, vgl. auch 7). Im übrigen fällt auf, daß das literarische Mäzenatentum am Prager Hof König Ottokars nicht nur die eine Parallele zum Mäzenatentum am schwäbischen Hof der Staufer aufweist: hier wie dort finden wir außer einem Alexander-Roman auch eine ‚Tristan'-Fortsetzung (Ulrich von Türheim/Heinrich von Freiberg) und eine ‚Willehalm'-Ergänzung (Ulrich von Türheim/Ulrich von dem Türlin — vgl. S. 106, 120f.). Sollte dahinter ein auf politische Wirkung berechnetes Programm der Staufer-Nachfolge stehen?

Im einzelnen sind in Ulrichs ‚Alexander' die Akzente indessen anders gesetzt als bei Rudolf. Er hat, wo immer möglich, dem Geschehen höfische Züge aufgeprägt: sein Held bewegt sich in der Welt des idealen Rittertums mit all ihrem Ausstattungsprunk und ihrem galanten Minnewesen. Damit rückt diese Welt in einen historischen Zusammenhang, der ihr und mit ihr der Romantradition, in der sie sich konstituiert hatte, eine neue Dignität verleiht. Man meint dies mit Händen zu greifen, wenn Ulrich sich mehrfach auf Wolfram beruft und — mit jenem Integrationsverfahren, das wir (S. 110) beim Pleier sahen — die Handlung an Orte führt, die aus dem ‚Parzival' bekannt sind (v. 9875ff., 14668ff.), und den ebenfalls aus dem ‚Parzival' und dem ‚Willehalm' bzw. dem ‚Titurel' bekannten *bâruch Ackerîn* in Person auftreten läßt (v. 17149ff.). Letzte Verbindlichkeit gewinnt diese historisierte höfische Welt aber dadurch, daß sie in eine religiöse Perspektive gestellt wird. Gebetspassagen im Stil des ‚Willehalm'-Prologs, den Ulrich zitiert und paraphrasiert, durchziehen das ganze Werk, dessen Held dezidiert als Gottesstreiter präsentiert wird: *Alexander der werde man   hielt sich ouch vast ze gote,   und fuor in sîme gebote* (v. 7248ff.).

Gegenüber dem Alexander-Stoff mit seinem gewaltigen ideologischen Potential war der Troja-Stoff leichter und beweglicher, freier verfügbar für ein Erzählen, dem es vorrangig um mehr oder weniger anspruchsvolle Unterhaltung zu tun war. Man kann das sehr gut an den beiden Troja-Romanen sehen, die aus unserem Zeitraum bekannt sind: am ‚Trojanerkrieg' Konrads von Würzburg und am sog. ‚Göttweiger Trojanerkrieg', der vielleicht gleichzeitig, also in den achtziger Jahren, entstanden ist (anscheinend in der Schweiz — der Titel bezieht sich auf den Aufbewahrungsort der einzigen Handschrift, das Benediktinerkloster Göttweig in Niederösterreich). Konrad hatte, wie wir (S. 41) sagten, den antiken Stoff zu einer raffiniert arrangierten Summe höfischer Erzähltradition geformt. Im ‚Göttweiger Trojanerkrieg' liefert dieser Stoff nur noch den Rahmen

für eine wüste Fabuliererei von Ritterabenteuern im Stil der späten Heldenepik und des späten Artusromans, deren Witzlosigkeit in deprimierendem
Kontrast zu dem Umstand steht, daß der Verfasser sich (zum Zeichen
literarischer Ambition?) mit dem Namen Wolfram vorstellt. Noch diese
Klitterung ist freilich unter dem Aspekt der Historizität des Stoffes ernst-
genommen worden: in der im 14. und 15. Jahrhundert verbreiteten ‚Weltchronik' Heinrichs von München, in die aus Ulrichs von Etzenbach
‚Alexander' und Konrads ‚Trojanerkrieg' ganze Partien eingebaut sind,
wird sie wenigstens mit einigen Versen zitiert.

Der Alexander- und der Troja-Stoff genügten per se der Forderung nach
historischer Wahrheit des Erzählten. Im Alexander-Stoff war überdies
eine geistliche Dimension der Darstellung bzw. Kommentierung angelegt.
Untrennbar verbunden aber waren Geschichte und Religion in der Stofflich-
keit der großepischen Gattung, die in Frankreich dem Artusroman und
dem Antikenroman vorausgegangen ist (und neben ihnen weiterblühte):
in der Heldenepik der Chansons de geste, die sich weitgehend geradezu als
Hagiographie verstand. So nimmt es nicht wunder, daß man in unserem
Zeitraum die deutsche Chanson de geste-Tradition in der Nachfolge des
‚Rolandslieds' und des ‚Willehalm' weitergepflegt hat.

Epik der Chanson de geste-Tradition

Daß Wolframs ‚Willehalm' mit einer Fortsetzung und einer Vorgeschichte
versehen wurde, haben wir bereits erwähnt (vgl. S. 27, 46, 119). Die ihm
zugänglich gemachten Chansons breit ausschreibend, erzählt Ulrich von
Türheim im ‚Rennewart' zunächst die Geschichte des Titelhelden, den
Wolfram im Getümmel der Schlacht hatte verschwinden lassen: wie er
Christ wird, die schöne Alice heiratet und als Mönch sein Leben beschließt;
es folgen die Abenteuer seines Sohnes Malifer und das Ende Willehalms
und Gyburgs mit Klosterleben und seligem Tod. Wohl zwei bis drei Jahrzehnte später – also in den sechziger, siebziger Jahren – hat dann Ulrich
von dem Türlin (vielleicht ein Verwandter des ‚Crône'-Dichters Heinrich
von dem Türlin) die Vorgeschichte verfaßt: seinen ‚Willehalm' (auch
‚Arabel' betitelt). Im Unterschied zu Ulrich von Türheim scheint er keine
neuen Quellen benutzt zu haben. Was er von Willehalms Jugend, seiner
Gefangenschaft bei den Heiden, der Flucht mit Arabel, deren Taufe und
der Hochzeit zu berichten weiß, ist offenbar aus den Angaben heraus-
gesponnen, die er bei Wolfram finden konnte. In erster Linie ein Minne-
Roman, spekuliert das Werk ziemlich plump auf das erotische Interesse des
Publikums, das vor allem mit Schilderungen der spärlich oder gar nicht
bekleideten Schönheit Arabel/Gyburg gereizt wird. Für uns sind die beiden
‚Willehalm'-Ergänzungen schwer erträglich. Was Wolfram gerade überwunden hatte: die fatale Kreuzzugsideologie, die im Andersgläubigen nur
den Teufel sieht, den es gewaltsam zu bekehren oder totzuschlagen gilt,

sie feiert hier traurige Urständ. Eher deswegen als trotzdem waren die beiden Werke ein großer Erfolg, und es ist traurig zu sehen, daß das Mittelalter Wolframs ‚Willehalm' in der von ihnen aufgebauten Perspektive las: nicht weniger als acht der zwölf vollständig erhaltenen Handschriften überliefern ihn als Mittelstück eines dreiteiligen Zyklus zwischen der Vorgeschichte und der Fortsetzung.

Die Vorlage des ‚Willehalm', die Chanson de geste von der ‚Bataille d'Aliscans', ist unabhängig von Wolframs Werk im 13. Jahrhundert noch einmal in deutsche Verse gebracht worden. Wir besitzen von dieser ‚Alischanz'-Dichtung geringe Bruchstücke (ca. 700 Verse) aus der Zeit um 1300. Die unvollkommene Reimtechnik und die Mischung aus rheinfränkischen und ostfränkischen Sprachformen haben vermuten lassen, es handle sich um die ostfränkische Reimbearbeitung einer rheinischen Prosa-Vorlage. Vielleicht hat es im Rheinland eine breitere Chanson de geste-Tradition in Prosa gegeben. Ihr könnte auch eine mittelniederdeutsche Bearbeitung der Chanson de geste von ‚Girart de Roussillon' angehören (‚Gerart van Rossiliun'), von der Fragmente aus der Zeit um 1400 erhalten sind, die aber sicher älter ist. Der ‚Girart de Roussillon' stellt sich zur sog. Empörergeste, der dritten der drei großen Gruppen der Chanson de geste-Tradition neben der Königs- oder Karlgeste und der Wilhelmsgeste, die in Deutschland das ‚Rolandslied' und der ‚Willehalm'/‚Alischanz'-Komplex repräsentieren. Zur Empörergeste gehört auch die Chanson von ‚Renaud de Montauban', die europäischen Ruhm erlangte und in Deutschland seit dem 15. Jahrhundert populär geworden ist („Volksbuch" von den ‚Vier Haimonskindern'). Die Chanson ist hier zu erwähnen, weil vielleicht noch in unserem Zeitraum eine niederländische (Vers-)Bearbeitung (‚Renout van Montalbaen') ins Westfälische umgeschrieben wurde, möglicherweise im Zusammenhang mit dem Renaud/Reinolt-Kult in Dortmund, dessen Stadtpatron der heilige Reinolt ist, den man schon früh mit dem gleichnamigen Helden der Chanson identifizierte.

Ulrich von dem Türlin erzählt, daß Willehalm in seiner Jugend an der Schlacht im Tal von Ronceval teilnahm, in der Roland den Tod fand (v. XXXI, 1ff.). Er unterstreicht damit den zyklischen Zusammenhang zwischen dem ‚Rolandslied' und dem ‚Willehalm', der in Wolframs Konzeption eine wichtige Rolle spielt (vgl. Bd. II/1). Die überlieferungsmäßige Konsequenz aus diesem Zusammenhang ist, soweit wir sehen können, zweimal gezogen worden: in der St. Galler Handschrift G aus dem 13. und der Hamburger Handschrift Ha aus dem 15. Jahrhundert geht dem ‚Willehalm' der ‚Karl' voraus, die ‚Rolandslied'-Bearbeitung des Stricker, die sich am Schluß direkt auf das ‚Willehalm'-Geschehen öffnet mit der Erinnerung, daß der Streit zwischen Karl und Baligan von ihren Erben *Ludewîc und Terramêr* wieder aufgenommen wurde (v. 12192ff.). Über vierzig Handschriften belegen den Erfolg des Werks, in der das deutsche ‚Rolandslied' seine bis zum Ende des Mittelalters gültige Gestalt gefunden hat. Der Stricker hat das *alte maere* nicht nur formal modernisiert (*erniuwet*, v. 115ff.), er hat es durch Erweiterung und Umakzentuierung zu einer eigentlichen Legenden-Vita von *sante Karle* (v. 12206) gemacht. Es ist reizvoll sich vorzustellen, daß er das Werk als politische Propagandaschrift für einen Auftraggeber verfaßt hat, der den seit Barbarossa beharrlich angemeldeten Anspruch der Staufer zu bekräftigen wünschte, Nachfolger des heiligen Karl zu sein. Sichern läßt sich diese Vermutung, die in der Forschung z.T. mit Vehemenz vertreten wird, aber nicht; und schon gar nicht ist es möglich, die Abfassung mit einem ganz bestimmten Ereignis wie etwa der Einrichtung eines Karlskultes in Zürich im Jahre 1233 in Verbindung zu bringen (weshalb auch die Datierung im Vagen bleibt: um 1220/30?).

Anders als in der französischen Heldenepik der Chansons de geste liegen in der deutschen Heldenepik die historischen Wurzeln der Stoffe (soweit es sie überhaupt gibt) nicht offen zutage. Trotzdem hat man im Mittelalter darüber gestritten, inwieweit wirklich geschehen sei, was die Dichter von den Nibelungen, von Dietrich von Bern, von Ortnit, Wolfdietrich und anderen Heroen erzählten. Aufs ganze gesehen, ist es dabei den Stoffen nicht gelungen, Gnade vor den Augen der gelehrten Historiographen zu finden, während sie für die Masse des Laienpublikums wohl immer mit einer Aura von ,,Vorzeitkunde" umgeben waren. Sie wird mit dazu beigetragen haben, daß sie aus der Sphäre der Mündlichkeit nun auf breiter Front den Weg zur literarischen Form fanden.

Heldenepik

Zwei dieser Heldenepen des 13. Jahrhunderts sind uns (S. 52ff.) bereits begegnet: ,Dietrichs Flucht' und die ,Rabenschlacht'. Man faßt sie mit einem dritten, ,Alpharts Tod', zur Gruppe der sog. historischen Dietrichepik zusammen.

Das Epos von ,Alpharts Tod' hat ein unbekannter Dichter vielleicht in der zweiten Hälfte des 13. Jahrhunderts im alemannischen oder bayrisch-österreichischen Raum verfaßt, in Strophen, die teils dem Muster der Nibelungenstrophe, teils dem des sog. Hildebrandstons folgen (der Hildebrandston ist eine einfachere Form der Nibelungenstrophe, bei der auch der letzte Abvers nur drei Hebungen hat – vgl. Bd. II/1). Es knüpft an die aus der ,Rabenschlacht' bekannte Rolle Witeges als Töter junger Helden an: der unerfahrene Dietrichheld Alphart wird auf einem Erkundungsritt von Witege und dem wie dieser von Dietrich abgefallenen Heime in unritterlichem Doppelangriff getötet, nachdem sie ihm im Einzelkampf nicht gewachsen waren.

Diese Epen werden deshalb ,,historisch" genannt, weil sich die grundlegende Handlungskonstellation in der dargelegten Weise auf Ereignisse aus der Geschichte der Goten und Hunnen zurückführen läßt. Man stellt ihnen die Gruppe der sog. aventiurehaften Dietrichepik gegenüber, die den Helden im Kampf gegen die verschiedensten, meist übernatürlichen Gegner (Riesen, Zwerge, Drachen) zeigt. Wir müssen damit rechnen, daß es eine alte Überlieferung von Unholdkämpfen Dietrichs gab, doch lassen sich die Fabeln

der erhaltenen Texte in keinem Fall sicher über das 13. Jahrhundert zurückverfolgen. Mindestens sechs solcher Texte sind mit einiger Wahrscheinlichkeit in unserem Zeitraum entstanden, der eine oder andere gewiß noch vor
der Jahrhundertmitte: ‚Goldemar' (Dietrich befreit die Prinzessin Hertlin
von Portugal aus der Hand des Zwergenkönigs Goldemar, der sie entführt
hatte, und heiratet sie); ‚Eckenlied' (von der Königin Seburg beauftragt,
fordert der junge Riese Ecke Dietrich zum Kampf heraus und wird von ihm
erschlagen); ‚Sigenot' (Dietrich wird von dem Riesen Sigenot gefangengesetzt
und von seinem Waffenmeister Hildebrand, der den Riesen erschlägt,
befreit); ‚Virginal' (Dietrich und Hildebrand befreien die Königin Virginal
von der Bedrohung durch den Heiden Orkise und haben im Zusammenhang
damit eine Fülle von Abenteuern zu bestehen, Kämpfe mit Drachen und
Riesen, in deren Gewalt Dietrich vorübergehend gerät); ‚Laurin' (Dietrich
zerstört mit seinen Gesellen den Rosengarten des Zwergenkönigs Laurin
und besiegt diesen mit Mühe im Kampf; nach vorübergehender Versöhnung
kommt es in Laurins unterirdischem Reich zu einer gewaltigen Schlacht
zwischen den Bernern und den Zwergen, die besiegt werden; dabei wird
auch die Schwester des Dietrichhelden Dietleib befreit, die Laurin entführt
hatte); ‚Rosengarten' (auf Herausforderung Kriemhilds, der Heldin des
‚Nibelungenlieds', bzw. ihres Vaters Gibich kämpfen Dietrich und elf seiner
Gesellen jeweils gegen einen der zwölf Hüter des von Kriemhild bzw.
Gibich gehegten Rosengartens zu Worms; Dietrichs Gegner ist Siegfried,
der unterliegt).

Die Texte sind anonym überliefert mit Ausnahme des (nur fragmentarisch erhaltenen)
‚Goldemar', als dessen Verfasser sich ein Albrecht von Kemenaten nennt. Er wird
mit einem Dichter dieses Namens identifiziert, den Rudolf von Ems in den Literatur-
katalogen des ‚Alexander' und des ‚Willehalm von Orlens' als Zeitgenossen erwähnt.
Man hat in ihm den Begründer der Tradition gesehen, in der der Dietrichstoff an
höfische Muster angepaßt wird (s. u.), und zugleich den Erfinder der kunstvollen
dreizehnzeiligen Strophenform des sog. Bernertons, die außer im ‚Goldemar' auch
im ‚Eckenlied', im ‚Sigenot' und in der ‚Virginal' verwendet wird (der ‚Laurin'
geht in Reimpaaren, der ‚Rosengarten' im Hildebrandston). Die Hypothese ist
ansprechend, kann aber nicht hinreichend begründet werden.

Zur aventiurehaften Dietrichepik gehört außer den genannten Texten noch der
‚Wunderer', in dem es um den Kampf des jungen Dietrich gegen den menschen-
fressenden Verfolger der Dame Saelde, eben den Wunderer, geht; in Handschriften
und Drucken des 15. und 16. Jahrhunderts überliefert, könnte er ebensogut noch im
13. wie im 14. oder erst im 15. Jahrhundert entstanden sein. Schließlich ist noch das
Bruchstück (knapp 500 Reimpaarverse) eines Gedichts von ‚Dietrich und Wenezlan'
zu nennen, das vor der Mitte des 13. Jahrhunderts verfaßt wurde. Typische Erzähl-
momente der historischen mit solchen der aventiurehaften Dietrichepik kombinierend,
berichtet es von einem Kampf Dietrichs gegen den Polenfürsten Wenezlan.

Dietrichs Abenteuer spielen überwiegend im Waldgebirge Südtirols, und
es ist möglich, daß die Texte — in erster Linie der ‚Laurin' und das

‚Eckenlied' – z.T. an Volkserzählgut anknüpfen, das dort beheimatet ist. Wichtiger als solche Beziehungen, deren Nachweis problematisch bleibt, ist für das literarhistorische Verständnis die Tatsache, daß die Texte sehr weitgehend mit Hilfe typischer Erzählschablonen zusammengesetzt sind. Das gilt für einzelne Motive ebenso wie für die Fabeln, die sich im Grundriß auf zwei elementare Schemata zurückführen lassen: Herausforderungs-schema (Dietrich wird herausgefordert, sich mit einem gefährlichen Gegner zu messen, oder fordert seinerseits einen solchen heraus) und Befreiungs-schema (Dietrich befreit ein Mädchen aus der Gewalt eines Unholds). In der Typik ihrer Erzählschablonen berührt sich die aventiurehafte Dietrichepik eng mit dem Artusroman. Wie es zu solcher Verwandtschaft gekommen ist, läßt sich schwer sagen. Am ehesten wird man sich vorzustellen haben, daß in der Tradition des Dietrichstoffs Erzählelemente vorhanden waren, die denen der Artusepik entsprachen und dann unter deren Einfluß literarisch geworden sind. In jedem Fall mußte die Verwandtschaft zu einem Konkur-renzverhältnis der Gattungen im System der höfischen Literatur führen. Dabei hatten sich die Verfasser der Dietrichepen vor allem mit der Aventiure- und Minnemotivik der Romantradition auseinanderzusetzen. Einige haben diese Motivik zwar aufgegriffen, aber die in den Romanen mit ihr ver-bundene Ideologie kritisiert: durch Demonstration der mörderischen Sinnlosigkeit der „reinen" Aventiure, die sichtbar wird, wenn man diese aus dem Sinnzusammenhang der von Chrestien de Troyes geschaffenen Romanstruktur herauslöst, die mit dem heroischen Stoff nicht ohne weiteres zu reproduzieren war. Andere haben sich hingegen bemüht, die Geschichten der Romanideologie anzupassen: durch Legitimation der Aventiure als soziale Tat. Man kann sagen, daß die aventiurehafte Dietrichepik damit zum Medium einer Diskussion über den höfischen Roman und die von ihm getragene Ideologie geworden ist.

Diese Diskussion fand auch innerhalb der Überlieferung der einzelnen Texte statt, für die charakteristisch ist, daß sie sich jeweils in verschiedene Fassungen aufspaltete. So hebt z.B. eine Fassung des ,Eckenlieds' in der Konfrontation des von Seburg ausgesandten kampfgierigen Ecke mit dem maßvoll-besonnenen Dietrich auf Kritik am höfischen Frauendienst ab, während eine andere Dietrich als Befreier Seburgs (und zweier weiterer Königinnen) von der Zwangsherrschaft Eckes (und seines Bruders Fasold) hinstellt.

Wie beliebt die aventiurehafte Dietrichepik war, kann man an der reichen Überlieferung in Handschriften und Drucken ablesen, die in Ausläufern tief ins 17. (!) Jahrhundert hineinreicht. Ihre Ausstrahlung in unserem Zeitraum bezeugt auch der Roman von ,Biterolf und Dietleib', den ein unbekannter Dichter wohl um die Mitte oder in der zweiten Hälfte des Jahrhunderts verfaßt hat, vielleicht in der Steiermark. Er erzählt die Jugendgeschichte Dietleibs: Suche nach dem verschollenen Vater Biterolf, König von Toledo, den er am Etzelhof findet; Rachezug mit den Etzelhelden gegen die Burgunden in Worms, die ihn auf seinem Suchritt angegriffen hatten; Beschenkung mit der Steiermark durch Etzel. Die in Reimpaarversen abgefaßte und nach dem Muster des höfischen Romans stilisierte Geschichte präsentiert sich als kunstfertig arrangiertes Inventar bekannter Motive, Gestalten und Fabeln der mhd. Heldendichtung, wobei für den Burgundenzug sichtlich der ,Rosengarten' Pate gestanden hat. Mit dieser Collage bediente der Dichter auf dem Feld der Heldenepik offenbar das gleiche Unterhaltungsinteresse eines literarisch versierten Publikums wie Heinrich von dem Türlin auf dem Feld der Artusepik.

Eingeflochten ist in den ,Biterolf' auch die berühmte Geschichte vom starken Walther und der schönen Hildegund, die im 9. oder 10. Jahrhundert schon einmal zu Pergament gekommen war in einem der eigenartigsten Werke der mittelalterlichen Literatur: dem lateinischen ,Waltharius' (vgl. Bd. I/1). Man nimmt an, daß der ,Biterolf'-Dichter für die entsprechenden Passagen ein mhd. ,Walther und Hildegund'-Epos benutzt hat, von dem ein paar Bruchstücke erhalten sind. Es könnte zu Beginn unseres Zeitraums entstanden sein.

Die Neigung zu zyklischer Verknüpfung der heldenepischen Stoffe, die sich im ,Biterolf' auslebte, ist auch sonst wirksam geworden. So hat der Verfasser von ,Dietrichs Flucht' in die Reihe der Ahnen des Helden, die er einleitend vorstellt, auch Ortnit und Wolfdietrich aufgenommen, von denen zu seiner Zeit sehr populäre Dichtungen im Umlauf waren.

Der ,Ortnit' ist vielleicht um 1230 entstanden. Eine ältere Grundlage des Stoffes läßt sich nicht ausmachen, doch hat der unbekannte Verfasser Anregungen aus niederdeutscher Erzähltradition aufgenommen, die ihrerseits der altrussischen Heldenepik verpflichtet war. Die Fabel ist zweiteilig. Im ersten Teil wird berichtet, wie König Ortnit von Lamparten (das ist die Lombardei) in einer kriegerisch-blutigen Orientfahrt mit Hilfe des Zwergenkönigs Alberich (der ihn einst heimlich gezeugt hatte) und seines Onkels Ilias von Riuzen die Tochter des Heidenkönigs Machorel gegen dessen Willen zur Frau gewinnt. Der zweite Teil handelt von Machorels Rache: der Heidenkönig sendet dem verhaßten Schwiegersohn zwei Eier, aus denen Drachen schlüpfen, die das Land verwüsten; beim Versuch, sie unschädlich zu machen, wird Ortnit von einem von ihnen verschlungen (und zwar unter seltsam unheroischen Umständen: Ortnit fällt vor der Höhle des Drachen in festen Schlaf, weshalb das Untier leichtes Spiel mit ihm hat). Das Brautwerbungsschema der Spielmannsepik ist hier verbunden mit aventiurehafter Märchenmotivik (Zwerg Alberich, die Drachen) und brutaler Heidenschlächterei im widerwärtigen Stil der primitiven Kreuzzugsdichtung: eine erfolgsträchtige Mixtur, die ihre Wirkung umso weniger verfehlen konnte, als die Geschichte spannend erzählt und treffsicher mit komischen und sentimentalen Schlaglichtern aufgeputzt ist.

Wenn wir recht sehen, ist der ,Ortnit' als Vorgeschichte zum ,Wolfdietrich' konzipiert worden, dessen Form (Hildebrandston) er teilt und

mit dem er in der Überlieferung regelmäßig zusammengeht. Nach dem
,Wolfdietrich A', der vermutlich ältesten von mehreren erhaltenen Versionen
des Stoffes, die vielleicht gleichzeitig mit dem ,Ortnit' (vom selben Dichter?)
verfaßt wurde, stellt sich der Zusammenhang der Fabeln so dar: Wolf-
dietrich ist ein Sohn des Königs Hugdietrich von Konstantinopel; in
Abwesenheit des Vaters geboren, wird er von dessen ungetreuem Ratgeber
Sabene als Teufelssproß verleumdet, aber von dem treuen Vasallen
Berchtung, der ihn töten soll, gerettet und rehabilitiert; nach des Vaters
Tod vertreiben ihn aufgrund erneuter Verleumdung durch Sabene seine
Brüder; Berchtung und dessen sechzehn Söhne, von denen sechs im Kampf
gegen die Vertreiber fallen, stehen ihm bei; die Bedrängten verschanzen sich
in Berchtungs Burg; nach vierjähriger Belagerung macht sich Wolfdietrich
auf, um Hilfe bei König Ortnit in Lamparten zu holen; er trifft aber erst
nach Ortnits Tod dort ein, erlegt die Drachen, heiratet Ortnits Witwe und
kehrt als siegreicher Rächer in sein Land zurück. Es ist anzunehmen,
daß der Stoff in merowingisch-fränkischer Geschichte wurzelt und in
Jahrhunderten mündlicher Tradierung ausgeformt wurde, ehe er im 13.
Jahrhundert das Licht der literarischen Welt erblickte. In der vorliegenden
Überlieferung lassen sich neben dieser Version A drei weitere Versionen
unterscheiden: die Versionen B und C, die ebenfalls aus dem 13. Jahrhundert
stammen, und die Version D, die vielleicht erst im 14. Jahrhundert entstanden ist. Es ist aufschlußreich, im Vergleich der ältesten und der jüngsten
Version zu sehen, wie die heroische Grundfabel mit Motiven angereichert
und überformt wurde, die sie dem herrschenden Publikumsgeschmack
anpaßten, der auf grobe Frömmigkeit mit Legendenwundern und Heidenkämpfen und auf phantastische Aventiuren erpicht war (dabei darf allerdings
nicht verschwiegen werden, daß die herrschende Ansicht von der Versionen-
bildung nicht über jeden Zweifel erhaben ist: der ,Wolfdietrich A' ist
jedenfalls nur als Fragment und ausgerechnet in der jüngsten Handschrift
überliefert, im Ambraser Heldenbuch vom Beginn des 16. Jahrhunderts).
Im Ansatz hat bereits der ,Wolfdietrich A' das Flair von Aventiure und
Legende: unter Gottes wunderbarem Schutz bleibt das von Berchtung in
der Wildnis ausgesetzte Kind von einem Rudel Wölfe verschont, in das es
geraten ist (daher sein Name: Wolf-Dietrich), und den Helden schützt in
allen Fährnissen sein Taufhemd, das ihm niemals zu klein geworden ist;
in die Welt der Aventiure führt seine Fahrt nach Lamparten, auf der er
einem Meerweib begegnet. Im ,Wolfdietrich D' beherrschen diese Züge den
Text: er bietet ganze Serien von Heidenkämpfen und Heidenbekehrungen,
und die Lamparten-Fahrt gerät zu einem monströsen Knäuel ebenso bizarrer
wie alberner Aventiuren nach Art des späten Artusromans und der aventiurehaften Dietrichepik (mit der der ,Ortnit'/,Wolfdietrich'-Komplex in der
Überlieferung häufig verbunden ist).

Überblickt man die bisher vorgestellten Texte von ‚Dietrichs Flucht' bis zum ‚Wolfdietrich D' im Zusammenhang und nimmt man dazu noch das ‚Nibelungenlied', dann zeigt sich ein buntscheckiges Bild. Was gemeinhin unter dem Etikett „mhd. Heldenepik" zusammengefaßt wird, ist derart heterogen, daß man gut versteht, wenn in der Forschung hier und da Zweifel an der literarhistorischen Weisheit solcher Gruppenbildung laut geworden sind. Doch führen die Überlegungen und Forderungen, dem alten Gattungsbegriff abzuschwören und die Texte auf andere Gruppen zu verteilen, in die Irre. Von anderem abgesehen, spricht dagegen, daß diese Texte stofflich zusammenhängen: zyklisch verknüpft durch Personen und Ereignisse, bildeten die Stoffe in der Vorstellung der Dichter und des Publikums eine geschlossene epische Welt, von der der jeweilige Text einen Ausschnitt bot − genau so, wie wir es im Bereich der Artusepik beobachten konnten. Dieses zeitgenössische Gattungsbewußtsein rechtfertigt nicht nur die herkömmliche Gruppenbildung, es verbietet geradezu, auf sie zu verzichten. Und nur aus diesem Zusammenhang heraus kann schließlich der letzte hier noch zu behandelnde Text beurteilt werden, der früher als ein Haupt- und Staats-Monument der mhd. Heldenepik galt.

Die ‚Kudrun', die mit 1705 Strophen schon äußerlich imponiert, erzählt eine abenteuerliche Familiengeschichte über drei Generationen − I. (Hagen-Teil): Hagen, Sohn des Königs von Irland, wird als Siebenjähriger von einem Greifen in eine Einöde entführt, trifft dort auf drei ebenfalls verschleppte Prinzessinnen, kann sich mit ihnen glücklich in die Heimat durchschlagen und heiratet später eine von ihnen; II. (Hilde-Teil): ihre Tochter ist Hilde; sie läßt sich von den Brautwerbern Hetels, des Königs von Dänemark entführen; Hagen verfolgt die Entführer, es kommt zur Schlacht, doch kann Hilde die Parteien versöhnen; sie wird Hetels Frau; III. (Kudrun-Teil): ihre Tochter ist Kudrun; die Könige Sivrid, Hartmut und Herwig werben um sie; sie werden abgewiesen, doch kann Herwig dem Hetel mit Waffengewalt die Zustimmung zur Heirat abringen; gemeinsam verteidigen sie Herwigs Land, in das der enttäuschte Sivrid eingefallen ist; unterdessen gelingt es Hartmut, die in der väterlichen Burg zurückgebliebene Kudrun zu entführen; Hetel, Herwig und der nun mit ihnen verbündete Sivrid setzen den Entführern nach, die nach einer großen Schlacht auf dem Wülpensande, in der Hetel fällt, mit ihrer Beute entkommen können; Kudrun aber weigert sich, Hartmuts Frau zu werden, und erträgt standhaft die schlimmsten Erniedrigungen, mit denen sie Hartmuts Mutter Gerlind zum Nachgeben zwingen will; vierzehn Jahre harrt sie aus, bis sie von einem Heer unter der Führung Herwigs, Sivrids und ihres Bruders Ortwin befreit wird; nach hartem Kampf, in dem Hartmuts Eltern getötet werden, versöhnen sich die Feinde, Herwig heiratet Kudrun, Ortwin Hartmuts Schwester Ortrun, Hartmut Kudruns Gefährtin Hildeburg und Sivrid Herwigs Schwester.

Das Werk ist wohl irgendwann in unserem Zeitraum entstanden, und zwar im bayrisch-österreichischen Sprachgebiet. Es kann als sicher gelten, daß ihm zumindest im Hilde-Teil ein alter Stoff zugrundeliegt, doch haben jahrzehntelange Bemühungen der Forschung nur gezeigt, daß es hoffnungslos ist, dessen Entwicklung im einzelnen rekonstruieren zu wollen. Wir begnügen uns mit dem Hinweis, daß die verwehten Spuren einer Hilde-Tradition ins 4. oder gar 3. Jahrhundert und in den ostseegermanischen Raum führen. Das bedeutet, daß die ‚Kudrun‘ mit die älteste heroische Überlieferung der Germanen repräsentiert und zugleich den Ausnahmefall einer Stoffwanderung von Norden nach Süden (die Nibelungen- und die Ermenrich/Dietrich-Überlieferung sind aus dem gotischen bzw. merowingisch-fränkischen Süden in den skandinavischen Norden gewandert).

Der unbekannte Dichter hat unter dem Eindruck des ‚Nibelungenlieds‘ gearbeitet. Er hat die Form der vierzeiligen Strophe, die er verwendet, aus der des ‚Nibelungenlieds‘ entwickelt, und er bewegt sich in Sprache, Stil, Motivik ganz in dessen Bahnen bis hin zu direktem Zitat und detailgenauer Kopie. Der Geist seiner Erzählung ist indessen ein anderer: das Leid, das der Mensch dem Menschen antut, führt hier nicht zur Katastrophe der Rache, sondern wird durch Versöhnung beendet. Man hat daraus geschlossen, der Dichter habe als Vertreter einer fortschrittlichen Humanität bewußt ein „Anti-‚Nibelungenlied‘ “ verfaßt, in dem er der großen Rächerin Kriemhild programmatisch die große Dulderin und Friedensstifterin Kudrun entgegensetzte. Im Text ist allerdings an keiner Stelle ausdrücklich auf solche Anti-Typik abgehoben, und die im ganzen brüchige und flächige Behandlung des Geschehens und der Figuren mahnt zur Skepsis gegenüber diesem Deutungsansatz, der in der Forschung erstaunlich viel Anklang gefunden hat. Das vielbeschworene ‚Kudrun‘-„Ethos“ der Versöhnlichkeit ist zunächst einmal nicht mehr als die simple Konsequenz des textkonstituierenden Brautwerbungsschemas, zu dem traditionell ein glücklicher Ausgang gehört.

Damit soll der Dichter nicht kleiner gemacht werden, als er ist. Wir meinen nur, seine Leistung sei nicht in der problembewußten Durchformung des Stoffes zu suchen. Wir sehen sie vielmehr in der Kunst der Inszenierung einzelner Szenen und Szenenreihen. Zu erinnern ist da vor allem an die berühmte Sequenz, die Kudrun und Hildeburg als Wäscherinnen am Meeresstrand zeigt, besonders Str. 1204ff.: wie die Mädchen, vor Kälte zitternd, die Prachtgewänder der bösen Gerlind waschen, barfuß im Schnee, die dünnen Hemden auf dem bloßen Leib durchnäßt, das Haar fliegend im eisigen Wind; wie Ortwin und Herwig in einem Boot durch das Treibeis heranrudern und die Mädchen vor Scham fliehen wollen; wie sich Bruder und Schwester, Bräutigam und Braut erkennen und umarmen; wie Kudrun in königlichem Stolz die Wäsche ins Meer schleudert.

Es spricht einiges dafür, daß dem Dichter (u.a.) vorgeschwebt hat, ein Seitenstück zu den Minne- und Aventiure-Romanen von der Art des ‚Willehalm von Orlens‘ zu schaffen: die Modellierung des Geschehens nach den Standards der höfischen Minne, das Schema von Trennung und Wiedervereinigung des Paars, vielleicht auch die nordwestliche Geographie.

Mit der „spielmännischen" Handhabung des Brautwerbungsschemas und mit dem vom ‚Nibelungenlied' geprägten heldenepisch klobigen Habitus trennen die ‚Kudrun' aber doch wieder Welten von diesen Romanen. Auf der anderen Seite scheint der aparte, aus anderem Überlieferungsraum stammende Stoff keine Anbindung an jene epische Welt der herrschenden Heldendichtung erlaubt zu haben. So steht das Werk seltsam fremd und isoliert zwischen den Gattungen. Und es könnte sein, daß sich der Dichter auch beim Publikum zwischen die Stühle gesetzt hat. Nur das späte Ambraser Heldenbuch überliefert das Werk, und es gibt sonst nicht e i n e sichere Spur seiner Existenz.

Von den möglichen Zeugnissen seiner Wirkungsgeschichte seien nur die wichtigsten genannt: die jüdisch-deutsche Dichtung ‚Dukus Horant' und einige sehr späte Volksballaden des sog. „Südeli"- und „Meererin"-Typs. Der ‚Dukus Horant', in einer Cambridger Handschrift von 1382/83 überliefert und (ohne jede Sicherheit) in die Zeit um 1300 datiert, bietet eine Brautwerbungsgeschichte mit Motiven und Personal, die aus dem ‚König Rother' und eben der ‚Kudrun' bekannt sind. Die ‚Kudrun'-Parallelen können ebensogut aus dem uns vorliegenden Werk wie aus der dunklen Stofftradition stammen, in der es selbst steht. Das gleiche gilt grundsätzlich für das Motiv der erniedrigten Königstochter bzw. der schönen Wäscherin am Meer in den Balladen, doch ist bei diesen noch nicht einmal über jeden Zweifel erhaben, daß überhaupt ein Zusammenhang mit der ‚Kudrun'-Tradition besteht.

Als das Heer der Retter gelandet ist, erscheint Kudrun und Hildeburg am Strand ein Engel Gottes in Gestalt eines Seevogels und verkündet ihnen die bevorstehende Befreiung. Dieser Versuch, die Erzählung legendenhaft zu überhöhen, wirkt im Kontext ganz unmotiviert und betont so gerade den innerweltlichen Charakter des Werks (an dem auch die Kirchenfrömmigkeit nichts ändert, mit der der Dichter die Gestalten ausgestattet hat). Diese Innerweltlichkeit ist kennzeichnend für die deutsche Heldendichtung überhaupt: in ihr wirkt bis zum Ende der Überlieferung die germanische Herkunft der Stoffe nach. So ist es auch kein Zufall, wenn das Werk mit dem stärksten religiösen Einschlag, der ‚Wolfdietrich', auf einem Stoff beruht, dessen Entwicklung mit der f r a n z ö s i s c h e n Heldendichtung zusammenhängen muß: diese ist ihrerseits ja von essentiell religiösem Charakter. Von den deutschen Chanson de geste-Adaptionen kann − wie gesagt − Strickers ‚Karl' geradezu als ein Legenden-Epos im eigentlichen Sinn gelten. Er hätte mit vollem Recht einen Platz auch in der Textgruppe zu beanspruchen, von der nun die Rede sein soll.

Legendenepik

Wir fassen in dieser Textgruppe Legendendichtungen − Heiligenviten und biblische Legenden − zusammen, die zufolge des Reichtums der erzählten Materie bzw. der Breite der Darstellungsweise von „roman-" oder „epenhafter" Statur sind. Die Entscheidung, ob solche Statur gegeben ist, wird

im Einzelfall gewiß oft zweifelhaft sein. Daß eine Differenzierung zwischen
großepischen und kleinepischen Formen der Legendendichtung jedoch
grundsätzlich sinnvoll ist, leuchtet unmittelbar ein, wenn man z.B. Strickers
‚Karl‘ mit seinen 12206 und Konrads von Würzburg ‚Alexius‘ mit seinen
1413 Versen nebeneinanderstellt.

Im Kreis der Heiligenviten wäre von den Texten, die unter anderer
Rubrik bereits behandelt wurden, außer dem ‚Karl‘ zumindest noch Ulrichs
von Etzenbach ‚Wilhelm von Wenden‘ (8358 Verse) erneut zu nennen. Daß
sich die Rubriken da nicht so reinlich scheiden lassen, wie ein auf strenge
Klassifizierung bedachter Registrator wünschen möchte, ist die natürliche
Folge einer literarischen Entwicklung, in der sich weltliche − und das heißt
in erster Linie: höfische − und geistliche Momente zunehmend durchdringen.

Wie prekär die Anverwandlung der Sphären auch in künstlerischer
Hinsicht sein konnte, läßt sich am ‚Heiligen Georg‘ des Reinbot von Durne
(6134 Verse) studieren, der in den dreißiger oder vierziger Jahren entstanden
ist. Der Dichter hat sich Mühe gegeben, den viel verehrten Heiligen als
höfischen Ritter in einer höfischen Welt zu zeichnen, in der nach dem
Muster von Wolframs ‚Willehalm‘ auch die Heiden ihren geachteten Platz
haben. Gegen den Stoff der greulichen Märtyrerlegende aber war eine solche
Konzeption nicht durchzuhalten. Am Ende behauptet sich doch das alte
finstere Heidenbild, und der Held wird als blutiger Schlächter verklärt:
anders ist niht sîn gelust   wan slahen heiden, slahâ, slach! − „nichts
anderes hat er im Sinn, als Heiden zu erschlagen − schlag tot, schlag tot!"
(v. 470f.). Das Werk ist im Auftrag Herzog Ottos II. von Bayern (1231 −
1253) und seiner Gemahlin Agnes verfaßt. Im Prolog hat Reinbot Ottos
Mäzenatentum ausdrücklich zu dem des großen Hermann von Thüringen
in Beziehung gesetzt: wie dem Landgrafen Wolframs ‚Willehalm‘ so sei
dem Herzog das vorliegende Buch zu verdanken (v. 34ff.). Die Art der
Gönnernennung zeigt: mag immer fromme Devotion das fürstliche Paar
veranlaßt haben, den Auftrag zu erteilen, das Werk ist zugleich − nicht
weniger als nur je ein höfischer Roman − ein Dokument gesellschaftlicher
Repräsentation und damit auch politischer Prätention.

Eine entsprechende gesellschaftliche Dimension ist für die Legendendichtung Konrads von Würzburg anzunehmen (vgl. S. 39), von der man
den ‚Silvester‘ mit seinen 5222 Versen hierher stellen könnte (während der
‚Alexius‘, wie gesagt, unzweifelhaft kleinepisches Format hat und man
über die Zuordnung des ‚Pantaleon‘ mit seinen 2158 Versen streiten mag).
Gerade beim ‚Silvester‘, den ja ein hoher Geistlicher in Auftrag gegeben
hat, ist solches Stiftertum allerdings (für uns) nicht strikt zu trennen von
„amtlicher" Förderung, wie sie die Kirche von alters her der volkssprachigen Legendendichtung zukommen ließ.

Daß sie auch in unserem Zeitraum bemüht war, auf diesem Weg den
Glauben unter den Laien in der Welt wie im Raum ihrer eigenen Institutionen

zu verbreiten und zu vertiefen, scheint von den großen Legendenepen zunächst Rudolfs von Ems ‚Barlaam und Josaphat' (16164 Verse) zu bezeugen (vgl. S. 25), die zweite deutsche Bearbeitung des alten indischen Legendenstoffs nach dem ‚Laubacher Barlaam' (vgl. Bd. II/1). Sie gibt sich als Frucht einer ganz persönlichen Weltabkehr des Dichters (v. 150ff.), doch ist nicht zu entscheiden, inwieweit hier tatsächlich Persönliches im Spiel ist und inwieweit eine gattungstypische Autorrolle vorgezeigt wird. Jedenfalls ist deutlich, daß der Zisterzienserkonvent von Kappel ein lebhaftes Interesse an dem Werk hatte, das mit seinen exempelgespickten Disputationen eine Art erzählerisch aufbereitete Summe christlicher Glaubenslehre bietet und so den Mönchen geeignet schien, *daz ez vil lîhte maneges muot ze bezzerunge kêrte und bezzerunge lêrte* (v. 16072ff.) – nicht zu unrecht, wenn man der breiten Überlieferung trauen darf.

Ebenfalls in ein Zisterzienserkloster führt ein weiteres einschlägiges Werk, das zur gleichen Zeit, also um 1220/30, entstanden sein könnte. Es erzählt die Vita eines heiligen Kaiserpaars: Heinrichs II., des Stifters des Bistums Bamberg, und seiner Gemahlin Kunegunde. Ein gewisser Ebernand von Erfurt hat dies Buch von ‚Heinrich und Kunegunde' (4752 Verse) verfaßt auf Anregung des Zisterziensers Reimbot aus dem Kloster Georgenthal bei Erfurt, der als ehemaliger Küster des Bamberger Hofstifts maßgeblich bei der Kanonisation Kunegundes im Jahre 1200 mitgewirkt haben soll (v. 4032ff.).

Der frühchristliche Märtyrer Georg, der fabelhafte indische Prinz Josaphat und das Kaiserpaar aus nicht allzu ferner Vergangenheit (Heinrich war 1024, Kundegunde 1033 gestorben) belegen eindrucksvoll das breite Spektrum der Heiligen-Typen. Es präsentiert sich im Spiegel unserer Texte noch reicher durch die Einbeziehung von Personen aus der unmittelbaren Zeitgenossenschaft der neuen Frömmigkeit. Neben das Franziskus-Leben Lamprechts von Regensburg (5049 Verse, vgl. S. 66) stellt sich da das ‚Leben der Gräfin Iolande von Vianden' eines Dominikanerbruders Hermann (5963 Verse in der einzigen, unvollständigen Handschrift). Aus persönlicher Bekanntschaft mit der Gräfin, die als junges Mädchen ein glänzendes Weltleben verlassen hatte und in das Dominikanerinnenkloster Marienthal bei Luxemburg eingetreten war, hat er die Vita wohl kurz nach ihrem Tod im Jahre 1283 verfaßt, wahrscheinlich im Blick auf eine Kanonisation, zu der es aber nicht gekommen ist.

Gegenüber diesen Heiligenviten, deren Reihe sich ergänzen ließe, sind die biblischen Legenden auffallend gering an Zahl und auffallend schlank im Umfang.

An den Beginn unseres Zeitraums, in die zwanziger Jahre, wird wohl eine Darstellung der Leidensgeschichte, Höllenfahrt, Auferstehung und Himmelfahrt Christi gehören, die der Geistliche Konrad von Heimesfurt (Hainsfarth bei Oettingen, nordöstlich von Nördlingen) verfaßt hat, von dem Rudolf von Ems im Literaturkatalog des ,Alexander' rühmt, daß er *von Gote wol getihet hât* (v. 3190). Das Werk, ,Urstende' („Auferstehung") betitelt, bietet in 2162 Versen eine Adaption des apokryphen ,Evangelium Nicodemi', aus dem das Mittelalter seine Kenntnis des Prozesses gegen Christus und seines Abstiegs in die Unterwelt (des *descensus ad inferos*) bezog. Von Konrad besitzen wir auch eine Erzählung von der ,Himmelfahrt Mariae', die mit ihren 1130 Versen allerdings klar unterhalb des großepischen Maßes bleibt. Etwas breiter (1844 Verse) ist eine anonyme Dichtung über das gleiche Thema, die um die Jahrhundertmitte entstanden sein könnte: die ,Rheinfränkische Marien Himmelfahrt'.

Das scheint schon alles zu sein. Man möchte kaum glauben, daß unser Zeitraum nicht mehr an biblischer Legendenepik hervorgebracht haben soll, und fast noch verwunderlicher ist es, daß solche Werke (von z.T. gewaltigem Umfang) dann an der Wende vom 13. zum 14. Jahrhundert mit einemmal gehäuft auftreten. Gewiß sind die Datierungen nicht präzise, und manches davon − wie das ,Marienleben' Walthers von Rheinau oder Gundackers von Judenburg ,Christi Hort' − mag noch vom Ende unseres Zeitraums stammen. Im ganzen aber dürfte die Stunde der großen biblischen Legendenepik in der Tat erst mit dem 14. Jahrhundert geschlagen haben.

E i n e literarische Gattung freilich gab es, in der biblisches Geschehen schon in unserem Zeitraum wiederholt in deutschen Versen ausführlich erzählt wurde: die Geschichtsschreibung.

Chronistik

Jede Gegenwart bezieht ihre Identität aus der Vergangenheit: man ist, was man geworden ist. Mehr als sonst sucht man nach Orientierung in der Geschichte, wenn die Verhältnisse im Umbruch sind, und groß pflegt dann das Bedürfnis zu sein, alte wie neue Positionen aus dem Hergebrachten abzuleiten und zu legitimieren. So scheint es nur folgerichtig, wenn sich die volkssprachige Literatur der Laien damals auch der Geschichtsschreibung bemächtigt hat. Sie beschäftigt uns hier, soweit die Werke − was überwiegend der Fall ist − in Versen abgefaßt sind.

Es mag hier auch der Ort sein, an Ulrichs von Lichtenstein ,Frauendienst' zu erinnern, den man ja als Versuch verstehen kann, politisch-gesellschaftliche Lebenswirklichkeit einer führenden Gruppe der Laienwelt retrospektiv zu fixieren (vgl. S. 16ff.).

Der Lebensbezug des historischen Interesses tritt besonders deutlich zutage in Geschichtswerken, die speziell den Organisationsformen der neuen Staatlichkeit gewidmet sind. Zwei solcher Werke haben wir (S. 54f.) bereits kennengelernt: das ,Fürstenbuch' des Wiener Bürgers Jans und die Babenberger-Genealogie ,Der fursten geslehte'. Die genealogische Perspektive, in der die Geschichte des Landes als Familiengeschichte des Fürstenhauses erscheint, ist charakteristisch für die territoriale Geschichtsschreibung. Sie bestimmt, vom Chronisten in das Bild des Stammbaums gefaßt (v. 148ff.), auch die Disposition der zweiten bedeutenden Landeschronik unseres Zeitraums neben dem ‚Fürstenbuch‘: der ‚Braunschweigischen Reimchronik‘, einer Geschichte des Welfenhauses, die im letzten Viertel des Jahrhunderts ein unbekannter Verfasser, vielleicht ein Kleriker des St. Blasius-Stifts in Braunschweig, verfaßt hat. Im Zentrum der Darstellung steht Herzog Albrecht I. von Braunschweig (1252—1279), unter dessen Patronage das Werk vielleicht konzipiert wurde; gewidmet ist es seinen Söhnen. Das ‚Fürstenbuch‘ und die ‚Braunschweigische Reimchronik‘ eröffnen die (dann allerdings überwiegend prosaische) Tradition volkssprachiger Landeschronistik des späten Mittelalters. Auch sie hat sich bezeichnenderweise aus einer älteren (und neben ihr weiter gepflegten) lateinischen Tradition heraus entwickelt, wie nicht zuletzt die imposante Fülle der gelehrten lateinischen Quellen zeigt, deren Benutzung man dem Braunschweiger ebenso nachgewiesen hat wie Jans.

Selbstverständlich haben die Chronisten auch volkssprachige Quellen nicht verschmäht. So nennt der Braunschweiger u.a. eine *kronica von Gandersem* (vv. 405, 670f.). Das ist die niederdeutsche ‚Gandersheimer Reimchronik‘ eines Priesters Eberhard, den wir wohl mit einem gleichnamigen Kleriker identifizieren dürfen, der als Schreiber dreier Urkunden des Benediktinerinnen-Stifts Gandersheim (bei Hildesheim) aus den Jahren 1204, 1207 und 1216 bezeugt ist. Das Werk ist zwischen 1216 und 1218 entstanden und gehört so strenggenommen nicht in unseren Zeitraum. Wir behandeln es hier, weil es ein bezeichnendes Licht auf das Verhältnis von Laienwelt und volkssprachiger Historiographie wirft, das wir zu beschreiben haben. Eberhard verbindet einen Bericht über die Gründung des Stifts im 9. Jahrhundert mit einem ausführlichen Überblick über die Geschichte der Stifterfamilie der Liudolfinger (des späteren sächsischen Kaiserhauses). Solche Verbindung von Klostergeschichte und Stiftergenealogie kennzeichnet einen festen literarischen Typus, den der *Historiae fundationum monasteriorum* oder eben „Klostergründungsgeschichten“. Er ist in der lateinischen Historiographie in Deutschland schon seit dem 11. Jahrhundert belegt und hat eine wichtige Rolle in der Entwicklung der dynastischen Geschichtsschreibung gespielt, in deren Zusammenhang ja auch die erwähnten Landeschroniken gehören. In deutscher Sprache treten Klostergründungsgeschichten in größerer Zahl erst im 14. Jahrhundert auf, so daß die ‚Gandersheimer Reimchronik‘ typengeschichtlich isoliert dasteht. Gleichwohl ist sie ein Zeitdokument von symptomatischer Bedeutung. Eberhard hat sie für *ungelarde lüde* („ungelehrte Leute“, v. 83) geschrieben, und zwar — wenn wir den Text richtig verstehen — für diejenigen, die dem Stift *densthaft unde underdenich* („dienstpflichtig und untertan“, v. 82) waren. Ihnen sollte demonstriert werden, daß das Stift seine Privilegien rechtmäßig erworben hatte. Das war in diesen Jahren ein brisantes Thema, nachdem es Äbtissin Mechthild I. (1196—1223) im Streit mit dem Bischof von Hildesheim 1208 gelungen war, beim Heiligen Stuhl die Bestätigung der Exemption des Stifts zu erlangen, d.h. seiner Herausnahme aus der bischöflichen Jurisdiktion und der direkten Unterstellung unter den Papst. Die von Eberhard hochgerühmte Frau wird die Abfassung des Werks veranlaßt haben, das mit ungewöhnlicher Direktheit die

neue Mentalität der Laienwelt belegt: ihr Interesse und ihren Anspruch, Gegen-
wärtiges aus Vergangenem begründet zu sehen, „schwarz auf weiß", im nun auch
von ihr zur Beweissicherung geforderten Medium der Schriftlichkeit — und zwar
ihrer Schriftlichkeit: der volkssprachigen.

Jans' ‚Fürstenbuch' beginnt mit der Gründung Wiens, und auch im weiteren
wird, wie wir (S. 55) sahen, die Landesgeschichte aus der Sicht des Stadt-
bürgers dargestellt. Ebenso hat der Verfasser der ‚Braunschweigischen
Reimchronik' der Geschichte der Stadt Braunschweig in seiner Darstellung
Raum gegeben (wenn auch, selbstverständlich, mit anderer Akzentuierung).
Das verwundert nicht, wenn man sich daran erinnert, daß die Städte, neben
den Territorien und nicht zu trennen von ihnen, die Ausbildung der neuen
Staatlichkeit bestimmt haben (wobei landesfürstlichen Residenzstädten wie
Wien und Braunschweig noch eine besondere Bedeutung zukam). Ein bis
zwei Jahrzehnte vor dem ‚Fürstenbuch' und der ‚Braunschweigischen Reimchronik', im Jahre 1270, war schon das wohl erste Geschichtswerk in
deutscher Sprache entstanden, das ausschließlich einer Stadt gewidmet ist,
die erste Stadtchronik: ‚Dat boich („Buch") van der Stede Coelne'
oder ‚Die Reimchronik der Stadt Köln' des Gottfried Hagen, der vielleicht
identisch ist mit dem in zeitgenössischen Quellen gut bezeugten Stadt-
schreiber Gottfried (Godefrit) aus dem Patriziergeschlecht der Vetscholder.
Der Chronist gibt eine kursorische Übersicht über die Geschichte der Stadt
Köln bis in seine Gegenwart und schildert dann ausführlich die Kämpfe,
die in den fünfziger und sechziger Jahren des 13. Jahrhunderts zwischen
dem Erzbischof, verschiedenen Gruppen der führenden Bürgergeschlechter
und den Zünften um die Herrschaft in der Stadt geführt wurden. Er tut dies,
wie nicht anders zu erwarten, mit strikter Parteisicht, und zwar zugunsten
der Geschlechtergruppierung, die unter Führung der mächtigen Familie der
Overstolze stand (deren prächtiges Haus man noch heute besichtigen kann
— Abb. 4). Wie die ersten volkssprachigen Landeschroniken, so steht auch
diese erste volkssprachige Stadtchronik am Beginn einer spätmittelalterlichen
Tradition (die sich ebenfalls schon bald auch der Prosa zuwandte — vgl.
S. 172f.).

Man kann häufig lesen, die regionale Geschichtsschreibung der Landes- und
Stadtchroniken habe, der politischen Entwicklung entsprechend (Aufstieg
der Territorien und Städte, Niedergang des Reichs), die ältere universale
Geschichtsschreibung abgelöst. Das ist ein Irrtum. Die Universalchronistik
gehört vielmehr zu den lebendigsten Literaturtraditionen des späten Mittelalters, und auch sie ist in unserem Zeitraum begründet worden. Universalen
Anspruch konnte in gewissem Sinne freilich schon die alte ‚Kaiserchronik'
aus der Mitte des 12. Jahrhunderts geltend machen, die in unserem Zeitraum
eifrig tradiert wurde, in Abschriften wie in Reim- und Prosabearbeitungen
(vgl. S. 77). Die (volkssprachige) Tradition der eigentlich universalen

Geschichtsschreibung der Weltchroniken – jener wahnwitzigen Unternehmungen, deren Absicht es war, die Geschichte der ganzen Welt von Anbeginn an zu erzählen – hat aber wohl erst Rudolf von Ems eröffnet (vgl. S. 30f.). Nur wenig später wird der unbekannte Verfasser der sog. ‚Christherre-Chronik' mit der Arbeit begonnen haben, der *lantgrâve Heinrîch von Düringen* (v. 280f.) als Auftraggeber nennt (daher das Werk auch ‚Thüringische Reimchronik' genannt wird – der Titel ‚Christherre-Chronik' bezieht sich auf den Eingangsvers: *Crist herre keiser über alle kraft*). Wer dieser Landgraf gewesen ist, kann man nicht sagen; in Frage kommen Heinrich Raspe und – wahrscheinlicher – Heinrich III. von Meißen (der sich seit 1248 auch Landgraf von Thüringen nannte), kaum dessen gleichnamiger Enkel. Wie Rudolfs ‚Weltchronik' ist auch die ‚Christherre-Chronik' unvollendet geblieben: sie bricht ab im biblischen ‚Buch der Richter'. Das Verdienst, als erster eine solche Weltchronik zu Ende gebracht zu haben (wenn auch nicht auf besonders überzeugende Weise), kann dann Jans für sich beanspruchen (vgl. S. 54f.). Aus den drei Riesenwerken ist eine mächtige Weltchronik-Überlieferung geflossen, die sich mit einer unabsehbaren Masse von Handschriften durch das 14. und 15. Jahrhundert zieht. Das Textmaterial, das sie bereitstellten, wurde in dieser Überlieferung fortwährend neu zerlegt und in wechselnden Kombinationen ineinander montiert. Es bildete den Grundstock auch für die (S. 120) bereits erwähnte Weltchronik-Kompilation des Heinrich von München.

Hinter der Überlieferung, die mit den Namen Rudolfs von Ems, der ‚Christherre-Chronik', Jans' und Heinrichs von München verbunden ist, verbergen sich mithin mehr als nur vier Werke: jede der vielen „Mischredaktionen" stellt einen eigenständigen Gebrauchstext dar. Daß man das nicht berücksichtigt hat, ist einer der Gründe für die irrige Annahme, die Weltchronistik spiele im späten Mittelalter eine geringere Rolle als die Regionalchronistik.

Rudolf von Ems hat seine ‚Weltchronik' als politisches Manifest verfaßt, mit dessen Hilfe der Herrschaftsanspruch des Kaisertums im allgemeinen, des regierenden Kaiserhauses im besonderen historisch begründet werden sollte. Daraus darf man nicht den Schluß ziehen, Weltchronistik sei allemal imperiale Propaganda. Schon die ‚Christherre-Chronik' und Jans' ‚Weltchronik' zeigen, daß sie einem allgemeineren Interesse entsprach. Um dieses zu verstehen, muß man sich vergegenwärtigen, daß Geschichte nach mittelalterlicher Auffassung wesentlich Heilsgeschichte ist, Offenbarung Gottes in der Zeit, ausgespannt zwischen Schöpfung und Weltende. Gewiß kommt der Geschichte der Reiche und des Kaisertums in diesem Rahmen eine herausragende Bedeutung zu, aber auch alle Regionalgeschichte bezieht ihren Sinn aus dem Bezug aufs Ganze des heilsgeschichtlichen Prozesses, den daher auch die Landes- und Stadtchroniken immer wieder sichtbar machen. Gottfried Hagen z.B. beginnt seine Chronik mit der Bekehrung des römisch-heidnischen Agrippina und kennzeichnet damit die Geschichte seiner Stadt

als Teil der Heilsgeschichte: *hillich Coelne* (v. 142), das „heilige Köln",
wird sie mit Pathos genannt. Die Weltchronistik versichert die Menschen
so des umfassenden Bedeutungszusammenhangs allen Geschehens, in das
sie verstrickt sind, gibt ihnen Orientierung, indem sie ihnen zeigt, wo sie
hergekommen sind, wo sie stehen und – im Ausblick auf das Ende der
Geschichte (vgl. S. 171) – wo es mit ihnen hingehen wird.

Die Auffassung der Geschichte als Heilsgeschichte läßt erkennen, daß und
wie die beiden Tendenzen in der Entwicklung der großepischen Literatur
unseres Zeitraums zusammenhängen: wer religiöse Verbindlichkeit suchte,
konnte sie auch und gerade in der Geschichte finden, und umgekehrt war
geschichtliche Verbindlichkeit letztlich religiös begründet. So kann man
sagen, daß in der Weltchronik als einer Art epischer „Über-Form" die
Versuche des Zeitalters zusammenschießen, im Erzählen den Sinn des Lebens
zu fassen.

Das gilt auf überraschend konkrete Weise. Die Darstellung des historischen Geschehens in den Weltchroniken hält sich weitgehend an die
Roman-Schemata von Minne und Aventiure. So hat, um nur ein Beispiel
zu nennen, Rudolf von Ems aus dem biblischen Bericht von Jakobs Dienst
um Rachel (Genesis 29,9ff.) eine Minnegeschichte im höfischen Stil gemacht
(v. 6121ff.). Indem die Chronisten so verfahren, projizieren sie weder naiv
ihre Gegenwart in die Geschichte noch lösen sie diese in ein unverbindliches
Spiel der Fiktion auf. Sie bestätigen vielmehr die Verbindlichkeit der
höfischen Normvorstellungen, indem sie deren heilsgeschichtliche Dignität
demonstrieren.

Die Einsicht hat Folgen für die Beurteilung des Verhältnisses von Literatur und
Leben in dieser Zeit. Daß man diesen Normvorstellungen heilsgeschichtliche Relevanz
zuerkannte, zeigt, wie ernst es gemeint war und zu nehmen ist, wenn sie von der
Führungselite bzw. in ihrem Auftrag verwendet wurden, um die eigene Existenz
und das eigene Handeln repräsentativ – d.h. für die Gesellschaft – zu stilisieren:
in der Selbstdarstellung Ulrichs von Lichtenstein ebenso wie in der Präsentation der
fürstlichen Politik in den Landeschroniken (wenn z.B. die politisch äußerst heikle
und mit größter diplomatischer Raffinesse eingefädelte Verbindung zwischen dem
Sohn Heinrichs des Löwen und der Tochter des Pfalzgrafen Konrad in der ‚Braunschweigischen Reimchronik' ebenfalls als Minnegeschichte erzählt wird, v. 4229ff.).

Unter solchen Umständen ist es nur konsequent, daß man am Ende nicht
nur diese Normvorstellungen in die Chroniken aufgenommen hat, sondern
die Texte selbst, in denen sie entwickelt worden waren. In die ‚Weltchronik'
Heinrichs von München sind von den hier besprochenen Werken nicht nur
Konrads von Würzburg ‚Trojanerkrieg', der ‚Göttweiger Trojanerkrieg'
und Ulrichs von Etzenbach ‚Alexander' einkompiliert worden (vgl. S. 120),
sondern, neben Konrads von Heimesfurt ‚Urstende', mindestens noch
Strickers ‚Karl', der ‚Willehalm'-Zyklus, die chronikartige Einleitung von
‚Dietrichs Flucht' und (mit einem Verspaar) die ‚Gute Frau'. Wenn wir

einleitend sagten, es werde ein Hauptthema dieses Abschnitts sein, den Weg der Werke zur neuen Leitform der Chronik vorzuführen, dann ist das für einige von ihnen also ganz wörtlich zu nehmen.

Kleinepische Formen

Während die großepische Produktion unseres Zeitraums wesentlich durch Fortbildung und Wiederaufnahme bereits vorhandener Traditionen geprägt war, kam es auf dem Feld der Erzählformen geringeren Umfangs zu gänzlich neuer Entwicklung, ja man kann sagen, daß sich dieses Feld jetzt erst der volkssprachigen Literatur eigentlich öffnete. Auf eine lange und wohletablierte Tradition konnte hier nur die geistliche Erzählung zurückblicken.

Geistliche Erzählungen

Wir müssen annehmen, daß ein Strom geistlicher Erzählungen aller Art – Heiligenlegenden, Wundergeschichten (Mirakel), Geschichten von Buße und Bekehrung reuiger Sünder, Jenseitsvisionen, Teufelsgeschichten u.a. – ungebrochen und ständig anschwellend von der frühmhd. Zeit ins Spätmittelalter geflossen ist, wo die Legendenüberlieferung dann, seit der Wende vom 13. und 14. Jahrhundert, von riesigen zyklischen Sammelwerken bestimmt wurde (,Buch der Märtyrer', ,Väterbuch', ,Passional').

Gerade für das 13. Jahrhundert tun wir uns allerdings nicht ganz leicht, diese Annahme zu belegen. Denn nicht wenige Texte, die man ihm gewöhnlich zuschlägt, sind erst in Handschriften des 14. und 15. Jahrhunderts überliefert und werden aufgrund von Indizien zurückdatiert, die kaum jemals zwingend sind. Beispiele wären etwa die Heiligenlegenden ,Alexius F' und ,Christophorus B' oder die Marienmirakel vom ,Jüdel' (eine Geschichte von einem Judenknaben, den Maria von der Verfolgung durch seine Glaubensgenossen rettet) und von ,Thomas von Kandelberg' (das ist Thomas [Beckett] von Canterbury, von dem erzählt wird, wie ihm Maria ein kostbares Meßgewand zukommen ließ). Gerade die Unsicherheit der Datierungskriterien nötigt aber auf der anderen Seite, damit zu rechnen, daß im Wust der jüngeren Überlieferung noch bedeutend mehr an Textgut aus dem 13. Jahrhundert steckt, als man bisher veranschlagt hat.

Gefestigt hat sich in unserem Zeitraum die Gepflogenheit, daß auch höfische Dichter religiöse Erzählungen verfaßten: der Stricker, Konrad von Würzburg (vgl. S. 39 und 130), Herrand von Wildonie (vgl. S. 49) und Heinrich von Freiberg (,Legende vom Heiligen Kreuz') sind mit solchen Stücken hervorgetreten. Auch ein „Freund" Rudolfs von Ems (,Alexander' v. 3259ff.) ist hier zu nennen, Wetzel von Bernau, der in Abkehr von „lügenhaften" Aventiurengeschichten, die er früher geschrieben hatte (v. 80ff.), die Legende der heiligen ,Margareta' in (1196) Verse brachte (was ihm, nach der mühsamen Reimerei zu urteilen, sehr sauer geworden sein muß). Dazu stellen sich entsprechende Gönnernachrichten: außer den Basler Herren, die bei Konrad von Würzburg Legenden bestellt haben, kennen wir als Empfänger religiöser Erzählungen die Herzogin Clementia von Zähringen (gestorben nach 1235) und einen „jungen König von Böhmen", wahrscheinlich Wenzel II. Für die Herzogin hat ein Anonymus eine Margarethenlegende angefertigt (‚Wallersteiner Margarethe'), für den König ein Mann, der sich Heinrich der Klausner nennt, ein Marienmirakel.

Als Kunstwerke sind die meisten dieser Texte unerheblich, auch solche, deren Verfasser klingende Namen tragen. Man darf das bei dieser Gattung auch nicht anders erwarten. Umso wunderbarer sind die Ausnahmen: Hartmanns ‚Armer Heinrich' im 12. Jahrhundert und in unserem Zeitraum die sog. ‚Vorauer Novelle', das Werk eines unbekannten (alemannischen?) Dichters, der noch vor der Jahrhundertmitte tätig gewesen sein muß. Nach lateinischer Vorlage erzählt er: wie zwei Novizen der strengen Klosterzucht entfliehen und sich der *nigromancye*, der schwarzen Magie, verschreiben; wie der eine sterbenskrank wird, seine Sünde einsieht, aber trotz heftiger Vorhaltungen des Freunds nicht wagt, auf Gottes verzeihende Gnade zu vertrauen; wie er mit dem Freund auf dessen Bitte vereinbart, ihm in der dreißigsten Nacht nach seinem Tode zu erscheinen und von seinem Schicksal im Jenseits zu berichten; wie er stirbt, der Freund aber zu einem Priester geht und beichtet ... Hier bricht, nach 649 Versen, der Text ab. Das Weitere ist aus der Vorlage zu ergänzen: der Tote erscheint tatsächlich und bewegt den Lebenden durch die Vorstellung der Höllenqualen, die er zu leiden hat, definitiv zur Reue und zur Rückkehr in das Kloster. Daß der zweite Teil des Werks in der Vorauer Handschrift fehlt, die es allein überliefert (und nach der es benannt ist), gehört zu den schlimmen Überlieferungsverlusten der mhd. Literatur. Denn die Sprach- und Darstellungskunst des Dichters, die vor allem an Gottfried von Straßburg geschult ist und auffällig an Konrad von Würzburg erinnert, entspricht durchaus den Standards der Blütezeit.

Das Aufkommen weltlicher Erzählungen

Es ist möglich, daß sich schon in der Blütezeit eine gewisse Tradition höfischer Novellistik entwickelte (wir kommen darauf zurück), doch kann es keinem Zweifel unterliegen, daß erst der Stricker der weltlichen Kleinepik zum Durchbruch verholfen hat (vgl. S. 14ff.).

Die inhaltliche bzw. thematische Spannweite dieser Kleinepik ist groß. Es gibt da, neben manchem anderen: höfische Erzählungen von Minne und Aventiure; schwankhafte Erzählungen, die von Streichen, Betrügereien und komischen Mißverständnissen, vor allem aber von erotischen Verwicklungen handeln (darunter wahre Perlen pornographischer Grotesk-Literatur); weiter Tugend- und Laster-Erzählungen, in denen es etwa um die Bewährung von Freundschaft oder um rechtes bzw. falsches Verhalten der Kinder gegenüber den Eltern geht; schließlich Fabeln, Erzählungen also, in denen Tiere, Pflanzen oder Dinge als handelnde Personen auftreten. In den Sammelhandschriften steht all dies gewöhnlich in bunter Reihe nebeneinander und neben geistlichen Erzählungen. Das mahnt zur Vorsicht bei der literarhistorischen Gruppenbildung: im Bewußtsein der Zeitgenossen gehörten die verschiedenartigsten Texte offenbar in einer Weise zusammen, wie wir es mit unserem Ordnungsdenken, das auf systematische Differenzierung bedacht ist, nicht leicht nachvollziehen können.

Das soll nicht heißen, daß es nicht möglich und sinnvoll sei, das Material aufzugliedern. Wenn man damit nicht bloß eine pragmatische Orientierungshilfe anstrebt, sondern zu literarhistorischer Erkenntnis vordringen will, muß man freilich sorgsam darauf bedacht sein, in der Gruppenbildung historisch tatsächlich wirksam gewesene Traditionszusammenhänge zu erfassen, wie sie z.B. im Fall von Legenden, Ehebruchschwänken oder Tierfabeln unzweifelhaft gegeben sind. Wir betonen das, weil sich in der Kleinepik-Forschung eine Systematik durchgesetzt hat, die in dieser Hinsicht höchst problematisch ist. Sie stammt von Hanns Fischer, der vorgeschlagen hat, diejenigen Reimpaarerzählungen mittleren Umfangs zusammenzufassen, ,,deren Gegenstand fiktive, diesseitig-profane und unter weltlichem Aspekt betrachtete, mit ausschließlich (oder vorwiegend) menschlichem Personal vorgestellte Vorgänge sind". Fischer wollte in diesen Texten die Repräsentanten eines morphologisch eigenständigen Typs sehen, den er ,,Märe" nannte (in Umdefinition des mhd. Begriffs *maere*, der ganz allgemein ,,Erzähltes", ,,Geschichte" bedeutet). Diese Konzeption, die (unbewußt) an der Novellistik von Boccaccios ,Decamerone' orientiert scheint, ist für die Erfassung mittelalterlicher Traditionszusammenhänge deshalb nicht brauchbar, weil sie heterogenstes Textmaterial − von der sentimentalen Liebesgeschichte bis zum Fäkalien-Schwank − vereint, ohne doch ein prägnantes und spezifisches Moment angeben zu können, das eine traditionsstiftende Einheit der Gruppe zu begründen vermöchte.

Was die Gesamtgruppe der kleineren Erzählungen, die geistlichen wie die weltlichen, über die ganze buntscheckige Vielfalt hinweg zusammenhält, ist im übrigen unschwer zu sehen. Es läßt sich im Grunde schon dem entnehmen, was wir (S. 15f.) über die ,,österreichische" Kleindichtung des Stricker berichtet haben. Sieht man von einigen Sonderfällen ab, dann kann man sagen, daß diese Texte in aller Regel darauf angelegt sind, die Menschen zu belehren und zu erziehen. Wir greifen einen beliebigen heraus, Strickers grausige Erzählung vom ,Begrabenen Ehemann' (Moelleken Nr. 27): ein Mann unterwirft sich völlig dem Willen seiner Frau, die ihm am Ende einredet, er sei tot, und ihn im Bunde mit ihrem Liebhaber, dem Pfaffen, bei lebendigem Leibe begraben läßt. Aus dem Schaden des Mannes in der Geschichte können − wie der Dichter am Ende mit warnendem Zeigefinger deutlich macht − andere Männer lernen, daß es übel ausgeht, wenn man *ein tumbez wip ze meister* über sich setzt (v. 247f.). Die Geschichte zeigt das Grundmuster: wir haben es mit exemplarischen Erzählungen zu tun, mit Beispielgeschichten oder − wie man mit dem mhd. Wort auch sagt − mit ,,Bispeln".

In der Forschung wird allerdings gerne mit einem eingeschränkten „Bispel"-Begriff gearbeitet. Man will den Terminus für Kleinstformen reservieren, bei denen die Lehre den wichtigeren Teil der dichterischen Aussage ausmache, oder für Erzählungen mit allegorischer Auslegung wie z.B. Strickers Parabel von den ‚Irdenen Gefäßen' (Moelleken Nr. 151): ein König, der mit eigener Hand irdene Gefäße herstellt, vergoldet davon, was beim Brennen heil bleibt, und wirft auf den Müll, was zerbricht – der König ist Gott; die Gefäße sind die Menschen; das Brennen sind die Prüfungen, die Gott schickt, um zu sehen, wen er zu sich nehmen und wen er verwerfen soll. Wir lehnen solche Umdefinierungen des zeitgenössischen Sprachgebrauchs ab, weil sie wichtige Zusammenhänge verdecken.

Manche Erzählungen sind skelettartig auf das Mindestmaß beschränkt, das für die Lehre erforderlich ist, andere sind episch mehr oder weniger breit ausstaffiert. Tendenziell lassen sich hier durchaus Typen unterscheiden – Typen der Inszenierung freilich, nicht der Funktion: denn auch die ausführlichen Erzählungen, bei denen die explizite Formulierung der Lehre mehr oder weniger kurz ausfällt, in Extremfällen sogar fehlt, sind meistens doch Bispel. Es läßt sich zeigen, daß gerade die erzählerischen Details didaktische Funktion haben, daß sie „tendenziös" zur Verdeutlichung der Lehre eingesetzt werden können. Damit soll nicht gesagt sein, daß es im Mittelalter keine unverbindlich unterhaltenden Erzählungen gegeben habe. Es gab sie, und niemand konnte einen Hörer oder Leser daran hindern, in einer exemplarisch gemeinten Erzählung nur sein Vergnügen zu suchen (wovor wiederholt gewarnt wird), wie umgekehrt gewiß manche Autoren mit Rücksicht auf die ablehnende Haltung rigoristischer Kreise gegenüber reiner Unterhaltung (vor allem im Bereich der Komik) ihre Erzählungen bloß äußerlich auf eine Lehre angelegt haben.

Die Praxis des exemplarischen Erzählens ist uralt und weitverbreitet; sie dürfte zu allen Zeiten und in allen Literaturen der Welt nachzuweisen sein. Für das christliche Mittelalter war sie als Instrument der Lehre durch die Autorität der Bibel (die Gleichnisreden Christi) sanktioniert. Die theoretische Untermauerung lieferte die antike Rhetorik, in der das Exemplum als Mittel der „persuasiven" – d.h. auf Überzeugung (und Überredung) zielenden – Argumentationsstrategie eine zentrale Rolle spielt. Wichtigster Anwendungsbereich war die Predigt. Nachdem schon die Kirchenväter die Notwendigkeit betont hatten, durch rhetorische Praktiken die Aufmerksamkeit der Zuhörer zu fesseln und ihnen das Verständnis der Lehre zu erleichtern, gewann das Exemplum in der Predigt mit einem grundlegenden Wandel der Predigtform seit dem 12. Jahrhundert eine immer größere Bedeutung (vgl. S. 173f.). Dabei beschränkten sich die Prediger durchaus nicht auf geistliche Stoffe, sie griffen vielmehr nach allem, was irgend publikumswirksam war, und scheuten sich auch nicht, komische oder etwas anrüchige Geschichten zu erzählen (aus denen sie dann selbstverständlich eine geistliche bzw. moralische Lehre zogen). Möglicherweise zeichnet sich hier ein Zusammenhang ab, der den einigermaßen rätselhaften, jedenfalls erstaunlichen Vorgang erklären könnte, daß mit dem Oeuvre des einen Stricker die Kleinepik in großer Breite schlagartig auf der Bildfläche erschienen ist. Die Entfaltung der neuen Predigtweise in Deutschland trifft, soweit wir sehen, zeitlich ziemlich genau mit dem Wirken des Dichters zusammen, und sie wurde wesentlich getragen von den neuen Orden, denen er ja offenbar verbunden war (vgl. S. 15). Zudem beschränkt sich die Gemeinsamkeit zwischen seiner Kleindichtung und der Predigt nicht auf das didaktisch-exemplarische Erzählen und dessen Stoffe und Themen. Wenn man das Oeuvre im ganzen in den Blick nimmt, d.h. neben den Bispeln auch die Reden (vgl. S. 144ff.), dann sieht man, daß die Übereinstimmungen auch spezielle Strukturmomente betreffen, etwa das der numerischen Disposition, wie wir sie (S. 71) bei Berthold von Regensburg bemerkt haben (z.B. Moelleken Nr. 9: ‚Die drei Waffen‘, Nr. 115: ‚Die sieben himmlischen Gaben‘, Nr. 121: ‚Die drei Gott verhaßten Dinge‘, Nr. 135: ‚Die sechs Versuchungen‘). So scheint die Annahme nicht ganz unwahrscheinlich zu sein, daß der Stricker seine Kleindichtung unter dem Eindruck der Predigt und des Predigtexempels entwickelt hat. Der paradox anmutende Umstand, daß sich das Aufkommen einer weltlichen Erzähltradition gerade einem geistlichen Impuls verdankt haben könnte, warnt erneut vor allzu rigoroser Scheidung der Textgruppen.

Für einen Bereich der weltlichen Erzählung fällt der Stricker indessen als Gründerheros aus: er hat, soviel wir wissen, keine höfische Minne- und Aventiure-Geschichte geschrieben. So ist anzunehmen, daß sich dieser Zweig der Tradition in anderem Zusammenhang ausgebildet hat. Der ‚Moriz von Craûn‘ (vgl. Bd. II/1) könnte darauf hindeuten, daß das bereits in der Blütezeit geschehen ist, und zwar unter französischem Einfluß (in Frankreich gab es schon in der zweiten Hälfte des 12. Jahrhunderts eine blühende höfische Novellistik, die für uns vor allem mit dem Namen der Marie de France verbunden ist, die mit ihren amoureusen Märchenerzählungen aus dem Stoffkreis der Matière de Bretagne, den „Lais", mit ihren Schwänken, den „Fabliaux", und mit ihren Fabeln nach Äsop zu den ganz Großen unter den mittelalterlichen Dichtern zählt). Leider gibt es anscheinend nur noch einen weiteren Text, den man für die Annahme einer mhd. Novellistik der Blütezeit ins Feld führen könnte, und auch seine Datierung ist − wie die des ‚Moriz von Craûn‘ − unsicher. Es handelt sich um den Schwank von ‚Aristoteles und Phyllis‘, der in Fragmenten einer Handschrift überliefert ist, die im zweiten Viertel des 13. Jahrhunderts geschrieben sein soll, und der in die Zeit um 1200 datiert wird. Er erzählt in höfischer Stilisierung die aus dem Orient stammende Geschichte vom Philosophen als Reittier, die im Mittelalter sehr beliebt gewesen ist und auch oft im Bild dargestellt wurde (Abb. 5): wie der weise Aristoteles bei den Eltern seines Schülers Alexander (des Großen) erreicht, daß diesem der Umgang mit seiner Geliebten Phyllis verboten wird; und wie die Schöne sich rächt, indem sie dem Alten selbst den Kopf verdreht und ihn in seiner Liebestorheit dazu bringt, mit einem Sattel auf dem Rücken auf allen vieren zu kriechen und sie auf sich reiten zu lassen. An diese mögliche Tradition „höfisch-galanter" Novellistik (Fischer) schlösse dann in unserem Zeitraum u.a. die (S. 107) bereits erwähnte ‚Mantel'-Erzählung an. Wir nennen als weiteres Beispiel die Erzählung von der ‚Heidin', deren erste von insgesamt vier Fassungen kurz nach der Jahrhundertmitte entstanden sein soll. Sie bietet die epische Ausfaltung mit Orientfahrt, Ritterkämpfen etc. eines Minne-Kasus, einer Streitfrage, die schon bei Andreas Capellanus abgehandelt wurde (vgl. Bd. II/1): wie hat der Liebhaber zu entscheiden, wenn ihm die obere oder die untere Körperhälfte der Angebeteten zur Wahl gestellt wird? Wie bei Andreas für richtig erkannt, entscheidet sich der Held der Erzählung für den oberen Teil der begehrten Heidenkönigin (der Titelheldin), allerdings nur, um vermittels der Gewalt über diesen oberen Teil auch in den Besitz des unteren zu gelangen.

Wie immer es um ihre Anfänge im einzelnen bestellt sein mag: spätestens in der zweiten Hälfte des 13. Jahrhunderts sehen wir die weltliche Kleinepik a l l e r Sparten in üppigster Blüte. Um Meisterwerke wie die Erzählungen Konrads von Würzburg und den einzigartigen ‚Helmbrecht' (vgl. S. 58ff.) gruppiert sich dabei eine Massenproduktion bescheideneren Niveaus.

Von den vier Erzählungen Konrads haben wir den ‚Heinrich von Kempten' bereits vorgestellt (S. 36f.). Der ‚Schwanritter' (vgl. S. 34f.) bietet eine novellistische Variante der weit verbreiteten Sage, die wir aus dem ‚Parzival' bzw. dem ‚Lohengrin' kennen. In ‚Der Welt Lohn' geht es allegorisch zu: der Dichter Wirnt von Grafenberg (!) erhält Besuch von Frau Welt; er ist glücklich, einer so schönen Herrin dienen zu dürfen, wendet sich aber mit Entsetzen von ihr ab und begibt sich schnurstracks auf den Kreuzzug, als er ihren Rücken sieht, der von Verwesung und ekelhaftem Gewürm grauenhaft zerstört ist. Konrad hat hier ein Mahnbild in Erzählung umgesetzt, das zu seiner Zeit sehr populär war. Eine solche Frau Welt kann man noch heute als Portalstatue am Wormser Dom bewundern, und von den Fassaden des Straßburger und des Basler Münsters herunter lockt und warnt als ihr männliches Pendant ein ebenso zwieschlächtiger Fürst der Welt, hochelegant, ein feines Lächeln auf den Lippen, den Rücken aber von Würmern zerfressen (Abb. 6 und 7). Schließlich das ‚Herzmaere'. Ein Musterstück preziösester Gottfried-Nachfolge, behandelt es den Welterzählstoff vom gegessenen Herzen: ein Ritter setzt seiner Frau das Herz ihres Geliebten zum Mahl vor, der aus Sehnsucht nach ihr im Heiligen Land gestorben war; als sie erfährt, was für eine Speise sie gegessen hat, gelobt sie, nie wieder eine andere zu sich zu nehmen und sinkt entseelt zusammen.

Diese Erzählungen haben offenbar innerhalb kürzester Zeit einen Spitzenplatz in der Gunst des Publikums erobert; wandernde Berufsrezitatoren trugen sie in Wirtshäusern, auf Jahrmärkten und an den Tafeln der Mächtigen vor; diese haben Auftrag gegeben, solche Stücke zu verfassen und sich – wie Herrand von Wildonie (vgl. S. 49) – auch selbst als Novellisten versucht.

Der Nachricht über den Auftraggeber des ‚Heinrich von Kempten' können wir zwei weitere Gönnerzeugnisse zur Seite stellen. Vielleicht um 1280 hat Wilhelm, der Sohn des Vogts von Weidenau in Schlesien, von einem Dietrich von der Glesse eine pikante Ehebruchsgeschichte reimen lassen (‚Der Borte‘), möglicherweise als galantes Präsent für eine Dame. Und etwa zur gleichen Zeit hat ein Dichter, der sich Der Freudenleere nennt, einen grotesken Schwank über eine Sauforgie Wiener Bürger verfaßt, ‚Der Wiener Meerfahrt‘, in dem er sich auf einen der einflußreichsten Männer der österreichisch-böhmischen Politik dieser Jahre als Gewährsmann beruft, den Burggrafen Hermann von Dewin, in dem wir gewiß auch den Auftraggeber sehen dürfen.

Im übrigen stehen wir hier vor ähnlichen Schwierigkeiten wie bei den geistlichen Erzählungen, wenn es gilt, die Breite der Tradition im einzelnen zu dokumentieren. Gerade die älteren Texte sind überwiegend anonym überliefert, und selbst wenn einmal ein Verfassername genannt ist, können wir gewöhnlich nicht viel mit ihm anfangen. Das gilt auch dann, wenn er in anderen Zeugnissen erscheint wie z.B. derjenige des Verfassers einer Geschichte von einem alten Mann, der seine Kinder überlistet, die ihn schlecht behandeln (‚Der Schlegel‘). Dieser Verfasser, der sich Rüdiger der Hinkhofer nennt, wird unbedenklich mit einem *Rvdger hĭnchovaer* identifiziert, der als Schreiber einer Regensburger Urkunde von ca. 1286 bezeugt ist. Die Identifizierung mag richtig sein, beweisen läßt sie sich nicht. Ihre Problematik wird ganz deutlich, wenn man etwa in Betracht zieht, daß im Mittelalter die Söhne sehr oft den gleichen Namen tragen wie die Väter: so könnte unser Verfasser auch ein jüngerer Nachkomme des genannten Schreibers sein (wenn er überhaupt etwas mit ihm zu tun hat). Auch die Überlieferung hilft kaum weiter. Sieht man von einer Wiener Sammelhandschrift vom Ende des 13. ahrhunderts ab, die überwiegend Stricker-Stücke bzw. Stücke des Stricker-Umkreises enthält (Codex 2705 der Österreichischen Nationalbibliothek), setzt sie im wesentlichen erst in der ersten Hälfte des 14. Jahrhunderts ein mit der Heidelberger Handschrift H und der eng mit ihr verwandten (ehemals) Kalocsaer Handschrift K. Sicher enthalten diese Handschriften in erheblichem Umfang Stücke aus unserem Zeitraum, aber die sprachlichen und stilistischen Kriterien, aufgrund derer man sie allenfalls isolieren könnte, sind viel unsicherer, als die Forschung es sich bis auf den heutigen Tag einzugestehen pflegt.

Vom Schwank zur Schwankreihe: ‚Der Pfaffe Amis‘

Alles Geschichtenerzählen neigt zur Kettenbildung, zur Verknüpfung der einzelnen Geschichten zu einem zusammenhängenden Ganzen. Die Weltliteratur ist reich an Beispielen: von den Erzählungen aus ‚Tausendundeiner Nacht‘ über Boccaccios ‚Decamerone‘ und Chaucers ‚Canterbury Tales‘ bis zu den Novellenzyklen des 19. und 20. Jahrhunderts. Eine Technik der Verkettung, die man besonders in der Schwankdichtung findet, besteht darin, ein und dieselbe Person zum Helden der verschiedenen Geschichten zu machen. Das ergibt ein Formgebilde, das je nach dem Grad der Organisation mehr als Erzählserie oder mehr als Episodenroman erscheint. Den Typus kennt noch heute jedes Kind aus den Geschichten von Till Eulenspiegel. Der ‚Eulenspiegel‘ ist der erfolgreichste Vertreter einer spätmittelalterlichen Tradition, die ein Werk des Stricker zum Stammvater hat: den ‚Pfaffen Amis‘.

Woher der Stricker das Form-Modell kannte, läßt sich nicht sagen. Am ehesten wird man an die lateinische Literatur denken, etwa an die Schwankreihe vom schlauen Bauern „Einochs" (‚Unibos') aus dem 10./11. Jahrhundert. Aus der volkssprachigen Literatur käme nur der ‚Reinhart Fuchs' in Frage (vgl. Bd. II/1).

In der ersten von insgesamt zwölf Episoden entgeht der Titelheld, ein reicher englischer Pfarrer, mit List den ungerechtfertigten Geldforderungen seines Bischofs. Die folgenden zeigen ihn, wie er auf Reisen durch die Welt Angehörige aller Stände — Fürsten und Ritter, Bauern, Mönche, Kaufleute — mit Erfolg betrügt, um sich Geld für seine gastfreie Haushaltung zu verschaffen. Die Schwankreihe wird eingerahmt von einem Prolog und einem Schlußbericht. Der Prolog verbindet eine Zeitklage mit dem Lob der alten Zeit, als das Betrügen noch nicht bekannt war: das habe der Pfaffe Amis in die Welt gebracht. Der Schlußbericht erzählt, wie sich der Pfaffe am Ende bekehrt und dem Betrug abschwört, in ein Zisterzienserkloster eintritt und als dessen Abt einen seligen Tod findet.

Die so verketteten Schwänke, deren Grundmotive überwiegend dem Reservoir der internationalen Erzählliteratur des Mittelalters entnommen sind, können in der gleichen Weise exemplarisch didaktisch verstanden werden wie die separaten Kleindichtungen. Sie stellen die intellektuellen und moralischen Defekte der Betrogenen bloß, vor allem Leichtgläubigkeit, aber etwa auch Heuchelei und Habgier. Die Unmoral des betrügerischen Helden selbst wird in ihnen kaum zum Problem — sie ist nur Instrument zur Aufdeckung der Schwächen anderer —, wohl aber in den Rahmenteilen. Nimmt man diese ernst, dann scheint sich das ganze zum rabenschwarzen Panorama einer durch und durch verderbten Welt zu formieren, in der das Handeln aller einem Teufelszirkel von Dummheit und Schlechtigkeit gleicht, dem nur durch aufrichtige Ergebung in Gottes Willen zu entrinnen ist. Das entspräche durchaus dem Weltbild, das die Kleindichtungen des Stricker beherrscht. Der Dichter hat solch einer planen Deutung aber den Boden entzogen, indem er den Pfaffen ausdrücklich ob dessen *milte* als vorbildlich preist (v. 2478ff.) — als spiele es keine Rolle, daß deren Voraussetzung eben Lug und Trug sind. Das Werk und sein Held bleiben so auf irritierende Weise ambivalent.

Formen der Rede

Die Betrachtung der Bispel-Erzählungen hat einmal mehr deutlich gemacht, wie groß das Interesse der sich entwickelnden Laiengesellschaft gewesen ist, Normvorstellungen in volkssprachigen Texten vermittelt zu sehen. Dieses Interesse tritt noch stärker hervor, wenn wir uns nun jenen (nicht-sanglichen) Reimgedichten zuwenden, in denen Sachverhalte räsonnierend dargelegt („beredet") werden: den „Reden", wie wir sie in freier Anlehnung an den mittelalterlichen Sprachgebrauch nennen (vgl. Bde. I/2 und II/1). Unter formalem Gesichtspunkt ließen sich Kurz- und Langformen verschiedenster Physiognomie unterscheiden. Aus Gründen der Ökonomie der Darstellung ziehen wir für unsere Gliederung indes eine lockere Ordnung des Materials nach Themengruppen vor.

Geistliche Lehre und Ermahnung

Die Tradition der volkssprachigen geistlichen Rede ist alt. Seit dem 11. Jahrhundert schon hat sich die Kirche in zunehmendem Maße bemüht, mit Hilfe solcher Texte Glaubens- und Morallehre zu verbreiten. Sie tat dies auch in unserem Zeitraum. Die Kontinuität der Tradition mögen exemplarisch zwei Werke belegen: eine Auslegung des Vaterunsers, die ein Heinrich von Kröllwitz, vielleicht ein Geistlicher am Hof des Grafen Gunzelin III. von Schwerin, in den Jahren 1252—1255 verfaßt hat in der Überzeugung, von Gott dazu bestimmt zu sein, den Laien bekanntzumachen, wovon die *wîsen in latîne* viel geschrieben haben, aber die Mühe scheuten, es auf Deutsch zu tun (v. 4649ff.); und eine Sündenlehre (‚Die sieben Todsünden‘) aus der Feder eines unbekannten Alemannen, gewiß ebenfalls eines Priesters, der, anscheinend noch vor der Jahrhundertmitte, schrieb *propter simplices et minus intelligentes*, „für die Einfachen und Einfältigen“, wie er selbst bemerkt. Die beiden Texte vermögen zugleich zu demonstrieren, wie unterschiedlich im Umfang diese Stücke sein können: Heinrichs Vaterunser-Auslegung umfaßt 4889 Verse, die Erläuterung der sieben Todsünden aber nur ganze 68 Verse (sie wird ergänzt durch ein längeres lateinisch-deutsches Sündenverzeichnis mit Erklärungen in deutscher Prosa und eine Warnung vor den *tagelichen sunden* in 8 deutschen Versen).

Neu — und bezeichnend im Hinblick auf die allgemeine Entwicklung der Gesellschaft wie der Literatur in unserem Zeitraum — ist die Entschiedenheit, mit der nun auch Laien als Verfasser auftreten. Zu nennen ist hier in erster Linie wiederum der Stricker. Ein paar Titel, beliebig herausgegriffen, charakterisieren diese Seite seines Werks: ‚Vom heiligen Geist‘ (Moelleken Nr. 11), ‚Die Messe‘ (Nr. 12), ‚Gott ist Vater, Herr und Bruder‘ (Nr. 82), ‚Mahnung zu rechtzeitiger Buße‘ (Nr. 102), ‚Die ewige Verdammnis‘ (Nr. 133).

Der Stricker stand, wie wir vermuten, in enger Beziehung zu den neuen Orden (vgl. S. 15). Auch aus diesen Orden selbst bzw. aus verwandten geistlichen Kreisen sind, neben der großen Prosa, einzelne Reimpaar-Reden hervorgegangen. Wir erinnern an Lamprechts von Regensburg ‚Tochter Syon‘ (vgl. S. 66f.), zu der sich am Ende des Jahrhunderts eine alemannische Versbearbeitung des gleichen Traktats, die sog. ‚Alemannische Tochter Sion‘, gesellt (seit dem 14. Jahrhundert kommen dann deutsche Prosafassungen in Umlauf). Und wir erwähnen vier lehrhaft-erbauliche Stücke, die, offenbar für ein Nonnenpublikum bestimmt, in der Handschrift des Traktats von der ‚Lilie‘ (vgl. S. 177f.) überliefert sind: ‚Die drei Blumen des Paradieses‘, ‚Der dreifache Schmuck der seligen Jungfrauen‘, ‚Das himmlische Gastmahl‘, ‚Warnung vor der Sünde‘.

In Thematik und Funktion den Reden des Stricker gleichgerichtet, in der
Form und im Ton aber von ganz eigener Art ist das Werk eines anderen
Berufsliteraten, der sich Freidank nannte. Er dürfte ein etwas älterer
Generationsgenosse des Stricker gewesen sein.

Das − im authentischen Bestand vielleicht um 4500 Verse umfassende − Werk ist
im wesentlichen wohl in den zwanziger Jahren entstanden: eine offenbar späte
Passage bezieht sich auf Ereignisse der Jahre 1228/29 (Akkon-Sprüche, s.u. S. 154),
und Rudolf von Ems scheint den Dichter im Literaturkatalog des ‚Alexander', in
den frühen dreißiger Jahren, bereits als Verstorbenen zu erwähnen (v. 3229ff.).
Zu Rudolfs Zeugnis paßt ein Eintrag in den Jahrbüchern des Zisterzienserstifts
Kaisheim bei Donauwörth, der zum Jahr 1233 den Tod eines *Fridancus magister*
meldet. Als *vagus*, d.h. als Fahrenden, kennzeichnet ihn am Ende des 13. Jahrhunderts der Colmarer Dominikanerchronist. Auf Zugehörigkeit zu dieser Berufs-
gruppe könnte auch der Name „Freidank" weisen, der vielleicht ein sprechender
Literatenname ist, wie wir sie von den Spruchdichtern kennen (vgl. S. 98): *Frî-
danc* als *Frî-gedanc* (so Rudolf von Ems) im Sinne von: „einer, der frei ist in seinen
Gedanken (bzw. sie freimütig äußert)".

Das Werk besteht aus einer Serie von meist epigrammatisch zugespitzten
Reimpaar-Sprüchen. Grundform ist der Zweizeiler nach dem Muster: *Diu
werlt gît uns allen   nâch honege bitter gallen* (30,25f.: „Die Welt gibt uns
allen erst Honig, dann bittere Galle"). Häufig finden sich auch Vierzeiler,
und es gibt mehrzeilige Gebilde, die sich zu regelrechten Miniatur-Abhand-
lungen (gelegentlich auch Bispel-Erzählungen) formieren können. Die Textzeugen überliefern die Sprüche in sehr unterschiedlicher Auswahl und
Anordnung. Ob dabei irgendwo eine bereits vom Dichter zusammengestellte
Sammlung greifbar wird, ist umstritten. Daß er an eine solche Sammlung
zumindest dachte, die sukzessive entstandenen Sprüche als Teile eines über-
greifenden Werkzusammenhangs verstand, zeigt eine Art Titel-Vierzeiler,
eine Selbstvorstellung des Werks, die durch die gesamte Überlieferung geht:
*Ich bin genant BESCHEIDENHEIT,   diu aller tugende krône treit.   mich
hât berihtet FRIDANC: ein teil von sinnen die sint kranc* − „Ich bin
genannt VERSTÄNDIGKEIT, die aller Tugenden Krone trägt. FREIDANK hat
mich gemacht mit schwachen Kräften". Der Titel zielt auf das Vermögen,
richtig zu urteilen und aus solchem Urteil die Konsequenz zu ziehen. Dem
Urteilenden liefert das Werk eine Summe kurzgefaßter Richtlinien, ein
Inventar von Grundnormen, die z.T. auch in der praktischen Anwendung
vorgeführt werden. Was er da an Erhabenem und Trivialem, an Plattem
und Tiefgründigem in pointierter Formulierung bietet, hat der gelehrte
Mann von überallher zusammengezogen, aus der Bibel vor allem, aber
auch aus antiken und mittelalterlichen Schriften und aus der mündlichen
Tradition volkstümlicher Spruchweisheit. Im Blick steht prinzipiell der
gesamte Bereich des menschlichen Lebens, und zwar durchgehend aus
geistlicher Perspektive. Und wie beim Stricker ist ein nicht geringer Teil
des Werks direkt der Glaubens- und Morallehre der Kirche gewidmet mit

Themen wie Gott (1,5ff. – z.B. 2,6f.: *Gote ist niht verborgen vor, er siht durch aller herzen tor*, „Vor Gott ist nichts verborgen, er sieht durch die Türen aller Herzen hindurch"), Messe (13,23ff. – z.B. 14,16ff.: *Der messe wort hânt solche kraft, daz alliu himelschiu hêrschaft gegen den worten nîgent, sô sie ze himele stîgent*, „Die Worte der Messe haben so große Kraft, daß sich alle himmlischen Heerscharen vor ihnen neigen, wenn sie zum Himmel steigen"), Sünde (33,4ff. – z.B. 35,6f.: *Riuwe ist aller sünden tôt, sus koment die sünder ûzer nôt*, „Reue ist aller Sünden Tod, so werden die Sünder gerettet"), Priesteramt (69,21ff. – z.B. 70,20f.: *Der dorfman ist niht wol beriht, kan der pfaffe des glouben niht* – „Der Dörfler wird schlecht unterwiesen, wenn der Pfarrer das Glaubensbekenntnis nicht kann"), Zehn Gebote (174,1ff. – z.B. 174,25f.: *Gotes gebot er brichet, der übel mit übele richtet*, „Gottes Gebot bricht, wer Böses mit Bösem vergilt"). In einer Fülle von Handschriften und Drucken bis weit ins 16. Jahrhundert hinein verbreitet, tausendfach zitiert, ins Lateinische übertragen, ständig erweitert (so daß der Autorname „Freidank" zur Gattungsbezeichnung wurde wie „Neidhart", vgl. S. 90), hat das Werk eine immense Wirkung entfaltet, ist eine der Hauptquellen geworden, aus denen die Laiengesellschaft in Deutschland die Grundlagen ihres zivilisatorischen Bewußtseins bezog.

Neben den Berufsdichtern haben sich auch Dilettanten der geistlichen Materie angenommen. Ein solcher könnte der Verfasser der ‚Warnung' gewesen sein, einer mit ungepflegter Wortgewalt vorgetragenen Schmährede auf die Welt, insbesondere die ritterliche Adelswelt, die auf Schritt und Tritt den intimen Kenner des höfischen Milieus verrät. Im bayrisch-österreichischen Raum wohl eher nach als vor der Jahrhundertmitte entstanden, ist das Werk als Torso von fast 4000 Versen zusammen mit den Gedichten des sog. Heinrich von Melk (vgl. Bd. I/2) und anderen geistlichen Texten in einer Handschrift vom Beginn des 14. Jahrhunderts überliefert. In der Verbindung von Zeitklage, Memento mori und Aufruhr zur Bekehrung gibt es sich als Ausdruck der schockartig erfahrenen Einsicht in die Hinfälligkeit der menschlichen Natur und die Heillosigkeit der menschlichen Lebensordnung. Man meint, hier jemanden reden zu hören, den die Bußpredigten eines Berthold von Regensburg getroffen und selbst zum Prediger gemacht haben.

Unter dem Eindruck, von der Welt betrogen zu sein, hat sich auch der Magdeburger Bürger Brun von Schönebeck der geistlichen Schriftstellerei zugewandt. Sein bedeutendstes (erhaltenes) Werk ist eine Auslegung des ‚Hohen Liedes' der Bibel in 12719 Versen. Er hat es im Winter 1276 abgeschlossen, nach einjähriger Arbeit, getrieben von der Furcht, der Tod könne ihn daran hindern, es zu Ende zu bringen.

Brun gehörte zur führenden Schicht des Bürgertums seiner Stadt wie Jans in Wien und die Auftraggeber Konrads von Würzburg in Basel. Die ‚Magdeburger Schöppenchronik' aus dem 14. Jahrhundert berichtet, daß er (offenbar in jüngeren Jahren) ein „Gral-Spiel" organisiert hat, eine Turnierveranstaltung im Stil der höfischen Romane, wie wir es bei Ulrich von Lichtenstein kennengelernt haben (vgl. S. 16ff.). Ein „deutsches Buch", in dem es − wohl von Brun − beschrieben wurde, ist leider nicht erhalten. Außer dem ‚Hohen Lied' besitzen wir von Brun nur noch ein paar geistliche Stücke geringeren Umfangs.

Die Auslegung des ‚Hohen Liedes', bei deren Abfassung er von dem Franziskaner Heinrich von Höxter theologisch beraten wurde, beruht im wesentlichen auf der ‚Expositio in Canticum Canticorum' des Honorius Augustodunensis aus dem 12. Jahrhundert. Vor die eigentliche Auslegung hat Brun eine Erzählung des Auszulegenden in rund tausend Versen gestellt: die aus den Gesängen des ‚Hohen Liedes' entwickelte Geschichte der Liebe Salomos zur Tochter des Pharaos. Die Auslegung entfaltet dann in einem Wust von gelehrten Darlegungen und Zitaten (auch lateinischen) mit umständlichen Exkursen und eingestreuten Bispel-Erzählungen ein Kompendium der christlichen Glaubenslehre − gemäß der Überzeugung des Honorius, daß im ‚Hohen Lied' der ganze Sinn der Heiligen Schrift beschlossen sei (*scientia totius scripturae canticis includitur*). Es ist oft angemerkt worden, daß Brun zur gleichen Zeit in der gleichen Stadt gewirkt hat wie die große Mechthild und daß er mit dem ‚Hohen Lied' eine Materie aufgegriffen hat, die auch im ‚Fließenden Licht der Gottheit' von zentraler Bedeutung ist. Mit einer Paraphrase der Lehre von den fünfzehn Graden (v. 12142ff.) hat er sich sogar in den innersten Bezirk mystischer Spekulation gewagt. Aber gerade diese Paraphrase zeigt, daß die Kluft, die Bruns Werk von dem der Begine trennt, nicht breiter sein könnte: höchster Inspiration dort steht tiefste Uninspiriertheit hier gegenüber, dem mächtigen Aufschwung des Geistes und der Sprache ein gewiß redlich bemühtes, aber im Grunde hilfloses Hantieren mit angelesenem Stoff. Der Fall ist aufschlußreich. Er zeigt, wie rasch die neuen Erfahrungen und Ideen populär geworden sind, und er führt massiv vor Augen, in welchem Maße Trivialisierung der Preis gewesen ist, mit dem solche Popularität erkauft wurde.

Gebet, Marienlob, Marienklage

A vê Marjâ deist ein gruoz,   der tete uns maneger sorgen buoz: „Ave Maria, das ist ein Gruß, der uns von vielen Sorgen erlöste" − so beginnt ein Freidank-Spruch von 36 (!) Versen (12,13ff.). Die dozierende Rede, die die Heilswirkung des englischen Grußes darlegt, geht nach zwölf Versen in Anrede an die Gottesmutter über und wird damit zum Gebet: *als lîp und sêle ein mensche ist,   alsô wart got und mensche Krist,   den du, maget, gebaere...* (v. 12,23ff. − „wie Leib und Seele sich zu e i n e m Menschen fügen, so wurde Christus Gott u n d Mensch, den Du, Jungfrau, geboren hast…"). Die folgenden Verse sind dann Fürbitten an Maria, die „die Menschen und alle Scharen des Himmels nicht genug preisen können" (v. 13,11f.). Das Beispiel macht deutlich, wie eng im Bereich der geistlichen Rede Lehre (und ebenso Ermahnung und Betrachtung) auf der einen, Gebet auf der anderen Seite zusammenhängen. Das gereimte Gebet ist indes nicht an Kontexte gebunden. Unser Zeitraum hat es auch als selbständige Form in großer Zahl hervorgebracht. Es entsprach offenbar einem Bedürfnis der Laien, ihrer Frömmigkeit in der − je nachdem − als besonders eindringlich oder festlich-repräsentativ empfundenen Gestalt der gebundenen Rede Ausdruck zu verleihen: bei der privaten Andacht, bei der stillen Lektüre während der Messe, bei öffentlichen Deklamationen zu den verschiedensten Gelegenheiten. So kann es nicht verwundern, daß solche Gebete zum Standardrepertoire der Berufsliteraten vom Schlage Freidanks gehörten: auch der Stricker hat sich ausführlich auf diesem Gebiet betätigt, und selbst beim ‚Seifried Helbling'-Autor fehlt das Genre nicht (Nr. XI und XII − vgl. S. 50).

Gebet ist Rede an Gott oder eine heilige Person; seine Absicht ist Bitte, Dank, Verehrung. Unter den so Angeredeten nimmt in unserem Zeitraum Maria einen besonderen Platz ein: ihr gelten die inbrünstigsten Gebete, sie zuerst wird als Helferin in der Not gesucht, sie wird am überschwenglichsten gerühmt. Zu diesem Marienkult gehören besondere Gebetsformen wie Mariengrüße und Marienlitaneien (beides beim Stricker vertreten: Moelleken Nr. 15 und 22), vor allem aber eine Prunkform der Rede, die aus der Haltung des Gebets spricht, dessen Rahmen aber sprengt: das vielversige Marienlob. Wir haben es (S. 37f.) in Konrads von Würzburg ‚Goldener Schmiede' kennengelernt. Ihr geht, vielleicht um 1230, ein mit über 5000 Versen mehr als doppelt so umfangreiches Werk voraus, dessen unbekannter Verfasser sich in der Kraft des künstlerischen Ausdrucksvermögens sehr wohl mit dem berühmten Dichter messen kann: das sog. ‚Rheinische Marienlob'.

Das Werk, das den Geist der neuen Frömmigkeit atmet, ist in ripuarischer Sprache für Nonnen eines Klosters im (weiteren) Kölner Raum verfaßt worden, von ihrem Seelsorger, der sie „reine Täubchen" (*reine düfchen*) nennt, die „der Taube" Maria nachfolgen wollen (v. 2405). Auf die Identifizierung dieses Geistlichen bzw. des Klosters, in dem er wirkte, hat die Forschung viel Fleiß und Scharfsinn verwandt, ohne überzeugendes Ergebnis bis heute.

In sechs großen thematischen Abschnitten (nach der Gliederung Bachs) − Mariensymbole (1), Bedeutung des Namens Mariae (2), ihre Freuden (3), ihre Erhabenheit über die neun Engelchöre (4), ihre himmlische Schönheit (5), ihre Glückseligkeit als Himmelskönigin (6) − wird Preis über Preis auf die Gottesmutter gehäuft mit einer Flut von Bildern, Gedanken, Beschwörungen des biblischen Geschehens, in einer hochrhetorisierten Sprache, die den Eindruck rauschhafter Hingerissenheit vermittelt.

Besonders wirkungsvoll ist der Einschub einer metrisch von den umgebenden Vierhebern abgesetzten Klage Marias unter dem Kreuz (v. 897ff.). In der (einzigen) Handschrift korrespondiert dieser Einschub mit der selbständigen ‚Älteren niederrheinischen Marienklage' aus dem frühen 13. Jahrhundert (vgl. Bd. II/1). Er bezeugt neben Stücken wie der ‚Lichtenthaler Marienklage', dem (irrtümlich und irreführend so genannten) ‚Bernhardstraktat', dem aus derselben Quelle wie dieser geflossenen Gedicht von ‚Unser vrouwen klage' und der Marienklage im ‚Benediktbeurer Passionsspiel' (vgl. S. 159) die wachsende Beliebtheit dieser zwischen Erzählung, Rede, Lyrik und Drama sich bewegenden Texte.

Sittenlehre

Neben den Reden mit geistlicher Lehre stehen solche mit weltlicher Lehre, die sich insbesondere mit dem Verhalten in der Gesellschaft befassen. Die Bereiche hängen zusammen und überschneiden sich teilweise: soweit sie auf die Lebenspraxis zielt, ist geistliche Lehre meistens auch Gesellschaftslehre, und umgekehrt ist Gesellschaftslehre in weitem Umfang geistlich fundiert.

So verbinden sich in den Spruchreihen, die Freidank verschiedenen Aspekten des menschlichen Lebens gewidmet hat, pragmatische Verhaltensregeln mit Wertungen, die ausgesprochen oder unausgesprochen der christlichen Morallehre verpflichtet sind − z.B.: *Swâ trunkene liute und tobende sint, swer die niht fürhtet, derst ein kint* (94,5f.: „Wer Betrunkene und Verrückte nicht fürchtet, der ist ein Kind") und *Trunkenheit ist selten frî, da ensî sünde, schande, schade bî* (94,7f.: „Trunkenheit führt gewöhnlich zu Sünde, Schande, Schaden"). Wie von der Trunkenheit handelt Freidank u.a. auch von Armut und Reichtum (40,9ff.), von Treue und Untreue (43, 24ff.), vom Spiel (48,13ff.), vom Dienen (49,1ff.), von Gewinn und Besitz (55,19ff.), vom Loben (60,23ff.), von Freigebigkeit und Geiz (86,10ff.), von der Freundschaft (95,14ff.), von der Liebe und von den Frauen (98,11ff.).

Kaum weniger bunt in der Thematik als die Freidank-Sprüche und formal mit ihnen verwandt ist der ‚Deutsche Cato'. Er geht zurück auf eine Sammlung von Lebensregeln in lateinischen Distichen (d.h. Doppelversen), die ein unbekannter Verfasser im 3. Jahrhundert zusammengestellt hat, die ‚Dicta Catonis' oder ‚Disticha Catonis', „Sprüche" oder „Distichen des Cato". Mit dem Namen Catos, der ihm schon früh (vielleicht von Anfang an) beigelegt wurde, ist dem Werk die moralische Autorität des großen römischen Politikers und Schriftstellers aus dem 2. Jahrhundert v. Chr. zugutegekommen. Es wurde das vielleicht am meisten gelesene Schulbuch des Mittelalters, man hat es vielfach kommentiert, umgeformt, erweitert und in fast alle europäischen Volkssprachen übertragen. Der Text, der im Mittelalter kursierte, bestand aus drei Teilen: einer Vorrede (*epistola*), einer Reihe von Lebensregeln in Prosa (*breves sententiae*, in karolingischer Zeit eingefügt) und den eigentlichen Distichen. Die älteste erhaltene deutsche Fassung ist um die Mitte des 13. Jahrhunderts im bayrisch-österreichischen Raum entstanden. Sie setzt den Text in Reimpaarverse um, wobei jedes Distichon in ein Doppelpaar aufgelöst wird, z.B.: *Rumores fuge, ne incipias novus auctor haberi, nam nulli tacuisse nocet, nocet esse locutum – Vleuch niuwe mere, wis nicht ein sagere. svigen schadet nicht einen tach; vil reden wol geschaden mach* (Nr. 12: ,,Meide den Klatsch, sei kein Schwätzer. Schweigen schadet niemals; vieles Reden kann sehr wohl schaden"). Diese Form ist vorbildlich geworden für die weitverzweigte, noch nicht annähernd überschaubare Tradition der deutschen ,Cato'-Fassungen, die vom 13. bis ins 19. (!) Jahrhundert reicht. Das Werk hat in der gleichen Weise zivilisationsbildend gewirkt wie die Freidank-Sprüche, die in der Überlieferung bisweilen mit ihm verquickt sind. Diese ist im übrigen zu einem guten Teil zweisprachig und dokumentiert so erneut, daß und wie die Laienkultur aus der lateinischen Klerikerkultur herausgewachsen ist.

Die *epistola* ordnet das Werk durch die Anrede *fili carissime*, ,,lieber Sohn", dem Typus der Vater-Sohn-Unterweisung zu, die wir aus dem ,Winsbecken' kennen (vgl. Bd. II/1). Diesen Typus vertreten in unserem Zeitraum auch ein Lehrgedicht, das ,Magezoge' (d.h. ,,Erzieher") genannt wird, und die Lehrrede des ,Tirol und Fridebrant'-Komplexes (vgl. S. 113). Beide Texte richten sich an junge Adlige, und beiden geben neben ethisch anspruchsvoller Tugendlehre auch praktische Vorschriften fürs ,,gute Benehmen", wie wir es heute nennen (,Magezoge' v. 385: man soll nicht laut lachen; ,Tirol und Fridebrant' Str. 44,4: man soll sich mit dem Essen nicht gierig in eine Ecke zurückziehen). Die sozialhistorische Bedeutung solcher Verhaltensnormierung haben wir im Zusammenhang mit der dem Tannhäuser zugeschriebenen ,Tischzucht' erläutert, an die hier zu erinnern ist. Wenn wir (S. 14) sagten, daß diese Formen gesellschaftlich geregelter Affektbeherrschung zuerst an den großen Höfen entwickelt wurden, so müssen wir nun ergänzen, daß in unserem Zeitraum offenbar auch schon ein Verbreitungsprozeß eingesetzt hat, in dessen Verlauf sich weitere Gruppen und Schichten der Gesellschaft, zuerst selbstverständlich der kleinere Adel auf dem Land und in der Stadt, nach und nach die entsprechenden Standards aneigneten. Es ist damit zu rechnen, daß dieser Prozeß nicht unwesentlich von wandernden Berufsliteraten vorangebracht wurde, die vielleicht auch hier und da als Erzieher gewirkt haben. Man hat das für den (S. 49) bereits erwähnten Konrad von Haslau vermutet, dessen Lehrbuch vom bzw. für den ,Jüngling' mit Vorschriften von der Körperpflege bis zum angemessenen Benehmen in der Kirche das Idealbild einer ,,zivilisierten" Persönlichkeit erkennen läßt, die über ein umfassendes und differenziertes Verhaltensrepertoire verfügt, das sie zu kontrollierter Handhabung ihres gesellschaftlichen Auftretens befähigt.

Es überrascht nicht, daß die Konjunktur der Sittenlehren auch zu Parodien geführt
hat. Wir nennen eine Parodie auf die stereotype Warnung vor dem Laster der
Trunkenheit: das Gedicht vom ‚Weinschwelg‘, das wohl um die Mitte des 13. Jahr-
hunderts verfaßt wurde, vielleicht in Tirol, von einem unbekannten Dichter (dem
man ohne zwingenden Grund auch den Schwank von der ‚Bösen Frau‘ zugeschrieben
hat). Der Text gehört formal in einen Zwischenbereich zwischen Erzählung und
Rede. Aus einer knapp skizzierten Situation heraus – ein Säufer leert eine Kanne
Wein nach der anderen – wird ein ausgiebiger Monolog entwickelt, ein hymnischer
Preis des Weins bzw. der Trunkenheit durch den Säufer. Die kunstvoll nach dem
Gesetz der Steigerung – immer gewaltigere Trünke, immer ekstatischeres Lob –
aufgebaute Redeszene gipfelt darin, daß sich der Säufer in einen Eisenpanzer
zwängen läßt, nachdem ihm der vom Wein geschwollene Leib das Hemd gesprengt
hat. Der Dichter hat alles getan, das Publikum zu amüsieren, aber es wäre falsch
anzunehmen, er habe die Nüchternheitsvorschriften der Lehrbücher verhöhnen
wollen: im grotesken Gegenbild werden sie am Ende bestätigt. Solche Bestätigung
hat auf didaktisch raffinierte Weise offenbar auch der Stricker angestrebt in der
Dialogszene vom ‚Unbelehrbaren Zecher‘ (früher ‚Der Weinschlund‘ genannt,
Moelleken Nr. 60), die dem Dichter des ‚Weinschwelg‘ vielleicht als Vorbild gedient
hat: ein Säufer, der von einem Verwandten aufgefordert wird, das Trinken aufzugeben, antwortet mit einem Lob des Weins, worauf ihn der Verwandte im Zorn
verläßt. Indem der Stricker die Ausführungen des Säufers so überzeugend wie
möglich macht und den Verwandten mit seinen Argumenten nicht durchdringen
läßt, fordert er indirekt den Hörer bzw. den Leser auf, sich selbst Gedanken zu
machen, wer von den beiden aus welchen Gründen im Recht ist. Der Text nähert
sich damit der Form des Kasus, des problematischen Rechtsfalles – wenn auch
keine Sekunde zweifelhaft sein kann, welche Entscheidung der Stricker erwartet.
Im übrigen weist der Preis des Saufens in den beiden Texten wie das Herbstlied
Steinmars auf die spätere Schlemmerliteratur voraus (vgl. S. 91).

Ein besonderes, wichtiges Thema höfischer Gesellschaftslehre ist das Verhältnis zwischen Mann und Frau. Die repräsentativen Tugendlehren des
frühen 13. Jahrhunderts, der ‚Welsche Gast‘ und die Winsbeckischen
Gedichte, hatten der Frage nach dem Wesen der Minne, nach ihrem Sinn
und Wert und nach der rechten Praxis des Minnedienstes breiten Raum
gegeben (vgl. Bd. II/1). In den bisher genannten Lehrdichtungen unseres
Zeitraums tritt das Thema auffallend zurück (abgesehen von Freidanks
Spruch-Reihe über die Liebe und die Frauen). Das könnte damit zusammenhängen, daß die Tradition der selbständigen Minnerede, die sich noch
im 12. Jahrhundert mit dem ‚Heimlichen Boten‘ und mit Hartmanns
‚Klage‘ anbahnte (vgl. Bd. II/1), nun zunehmend Kontur gewinnt. Maßgeblich sind zwei Werke: die ‚Frauenehre‘ des Stricker und das ‚Frauenbuch‘
Ulrichs von Lichtenstein (vgl. S. 14f. und 16, 49).

Ausgangspunkt der ‚Frauenehre‘ ist eine Klage um die höfische *vreude*,
die zugrundeging, weil die Ritter nicht mehr bereit sind, die Mühsal des
Frauendienstes auf sich zu nehmen. Die Rede antwortet darauf restaurativ
mit höchstem Preis der Frau als des Inbegriffs aller Vollkommenheit,
mit eindringlicher Aufforderung an die Männer, den Frauen um dieser

Vollkommenheit willen zu dienen zu ihrer eignen und der Gesellschaft Vervollkommnung, und mit Anweisungen, wie man sich in der Minne zu verhalten habe. Preis und Lehre ineinander verschränkend, bietet das Werk eine Art Potpourri all der Themen und Motive, die die höfische Minnedichtung seit Veldeke und den ersten Minnesängern ausgebildet und wieder und wieder repetiert und variiert hatte. Seine literarhistorische Bedeutung liegt darin, daß hier erstmals die höfische Liebe in der seit der frühmhd. Zeit eingebürgerten Form der predigthaft autoritativen Lehrrede abgehandelt wird.

Auch Ulrichs ‚Frauenbuch' spricht aus der Haltung des *trûrens*, der Trauer darüber, *daz diu welt niht freuden hât* (v. 653,19), weil das Verhältnis zwischen den Geschlechtern gestört ist. Ulrich präsentiert das Thema als Disput zwischen einem Ritter und einer Dame, die sich gegenseitig die Fehler der Frauen und der Männer vorhalten. Am Ende tritt der Dichter hinzu und entscheidet den Streit zugunsten der Frauen. Und er zeigt sich selbst als Vorbild für die Männer, indem er in einem rahmenartigen Anfangs- und Schlußteil seine Minneherrin preist, auf deren Wunsch er das *püechelîn* gedichtet hat (v. 594,5f.). Das ‚Frauenbuch' ist intelligenter, kunstvoller und eleganter als die ‚Frauenehre'; es beeindruckt durch die Höflichkeit der „guten Form", mit der die Streitenden einander begegnen (sie läßt etwas ahnen vom humanen Sinn jener „Verhaltensregulierung", von der wir sprachen); und es fasziniert durch den erstaunlichen Realismus seiner Milieuschilderungen (vor allem v. 607,3ff.: Tageslauf des Mannes). Gattungsgeschichtlich interessant sind die beiden Inszenierungs-Schemata, die Ulrich zusammenmontiert hat: den — vom ‚Heimlichen Boten' und von Hartmanns ‚Klage', aber auch von Ulrichs eigenem ‚Frauendienst' her bekannten — Typus des „Büchleins", der Liebesbrief und Minnelehre kombiniert; und die Situation des belauschten Streitgesprächs, das der Dichter schlichtet. Beide Schemata spielen eine wichtige Rolle in der weiteren Entwicklung der Minnerede, die, soweit wir sehen, nach gut hundertjährigem „Anlauf" an der Wende vom 13. zum 14. Jahrhundert ihren Durchbruch erlebte und im 14. und 15. Jahrhundert zu einer der beliebtesten Gattungen der volkssprachigen Literatur wurde (vgl. auch S. 105).

Zeitkritik und Herrenlob

Zeitklage ist immer auch Zeitkritik. Und von der allgemeinen Kritik, wie sie etwa in der ‚Warnung' oder in den beiden Minnereden geübt wird, ist der Weg nicht weit zur Kritik historisch individueller Verhältnisse, Ereignisse und Personen. Wir haben solche „politischen Reden", wie man sie (mit einem zugegebenermaßen etwas unglücklichen Terminus) nennen könnte, ausführlich beim ‚Seifried Helbling'-Autor studiert (S. 49ff.). Dieser steht in einer Tradition, die anscheinend wiederum zuerst beim Stricker bezeugt ist im Gedicht von der ‚Schreienden Klage' (über Rechtsunsicherheit in Österreich — Moelleken Nr. 91).

Auch Freidank hat seine Form des knappen Reimpaarspruchs zum Gefäß derartiger Kritik gemacht in den sog. Akkon-Sprüchen (154,18ff.). Die Hafenstadt Akkon (St. Jean d'Acre, Akers), heute Akka in Israel, war der wichtigste Stützpunkt der Kreuzfahrer. Dort landete auch Kaiser Friedrich II., nachdem er im Juni 1228 zum Kreuzzug aufgebrochen war, gegen das Verbot des Papstes, der ihn gebannt und das Interdikt – das Verbot, Gottesdienst abzuhalten – über jeden seiner Aufenthaltsorte verhängt hatte. Man tut gut daran, mit biographischer Interpretation von Kreuzzugsdichtung zurückhaltend zu sein: nicht jeder Dichter, der in der Rolle des Kreuzfahrers spricht, muß wirklich im Heiligen Land gewesen sein. Die Akkon-Sprüche vermitteln jedoch den Eindruck, daß Freidank das Unternehmen von 1228(−29) mitgemacht hat, in dessen Verlauf es der Kaiser, gegen die Intrigen der päpstlichen Partei, durch kluges Verhandeln erreichte, daß der ägyptische Sultan Al-Kamil den Christen die heiligen Stätten Nazareth, Bethlehem und vor allem Jerusalem überließ. Mit Formulierungen von greller Prägnanz zeichnet Freidank ein Schreckensbild der von Seuche und Kriminalität geplagten Kreuzfahrerstadt, in der überall der Tod lauert: *Swer siech und arm ze Akers vert, dem wirt vil lîhte dâ beschert ein hûs von siben füezen; dâ kan man sühte büezen* (163,13ff.: „Wer krank und arm nach Akkon fährt, der kriegt da leicht ein Haus, das sieben Fuß lang ist [d.h. einen Sarg bzw. ein Grab]; da versteht man sich darauf, Krankheit zu heilen"). Die sarkastische Illusionslosigkeit dieser Sprüche wirkt umso stärker, als Freidank trotz allem unbeirrt am Kern des Kreuzzugsgedankens festhält: *Akers ist des lîbes rôst und doch dâ bî der sêle trôst* (163,25f.: „Akkon ist ein Scheiterhaufen für den Leib und dabei doch die Hoffnung der Seele"). Die politischen Vorgänge kommentiert er zwar mit Ungeduld über die langwierigen Verhandlungen zwischen Kaiser und Sultan (158,4ff.), aber mit klarer Stellungnahme zugunsten des Kaisers gegen den Papst: *des gelouben meister wellent toben* (162,12: „die Sachwalter des Glaubens sind verrückt geworden").

Wo sie vom diplomatischen Erfolg des Kaisers sprechen, haben die Akkon-Sprüche einen Einschlag ins Panegyrische (160,6ff.). Ansonsten hat sich für das Herrenlob in der (kleineren) Reimpaardichtung unseres Zeitraums eine eigentümliche Form herausgebildet, die man grundsätzlich den Reden zuschlagen möchte, die sich aber durch ein starkes erzählerisches Moment auszeichnet. Wir haben sie kennengelernt in Konrads von Würzburg ‚Turnier von Nantes' und im Gedicht von der ‚Böhmenschlacht' (S. 35 und 47f.). Der zu Rühmende (Richard von Cornwall bzw. Rudolf von Habsburg) wird da in einer Aktion präsentiert (im Turnier bzw. in der Schlacht), die seine Ruhmwürdigkeit sozusagen augenfällig unter Beweis stellt. Wir nennen, ein paar Jahre über unseren Zeitraum hinausgreifend, noch Heinrichs von Freiberg Gedicht von der ‚Ritterfahrt' (auch ‚Johann von Michelsberg' genannt), das die Vortrefflichkeit des böhmischen Ministerialen Johann I. von Michelsberg verkündet, indem es ihn in einem ritterlichen Auftritt vor dem französischen König in Paris zeigt (das Ereignis ist, für die neunziger Jahre des 13. Jahrhunderts, auch in historischen Quellen bezeugt). Man kann die ,Ritterfahrt' als eher privat bzw. „gesellschaftlich" orientiertes Gedicht abheben vom ,Turnier von Nantes' und der ,Böhmenschlacht' als eher politisch orientierten Gedichten gemäß einer von Hanns Fischer vorgeschlagenen Unterscheidung zwischen „Ehrenreden" und „politisch-enkomiastischen Reden". Wichtiger als solche Differenzierung, die allemal problematisch sein wird, ist die Erfassung der gemeinsamen Züge, zu denen nicht zuletzt gehört, daß alle drei Gedichte großen Wert auf die Schilderung von Wappen legen. Es zeichnet sich hier ein Typus der heraldisch-panegyrischen Rede ab, der — in der Forschung mit dem eher irreführenden Etikett „Heroldsdichtung" belegt — im 14. und 15. Jahrhundert gern gepflegt worden ist.

Überblickt man die Reden-Dichtung insgesamt, dann zeigt sich, daß sie weithin dieselben Themen behandelt wie die Sangspruch-Dichtung, und man wird wohl annehmen dürfen, daß sie auch dieselbe kommunikative Funktion erfüllte (vgl. S. 102). Bedenkt man weiter, daß auch sie zu einem guten Teil von wandernden Berufsliteraten getragen wurde, dann drängt sich, soweit die Kurzformen der Rede betroffen sind, der Eindruck eines Konkurrenzverhältnisses dieser Genres auf. Was das im Zusammenhang der literarischen und gesellschaftlichen Entwicklung bedeutet, läßt sich vorderhand allerdings noch nicht beurteilen.

Das geistliche Spiel

Am 24. Juni 1227 brach Landgraf Ludwig IV. von Thüringen zum Kreuzzug auf. Zuvor ließ er ein frommes Spektakel aufführen: in seiner Burg zu Eisenach, d.h. wohl auf der Wartburg, mußten Kleriker „den Verrat, das Leiden und den Tod des Erlösers" szenisch darstellen. So berichtet es um 1236 der Zisterziensermönch Caesarius von Heisterbach (vgl. S. 177) in seiner Lebensbeschreibung der heiligen Elisabeth. Leider sagt der Bericht nichts darüber aus, welcher Sprache man sich bei der Aufführung bediente: des Lateinischen oder des Deutschen oder beider Sprachen. Daß mit deutschem Vortrag jedenfalls grundsätzlich zu rechnen ist, zeigt ein Text, der etwa zur gleichen Zeit in die Sammlung der ,Carmina Burana' aufgenommen wurde (vgl. S. 87): das (große) ,Benediktbeurer Passionsspiel', das den gleichen Gegenstand behandelt wie das in Eisenach aufgeführte Stück, und zwar teils in lateinischer, teils in deutscher Sprache. Spätestens mit ihm beginnt die Geschichte des deutschsprachigen Dramas. Erwachsen aus einer lateinischen Spieltradition der Kirche, die sich bis ins 10. Jahrhundert zurückverfolgen läßt, ist es in unserem Zeitraum noch ausschließlich geistliches Schauspiel.

Wann die deutschsprachige Tradition genau einsetzt, kann man nicht sagen. Spiel-
nachrichten, die wie diejenige von der Eisenacher Aufführung zwar nicht zwingend
auf deutschen Vortrag weisen, sich aber doch auf solchen beziehen k ö n n t e n,
liegen seit dem späten 12. Jahrhundert vor (nach Neumann): von 1187 an sollen
die Bürger der Stadt Hagenau im Elsaß mit Erlaubnis des Rats unter großem Zulauf
Passionsspiele veranstaltet haben, „damit das Volck erstlich zur Bus und dan zur
Andacht und Mitleiden gegen dem leidenden Heiland sollte angetrieben werden",
wie ein Chronist des frühen 18. (!) Jahrhunderts schreibt; im Jahre 1194 soll in
Regensburg ein Spiel aufgeführt worden sein „von der Erschaffung der Engel und
vom Sturz Lucifers und der Seinen und von der Erschaffung des Menschen und
vom Sündenfall und von den Propheten"; im Winter 1205/06 soll man in Riga
versucht haben, die Heiden mittels eines Prophetenspiels mit den Grundlagen des
Christentums bekannt zu machen, wobei der Kampf zwischen den Heeren Gideons
und der Philister derart realistisch ausfiel, daß die Zuschauer entsetzt das Weite
suchten. Vom Anfang des 13. Jahrhunderts sind auch die ersten deutschen Worte
in einem sonst lateinischen Spiel überliefert: *schowa alumbe*, „sieh dich um", und
schowa propter insidias, „hüte dich vor Anschlägen", singen die Grabwächter im
‚Klosterneuburer Osterspiel'. Selbstverständlich reichen diese Floskeln nicht aus,
um das Spiel der Tradition des deutschsprachigen Dramas zuzuschlagen, aber sie
zeigen doch, wie früh man offen war für die Verwendung der Volkssprache. So
könnten die deutschen Partien des ‚Benediktbeurer Passionsspiels' sehr wohl etwa
an die Wende vom 12. zum 13. Jahrhundert zurückgehen. Und auch im europäischen Kontext wäre eine deutschsprachige Spielpraxis zu dieser Zeit nicht ungewöhnlich: um 1200 soll ein spanisches Spiel von den Heiligen drei Königen (der
‚Auto de los Reyes Magos') entstanden sein, und in Frankreich konnte man damals
schon auf eine längere volkssprachige Tradition zurückblicken, die mit dem lateinisch-
französischen ‚Sponsus' (Spiel von den Zehn Jungfrauen nach Matthäus 25,1–13)
gegen Ende des 11. Jahrhunderts begonnen und im anglo-normannischen ‚Jeu
d'Adam' („Adamsspiel") vielleicht schon um die Mitte des 12. Jahrhunderts ihren
ersten Höhepunkt gefunden hatte.
  Die Mischung von Latein und Volkssprache, die am Anfang der französischen
wie der deutschen Tradition steht (und auch weiterhin gang und gäbe sein sollte),
ist insofern bezeichnend, als das geistliche Spiel des Mittelalters aus dem Gottesdienst
hervorgegangen ist, in dem die beiden Sprachen nebeneinander eine Rolle spielen:
das Lateinische als die Sprache, in welcher der Priester das Mysterium des Glaubens
vollzieht, und die Volkssprache, in der die Gläubigen aus diesem Vollzug heraus
angesprochen werden bzw. ihn teilnehmend begleiten. Als Ausgangspunkt denkt
man sich gewöhnlich die Liturgie des Osterfestes. In ihr ist seit dem 10. Jahrhundert
ein Wechselgesang bezeugt, der den Dialog wiedergibt, den nach dem Bericht der
Evangelien die Frauen mit den Engeln bzw. dem Engel am leeren Grab des Heilands
führten (der Text wurde als sog. „Tropus" den Melismen – koloraturartigen
Verzierungen – des liturgischen Gesangs unterlegt). Dieser Wechselgesang steht
auch am Beginn einer mehr oder weniger dramatischen Vergegenwärtigung der
visitatio sepulcri, des Grabbesuchs am Ostermorgen, im Rahmen der Liturgie: der
sog. Osterfeier. Die älteste Beschreibung einer solchen Feier findet sich in der
‚Regularis Concordia', in der um 970 der Bischof Aethelwold von Winchester das
Officium der Mönche (das Stundengebet) für die englischen Klöster regelte. Da
erscheint die Osterfeier als Teil der Matutin (des Morgengottesdienstes, in der Regel

zwischen 2 und 3 Uhr) der Osternacht: vier Brüder stellen (gemäß dem Marcus-Evangelium) die drei Frauen und den Engel dar, sie sind andeutungsweise kostümiert, verwenden Requisiten, bedienen sich bestimmter Gebärden. Die Überlieferung lateinischer *visitatio*-Texte reicht vom 10. bis ins 17./18. (!) Jahrhundert, und seit dem 12. Jahrhundert ist in Deutschland auch die Beteiligung der Gemeinde bezeugt: üblich war, daß sie zum Abschluß der Feier das Osterlied ‚*Christ ist erstanden*‘ sang (vgl. S. 86); sie konnte aber auch innerhalb der Feier selbst zu Wort kommen, wie es zuerst – wohl ebenfalls fürs 12. Jahrhundert – ein Text aus St. Lambrecht (Steiermark) belegt, der den Gesang des Liedes ‚*Giengen dreie vrouwen ze vrônem grabe*‘ („Es gingen drei Frauen zum Grab des Herrn") in der Mitte der Feier vorsieht. Wenn man die Texte nebeneinander hält, dann hat man es – allen gelehrten Definitionen zum Trotz – schwer zu sagen, wo die Grenze verläuft zwischen Feier (als Gott zugewandter Kulthandlung) und Spiel (als einem Publikum zugewandter Präsentation). Und vollends unklar ist, wie sich diese Osterfeiern oder Osterspiele zu entsprechenden Veranstaltungen verhalten, die anderen Festen des Kirchenjahres zugeordnet sind und deren Textüberlieferung auch schon im 11. Jahrhundert einsetzt. Eine verbreitete Lehrmeinung postuliert eine quasi organische Entwicklung. Demnach wäre schrittweise aus dem Ostertropus die Osterfeier und aus der Osterfeier – durch Erweiterung der *visitatio* um zusätzliche Szenen und detaillierende Ausgestaltung im einzelnen – das Osterspiel hervorgewachsen; und es wäre solche szenische Gestaltung des heiligen Geschehens in Feier und Spiel analog auf andere Themen aus der Bibel und der Geschichte der Heiligen angewandt worden. Es kann nicht nachdrücklich genug betont werden, daß dieses Bild, wie es beharrlich von Handbuch zu Handbuch weitergegeben wird, hypothetisch ist, unbeweisbar und vielleicht nicht einmal wahrscheinlich (es ist unverkennbar dem Evolutionsdenken des 19. Jahrhunderts verpflichtet).

Wir begnügen uns daher mit folgenden Feststellungen: Vor (und neben) der in unserem Zeitraum beginnenden Überlieferung deutscher (bzw. lateinisch-deutscher) Spiele existiert eine lateinische Tradition, die seit dem 10. Jahrhundert bezeugt ist. Die Veranstaltungen, denen die Texte zugrundeliegen, stehen in engerem oder weiterem Zusammenhang mit der Liturgie und sind wohl weitgehend heortologisch gebunden, d.h. auf die Durchführung an bestimmten Festen des Kirchenjahres festgelegt. Die volkssprachige Tradition hat sich offensichtlich aus der lateinischen entwickelt. Das gilt vor allem auch für die Vielfalt der Themen, die von Anfang an ganz erstaunlich ist. Die Liste der lateinischen Spiele, die neben den Osterfeiern bzw. Osterspielen bis zum Ende des 12. Jahrhunderts allein aus dem deutschen Sprachgebiet überliefert sind, kann einen Eindruck davon vermitteln: ‚Freisinger Weihnachtsspiel‘, ‚Lambacher Weihnachtsspiel‘, ‚Münchner Weihnachtsspiel‘ (11. Jahrhundert); ‚Einsiedler Prophetenspiel‘, ‚Einsiedler Weihnachtsspiel‘, ‚Freisinger Ordo Rachelis‘, ‚Hildesheimer Nikolausspiele‘ I und II (11./12. Jahrhundert); ‚Einsiedler Nikolausspiel‘, ‚Regensburger Nikolausspiel‘, ‚Regensburger Spiel von Salomo und Ecclesia‘, ‚Regensburger Gideon-Spiel‘, ‚Regensburger Weihnachtsspiel‘, ‚Süddeutsches Weihnachtsspiel‘, ‚Ludus de Antichristo‘, ‚Vorauer Spiel von Isaak, Rebekka und ihren Söhnen‘, ‚Straßburger Weihnachtsspiel‘ (12. Jahrhundert, das ‚Straßburger Weihnachtsspiel‘ um 1200 – als künstlerischer Höhepunkt der gesamten Tradition gilt unbestritten der ‚Ludus de Antichristo‘, ein Spiel vom Kaiser und vom Antichrist, überliefert in einer vor 1186 geschriebenen Handschrift aus dem Kloster Tegernsee, wo es vielleicht auch entstanden ist, und in einem

Fragment vom Ende des 12. oder Anfang des 13. Jahrhunderts). Die Überlieferung ist bei all ihrer Reichhaltigkeit gewiß noch äußerst lückenhaft. Ihr Zeugnis ist zu ergänzen durch Äußerungen des Propstes Gerhoch von Reichersberg (1092/93 – 1169) und der Äbtissin Herrad von Hohenburg (genannt „von Landsberg", 2. Hälfte des 12. Jahrhunderts), die in kritischen Kommentaren ahnen lassen, wie bunt und lebendig der Spielbetrieb gewesen ist.

Von dieser lateinischen Tradition kann hier nicht weiter die Rede sein. Um einem vielleicht naheliegenden Mißverständnis vorzubauen, sei aber darauf hingewiesen, daß sie sich historisch nicht an das lateinische Drama der Antike anknüpfen läßt, jedenfalls nicht direkt. Die römischen Dramatiker waren dem Mittelalter zwar nicht unbekannt — Terenz gehörte zur Schullektüre —, und ihre Stücke haben sogar zu literarischer Nachfolge bzw. Auseinandersetzung angeregt: in lateinischen Legenden-„Dramen", die die Nonne Hrotsvith von Gandersheim um 960 schrieb, um den moralisch anstößigen Texten des Terenz mit christlichen Gegenstücken zu begegnen, oder in den ebenfalls lateinischen sog. Elegienkomödien des 12. Jahrhunderts. Von der Theaterpraxis der Antike indessen hatte man keine Vorstellung: man nahm die Texte offenbar als dialogische Lesestücke. Hingegen ist damit zu rechnen, daß das antike Theater — das römische wie das griechische — zur Ausbildung einer christlichen Tradition szenischer Darstellungen in Byzanz beigetragen hat, und diese wiederum könnte nach Europa hinübergewirkt haben. So berichtet der Bischof Liutprand von Cremona mit Mißbilligung von einer Vorführung der Himmelfahrt des Elias, die er 968/69 als Gesandter Kaiser Ottos I. in der Hagia Sophia gesehen hatte. Wie immer es aber mit solchem Einfluß bestellt sein mag: entscheidend für Entstehung und Entfaltung des geistlichen Spiels in Europa ist er schwerlich geworden. Dieses ist, soweit wir sehen, eine genuine Schöpfung der abendländischen Kirche des Mittelalters.

Die erste Regieanweisung des ‚Benediktbeurer Passionsspiels' schreibt vor: „Zuerst sollen Pilatus und seine Frau mit den Soldaten an ihren Stand geführt werden, dann Herodes mit seinen Soldaten, dann die Hohepriester, dann der Krämer und seine Frau, schließlich Maria Magdalena". Die Anweisung läßt eine Eigentümlichkeit des mittelalterlichen Theaters erkennen, die sog. Simultanbühne: es war üblich, daß während der gesamten Dauer des Spiels vor den Augen des Publikums gleichzeitig alle Rollenträger anwesend und alle Schauplätze gegenwärtig waren. Die Darsteller hielten sich an Ständen auf, die ihnen zugewiesen waren, sie erhoben sich, wenn ihr Part begann, und setzten sich wieder, wenn er zu Ende war. Die Handlung bewegte sich über den Spielplatz, von Station zu Station, gemäß der Episodenfolge des darzustellenden Geschehens. So reiht das ‚Benediktbeurer Passionsspiel' die folgenden Szenen aus der Passion und ihrer Vorgeschichte aneinander: Berufung der Jünger Petrus und Andreas — Heilung eines Blinden — Begegnung mit Zachäus — Einzug in Jerusalem — Einladung in das Haus Simons — Weltleben und Bekehrung der schönen Dirne Maria Magdalena — Maria Magdalena bei Jesus im Haus Simons — Auferweckung des Lazarus — Verrat des Judas — Jesus in Getsemani — Jesu Verhaftung (dazu, in der Handschrift am Rand nachgetragen, die

Verleugnung des Petrus) – Jesus vor den Hohepriestern – Jesus vor Pilatus – Jesus vor Herodes – Jesus erneut vor Pilatus – Geißelung und Verspottung – Jesus wiederum vor Pilatus, seine Verurteilung – Verzweiflung und Tod des Judas – Kreuzigung, Klage der Maria, Longinus, Jesu Tod (dazu vielleicht noch die Grablegung – eine entsprechende Partie findet sich, von jüngerer Hand eingetragen, an anderer Stelle in der Handschrift). Die Präsentation dieses Bilderbogens darf man sich nicht allzu „dramatisch" vorstellen: eher als um ein Drama im modernen Verständnis handelt es sich um eine feierlich zeremonielle Demonstration des bekannten Heilsgeschehens, das erinnert und in dieser Erinnerung lehrhaft gedeutet werden sollte.

Den Dialogen und Monologen liegt weitgehend das Latein der Bibel zugrunde, allerdings weniger in der Fassung der Vulgata als in der (vielfach abweichenden) liturgischen Fassung. Und entsprechend dem liturgischen Bezug des ganzen wurden die Texte wohl durchgehend gesungen, in teils melodischem, teils rezitativischem Vortrag. Die reich ausgebildete musikalische Struktur ist ganz auf Variation und Kontrast angelegt: Ausdruck eines Gestaltungswillens, der auf die Wirkung differenzierter Vielfalt der Kunstmittel baut. Dieser Gestaltungswille äußert sich auch in der sprachlichen Formung, die Prosa mit verschiedenen Vers- bzw. Strophenformen mischt, und ihm entspricht nicht zuletzt auch die Einsprengung umfangreicher deutscher Passagen in den lateinischen Grundtext: Partien der Maria Magdalena (Strophen, in denen sie die jungen Männer zu verführen sucht, die Weltlust preist, die Mädchen auffordert, mit ihr beim Krämer Schminke zu kaufen, und im Wechselgesang mit diesem den Kauf tätigt; aber auch Strophen, in denen sie – nach ihrer Bekehrung – den Herrn um Vergebung bittet und ihr sündiges Leben verflucht); Klage der Mutter Gottes unterm Kreuz (vgl. S. 150); die Worte des Longinus (das ist der Soldat, der dem Gekreuzigten mit der Lanze die Seite durchbohrte: nach einer im Mittelalter weit verbreiteten Legende war er blind und wurde durch einen Blutstropfen aus dem Leib des Gekreuzigten geheilt, worauf er sich zum Glauben bekehrte). Warum gerade diese Passagen in der Volkssprache geboten wurden, läßt sich nicht mit Sicherheit sagen. Aber es fällt auf, daß es sich um Szenen von besonderem seelsorgerischem Pathos handelt: die Marienklage vergegenwärtigt auf das eindringlichste das Leiden des Erlösers und seiner Mutter und mahnt zur *compassio*, zum Mit-Leiden; die beiden anderen Szenen führen spektakuläre Bekehrungen vor und fordern zur Nachfolge auf: die Welt um Christi willen zu verlassen, die Augen zu öffnen für die göttliche Wahrheit des Heils – *wol uf, ir gůeten man vnde wip, got wil rihten sele vnde leip* (164f.), ruft Maria Magdalena dem Publikum zu. Wir dürfen wohl annehmen, daß man mit diesen volkssprachigen Passagen die Laien anhalten wollte, ihr Leben auf Gott hin zu orientieren, in einem Appell, wie er sonst vor allem in der Predigt an sie erging: deren Ermahnung setzt das volkssprachige Spiel „mit anderen Mitteln" fort (Linke).

Mit der Predigt verbindet das Spiel auch die Art des Verhältnisses zwischen der Überlieferung und dem, was man die „primäre Wirklichkeit" der Texte nennen könnte: der lebendigen Aufführung bzw. dem lebendigen Vortrag (vgl. S. 175f.). Von dieser Wirklichkeit vermitteln die Handschriften eine bestenfalls annähernde Vorstellung. In der Spielüberlieferung kann man dabei grundsätzlich unterscheiden zwischen eigentlichen Spielhandschriften, die man als praktische Hilfsmittel — Regie- oder Soufflierexemplare, Einzelrollentexte — für die Aufführung bzw. deren Vorbereitung angefertigt hat, und Lesehandschriften, in denen die Stücke als Literatur behandelt werden (und dann bisweilen nicht zu trennen sind von genuinen Lesedramen: Stücken, die zwar die Form des Spiels aufweisen, aber von vornherein nicht für die Aufführung, sondern zur Lektüre bestimmt waren). Die Überlieferung des ‚Benediktbeurer Passionsspiels' gehört zum zweiten Typus, und sie legt den Verdacht nahe, der erhaltenen Niederschrift sei schon eine längere literarische Tradierung vorausgegangen, in deren Verlauf der Ausgangstext verändert — wohl auch verstümmelt — wurde.

Das ‚Benediktbeurer Passionsspiel' dürfte in seiner vorliegenden Gestalt dort entstanden sein, wo die Handschrift geschrieben wurde, im bayrisch-österreichischen Raum: darauf weist die Sprache der deutschen Passagen. An einem weit entfernten Ort, in der Gegend von Nordhausen in Thüringen, ist wenig später, um die Mitte des 13. Jahrhunderts, ein ganz anderes Passionsspiel in deutscher Sprache aufgeschrieben (bzw. verfaßt) worden: das bruchstückhaft erhaltene ‚Himmelgartner Passionsspiel', so genannt nach dem Kloster Himmelgarten in Rode bei Nordhausen, wo man es gefunden hat (woher es aber nicht stammt: das Kloster — ein Haus des Servitenordens — ist erst 1295 gestiftet worden). Aus dem Vergleich mit anderen Stücken schließt man, daß das Spiel das gesamte Leben Jesu darstellte. Die geringen Reste der Handschrift bieten davon nur Rudimente einer Handvoll Szenen aus der Kindheit (Palmbaumwunder auf der Flucht nach Ägypten, Bekanntwerden der Heimkehr der Drei Könige am Hof des Herodes) und der Zeit vor der Passion (Versuchung durch den Teufel, Berufung der Jünger, Predigt [offensichtlich an Stelle der Bergpredigt], Hochzeit zu Kana). Soweit die Fragmente ein Urteil erlauben, scheint es sich im Unterschied zum mischsprachigen ‚Benediktbeurer Passionsspiel' um ein grundsätzlich in deutschen Versen abgefaßtes Spiel zu handeln. Lateinisch sind nur die (relativ breiten) Spielanweisungen sowie Gesänge des Chores und (in der Versuchungsszene) der Engel.

In den Passionsspielen geht es um das Heilsgeschehen als solches, um die Erlösungstat Christi mit der Passion als ihrem Zentrum. Deshalb können die Spiele grundsätzlich alle heilsgeschichtlich relevanten Ereignisse darstellen. Das unterscheidet sie von den meisten anderen Spieltypen, die stofflich streng gebunden sind. Diese Typen sind in unserem Zeitraum mit zwei volkssprachigen Vertretern präsent, einem Osterspiel und einem Spiel von Mariae Himmelfahrt.

Die – leider auch nur in Fragmenten erhaltene – Handschrift des
‚Osterspiels von Muri‘, gefunden im Benediktinerkloster Muri im Aargau,
wurde etwa zur gleichen Zeit geschrieben wie die Handschrift des ‚Himmelgartner Passionsspiels‘, also um die Mitte des 13. Jahrhunderts. Aus dem
alemannischen Raum, in dem Muri liegt, stammt offenbar auch der Text
selbst, der älter sein kann als die Handschrift, aber nicht älter sein muß.

Sicher ist, daß er in der erhaltenen Fassung zur Aufführung bestimmt war. Aus
der Gestalt der Fragmente ergibt sich nämlich, daß die Handschrift nicht als Buch,
sondern als Rolle angelegt war und damit eine Form hatte, die auf den Einsatz
bei der Aufführung (als Soufflierbuch?) weist (Abb. 8). Auf eine ganz bestimmte
Aufführung deutet der interessante Umstand, daß bei der Rollenangabe *Maria
Magdalena* wiederholt der Name *Antonius* erscheint: das dürfte der Name des
Schauspielers sein, der in der Aufführung, für die die Handschrift geschrieben
wurde, die Maria Magdalena darzustellen hatte (denn in den mittelalterlichen Spielen
wurden auch die Frauenrollen von Männern übernommen). Es scheint ferner, als
würden in der Rede des Krämers zwei Männer aus dem Publikum mit Namen
genannt, doch sind die Stellen nicht eindeutig. Schließlich vermittelt die Handschrift
auch einen Eindruck vom Stil der Aufführung: aus einer Szenenanweisung geht
hervor, daß die Auferstehung von einem Donnerschlag begleitet (oder markiert?)
wurde. Das bedeutet, daß man sich wenigstens ansatzweise darum bemühte, dem
Publikum die Illusion von Wirklichkeit des dargestellten Geschehens zu vermitteln,
wie es dann in den späteren Spielen üblich geworden ist.

Erhalten sind die folgenden Szenen: Verhandlung des Pilatus mit Grab-
wächtern und Juden – Wache am Grab, Auferstehung (wobei unklar bleibt,
wie diese dargestellt wurde: der überlieferte Text berührt sie nicht, sie wird
nur durch die Reaktion der Wächter vorausgesetzt) – erneute Verhandlung
des Pilatus mit den Wächtern und den Juden – Gericht des Pilatus und
Auftritt des Krämers – Jesus in der Hölle, Befreiung der Altväter – Salben-
kauf beim Krämer und Grabbesuch durch die Frauen – Begegnung der
Maria Magdalena mit Christus (die *hortulanus*-, d.h. „Gärtner“-Szene
nach Johannes 20,14ff.). Außer den (sehr spärlichen) Szenenanweisungen
und den meisten Rollenbezeichnungen stehen nur zwei Gruppengesänge in
lateinischer Sprache (Gesang der Armen Seelen in der Hölle, der Frauen
am Grab), alles übrige ist in deutschen Versen abgefaßt. Das entspricht
grundsätzlich dem Bild, das das ‚Himmelgartner Passionsspiel‘ bietet, doch
scheint es, als sei dort den lateinischen Gesängen breiterer Raum gegeben
(wenn nicht die Überlieferung der beiden Spiele trügt). Der Verfasser des
‚Osterspiels von Muri‘ hat für den deutschen Text durchgehend den vier-
hebigen Reimpaarvers verwendet, den er mit beträchtlichem Geschick
handhabt (Stichomythie!), im ganzen aber doch mit mehr Routine als
Kunst (wie gegen manche überschwengliche Äußerung seitens der Forschung
zu betonen ist). Er ist offenbar geschult an der Tradition der höfischen
Dichtung, in die er sich auch mit der Zeichnung der Personen stellt: er läßt
sie reden und agieren wie Ritter und Damen aus einem höfischen Roman.

Ein – wenn nicht d e r – Höhepunkt des Spiels ist die Begegnung der
Maria Magdalena mit dem Auferstandenen, an den sie eine lange Gebets-
rede richtet. In stark emotional gestimmter Sprache räsonniert und lamen-
tiert sie: über Christi Marter und Erlösungstat; über ihre tiefe Liebe zu ihm,
dem sie sich ganz anheim gibt; über ihre Lust, ihn zu sehen; über ihre
Sünden, die sie – geschüttelt von Furcht um das Heil ihrer Seele – beklagt
und für die sie um Vergebung fleht. Das sind Töne, die an die neue
Frömmigkeit denken lassen. Auf sie weist auch die Grundkonstellation der
Szene: die unmittelbare Begegnung des einzelnen, eigenverantwortlichen
Menschen mit Gott; und ihr – dem Urerlebnis, das ihr zugrundeliegt –
entspricht nicht zuletzt das Magdalenenthema überhaupt als Exempel der
großen Umkehr, der radikalen Abwendung von der sündhaften Verstrickung
in die Dinge der Welt, wie sie der Kaufmann Waldes, wie sie der heilige
Franz und die heilige Elisabeth, wie sie Lamprecht von Regensburg und
Mechthild von Magdeburg vollzogen haben. Dazu stimmen entsprechende
Züge im ‚Benediktbeurer Passionsspiel‘, die wir namhaft machten, und es
stellt sich die Frage, ob nicht die Entfaltung des volkssprachigen geistlichen
Spiels in unserem Zeitraum wichtige Antriebe der neuen Frömmigkeit
verdankte, ob es nicht auch oder gar vorrangig Äußerungsform dieser Frömmigkeit und Mittel zu ihrer Propagierung war. Die besondere Fähigkeit
zur Vergegenwärtigung des Heilsgeschehens, die dem Medium eignet,
mußte es jedenfalls einem religiösen Bedürfnis empfehlen, das auf intensive
Erfahrung des Heiligen, auf eine auch sinnenhafte Nähe zu ihm bedacht
war. Ein soziologischer Befund scheint die Vermutung zu bestätigen. Wenn
die Umkehr an Maria Magdalena exemplifiziert wird, wie der biblische
Stoff es nahelegte, dann erscheint stellvertretend für das ganze Weltleben
die Verhaftung an die Sexualität. Diese wird im Bild der höfischen Minne
präsentiert, genauer: in einem Zerrbild, das sie denunzieren soll. Im
‚Benediktbeurer Passionsspiel‘ singt Maria Magdalena:

> *Minnet, tugentliche man,*
> *minnekliche vrǒwen.*
> *minne tuôt ev hoech gemǔt*
> *vnde lat evch in hoehen eren schǎuven*

(41ff.). Die wohlbekannten Formeln beschwören das Ideal der hohen
Minne, aber sie erklingen im Mund einer Dirne, die es unverhohlen darauf
anlegt, die jungen Männer *an ir danch*, „gegen ihren Willen“ (38), in ihr
Bett zu locken – womit sie sie ins Verderben stürzt: neben dem Liebhaber
steht auf der Bühne der leibhaftige Teufel. Die Absicht ist offenbar, die
Minne als Hurerei zu entlarven, als Teufelswerk und Sündenstrick. Und
entsprechend hält der Krämer im ‚Osterspiel von Muri‘ allerlei Dinge feil,
mit deren Hilfe eine als höfisch gekennzeichnete Kundschaft ebendiese
Minne als Verführung zum Beischlaf praktizieren kann: Aphrodisiaka,
Schminke und als wirkungsvolle Lockmittel Gürtel, Täschlein, Ringe (III

51ff.). Wir werden kaum fehlgehen mit der Annahme, daß man damit vornehmlich die Träger der höfischen Kultur ansprechen wollte, die führende Gesellschaftsschicht auf den Burgen und in den Städten. In diesen Kreisen vermuten wir vor allem das Publikum dieser Stücke, und eben sie waren es ja, an die sich auch der Appell der neuen Frömmigkeit in erster Linie richtete und in denen ihr Impuls am mächtigsten wirkte (vgl. S. 62). Wir meinen daher berechtigt zu sein, das volkssprachige geistliche Spiel – versuchsweise und mit aller Vorsicht – in einen historischen Zusammenhang mit der neuen Frömmigkeit zu rücken, wie er im Falle der volkssprachigen geistlichen Prosa unzweifelhaft gegeben ist.

Wir haben oben die Funktion des geistlichen Spiels mit derjenigen der Predigt verglichen. Wir können das jetzt – wiederum versuchsweise – präzisieren und die bisher behandelten Stücke, jedenfalls die aus Benediktbeuren und Muri, neben die Missionspredigt stellen, wie wir sie bei Berthold von Regensburg kennengelernt haben (S. 69ff.). Als einem zweiten Predigttypus, in dem sich die neue Frömmigkeit artikulieren konnte, begegneten wir bei Berthold der Klosterpredigt, die im Dienst der *cura monialium* stand, der Seelsorge für die Klosterleute, vor allem auch für die vielen Brüder und Schwestern in den neuen Orden und Vereinigungen, die des Lateinischen nicht mächtig waren (vgl. S. 74f.). Es kann unsere Vermutung über den Lebensbezug des geistlichen Spiels bestätigen, daß mit dem letzten Text, der sich mit einiger Sicherheit in unseren Zeitraum datieren läßt, anscheinend ein Gegenstück auch zu diesem zweiten Predigttypus vorliegt. Man nennt dieses deutsch-lateinische Spiel – nach dem Aufbewahrungsort der fragmentarischen Handschrift, dem Fürstlich Leiningischen Archiv zu Amorbach – das ‚Amorbacher Spiel von Mariae Himmelfahrt‘. Wo und wann es entstanden ist, weiß man nicht genau; man kann nur sagen, daß der überlieferte Text gegen Ende des 13. Jahrhunderts von zwei (mitteldeutschen?) Schreibern nach einer alemannischen Vorlage aufgezeichnet wurde. Das Spiel zeigt den Tod und die Himmelfahrt Marias in einer Szenenreihe, die regelmäßig unterbrochen wird von einer anderen, die einen Disput vorführt zwischen Christus und zwei allegorischen Figuren, den personifizierten Glaubensgemeinschaften des Alten und des Neuen Bundes: der jüdischen Synagoge und der christlichen Ecclesia.

Die Verbindung der beiden Szenenreihen ist weniger seltsam, als es auf den ersten Blick scheinen mag. Gemeinsamer Bezugspunkt ist das ‚Hohe Lied‘ der Bibel. Jede der beiden Reihen repräsentiert eine traditionelle Auslegung des Bibeltextes: die Marienreihe die mariologische, die Disputreihe die ecclesiologische Auslegung. Die erste deutet die Braut des ‚Hohen Liedes‘ auf Maria, die zweite deutet sie auf die Kirche. Eine der Wurzeln der mariologischen Auslegung liegt nun gerade in der Legende von der Himmelfahrt (*assumptio*) Marias: schon in Texten des 6. Jahrhunderts wird Maria im Himmel von Christus und den Engeln mit Gesängen aus dem ‚Hohen Lied‘ begrüßt, und seit dem 9. Jahrhundert steht das ‚Hohe Lied‘

auch im Zentrum der Liturgie des am 15. August gefeierten Assumptionsfestes. Die ecclesiologische Auslegung aber hängt insofern mit der mariologischen zusammen, als nach einer alten, schon den Kirchenvätern geläufigen Vorstellung die Kirche identisch ist mit Maria bzw. in ihr ihre Vollendung gefunden hat. So gelangt man über die ecclesiologische Auslegung wiederum zu einem mariologischen Verständnis des ‚Hohen Liedes' (in dieser Weise hat den Zusammenhang, mit großer Wirkung, zu Beginn des 12. Jahrhunderts der bedeutende Theologe Rupert von Deutz entwickelt). Die Kombination der beiden Auslegungstraditionen in den beiden Reihen unseres Spiels ist demnach theologisch wohlbegründet. Inwieweit sein Verfasser (bzw. der Verfasser einer möglichen Vorstufe) sie selbständig hergestellt hat und inwieweit er auf einschlägige Quellen in der theologischen Literatur zurückgreifen konnte, entzieht sich noch unserer Kenntnis. Sicher aber dürfen wir annehmen, daß er das Spiel als (para-)liturgische Veranstaltung im Rahmen der Feier des Assumptionsfestes konzipiert hat.

Christus erscheint im Spiel dreifach als Bräutigam: Marias, der Ecclesia und der (bekehrten und in Gnade wieder aufgenommenen) Synagoge. Soweit die Fragmente es erkennen lassen, ist das Interesse dabei vorrangig auf eine erotische Spiritualität gerichtet, die mit den Motiven, Bildern und Worten des ‚Hohen Liedes' in einer emotional wiederum sehr hoch temperierten Sprache breit entfaltet wird. Der Text ordnet sich damit in den Traditionszusammenhang jener Hoheliedmystik ein, die uns in den Werken Lamprechts von Regensburg und Mechthilds von Magdeburg entgegentrat (S. 66f. und 78ff.). Da nun aus einer Regieanweisung hervorgeht, daß das Spiel für die Aufführung im Raum eines Klosters bestimmt war, drängt sich die Annahme auf, es sei eben als ,,Fortsetzung der Klosterpredigt mit anderen Mitteln" für ein Publikum von Klosterleuten verfaßt worden. Auf das besondere religiöse Interesse und auf die bildungsmäßigen Voraussetzungen, die bei einem solchen Publikum zu erwarten waren (vgl. S. 74f.), könnte auch die Art der Verwendung der Volkssprache abgestimmt sein: es wechseln (mit einer Ausnahme) regelmäßig lateinische und deutsche Passagen, wobei diese jeweils den vorhergehenden lateinischen Text erweiternd paraphrasieren, so daß auch dem nicht lateinisch Gebildeten der v o l l e Wortlaut zugänglich gemacht wurde.

Die Spielüberlieferung wird im ganzen sehr zufällig sein, es wird in unserem Zeitraum außer den genannten Stücken eine vielleicht große Zahl weiterer volkssprachiger Spiele gegeben haben, die entweder ganz verloren sind oder sich in jüngerer Überlieferung verbergen (dort nach ihnen zu fahnden, ist ein reizvolles Unternehmen, es hat bisher aber noch nicht zu akzeptablen Ergebnissen geführt). So kann es sein, daß das Bild von den Anfängen des deutschsprachigen Dramas, das wir zu skizzieren versuchten, die historische Wirklichkeit verfehlt. Wenn aber der Bezug zur neuen Frömmigkeit, wie er sich abzuzeichnen scheint, zum wenigsten e i n e n Aspekt dieser Wirklichkeit darstellt, dann fällt von hier aus ein Schlaglicht zurück auf die

Nachricht von der Aufführung eines Passionsspiels am Thüringer Hof, die wir eingangs zitierten. Bedenkt man die sozialen und kulturellen Umstände, unter denen jene Frömmigkeit groß geworden ist (wir haben sie gekennzeichnet), dann wäre ein solches Spiel nirgendwo mehr zu erwarten als dort, am Hof des Landgrafen Hermann und der Landgräfin Elisabeth, des größten Mäzens der höfischen Literatur und der ersten Heiligen der neuen Frömmigkeit in Deutschland.

Der Durchbruch der Prosa

Geschriebene Prosa in deutscher Sprache ist so alt wie die deutsche Literatur überhaupt. Es hat sie auch vor unserem Zeitraum immer gegeben, nicht nur in karolingischer Zeit und bei Notker, sondern auch das ganze 11. und 12. Jahrhundert hindurch: in erster Linie geistliche Schriften von Gebeten und Benediktionen über Predigten und Traktate bis hin zu den naturkundlich-heilsgeschichtlichen Bestandsaufnahmen eines ‚Physiologus‘ und ‚Lucidarius‘, in zweiter Linie Schriften aus dem medizinisch-pharmazeutischen Bereich von Heilsegen und Einzelrezepten bis zu umfangreichen Arzneibüchern (vgl. Bde. I/1,2 und II/1). Quantitativ und qualitativ spielte diese Prosa des 11. und 12. Jahrhunderts neben der Versliteratur jedoch eine geringe Rolle. Erst in unserem Zeitraum entwickelte sich ein breiteres Interesse an volkssprachiger Prosa: aus den Bedürfnissen der neuen Staatlichkeit erwuchs eine P r o s a d e s R e c h t s und, eng mit ihr verbunden, eine P r o s a d e r G e s c h i c h t s s c h r e i b u n g, die neue Frömmigkeit brachte eine g e i s t l i c h e P r o s a besonderer Art hervor, und aus verwandter Spiritualität heraus entstand der erste P r o s a r o m a n (der Roman von ‚Lancelot‘). Diese Entwicklungen bringen den Durchbruch der volkssprachigen Prosa, leiten einen Prozeß ein, in dem die Prosa dem Vers nach und nach den Rang abläuft, bis er sich schließlich in Sonder- und Randbezirke der Schriftlichkeit abgedrängt findet.

Mit der Prosa des Rechts, der Prosa der Geschichtsschreibung, der geistlichen Prosa und dem ersten Prosaroman ist das Feld des letzten Abschnitts unserer Darstellung abgesteckt. Wir haben jedoch darauf hinzuweisen, daß auch die alte Tradition medizinisch-pharmazeutischer Prosa kontinuierlich weitergepflegt wurde und in unserem Zeitraum bedeutende Leistungen hervorgebracht hat, nachdem bereits um 1200 mit dem sog. ‚Bartholomäus‘ ein Kompendium entstanden war, das im 13. und 14. Jahrhundert die deutsche Medizinliteratur beherrschen sollte. Vor allem zwei Werke sind hier zu erwähnen, die zu den wirkungsmächtigsten Texten des späten Mittelalters überhaupt zählen, ein human- und ein veterinärmedizinisches: das ‚Arzneibuch‘ des Würzburger Wundarztes Ortolf aus der zweiten Hälfte des 13. Jahrhunderts, das nach gut hundertjähriger Rezeptionshemmung seit dem Ende des 14. Jahrhunderts den ‚Bartholomäus‘ verdrängte; und das ‚Roßarzneibuch‘ des Meisters Albrant, der als „Marstaller“, d.h. als Aufseher der Pferdeställe, u.a.

im Dienst Kaiser Friedrichs II. tätig gewesen ist (es ist bis ins 18. [!] Jahrhundert
gedruckt worden – um zu verstehen, warum gerade ein Roßarzneibuch zum
massenhaft produzierten „Bestseller" werden konnte, muß man sich nur vor Augen
halten, welche Bedeutung das Pferd vor der Erfindung des Kraftfahrzeugs für die
Gesellschaft hatte). Die Bücher Ortolfs und Albrants, von Praktikern für Praktiker
verfaßt, kündigen das Vordringen einer empirisch-praktischen Denkweise an, die
in der Folgezeit zu einem immensen Wissenszuwachs geführt hat. Das neue Wissen,
das die Gesellschaft tiefgreifend veränderte, wurde immer mehr auch in volkssprachiger Fachprosa aller Sparten gesichert und weitergegeben, in fachspezifischen
Texten ebenso wie in fachübergreifenden Werken, mehr oder weniger umfassenden
Enzyklopädien. Eine solche Enzyklopädie war schon der ‚Lucidarius' gewesen.
Ihm folgt, ein knappes Jahrhundert später, gegen Ende unseres Zeitraums die erste
von mehreren deutschen Übertragungen des pseudo-aristotelischen ‚Secretum
Secretorum' („Geheimnis der Geheimnisse"), einer über ganz Europa verbreiteten,
aus dem Arabischen stammenden Sammlung von Lebensregeln (speziell für den
Fürsten) mit umfangreicher Gesundheitslehre. Sie wurde, 1282 abgeschlossen, von
der Zisterziensernonne Hildegard von Hürnheim im Kloster Zimmern (im Nördlinger
Ries) angefertigt.

Bei der neuen Prosaliteratur des 13. Jahrhunderts handelt es sich im wesentlichen um Übertragung lateinischer Prosatexte oder um Adaption von
Texttypen der lateinischen Literatur, die traditionsgemäß mit der Prosaform
verbunden waren (der Roman von ‚Lancelot' ist nur scheinbar eine Ausnahme: wir kommen darauf zurück). Das heißt, daß auch die Etablierung
der volkssprachigen Prosa in unserem Zeitraum als Besetzung einer angestammten Position der lateinischen Literatur durch die volkssprachige zu
verstehen ist. Dieser Translationsprozeß mußte gegen den Traditionswider-
stand der deutschen Versliteratur durchgesetzt werden, wie man exemplarisch
am ‚Lucidarius'-Prolog ablesen kann (vgl. Bd. II/1): daß Heinrich der
Löwe seine Kapläne angewiesen hat, das Werk „ohne Reime" zu verfassen,
„weil sie nichts als die Wahrheit schreiben sollten nach dem lateinischen
Text der Quellen", ist offenbar auf die Mißbilligung des Hauptbearbeiters
gestoßen, an dem es, wie etwas spitz bemerkt wird, nicht gescheitert wäre,
wenn er das Werk hätte versifizieren sollen (v. 12ff.). Wenn hier die
Prosaform mit Wahrheit, die Versform (unausgesprochen) mit Lüge in
Verbindung gebracht wird, dann deshalb, weil man unterstellt, daß die
sachfremden sprachlichen Anforderungen der gebundenen Rede – der
Zwang, die Formulierungen dem Schema der metrischen Form anzupassen
– einer genauen Wiedergabe der Vorlagen im Weg stehen könnten. Unverkennbar meldet sich hier jenes Laien-Interesse, die Schriften der gelehrten
lateinischen Tradition so direkt wie möglich zur eigenen Verfügung zu
haben, das uns im Zusammenhang mit der franziskanischen Prosa begegnet
ist (S. 74f.). Die Vorbehalte gegen die Verssprache gingen indes weiter,
bezogen sich über deren Fähigkeit zur Quellentreue hinaus auf die Fähigkeit,
überhaupt Wahrheit unverstellt zu erfassen. So rühmt ein französischer
Chronist des 13. Jahrhunderts den ‚Lancelot'-Roman deswegen, weil sich

in ihm „kein einziges gereimtes Wort findet, damit die Wahrheit besser gesagt werden kann". Auf der anderen Seite fehlte es aber auch nicht an Stimmen, die gerade für nicht-fiktionale, praxisbezogene Texte die Versform empfahlen, weil sie es erleichtere, das Gesagte im Gedächtnis zu behalten, und den Wortlaut zufolge ihrer festen metrischen Fügung vor Verderbnissen der Überlieferung schütze (so um 1200 der französische Medizinschriftsteller Gilles de Corbeil). In der Tat wurde neben der prosaischen zunehmend auch eine Fachliteratur in Versen produziert, überwiegend freilich Texte, die nicht für Spezialisten, sondern für ein breiteres Publikum bestimmt waren („populärwissenschaftlich" würden wir sie heute nennen – wir führen als Beispiel aus unserem Zeitraum das ‚Steinbuch' eines gewissen Volmar an, ein Verzeichnis der Edelsteine mit Erläuterung ihrer magischen Kräfte, das sich erbittert gegen einen Text des Stricker wendet, in dem solcher Wunderglaube polemisch verspottet wird: ‚Von Edelsteinen', Moelleken Nr. 127). Ganz allgemein gilt, daß die Prosa den Vers auf keinem Gebiet der volkssprachigen Literatur auf Anhieb verdrängen konnte. Ihr Vormarsch vollzog sich vielmehr außerordentlich langsam und keineswegs geradlinig in einem jahrhundertelangen Prozeß, den wir im einzelnen noch nicht vollständig durchschauen. Wenn wir vom Durchbruch der Prosa in unserem Zeitraum sprechen, dann urteilen wir vom Ergebnis dieses Prozesses her, das für die Zeitgenossen durchaus noch nicht absehbar war.

Prosa des Rechts

Es ist nicht gerade üblich, in literaturgeschichtlichen Darstellungen unseres Zeitraums dem juristischen Schrifttum Aufmerksamkeit zu widmen. Die Fälle, die schon zur Sprache kamen, sollten – vom ‚Sachsenspiegel' bis zur ‚Augsburger Klarissenregel' – aber gezeigt haben, daß es nicht nur gerechtfertigt werden kann, dieses Schrifttum zu berücksichtigen, sondern daß dies unumgänglich ist. In unserem Zeitraum stehen so gut wie alle Manifestationen der werdenden volkssprachigen Schriftlichkeit untereinander in einem Entwicklungszusammenhang, der die gesellschaftlichen Verhältnisse, die diese Schriftlichkeit hervorgetrieben haben, ebenso betrifft wie die sprachlichen Mittel, deren sie sich bedient. Wenn es richtig ist, daß die Entfaltung der volkssprachigen Schriftlichkeit in beträchtlichem Umfang mit der Entfaltung der neuen Staatlichkeit verknüpft war, dann kann die Rechtsprosa sogar einen herausgehobenen Platz beanspruchen. Denn die neue Staatlichkeit, wie wir sie beschrieben haben, war ja wesentlich gekennzeichnet durch eine immer weitergehende und differenziertere Regelung und Institutionalisierung aller Verhältnisse des öffentlichen Lebens, die nicht denkbar gewesen wäre ohne schriftliche Fixierung der Ordnungssysteme. Diese Fixierung aber mußte, wenn die Ordnung alle erreichen und von allen getragen sein sollte, in der Volkssprache erfolgen, „weil" – wie

es in einem Zeugnis aus der ersten Hälfte des 14. Jahrhunderts heißt –
„die Schwierigkeit des Lateinischen Irrtümer und größte Zweifel hervor-
brachte und die Laien täuschte".

Der Prozeß der Verschriftlichung erfaßte auch die Rechtshandlungen des täglichen
Lebens. Mehr und mehr wurden über Schenkungen, über Verkäufe, über die
Beilegung von Streitigkeiten etc. schriftliche Dokumente erstellt: U r k u n d e n,
die den Rechtsakt für alle Zeiten beweisbar machten und damit das Recht sicherten
(„deklaratorische Urkunden"), ja es überhaupt erst schufen („dispositive Urkunden"). Urkundensprache war von alters her das Lateinische, doch begann man in
unserem Zeitraum damit, auch Urkunden in deutscher Sprache auszustellen, und
am Ende des Jahrhunderts behauptete die deutsche Urkunde einen festen Platz
neben der lateinischen (die aber noch immer bei weitem vorherrschte). Wie man
darauf verfiel, das Deutsche als Urkundensprache zu gebrauchen, ist in der
Forschung umstritten. Man wird aber wohl davon ausgehen können, daß es sich
auch hier um ein Phänomen der Laienschriftlichkeit handelt: daß deutschsprachige
Urkunden dem Sicherheitsbedürfnis der lateinunkundigen Laien entgegenkamen.

Rechtsaufzeichnung großen Stils in deutscher Sprache beginnt allerdings
nicht mit einem offiziellen Text, sondern mit einer gelehrten Privatarbeit,
einem R e c h t s b u c h: dem ‚Sachsenspiegel' des Eike von Repgow (vgl.
S. 5ff.). Trotz seines privaten Charakters und obwohl es nur ein Partikularrecht behandelt, hat das Werk, wie (S. 6) schon angedeutet, das Rechtsleben
der folgenden Jahrhunderte direkt und indirekt in schier unabsehbarer
Weise beeinflußt. Die offizielle Gesetzgebung hat es in einzelnen Bestimmungen wie im ganzen vielfach adaptiert, und über die Bearbeitung im
‚Schwabenspiegel' (vgl. S. 76f.) ist es weit über seinen ursprünglichen
Bezugsraum hinaus wirksam geworden. Die beiden großen Rechtsbücher,
die zu Beginn und gegen Ende unseres Zeitraums entstanden sind, stellten
gewissermaßen das Grundinventar an Rechtssätzen bereit, auf das man
immer wieder zurückgriff.

Zu offizieller Aufzeichnung geltender Normen in deutscher Sprache kam
es in unserem Zeitraum vor allem in den Bereichen, in denen sich die
neue Staatlichkeit formierte bzw. zu formieren suchte: im Reich, in den
Territorien, in den Städten.

Daneben wäre das bäuerliche Gewohnheitsrecht zu nennen, das Hofrecht der
Grundherrschaft und das Marktrecht der Marktgenossenschaft. Es wurde bei Bedarf
in der Form des Weistums, d.h. durch Auskunft rechtskundiger Leute festgestellt
(„gewiesen" oder „eröffnet" – der Begriff „Weistum" bezieht sich im weiteren
Sinn auf solche Feststellung von Gewohnheitsrecht jeder Art, im engeren Sinn auf
die Feststellung speziell des bäuerlichen Gewohnheitsrechts). Aufzeichnungen
derartiger B a u e r n - oder D o r f w e i s t ü m e r sind vereinzelt, und zwar in lateinischer Sprache, schon aus dem 11. und 12. Jahrhundert erhalten. In der zweiten
Hälfte des 13. Jahrhunderts stieg ihre Zahl sprunghaft an. Gleichzeitig setzte sich

das Deutsche als Aufzeichnungssprache durch und verdrängte seit dem 14. Jahrhundert das Lateinische fast völlig.

Die Feststellung des bäuerlichen Rechts war nicht selten verbunden mit der
Feststellung von Besitzstand und Einkünften des Grundherrn, die man in sog.
U r b a r e n verzeichnete. Urbare bzw. urbarartige Aufzeichnungen in deutscher
Sprache (bzw. in einer Mischung aus Deutsch und Latein) sind schon sehr früh
bezeugt (z.B. die ‚Essener Heberolle‘ aus dem 10. und die ‚Freckenhorster Heberolle‘ aus dem 11. und 12. Jahrhundert); in nennenswertem Umfang setzen sie wie
die Weistümer in der zweiten Hälfte des 13. Jahrhunderts ein (wobei bemerkens-
werterweise der Anteil der Urbare aus Frauenklöstern, den Zentren der deutschen
geistlichen Prosa also, besonders hoch ist). Hierher gehört typologisch auch das
(S. 56) erwähnte ‚Landbuch von Österreich und Steier‘.

Die Gesetzgebung der L a n d f r i e d e n — im Prinzip zeitlich begrenzte
Vereinbarungen zur Friedenswahrung — hat sich 1235 mit dem ‚Mainzer
Reichslandfrieden‘ der deutschen Sprache geöffnet (vgl. S. 23). Er ist in
der Folgezeit mehrfach erneuert worden, ohne daß es jemals gelungen wäre,
dem Reich eine einheitliche, umfassende und wirksame Rechtsordnung im
Sinne der neuen Staatlichkeit zu geben. Deren Ort waren in Deutschland,
wie wir (S. 19) sahen, die Territorien. Ihre Rechtsordnungen haben sich
in unserem Zeitraum außer in Spezialgesetzen (etwa Privilegien für bestimmte
Gesellschaftsgruppen) hauptsächlich in territorialen Landfrieden niedergeschlagen, volkssprachig im ‚Bayrischen Landfrieden‘ von 1256, im ‚Österreichischen Landfrieden‘ König Ottokars (von 1254?) und in diversen
Landfrieden, die auf Initiative König Rudolfs von Habsburg zustandekamen
(vgl. S. 48). Gegen Ende unseres Zeitraums wurde dann auch eine eigentliche
L a n d e s o r d n u n g in deutscher Sprache kodifiziert: das ‚Österreichische
Landrecht‘ (vgl. S. 56), für dessen formale Gestaltung man sich möglicherweise am Muster des ‚Schwabenspiegels‘ orientiert hat.

Ein Dokument volkssprachiger städtischer Rechtsaufzeichnung haben
wir im ‚Mühlhäuser Reichsrechtsbuch‘ kennengelernt (vgl. S. 22). Als
umfangreiches S t a t u t e n b u c h repräsentiert dieser Text — gleichviel,
ob es sich um eine Privatarbeit, also ein Rechtsbuch im strengen termino-
logischen Sinn, oder um eine offizielle Kodifizierung handelt — bereits
ein fortgeschrittenes Stadium in der Entwicklung des Stadtrechts, an dessen
Anfang königliche Privilegien für den Stadtherrn bzw. für die Stadt standen.
Statutenbücher sind anscheinend erst im 13. Jahrhundert aufgekommen,
wurden aber — im Zuge der stürmischen Entwicklung des Städtewesens —
schon in unserem Zeitraum öfters und zunehmend in deutscher Sprache
angelegt, wobei man vielfach vom Landrechtsteil des ‚Sachsenspiegels‘
bzw. — wie im (S. 77) erwähnten ‚Augsburger Stadtrecht‘ von 1276 —
des ‚Schwabenspiegels‘ profitierte (was möglich war, weil sich die Materie
des Landrechts zu einem guten Teil mit der des Stadtrechts deckt: Erbfragen
z.B. sind auf dem Land wie in der Stadt zu regeln). Dadurch, daß die
Stadtherren neugegründete Städte mit dem Recht einer bereits gegründeten

Stadt zu bewidmen pflegten, bildeten sich regelrechte Stadtrechtsfamilien, deren Mitglieder nicht nur durch die Art ihres Rechts untereinander verbunden waren, sondern auch durch die Rechtspraxis, insofern die „Tochterstädte" sich in strittigen Rechtsfällen an das Gericht der „Mutterstadt" wandten, das zum regulären juristischen Oberhof werden konnte.

Vom Statutenbuch zu unterscheiden ist das S t a d t b u c h, in dem man städtische Rechtshandlungen aller Art – Grundstücksgeschäfte, Gerichtsbeschlüsse, Stadtverweisungen etc. – protokollierte. Aus solchen Büchern, deren Führung – teils in lateinischer, teils in deutscher Sprache – ebenfalls in unserem Zeitraum üblich wurde, ist u.a. das moderne Grundbuchwesen hervorgegangen.

Was wir bisher behandelt haben, betrifft die territoriale Rechtsbildung, die das alte persönliche Stammesrecht verdrängte und zur Grundlage der neuen Staatlichkeit geworden ist. Daneben entwickelte sich aber eine andere Art persönlichen Rechts, und zwar in den verschiedenen, in der Gesellschaft scharf sich abgrenzenden Personengruppen: das Lehnrecht der Vasallen, das Dienstrecht der Ministerialen, die Statuten der Gilden und Zünfte und anderes mehr (typologisch könnte man auch die O r d e n s r e g e l n hierher stellen, juristisch nehmen sie aber als integrierender Bestandteil eines Rechtsbereichs mit umfassendem Geltungsanspruch, des Kirchenrechts nämlich, eine Sonderstellung ein – wir kommen auf sie in ihrer Eigenschaft als geistliche Prosa zurück: S. 178). Die Zahl der Dokumente solchen Rechts nimmt im Laufe des 13. Jahrhunderts ebenfalls kräftig zu, und man beginnt, auch sie in der Volkssprache abzufassen (wofür als erstes bedeutendes Zeugnis der Lehnrechtsteil des ‚Sachsenspiegels' gelten kann).
    In ihrer komplizierten Vielfalt belegen all diese Rechtsbereiche mit den verschiedenen Typen der Rechtsaufzeichnung den starken Schub der Institutionalisierung und Verschriftlichung der Gesellschaft, der unsern Zeitraum kennzeichnet.

Prosa der Geschichtsschreibung

„... Unsere Vorfahren, die hierher kamen und die Thüringer vertrieben, die waren in König Alexanders Heer gewesen, mit ihrer Hilfe hatte er ganz Asien bezwungen. Als Alexander gestorben war, wagten sie nicht, in dem Land zu bleiben, weil man sie dort haßte, und schifften sich ein mit 300 Schiffen. Die gingen alle zugrunde bis auf 54. Von denen kamen 18 nach Preußen, und die Insassen ließen sich dort nieder. Die Insassen von 12 ließen sich in Rügen nieder, die von 24 kamen hierher. Da sie nicht so viele waren, daß sie hätten das Ackerland bebauen können, nachdem sie die thüringischen Herren erschlagen und vertrieben hatten, ließen sie die Bauern unangetastet und verliehen ihnen das Ackerland nach dem Recht, wie es noch heute die Hörigen haben. Daher sind die Hörigen gekommen. Von den Hörigen, die durch Rechtsbruch ihr Recht verwirkten, sind die Tagelöhner gekommen."

Der Artikel des ‚Sachsenspiegels' (Landrecht III 44) zeigt schlagend den Zusammenhang von Recht und Geschichte: gegenwärtige Rechtsordnung, hier die Existenz gesellschaftlicher Gruppen mit je besonderem Recht, wird aus der Geschichte der Rechtsgemeinschaft begründet. Wie hier der Jurist auf die Historie zurückgreift, so haben umgekehrt Historiographen den Geschichtsverlauf aus der Perspektive der gegenwärtigen Rechtsordnung dargestellt. Die logische Konsequenz dieses Zusammenhangs ist die Verbindung von Rechtsbuch und Geschichtsbuch, wie sie der einflußreiche Chronist Martin von Troppau mit seiner ‚Chronik der Päpste und Kaiser' (Erstfassung 1268/69) auf ganz praktische Weise bedacht hat: er habe, so bemerkt er in der Vorrede, sein Werk nach Möglichkeit kurz gefaßt, damit die Theologen es zur bequemen Benutzung mit der ‚Historia scholastica' des Petrus Comestor (einem viel gebrauchten Handbuch der Geschichte des Alten und Neuen Testaments) und die Rechtsgelehrten mit ihren Gesetzestexten zu einem Band zusammenbinden könnten. Die Äußerung rückt den Fall einer solchen Verbindung, der uns bereits begegnet ist, in einen weiteren Zusammenhang: die Verbindung des ‚Deutschenspiegels'/‚Schwabenspiegels' mit dem ‚Buch der Könige'/‚Buch der Könige *alter ê und niuwer ê*' (S. 77). Es ist wohl anzunehmen, daß der juristische Kontext (oder besser: Haupttext) mit seinem „prosaisch" nüchternen Wirklichkeitsbezug den Augsburger Franziskanern keine andere Wahl gelassen hat, als von der Tradition der deutschsprachigen Chronistik abzuweichen und die Geschichtsbücher in Prosa zu verfassen, gemäß dem wahrheitsverbürgenden Charakter der schlichten, „nicht-poetischen" Schreibform, die seit der Antike gerade für die Historiographie immer wieder reklamiert wurde.

Neben den beiden Augsburger Chroniken entstand in unserem Zeitraum eine weitere Weltchronik in deutscher Prosa, die literarisch ungleich bedeutender ist: die ‚Sächsische Weltchronik'. Nach lateinischen Quellen — in der Hauptsache der Weltchronik Frutolfs von Michelsberg und Ekkehards von Aura und den Annalen des Klosters Pöhlde (am Harz) — erzählt sie die Geschichte der Welt von der Erschaffung bis ins 13. Jahrhundert. Sie ist in drei bzw. vier Fassungen überliefert: A, B, C (C^1 und C^2). Die umfangreichste dieser Fassungen: C reicht bis 1260 bzw. 1275. Der Ansatz hängt davon ab, ob man die Notizen aus der Zeit nach 1260 mit dem Herausgeber als ‚Sächsische Fortsetzung' abtrennt oder — wogegen nichts spricht — zum ursprünglichen Bestand rechnet (die Bezeichnung ‚Sächsische Fortsetzung' ist mißverständlich: die Weltchronik verengt sich hier keineswegs zur Landeschronik — das geschieht erst im 14. Jahrhundert mit bayrischen und thüringischen Fortsetzungen). Zum ursprünglichen Bestand könnte auch die Erzählung von den ‚Fünfzehn Vorzeichen des Jüngsten Gerichts' gehören: als eschatologischer Ausblick in einer Tradition der Weltchronistik, die die Darstellung vom ersten bis zum jüngsten Tag der Welt spannt. Man war früher der Ansicht, der Text sei von A als der ursprünglichen Fassung über B und C weiterentwickelt worden. Da A bis zum Jahre 1225 bzw. 1230 reicht, kam man auf die Jahre um 1230 als Entstehungszeit, und man vermutete in dem anonymen Chronisten keinen Geringeren als Eike von Repgow, den Verfasser des ‚Sachsenspiegels‘, der in der (gereimten) Vorrede zitiert wird. Neuere Untersuchungen haben indessen gezeigt, daß die Textentwicklung möglicherweise gerade umgekehrt verlaufen ist: von C über B nach A. Demnach wäre das Werk um 1260 oder um 1275 entstanden, und die Textentwicklung repräsentierte dann modellhaft einen charakteristischen Stilbildungsprozeß: Die mutmaßlich älteste Fassung C^1 ist gekennzeichnet durch eingesprengte Passagen aus der deutschen ‚Kaiserchronik‘ des 12. Jahrhunderts, die in ihrer Versform belassen sind. Solche Mischung von Prosa und Vers − man nennt sie „Prosimetrum“ − ist nichts·Ungewöhnliches; schon antike Schriftsteller haben sich ihrer bedient, und sie ist gerade auch in Chroniken des Mittelalters gut bezeugt. Der Redaktor der Fassung C^2 hat diese Passagen in Prosa umgeformt und durch rigorose Verknappung und Vereinfachung einen dürren Bericht herausdestilliert; er war offenbar der Tradition der Geschichtsschreibung verpflichtet, die in jeder künstlerischen Formung der historischen Mitteilung eine Gefahr für deren Wahrheitsgehalt sah. Der Redaktor des Textes, der den Fassungen B und A zugrundeliegt, hätte die Chronik dann insgesamt gekürzt nach einer in der mittelalterlichen Historiographie verbreiteten Praxis, die dem Wunsch der Benutzer nach knappen Kompendien entsprach und dem Bedürfnis entgegenkam, den Kopieraufwand so weit wie möglich zu drücken, was die Verbreitung des Werks förderte: in der Tat hat die ‚Sächsische Weltchronik‘ in den Fassungen A und B ihre größte Wirkung entfaltet. Wenn die Textentwicklung von C^1 nach C^2 im kleinen den Gang der literarischen Formgeschichte vom Vers zur Prosa spiegelt, so liefert die Wirkungsgeschichte der ‚Sächsischen Weltchronik‘ ein anschauliches Beispiel dafür, daß dieser Prozeß, wie wir sagten, nicht geradlinig verlaufen ist: sie hat als Quelle für gereimte Werke wie die ‚Braunschweigische Reimchronik‘ und den ‚Lohengrin‘ gedient, und auch sie ist in versifizierter Gestalt in die Monster-Chronik des Heinrich von München einkompiliert worden (vgl. S. 136).

Es ist verlockend, die ‚Sächsische Weltchronik‘ in Analogie zur Chronistik der Augsburger Franziskaner mit geistlich-juristischen Interessen zusammenzubringen. Beweisen läßt sich hier vorläufig nichts, aber es spricht doch einiges dafür, daß auch ihr Verfasser, der wohl im niedersächsischwelfischen Raum (Lüneburg?) gearbeitet hat, ein Franziskaner gewesen ist und daß er sein Werk als Komplement zum ‚Sachsenspiegel‘ verfaßte. Immerhin haben wir Gelegenheit, die beiden Werke, das historische und das juristische, wenigstens indirekt verkoppelt zu sehen in einer Magdeburger Überlieferung, die auf ihnen aufbaut. Sie vereinigt u.a. regelmäßig eine Magdeburger Stadtchronik, die sog. ‚Weichbildchronik‘, mit einem Magdeburger Stadtrecht, dem sog. ‚Weichbildrecht‘, beide in deutscher Prosa („Weichbild“, niederdeutsch *wîkbelde*, heißt ursprünglich „Recht eines

Ortes, einer Stadt" – die Bildung „Weichbildrecht", *wîkbelderecht*, ist also pleonastisch). Die Chronik, deren Verfasser die ‚Sächsische Weltchronik' ausgebeutet hat, gibt eine Übersicht über die Entwicklung der Rechtsverhältnisse in der Stadt, indem sie – beginnend, *wi megdeburg* von Otto dem Großen *gestift wart* – von Kaiser zu Kaiser und von Bischof zu Bischof fortschreitet. Sie liefert damit den historischen Unterbau für das folgende Rechtsbuch, das vom ‚Sachsenspiegel' abhängig ist. Man hat diese Magdeburger Texte früher in die Mitte des 13. Jahrhunderts datiert. Die Umdatierung der ‚Sächsischen Weltchronik' nötigt nun dazu, die verwickelte Frage ihrer Entstehung neu zu prüfen.

Geistliche Prosa

Von den verschiedenen Formen volkssprachiger geistlicher Prosa, die in unserem Zeitraum gepflegt wurden, konnte die Predigt auf die bedeutendste Tradition zurückblicken. Vereinzelt schon in karolingischer Zeit und dann kontinuierlich seit dem 11. Jahrhundert bezeugt, hatte sie im 12. Jahrhundert u.a. mit dem ‚Speculum Ecclesiae' und mit der Sammlung des Priesters Konrad erste beachtliche Leistungen hervorgebracht (vgl. Bde. I/2 und II/1). Es war bereits davon die Rede, daß die Tradition im 13. Jahrhundert nicht einfach fortgeführt wurde, sondern eine neue Wendung nahm: jene Wendung in Stil und Inhalt, die wie kein anderer Berthold von Regensburg verkörpert (vgl. S. 69ff.). Im europäischen Kontext erscheint sein Werk als der herausragende deutsche Beitrag am Beginn einer allgemeinen Blütezeit der Predigt, welche die Bettelorden, deren wichtigstes Wirkungsinstrument sie ja war, heraufführten (die Dominikaner nannten sich geradezu: *Ordo fratrum praedicatorum*, „Orden der Predigerbrüder"). Die Bettelordenspredigt steht freilich nicht ohne jede Voraussetzung da. Sie konnte an eine Entwicklung anknüpfen, die, offenbar von Frankreich ausgehend, im 12. Jahrhundert zu einer Änderung der Predigtweise geführt hatte. Im Gegensatz zur älteren, diesbezüglich eher sorglosen Praxis bemühte man sich zunehmend, den Predigtstoff straff zu gliedern und ihn in einem einheitlichen Darstellungs- und Argumentationszusammenhang darzubieten, namentlich mit Hilfe von Zahlenschemata, wie sie dann Berthold so virtuos eingesetzt hat. Hand in Hand damit gewann der Predigttyp des „Sermo", die systematische Behandlung eines bestimmten Themas, immer mehr an Bedeutung gegenüber dem bis dahin herrschenden Predigttyp der „Homilie" (im engeren Sinn), der mehr oder weniger schlichten Erklärung des Schriftwortes (was wiederum die schon [S. 140f.] erwähnte Verwendung von Exempeln begünstigte, die naturgemäß im traktathaft argumentierenden Sermo vorzüglich am Platz waren). Man nimmt an, daß es zu dieser Intellektualisierung der Predigtweise unter dem Einfluß einer allgemeinen Intellektualisierung der Theologie gekommen ist, die damals von der Scholastik vorangetrieben wurde. Umso überraschender ist es, daß der erste große Meister der neuen Predigt ausgerechnet ein erbitterter Gegner der Scholastik gewesen ist: Bernhard von Clairvaux.

Das Vorbild Bernhards ließ den Zisterzienserorden zu der Institution werden, die am meisten für die Durchsetzung des neuen Predigtstils getan hat. Es ist daher verlockend, als älteste deutsche Sammlung solcher Predigten ein Werk zisterziensischer Geistigkeit anzusprechen: die Sammlung des sog. St. Georgener Predigers, die vielleicht im westmitteldeutschen Raum entstanden ist (ihr Name ist irreführend: er bezieht sich auf den ehemaligen Aufbewahrungsort der ältesten vollständigen Handschrift, das Benediktinerkloster St. Georgen in Villingen im Schwarzwald). Den Anhaltspunkt für eine Frühdatierung an den Beginn unseres Zeitraums liefert ein Fragment, das noch vor der Jahrhundertmitte geschrieben sein soll; beweisend für die zeitliche Fixierung der Sammlung, die als solche erst seit dem 14. Jahrhundert überliefert ist, kann es allerdings nicht sein, weil damit gerechnet werden muß, daß ältere Stücke in sie eingerückt wurden. Sie dürfte zum Gebrauch in einem Kloster geschaffen sein, das dem Zisterzienserorden angehörte oder von ihm betreut wurde. Inspiriert vor allem von Bernhard, den sie wieder und wieder zitieren und ausschreiben, kreisen die Predigten um die rechte Einrichtung und den Sinn des Klosterlebens. In ihrer klaren, eindringlichen und bildhaft einprägsamen Sprache wie in ihrer genauen Disposition erinnern sie an die Predigten Bertholds, mit denen sie in der Überlieferung z.T. vermischt sind – und machen im Vergleich doch deren Unvergleichlichkeit bewußt (selbst wenn man von den großen Volkspredigten Bertholds absieht und nur das kleine Corpus seiner Klosterpredigten ins Auge faßt).

Das gilt auch für das dritte große Predigtwerk, das in unserem Zeitraum verfaßt wurde, die Sammlung eines unbekannten Geistlichen, vielleicht eines Franziskaners, den man nach seiner alemannischen Sprache den Schwarzwälder Prediger nennt. Er hat gegen Ende des Jahrhunderts, wohl um 1280, einen Zyklus von Sonntagspredigten und wahrscheinlich einen Zyklus von Fest- und Heiligenpredigten zusammengestellt, die er anscheinend vor einer städtischen Gemeinde gehalten hatte. Die Predigten sind stark abhängig von lateinischen Vorbildern: die Sonntagspredigten hauptsächlich von den ‚Sermones de tempore' des Franziskaners Konrad von Sachsen (gestorben 1279), die Fest- und Heiligenpredigten von der ‚Legenda aurea' des Dominikaners Jacobus von Voragine, die, wohl vor 1267 entstanden, im lateinischen Original und in massenhafter volkssprachiger Adaption bald zur beliebtesten Legendensammlung des Mittelalters werden sollte. Der Schwarzwälder Prediger teilt mit Berthold die plastische und lebhafte, auf Verlebendigung des Stoffes und direkte Anrede des einzelnen Zuhörers gerichtete Redeweise. Seine Emotionalität ist jedoch sanfter, er geht verständnisvoll auf die Bedürfnisse und Schwächen der Gläubigen ein und neigt dazu, zu trösten und zu beruhigen, wo Berthold erschreckt und aufrüttelt. Das Interesse der schlichten Zuhörer wird er vor allem durch seine Fähigkeit zum Geschichtenerzählen gefesselt haben, dem er breiten Raum gibt in ausführlichen Wiedergaben des Bibeltextes und der Heiligenviten (im wesentlichen direkte Übersetzungen aus der ,Legenda aurea').

Typologisch rückt die Sammlung der Fest- und Heiligenpredigten damit in die Nähe der Prosa-L e g e n d a r e, die im 14. Jahrhundert zu einer der wichtigsten Gattungen der volkssprachigen geistlichen Literatur geworden sind. Die Anfänge der Tradition reichen mit dem sog. ,Jenaer Martyrologium' möglicherweise noch in unseren Zeitraum hinein.

Die Werke Bertholds von Regensburg, des St. Georgener und des Schwarzwälder Predigers sind keineswegs die einzigen Predigten, die in unserem Zeitraum in deutscher Sprache zu Pergament kamen. Wir besitzen darüber hinaus eine recht stattliche Überlieferung von Einzelstücken und kleineren und größeren Sammlungen. Sie ist aber leider noch nicht hinreichend aufgearbeitet, so daß wir es bei der Vorführung jener Werke belassen müssen. Soweit bis jetzt zu erkennen ist, ragen sie ihrer Qualität nach aus der Menge des Überlieferten deutlich heraus. Und sie dürfen wohl auch als repräsentativ gelten, insofern sie einen Eindruck vermitteln von der neuen Intensität des religiösen Lebens.und von seiner Vielfalt, die sich in den verschiedenen Funktionstypen der Predigt manifestiert, die sie vertreten: der Klosterpredigt (Berthold, St. Georgener Prediger), der Missionspredigt der Bettelorden (Berthold) und der Gemeindepredigt (Schwarzwälder Prediger).

Was wir (S. 70) für die Überlieferungt der Predigten Bertholds von Regensburg feststellten, gilt generell für die Überlieferungt mittelalterlicher Predigten. Sie ist in aller Regel nicht getreuliche Dokumentation wirklich gehaltener Vorträge, sondern präsentiert uns die Texte in literarisch bearbeiteter Form: was wir in den Händen halten, sind zumeist entweder Musterbücher für Prediger oder Lesebücher (vgl. auch Bde. I/2 und II/1).

Beide Gebrauchstypen können quer durch die Überlieferung gehen. So ist etwa die – im Original überlieferte! – Sammlung des Schwarzwälder Predigers ursprünglich als Musterbuch angelegt, wie zweifelsfrei aus eingestreuten lateinischen Anweisungen hervorgeht (z.B. *si placet tibi hic plura narrare de die iudicii, tunc quere in dominica XX post pentecosten . . .*, ,,wenn du hier mehr vom Jüngsten Gericht erzählen willst, dann schlag unter dem zwanzigsten Sonntag nach Pfingsten nach" – Grieshaber I S. 153). In einigen Handschriften sind diese und andere lateinische Stellen getilgt, was sie als Lesebücher ausweist.

Es wäre jedoch falsch, die Überlieferung geringzuschätzen, weil sie uns die Texte gewissermaßen in einem sekundären ,,Aggregatzustand" bietet. Denn eben in diesem ,,Aggregatzustand", in der literarisch bearbeiteten Form, haben sie schon im Mittelalter ihre breiteste Wirkung entfaltet, sind sie in den Klöstern, in den verschiedensten religiösen Zirkeln und in den Familien gelesen worden. Die Prediger haben größten Wert auf diese Art von Breitenwirkung gelegt und die schriftliche Fixierung oft selbst in die Hand genommen. Ja, es spricht manches dafür, daß nicht wenige der überlieferten Texte gar nicht auf wirklich gehaltene Vorträge zurückgehen, sondern von vornherein als Lesestücke konzipiert waren, deren Verfasser sich in einer Art literarischer Fiktion des Predigtschemas als einer reinen Schreibform bedienten (genau wie die Verfasser von Lesedramen, vgl. S. 160).

Als Lesestücke traten die Predigten oft in den Überlieferungsverband mit anderen geistlichen (Prosa-)Texten in Kompilationen von der Art, wie sie etwa der ‚Baumgarten geistlicher Herzen' (vgl. S. 75) vertritt. Es ist nicht leicht, die Texte, die in solchen Kompilationen zusammengestellt wurden, nach Typen zu sondern. Theoretisch könnte man etwa nennen:
Traktat (auf diskursive Erörterung eines Problemzusammenhangs bzw. auf Belehrung oder praktische Handlungsanweisung gerichtete Abhandlung – zu diesem Typus tendieren die literarisierten Predigten),
Betrachtung (Vergegenwärtigung geistlicher Gegenstände, etwa der Passion Christi, zur kontemplativen oder meditativen Versenkung),
Gebet,
Erzählung,
Dictum (sentenzhafte Äußerung).
In der Praxis überschneiden und verbinden sich diese Idealtypen aber immer wieder (vor allem Traktat und Betrachtung sind kaum auseinander-zuhalten), und auch was ihre Zweckbestimmung betrifft, lassen sie sich nicht einfach festlegen: sie bewegt sich gewöhnlich zwischen Belehrung und Erbauung (d.h. affektiver Stärkung des Glaubens), ohne daß im Einzelfall eine genaue Fixierung möglich wäre.
   Vorläufer dieser volkssprachigen geistlichen Prosa scheinen schon im 12. Jahrhundert zu begegnen (vgl. Bd. I/1). Von Sammlungen wie etwa den ‚Gebeten und Benediktionen von Muri' oder den ‚Benediktbeurer Ratschlägen und Gebeten' unterscheiden sich die Denkmäler des 13. Jahrhunderts jedoch fundamental durch den Reichtum ihrer Typen und Themen, durch ihre sprachliche Qualität und vor allem durch die Art ihrer Frömmigkeit. Man darf füglich bezweifeln, daß ein historischer Zusammenhang besteht, und wird bis auf weiteres davon ausgehen, daß die geistliche deutsche Prosa des 13. Jahrhunders eine Erscheinung aus eigenem Recht darstellt, deren Geburtsstunde schlug, als sich aus der religiösen Bewegung heraus eine breite Schicht von Menschen formierte, die mit religiösem Schrifttum um-zugehen wünschten, ohne über ausreichende Lateinkenntnisse zu verfügen.
   Vorerst nur vage auszumachen, scheint sich eine früheste Schicht solchen Schrifttums abzuzeichnen, die von zisterziensischen Kreisen im westmittel-deutschen Raum getragen wurde. Von den historischen Grundlagen her wäre das sehr plausibel: es waren ja die Zisterzienser, bei denen die religiöse Bewegung am ehesten Orientierung und Betreuung finden konnte, bevor die Bettelorden das Feld beherrschten; und gerade im westmitteldeutschen Raum, im Land um den Mittel- und Niederrhein, hat sich schon früh eine

einflußreiche zisterziensische Klosterkultur entwickelt. Nach dem gegenwärtigen Stand der Forschung kommen hier vor allem zwei bedeutende Werke in Frage: die Sammlung des St. Georgener Predigers (oder eine ältere Sammlung, auf der er aufbaute?) und die ‚Heilige Regel für ein vollkommenes Leben‘, ein Traktat über das Klosterleben, der wohl kurz vor oder um die Jahrhundertmitte zusammengestellt wurde.

Das Werk gliedert sich in vier Teile. Der erste handelt von den Tugenden, die die Grundlage des Ordenslebens bilden; der zweite vom Gottesdienst und von den sieben Tagzeiten; der dritte von den Ordensgelübden; der vierte von der Liebe und von den drei Stufen, an denen vorbei niemand ins Himmelreich kommt. Die einzige Handschrift überliefert leider nur den ersten Teil, und zwar mit Lücken und nicht bis zum Schluß. Zur Verdeutlichung der Lehraussagen sind regelmäßig Exempel eingeschaltet, im überlieferten Text nicht weniger als 48: das verleiht dem Werk den Rang der ersten Sammlung von Prosanovellistik in deutscher Sprache. Für die Mehrzahl dieser Beispielgeschichten hat man lateinische Quellen nachgewiesen, darunter den ‚Dialogus miraculorum‘ („Gespräch über Wundergeschichten“) und die ‚Libri miraculorum‘ („Bücher der Wundergeschichten“) des Zisterziensers Caesarius von Heisterbach aus den zwanziger Jahren des 13. Jahrhunderts. Diese Sammlungen sind aus der Predigttätigkeit des Mönchs erwachsen, der es nach seinen eigenen Worten liebte, in der Predigt das aus der Heiligen Schrift Bewiesene „mit Exempeln zu bekräftigen“. An Predigten – und zwar an disponierte Predigten der neuen Art – erinnert der Traktat auch in den erörternden Passagen, und es ist damit zu rechnen, daß einzelne Abschnitte Adaptionen aus (lateinischen) Predigtsammlungen sind. Zu überprüfen wäre daraufhin insbesondere das umfangreiche homiletische Oeuvre des Caesarius, der oft über das Ordensleben gepredigt hat und der in einem Kloster wirkte, das als Entstehungsort der ‚Heiligen Regel‘ in Frage kommen könnte.

Wir müssen abwarten, ob es der Forschung gelingt, ein genaueres und reicheres Bild von dieser Tradition zu gewinnen. Es geht dabei letztlich um nichts geringeres als darum, die franziskanische Prosa des Regensburg-Augsburger Kreises in eine historische Entwicklung zu stellen. Nach dem gegenwärtigen Forschungsstand wirkt diese Prosa – David von Augsburg, die Redaktion der Berthold-Predigten, der ‚Baumgarten geistlicher Herzen‘, vielleicht auch die Übertragung der ‚Epistola‘ des Wilhelm von St. Thierry – frappierend in ihrer außerordentlichen sprachlichen Qualität, die gänzlich voraussetzungslos zu sein scheint. Sie wäre besser zu begreifen (und es täte ihrem Rang keinen Abbruch), wenn man sie als konsequente Fortführung älterer zisterziensischer Bemühungen sehen dürfte, als reife Frucht eines jahrzehntelangen Wachstumsprozesses.

Die Rekonstruktion einer solchen Tradition ist freilich ein schwieriges und risikoreiches Unternehmen – wie schwierig und risikoreich, sei exemplarisch an zwei hochinteressanten mystischen Traktaten gezeigt, der ‚Rede von den fünfzehn Graden‘ und der ‚Lilie‘. Sie sind – in einer Mischform aus Prosa bzw. Reimprosa und Versen – offenbar von ein und demselben Mann geschrieben worden, der, wie die Sprache ausweist, vom Mittelrhein stammte. Aufgrund prägnanter textlicher Übereinstimmungen der ‚Rede' mit dem ‚Rheinischen Marienlob' (vgl. S. 149f.) identifizierte man ihn mit dessen Verfasser und kam damit auf 1220—1250 als Entstehungszeit. Weitere Indizien ließen an das Zisterzienserkloster Eberbach bei Bingen als Entstehungsort denken. Bei näherem Hinsehen löst sich dieses schöne Bild aber leider in Luft auf. Wenn keine neuen Zeugnisse zutagetreten, ist es methodisch völlig hoffnungslos, nachweisen zu wollen, daß die beiden Traktate vom Verfasser des ‚Rheinischen Marienlobs' stammen und daß sie in Eberbach entstanden sind. Was bleibt, ist lediglich die Zuweisung an eine gemeinsame rheinische Tradition geistlicher Dichtung. Dem frühen zeitlichen Ansatz aber entzieht ein von der Forschung vernachlässigtes Faktum definitiv den Boden. Die ‚Lilie' beruht auf dem lateinischen Traktat ‚Vitis mystica' („geistliche Weinrebe"), der auch in der ‚Rede' benutzt ist. Als Verfasser dieses Traktats gilt der große Franziskanertheologe Bonaventura (1221—1274): damit rücken die Texte entschieden in die zweite Jahrhunderthälfte, und man würde sie am liebsten ins 14. Jahrhundert schieben, wenn nicht der altertümliche Charakter der (einzigen) Handschrift der ‚Lilie' dagegen spräche (die Überlieferung der ‚Rede' setzt erst im 14. Jahrhundert ein).

Über der Faszination, die von der Vorstellung einer frühen rheinischen Schicht ausgeht, soll nicht vergessen werden, daß es auch sonst in unserem Zeitraum zisterziensische Prosa in deutscher Sprache gegeben hat, auch sie freilich schwer identifizierbar, datierbar, lokalisierbar. Wir nennen als Beispiel nur das ‚Buch von geistlicher Lehre' (auch ‚Tiroler Christenspiegel' genannt), das in zwei Handschriften überliefert ist, deren ältere um 1300 im Zisterzienserkloster Stams in Tirol geschrieben wurde. Es handelt sich um eine — wiederum für Klosterleute bestimmte — Kompilation verschiedenster Stücke, darunter ‚Von der Messe', ‚Von den drei Ehren des Priesters', ‚Von den Tugenden des Menschen', ‚Von der Ordensregel', ‚Von der Beichte' (darin das älteste Sterbebüchlein in deutscher Sprache: eine Übertragung der — fälschlich — dem Anselm von Canterbury zugeschriebenen ‚Admonitio morientis', „Ermahnung an den Sterbenden"), ferner eine Fassung der ‚Fünfzehn Vorzeichen des Jüngsten Gerichts' (vgl. S. 171).

Anders als die im weitesten Sinne traktathaften Texte ordnen sich die im Regensburg-Augsburger Franziskanerkreis verfaßten Übertragungen von Ordensregeln problemlos in eine klar erkennbare Tradition ein. Deutsche Fassungen der Benediktinerregel sind seit dem 12. Jahrhundert kontinuierlich bezeugt. Daß auch die Bettelorden ihre Regeln in die jeweiligen Landessprachen übertrugen, ist selbstverständlich. In deutscher Sprache kennen wir aus unserem Zeitraum außer der ‚Augsburger Drittordensregel' und der ‚Augsburger Klarissenregel' eine weitere Fassung der ‚Klarissenregel' (in einer vernichteten Würzburger Handschrift) und Fassungen der ‚Dominikanerinnen-Regel' nebst Konstitutionen und Auslegung (der Dominikanerorden richtete sich grundsätzlich nach der Augustinerregel, die durch die Konstitutionen ergänzt und durch die Auslegung erläutert wurde).

Es ist anzunehmen, daß man in den Kreisen der religiösen Bewegung nicht zuletzt die Bibel, besonders das Neue Testament, in deutscher Prosa rezipiert hat. Als repräsentativ für solche Bibelübertragungen in unserem Zeitraum kann wohl eine Evangelienharmonie gelten (also ein Werk, in dem die Berichte der vier Evangelisten zu einem geschlossenen Text ineinandergearbeitet sind), die gewöhnlich ‚Leben Jesu' genannt wird. Das Werk geht wahrscheinlich nicht direkt auf das Lateinische zurück, sondern auf einen niederländischen Text, der vielleicht in einem Kölner Dominikanerkloster ins Deutsche umgesetzt wurde. In reicher Überlieferung ist es vom 13. bis zum 15. Jahrhundert fast im gesamten deutschen Sprachraum verbreitet worden.

Charakteristisch für die bisher besprochenen Texte ist ihre mehr oder weniger große Nähe zum Lateinischen: wir haben es — bei gewissen Ausnahmen im Bereich der Predigt und vielleicht im Werk Davids von Augsburg — mit Übertragung, Bearbeitung oder wenigstens partieller Adaption lateinischer Quellen zu tun. Doch hat es in unserem Zeitraum auch schon eine geistliche Prosa gegeben, die sich unmittelbar aus der Volkssprache heraus konstituierte: bei Mechthild von Magdeburg (vgl. S. 78ff.). In seinem unerhörten Anspruch, Offenbarung Gottes zu sein, besiegelt Mechthilds Werk auf grandiose Weise die in diesen Jahrzehnten neu erworbene Würde der Volkssprache.

Der erste Prosaroman

Die volkssprachige Romanliteratur des hohen Mittelalters ist Versliteratur. Die Gleichung gilt für Deutschland ausnahmslos, und sie gilt grundsätzlich noch bis ins 15. Jahrhundert hinein. In Frankreich hingegen hat man bereits am Ende des 12. Jahrhunderts damit begonnen, Romane auch in Prosa zu verfassen, und zwar Romane aus dem Kreis des durch Chrestien de Troyes in die Literatur eingeführten Gralstoffes. Schon sehr früh, in der ersten Hälfte des 13. Jahrhunderts, hat diese neue Tradition des Prosaromans in Frankreich zu einer Leistung höchsten Ranges geführt: zum ‚Lancelot-Gral-Roman' (‚Grand Saint Graal'). Seine Grundlage bilden vor allem der Lancelot- und der Gral-Roman Chrestiens de Troyes, die Werke Roberts de Boron und die von Geoffrey of Monmouth und Wace geschaffene bzw. vermittelte pseudo-historische Überlieferung von König Artus (vgl. Bd. II/1). Das an sich disparate Stoffmaterial ist zu einem riesigen Erzählzyklus arrangiert worden, in dem man fünf Teile unterscheiden kann: I. ‚L'Estoire del Saint Graal' (Geschichte des Grals bis zu seiner Überführung nach Britannien), II. ‚L'Estoire de Merlin' (Anfänge der Herrschaft des Königs Artus), III. ‚Lancelot propre' (Geschichte des Artusritters Lancelot: Jugend und Aufnahme in den Kreis der Tafelrunde; Liebe zu Artus' Gemahlin Ginevra, deren Entführung durch Meleagant und Befreiung durch Lancelot; Besuch auf der Gralburg, wo er mit der Tochter des Gralkönigs den Erlöser Galaad zeugt), IV. ‚La Queste del Saint Graal' (Suche der Artusritterschaft nach dem Gral), V. ‚La Mort le Roi Artu' (Untergang der Artuswelt).

Es spricht manches dafür, daß das Riesenwerk nicht aus e i n e r Feder geflossen ist, sondern von mehreren Verfassern über längere Zeit hin zusammengebracht wurde. Wer diese Verfasser waren, wissen wir nicht; eine Zuschreibung an den englischen Schriftsteller Walter Map (um 1140–1209), die sich mehrfach im Text findet, ist gewiß Fiktion. Auch wann das Werk entstanden ist, läßt sich nicht genau sagen, doch dürfte es spätestens um 1230 im ganzen Umfang vorgelegen haben. Als entstehungsgeschichtlich älteste Teile gelten der ‚Lancelot propre‘, dann die ‚Queste del Saint Graal‘ und die ‚Mort Artu‘. Wenn nicht wenigstens sie von einem einzelnen stammen, dann kann man nur staunen, mit welcher Konsequenz die Erzählung über alle Brüche und Ungereimtheiten hinweg einer festen Konzeption folgt. Wer sich nicht mit der Vorstellung anfreunden kann, alle Beteiligten hätten nach einem genau festgelegten Werkplan gearbeitet, der muß wohl annehmen, daß die strukturelle Kraft des ersten Erzählansatzes groß genug war, um aus sich heraus alle zu binden, die später an dem Werk zu tun hatten.

Der Roman hat eine enorme Resonanz gefunden. Nicht nur hat man ihn in Frankreich wieder und wieder abgeschrieben und noch im 16. Jahrhundert mehrfach gedruckt, er ist in einer Fülle von Übertragungen und Bearbeitungen über ganz Europa verbreitet worden. Am Beginn dieser europäischen Rezeption steht nun völlig überraschend eine deutsche Übersetzung. Sie umfaßt die Teile III–V des Zyklus und ist mindestens in einer ersten, umfangreichen Etappe noch vor der Mitte des 13. Jahrhunderts verfaßt worden. Die Erforschung dieses mhd. Prosa-‚Lancelot‘ hat in den letzten Jahren bedeutende Fortschritte gemacht. Gleichwohl gilt er vielen noch immer als literarhistorisches Rätsel, als verfrühte und isolierte Erscheinung, als eine Art Irrläufer. Gewiß kommt das Werk, bezogen auf die allgemeine Entwicklung, als R o m a n fast zwei Jahrhunderte zu früh (von der möglichen Chanson de geste-Tradition des 13./14. Jahrhunderts und dem mysteriösen ‚Merlin‘-Roman Albrechts von Scharfenberg darf man in diesem Zusammenhang wohl absehen – vgl. S. 111 und 121). Unter anderen Aspekten aber ordnet es sich klar in die Entwicklungstendenzen der Literatur unseres Zeitraums ein, ja man kann sagen, daß es in gewisser Weise deren Summe zieht.

Auch die Überlieferung ist durchaus nicht so dürftig, wie man es gewöhnlich hinstellt. Zu ihrem engeren Kreis sind acht Handschriften zu rechnen, jeweils zwei aus dem 13., 14., 15. und 16. Jahrhundert (M, A; m, w; P, d; p, s). Die Schlüsselstellung nehmen P (um 1430) sowie M (Mitte des 13. Jahrhunderts) und A (Ende des 13. Jahrhunderts) ein. P, in drei Bände gebunden (P I, P II, P III), ist die vollständigste der acht Handschriften. Ihr Text umspannt die gesamte Übersetzung, doch klafft zwischen P I und P II eine größere Lücke, mitten im ‚Lancelot propre‘, gegen Ende der dem ‚Lancelot‘ Chrestiens de Troyes entsprechenden Geschichte von der Entführung und Befreiung der Königin. Bei M und A handelt es sich um Fragmente aus dem Bereich von P I, deren Text so eng zu dem von P I stimmt, daß dessen Existenz für das 13. Jahrhundert gesichert ist. Die genaue Datierung ergibt sich aus der Entstehungszeit von M und der Entstehungszeit der französischen Dichtung: vor ca. 1250 und nach ca. 1230. In diesen Jahrzehnten muß bereits eine rege Textentwicklung stattgefunden haben. Denn nicht nur ist M nachweislich die Kopie einer älteren Handschrift, der deutsche Text ist auch nicht direkt aus dem Französischen übertragen, sondern sekundär aus einer niederländischen Übersetzung, die allerdings nicht erhalten ist. Als Entstehungsort der deutschen Übersetzung kann man die Gegend am Mittelrhein bestimmen, wo der deutsche und der niederländische Kulturraum sich berühren und durchdringen und woher auch M stammt. All dies gilt wohlgemerkt nur für P I. Die Partien P II und P III heben sich stilistisch klar von P I ab, und es ist bis auf weiteres damit zu rechnen, daß sie erst im späten 13. oder frühen 14. Jahrhundert übersetzt wurden (möglicherweise nun direkt nach französischer Vorlage). Den Text der Lücke bietet keine der bisher genannten Handschriften, doch findet sich eine Teilübersetzung, die direkt an P I anschließt, in einer weiteren Handschrift des 15. Jahrhunderts (k). Eine Kombination aus der P- und der k-Tradition scheint dann die Grundlage einer kürzenden Bearbeitung des Werks gewesen zu sein, die Ulrich Fuetrer um 1467 angefertigt hat. Schließlich besitzen wir in einer Handschrift des 16. Jahrhunderts (a) noch eine deutsche Lancelot-Prosa, die auf selbständiger Übersetzung zu beruhen scheint, aber auch mit der Tradition des alten Werks zusammenhängen könnte.

Konzeptioneller Angelpunkt des Werks ist die Verbindung der Gral-Geschichte mit der Lancelot-Geschichte. Deren großes Thema, wie Chrestien sie erzählt, ist die Liebe des vortrefflichsten Ritters zur schönsten Frau: Lancelots zu Ginevra. Davon, daß diese Liebe Ehebruch ist, bleiben die Liebenden bei Chrestien merkwürdig unberührt; es gefährdet sie weder in ihrer physischen noch in ihrer moralischen Existenz. Anders in der Prosa. Zwar gibt auch sie keinen Anlaß zu Zweifeln an der Vortrefflichkeit Lancelots in der Welt des höfischen Rittertums, aber sie läßt ihn versagen in der höheren Welt des Grals, den zu suchen er mit den anderen Artusrittern auszieht. Dieses höchste aller Abenteuer ist einem Ritter neuen Typs vorbehalten, einer asketischen Mönchsgestalt in Waffen, die frei ist von jeder Verstrickung in die Welt des Diesseits: Lancelots Sohn Galaad. Denn eben dies: daß Lancelot in die Welt des Diesseits verstrickt ist, im jetzt als Sünde gesehenen und verurteilten Ehebruch lebt, macht ihn unfähig, zum Geheimnis des Grals vorzudringen. Und darin ist er Repräsentant der Artusritterschaft. Nach dem Maßstab, mit dem hier gemessen wird, ist sie insgesamt der Sünde verfallen, deshalb unwürdig der Gnade, den Gral zu schauen, und dem Untergang geweiht. Diesen schildert – in raffinierter Verbindung der Lancelot-Ginevra-Handlung mit der alten Überlieferung vom Ende des Königs Artus durch den Verrat seines Sohnes Mordred – der letzte Teil des Zyklus als eine gewaltige Apokalypse der arthurischen Ritterwelt.

Die Abwertung des höfischen Artusrittertums zugunsten des spirituellen Gralrittertums geschieht allerdings nicht in schlichter Schwarzweißmalerei. Die beiden Welten erscheinen vielmehr eingebunden in einen umfassenden heilsgeschichtlichen Zusammenhang. In diesem wird das höfische Wertsystem

durchaus anerkannt, und mit ihm die höfische Liebe, deren vollkommene
Vertreter Lancelot und Ginevra sind. Aber seine Geltung ist keine absolute,
sondern eine historisch relative. Im Ablauf der Geschichte ist ihm eine
bestimmte Zeit zugemessen, und mit dem Ende dieser Zeit verliert es seine
Gültigkeit. Es wird abgelöst vom geistlichen Wertsystem der folgenden,
letzten Weltepoche, die sich in Galaad verkörpert. Erst aus der Perspektive
dieser Epoche wird es negativ gesehen, d.h. in seiner Vorläufigkeit enthüllt.
Die Faszination, die das Werk auf den Leser ausübt, geht nicht zuletzt
davon aus, wie der Übergang von der einen in die andere Epoche und damit
der Wechsel der Perspektive von weither sich vollzieht. Die Zweifel am
Wertsystem der Artuswelt melden sich zunächst nur zögernd, fast unmerk-
lich, mehren sich dann nach und nach, bis schließlich Gewißheit herrscht
und der Geist der Erzählung ein durch und durch anderer geworden ist.
Erzähltechnisch wird dies vornehmlich mittels des Schemas von Voraus-
deutung und Erfüllung bewerkstelligt, das als Strukturmuster das Werk in
der großen Linie seines Grundrisses ebenso prägt wie in einzelnen Erzähl-
einheiten. Als Beispiel diene die berühmte Klosterepisode im ‚Lancelot
propre‘ (Kluge I S. 614ff.): Auf seinem Weg nach Gorre, dem Land, in
dem die Königin und mit ihr viele Leute aus Artus' Reich gefangen sind,
gelangt Lancelot zu einem Kloster. Zu diesem gehört ein Friedhof, auf
dem sich 24 prächtige Marmorsärge befinden. Demjenigen, der in der Lage
ist, den Deckel des größten und schönsten von ihnen aufzuheben, ist es,
wie der Klostervorsteher erklärt, bestimmt, die Gefangenen zu befreien.
Lancelot versucht es, und es gelingt ihm ohne Mühe. Bei der Rückkehr
bemerkt er durch ein Fenster ein großes Feuer im unterirdischen Gewölbe
der Klosterkirche. Es ist ein brennender Sarg, dessen Deckel, wie wieder
der Klostervorsteher dem Helden auseinandersetzt, nur der zu heben vermag,
dem es bestimmt ist, das Abenteuer vom Gral zu bestehen. Bei diesem Sarg
kann Lancelot trotz aller Anstrengung nichts ausrichten, und er verwünscht
sich voller Verzweiflung selbst: *‚welch schad und welch jamer ist, das ich ie
geborn wart!‘* Doch eine Stimme aus dem Sarg belehrt ihn: *‚Das du lebest,
das ist kein schad, wann du der best ritter bist, der nu lebet‘* – aber *‚einer
sol nach dir komen, der so ußerkorn sol sin an allen tugenden, die man
haben mag, das nymand das sol mögen enden, das er zu ende bringen sol...‘*
Im Abenteuer der beiden Särge wird der Rang Lancelots offenbar und
zugleich seine Tragik: der Größte zu sein zu seiner Zeit, aber doch nur
der Vorläufer eines Größeren. Das Strukturmuster ist deutlich: die beiden
Abenteuer stehen in Analogie zueinander – beidemal ist ein Sargdeckel zu
heben –, aber das zweite übertrifft qualitativ das erste. Genauso stehen in
der Makrostruktur des Werks das höfische Rittertum und das Gralrittertum
zueinander im Verhältnis der Analogie und der Überbietung. Es unterliegt
keinem Zweifel, daß hinter dieser Art des strukturellen Denkens die typologische Bibelauslegung steht, die derart Ereignisse des Alten Testaments
als Vorausdeutungen von Ereignissen des Neuen Testaments erklärt.

Neben dem Verfahren der typologischen Bibelauslegung benutzten die Verfasser wiederholt auch das Verfahren der allegorisch spirituellen Bibelauslegung, die hinter dem Buchstabensinn des Erzählten einen höheren, geistigen Sinn sichtbar macht. So wird etwa die Befreiung von Jungfrauen aus der Gefangenschaft auf einer von sieben Rittern beherrschten Burg durch Galaad dahingehend gedeutet, daß die Jungfrauen die verführten Seelen und die Ritter die Todsünden sind, die Burg aber die Hölle ist (Kluge III S. 60ff.). Daß im ,Lancelot' Verstehensformen der Bibelauslegung in Gestaltungsprinzipien umgesetzt sind, verleiht dem Werk den Habitus eines sakralen Textes. Im literarhistorischen Zusammenhang rückt es damit ans Feld der geistlichen Prosa heran. Die Beziehung wird noch deutlicher, wenn man ein Darstellungsmoment berücksichtigt, das das Werk über das typologische Schema hinaus strukturiert: der Weg zum Gral als dem Inbegriff des göttlichen Mysteriums scheint dem Muster des mystischen Drei-Stufen-Wegs zu folgen, der von der *via purgativa* („Weg der Reinigung") über die *via illuminativa* („Weg der Erleuchtung") zur *via unionis* („Weg der Vereinigung" mit Gott) führt.

Mehr als ein Zug des Werks weist im übrigen auf die besondere Spiritualität der Zisterzienser, so daß die Forschung schon früh vermutet hat, es sei in zisterziensischen Kreisen entstanden. Für den mhd. ,Lancelot' eröffnet das die Möglichkeit, ihn jener Tradition zisterziensischer Prosa zuzuordnen, die wir für die fragliche Zeit in dem Raum vermuteten, in dem die Übertragung entstanden ist (vgl. S. 176ff.).

Als geistliches und als geschichtliches Werk, das seinen Verbindlichkeitsanspruch durch die Form der Prosa deutlich macht, bündelt der ,Lancelot'- Hauptlinien der literarischen Entwicklung unseres Zeitraums. Und indem er die heilsgeschichtliche Perspektive und die Prosaform auf den Artusstoff anwendet, ergreift er die Tradition der höfischen Dichtung und hebt den Daseinsentwurf der höfischen Gesellschaft von einer Position her auf, die dem Geist der neuen Frömmigkeit zumindest nahesteht. Daß er den Artusstoff aus dem historischen Zusammenhang genommen hatte, in dem er sich bei Geoffrey und Wace befand, war der geniale Griff Chrestiens gewesen. Im ewigen Jetzt seiner Artuswelt träumte die höfische Gesellschaft ihren Traum vom immerwährenden Glück der menschlichen Verhältnisse im Diesseits. Daß im ,Lancelot' die Artuswelt rehistorisiert und aufs radikalste mit den Ansprüchen des Jenseits konfrontiert wird, bedeutet Verurteilung der höfisch ritterlichen Ideologie im Medium der Darstellung dieser Ideologie selbst: im Roman, dessen Tradition noch über die Form als lügenhaft denunziert wird.

Das führt keineswegs zu poetischer Verarmung. Im Gegenteil: das Werk öffnet einen neuen poetischen Horizont mit der Art, wie in ihm Zeit und Raum und Psychologie behandelt sind. Die Welt des Chrestienschen Artusromans war nicht nur eine zeitlose Welt ohne Vergangenheit und Zukunft. Sie war auch eine raumlose Welt, deren Märchenkulisse der Burgen und

Waldlichtungen überall und nirgendwo angesiedelt war und nur ganz
punktuell in Erscheinung trat, wo und wie der Funktionszusammenhang
des jeweiligen Werks es erforderte. Entsprechend glich der Weg des Helden
durch den Roman einem mythischen Ritual, war Vollzug eines exemplarischen, immer gültigen, jederzeit wiederholbaren Ablaufs. Die Wendung
zur Geschichte, in der jeder Erscheinung ihre Zeit zugemessen ist, alles
wird und vergeht, schafft nun im ,Lancelot' erstmals ein Zeitkontinuum
nicht nur der historischen Epochen, sondern auch der Lebensalter: Zeit
verrinnt als gelebte Zeit. Dem Zeitkontinuum entspricht ein Raumkontinuum
gewissermaßen perspektivisch gesehener individueller Landschaft, wie sie
in der Malerei erst sehr viel später hervortreten sollte. Und indem sie diese
Zeit und diesen Raum als die Bedingungen ihrer Existenz erfahren, die sich
als fortwährende Suche vollzieht, konstituieren sich die Personen als Persön-
lichkeiten mit einer je besonderen Lebensgeschichte. Das alles ist schon
erstaunlich genug. Es wird noch erstaunlicher durch die Selbstverständ-
lichkeit, mit der auch der deutsche Übersetzer den schwierigen Gegenstand
sprachlich bewältigt hat in einer ruhig distanzierten Prosa, die in der
geschmeidigen Klarheit ihrer Parataxen und Hypotaxen vollkommen zu
nennen ist.

Literaturhinweise

Die Literaturhinweise erheben nicht den Anspruch einer repräsentativen Bibliographie. Sie verfolgen lediglich das Ziel, dem Benutzer einen ersten Zugang zur Forschung zu eröffnen. Deshalb wurden bevorzugt neuere Titel aufgenommen, die das jeweilige Gebiet bibliographisch aufschließen. Eine erste Abteilung nennt einige Arbeiten zur allgemeinen Geschichte und zur Literaturgeschichte, die von grundlegender Bedeutung für die gesamte Darstellung sind; eine zweite Abteilung stellt Arbeiten zu einzelnen Abschnitten der Darstellung zusammen, nicht jedoch Spezialliteratur zu den dort behandelten Autoren und Werken; sie ist, da viele von ihnen in mehr als nur einem Abschnitt vorkommen, einer eigenen dritten Abteilung vorbehalten. Die Angaben in dieser Abteilung orientieren sich, soweit möglich und angebracht, jeweils an dem Schema: Edition(en) − Artikel der 2. Auflage (in Ausnahmefällen der 1. Auflage) des Verfasserlexikons − übergreifende Untersuchungen − Untersuchungen zu einzelnen Werken. Kursivsatz kennzeichnet Editionen. Folgende Abkürzungen werden gebraucht:

ABäG	Amsterdamer Beiträge zur älteren Germanistik.
Behr	H.-J. Behr, Literatur als Machtlegitimation. Studien zur Funktion der deutschsprachigen Dichtung am böhmischen Königshof im 13. Jahrhundert, 1989.
Bergmann	R. Bergmann, Katalog der deutschsprachigen geistlichen Spiele und Marienklagen des Mittelalters, 1986.
DHB	Deutsches Heldenbuch, I−V, 1866−70, Neudruck 1963−68.
Dietrichepik	J. Heinzle, Mittelhochdeutsche Dietrichepik, 1978.
DVjs	Deutsche Vierteljahrsschrift für Literaturwissenschaft und Geistesgeschichte.
Fischer	H. Fischer, Studien zur deutschen Märendichtung, ²1983 (bes. von J. Janota).
Glier	.H. de Boor / R. Newald, Geschichte der deutschen Literatur von den Anfängen bis zur Gegenwart, III/2, hg. von I. Glier, 1987.
Haug / Wachinger	Festschrift Walter Haug und Burghart Wachinger, I. II., 1992.
Interessenbildung	Literarische Interessenbildung im Mittelalter, 1993.
KLD	Deutsche Liederdichter des 13. Jahrhunderts, hg. von C. von Kraus, I. II., ²1978 (durchges. von G. Kornrumpf).
Lhotsky	A. Lhotsky, Quellenkunde zur mittelalterlichen Geschichte Österreichs, 1963.
Meyer-Benfey	Mittelhochdeutsche Übungsstücke, zusammengest. von H. Meyer-Benfey, ²1920.
MGH	Monumenta Germaniae Historica.

Const.	Constitutiones et Acta Publica Imperatorum et Regum, II, hg. von L. Weiland, 1896, Neudruck 1963.
DC	Deutsche Chroniken und andere Geschichtsbücher des Mittelalters, II, hg. von L. Weiland. III/1.2, hg. von Ph. Strauch (Anhang II von J. Lambel), 1877–1900, Neudruck 1980.
Müller	U. Müller, Untersuchungen zur politischen Lyrik des deutschen Mittelalters, 1974.
NHL	Neues Handbuch der Literaturwissenschaft, VIII, 1978.
Oppitz	U. D. Oppitz, Deutsche Rechtsbücher des Mittelalters, I–III/1.2, 1990–1992.
PBB	Beiträge zur Geschichte der deutschen Sprache und Literatur.
(Halle)	77 (1955) – 100 (1979): Ausg. Halle.
(Tüb.)	77 (1955) – 100 (1978): Ausg. Tübingen.
PH	2. Pöchlarner Heldenliedgespräche. Die historische Dietrichepik, Wien 1992.
Positionen	Positionen des Romans im späten Mittelalter, 1991.
Predigt	Die deutsche Predigt im Mittelalter, 1992.
RL	Reallexikon der deutschen Literaturgeschichte, I–V, ^{2}1958–88.
Ruh	K. Ruh, Geschichte der abendländischen Mystik, II, 1993.
SMS	Die Schweizer Minnesänger, nach der Ausgabe von Karl Bartsch neu bearb. und hg. von M. Schiendorfer, I, 1990.
Trojalit.	Die deutsche Trojaliteratur des Mittelalters, 1990.
VL	Die deutsche Literatur des Mittelalters. Verfasserlexikon, I–IX/1, ^{2}1978–93.
VL^1	Die deutsche Literatur des Mittelalters. Verfasserlexikon, I–V, 1933–55.
Wachinger	B. Wachinger, Sängerkrieg, 1973.
ZfdA	Zeitschrift für deutsches Altertum und deutsche Literatur.
ZfdPh	Zeitschrift für deutsche Philologie.

Allgemeines

Datenüberblick: Das Mittelalter in Daten. Literatur, Kunst, Geschichte. 750–1520, 1993.

Darstellungen und Untersuchungen zur allgemeinen Geschichte: Propyläen Geschichte Deutschlands, II: H. Keller, Zwischen regionaler Begrenzung und universalem Horizont. Deutschland im Imperium der Salier und Staufer 1024–1250, 1986, III: P. Moraw, Von offener Verfassung zu gestalteter Verdichtung. Das Reich im späten Mittelalter 1250–1490, 1985; Hartmut Boockmann, Stauferzeit und spätes Mittelalter. Deutschland 1125–1517, 1987. – N. Elias, Über den Prozeß der Zivilisation, I. II, ^{2}1969, Taschenbuchausg. 1976; K. Bosl, Die Grundlagen der modernen Gesellschaft im Mittelalter, I. II, 1972; ders., Europa im Aufbruch, 1980.

Darstellungen und Untersuchungen zur Literaturgeschichte: H. de Boor / R. Newald, Geschichte der deutschen Literatur von den Anfängen bis zur Gegenwart, II (von H. d. B.). III/1 (von H. d. B.). III/2 (hg. von I. Glier), ^{10}1979 (bearb. von U. Hennig). ^{4}1973. 1987; M. Wehrli, Geschichte der deutschen Literatur vom frühen Mittelalter bis zum Ende des 16. Jahrhunderts, 1980; J. Bumke, Geschichte der deutschen Literatur im hohen Mittelalter, 1990. – G. Korlén, Die mittelniederdeutschen Texte des 13. Jahrhunderts, Lund 1945; H. Beckers, Mittelniederdeutsche Literatur – Versuch einer Bestandsaufnahme, Niederdeutsches Wort 17 (1977) 1–58 / 18 (1978) 1–47 / 19 (1979) 1–28. – J. Bumke, Mäzene im Mittelalter, 1979. – J. Kuhn, Entwürfe zu einer Literatursystematik des Spätmittelalters, 1980 (darin: Aspekte des 13. Jahrhunderts in der deutschen Literatur, S. 1–18 [zuerst 1968], und: Aspekt des 13. Jahrhunderts, S. 19–56 [zuerst in: H.K., Minnesangs Wende, ^{2}1967]); W. Haug,

Literaturtheorie im deutschen Mittelalter, [2]1992 (zuerst 1985, dazu: J. Heinzle, Die Entdeckung der Fiktionalität, PBB 112 [1990] 55–80). – J. Heinzle, Wie schreibt man eine Geschichte der deutschen Literatur des Mittelalters?, Der Deutschunterricht 41/1 (1989) 27–40; J. Bumke, Geschichte der mittelalterlichen Literatur als Aufgabe, 1991.

Zu einzelnen Abschnitten

Einleitung: J. Heinzle, Wann beginnt das Spätmittelalter?, ZfdA 112 (1983) 207–223.

Strukturwandel der Herrschaft – das Beispiel des ‚Sachsenspiegels': K. Kroeschell, Deutsche Rechtsgeschichte, I, 1972.

Deutsche Literatur im Umkreis des letzten Babenbergers / der ersten Habsburger: K. u. M. Uhlirz, Handbuch der Geschichte Österreich-Ungarns, I, [2]1963; F. Reichert, Landesherrschaft, Adel und Vogtei. Zur Vorgeschichte des spätmittelalterlichen Ständestaates im Herzogtum Österreich, 1985; M. Weltin, Der hochmittelalterliche österreichische und steirische Adel in alter und neuer Sicht, in: PH, S. 103–124. – Die österreichische Literatur. Ihr Profil von den Anfängen im Mittelalter bis ins 18. Jahrhundert (1050–1750), Graz 1986; F. P. Knapp, Herrschaftsideale beim Stricker, bei Bruder Wernher und im Buch von Bern, in: Uf der mâze pfat, 1991, S. 277–289; ders., Literarische Interessenbildung im Kreise österreichischer und steirischer Landherrn zur Zeit des Interregnums, in: Interessenbildung, S. 106–119. – O. Redlich, Rudolf von Habsburg, Innsbruck 1903, Neudruck 1965; E. Kleinschmidt, Herrscherdarstellung. Zur Disposition mittelalterlichen Aussageverhaltens, untersucht an Texten über Rudolf I. von Habsburg, 1974. – W. Koch, Zu den Babenbergergräbern in Heiligenkreuz, Jahrbuch für Landeskunde von Niederösterreich N. F. 42 (1976) 193–215; ders., Das Chronicon Pii Marchionis in seiner Beziehung zum „Babenberger-Stammbaum" in Heiligenkreuz, Wiener Jahrbuch für Kunstgeschichte 29 (1976) 187–190.

Deutsche Literatur im Umkreis der letzten Staufer: Die Zeit der Staufer. Katalog der Ausstellung, III, 1977 (darin u.a.: K. Schreiner, Die Staufer als Herzöge von Schwaben, S. 7–19; H. Löwe, Die Staufer als Könige und Kaiser, S. 21–34; H. Patze, Herrschaft und Territorium, S. 35–49; E. Maschke, Die deutschen Städte der Stauferzeit, S. 59–73).

Konrad von Würzburg in Straßburg und Basel: U. Peters, Literatur in der Stadt, 1983; A. Ritscher, Literatur und Politik im Umkreis der ersten Habsburger, 1992. – U. Schulze, Die frühesten deutschsprachigen Urkunden aus Straßburg als Kampfinstrument im Walther-Krieg, in: Sprache in Gegenwart und Geschichte, 1978, S. 320–336.

Deutsche Literatur im Umkreis der ersten Habsburger: s.o. Deutsche Literatur im Umkreis des letzten Babenbergers.

Die religiöse Bewegung: H. Grundmann, Religiöse Bewegungen im Mittelalter, [2]1961; K. Bosl, Gesellschaftswandel, Religion und Kunst im hohen Mittelalter, 1976. – J. Haller, Das Papsttum, III, Basel 1952, Taschenbuchausg. 1965. – Sankt Elisabeth. Fürstin – Dienerin – Heilige, 1981 (darin u.a.: M. Werner, Die heilige Elisabeth und Konrad von Marburg, S. 45–69; H. Beumann, Friedrich II. und die heilige Elisabeth, S. 151–166).

Deutsche Literatur der Franziskaner: Niederösterreichische Landesausstellung 800 Jahre Franz von Assisi, Wien 1982 (darin u.a.: K. Bosl, Das Armutsideal des heiligen Franziskus als Ausdruck der hochmittelalterlichen Gesellschaftsbewegung, S. 1–12; H. Kühnel, Die Minderbrüder und ihre Stellung zu Wirtschaft und Gesellschaft, S. 41–57; N. Stefenelli, Die Zeichen am Leibe des Franz von Assisi, S. 79–90; M. Sehi, Die oberdeutsche

Minoritenprovinz im Mittelalter, S. 270–288; A. Rotzetter, Franziskanische Spiritualität, S. 387–398; G. Ruf, Die Freskenfolge in der Basilika San Francesco in Assisi, S. 412–428). – F. Doelle, Die Rechtsstudien der deutschen Franziskaner im Mittelalter und ihre Bedeutung für die Rechtsentwicklung der Gegenwart, in: Aus der Geisteswelt des Mittelalters, II, 1935, S. 1037–1064; D. Berg, Armut und Wissenschaft, 1977. – K. Ruh, David von Augsburg und die Entstehung eines franziskanischen Schrifttums in deutscher Sprache, in: Augusta 955–1955, 1955, S. 71–82, überarb. Fassung in: Verba Vitae et Salutis 1959/1.2, S. 1–18; ders., Zur Grundlegung einer Geschichte der franziskanischen Mystik, in: Altdeutsche und altniederländische Mystik, 1964, S. 240–274; Ruh; J. Heinzle, Der gerechte Richter, in: Modernes Mittelalter, 1994, S. 266–294. – H.-J. Schmidt, Allegorie und Empirie. Interpretation und Normung sozialer Realität in Predigten des 13. Jahrhunderts, in: Predigten, S. 301–332.

Beginentum und Mystik in deutscher Sprache: G. J. Lewis, Bibliographie zur deutschen Frauenmystik des Mittelalters. Mit einem Anhang zu Beatrijs van Nazareth und Hadewijch von F. Willaert und M.-J. Govers, 1989. – A. M. Haas, Deutsche Mystik, in: Glier, S. 234–305. – U. Peters, Religiöse Erfahrung als literarisches Faktum, 1988; J. Thiele, Die religiöse Frauenbewegung des Mittelalters, in: Mein Herz schmilzt wie Eis am Feuer, 1988, S. 9–34; P. Dinzelbacher, Mittelalterliche Frauenmystik, 1993; Ruh.

Formen der Lyrik: O. Sayce, The Medieval German Lyric 1150–1300, Oxford 1982; J. Bumke, Ministerialität und Ritterdichtung, 1976. – H. Kuhn, Minnesangs Wende, ²1967; C. Händl, Rollen und pragmatische Einbindung. Analysen zur Wandlung des Minnesangs nach Walther von der Vogelweide, 1987; G. Schweikle, Minnesang, 1989. – H. Tervooren, Mittelhochdeutsche Spruchdichtung, in: RL IV, S. 160–169; Wachinger; Müller; Repertorium der Sangsprüche und Meisterlieder des 12. bis 18. Jahrhunderts, III–V, 1986–1991 [Katalog der Texte. Älterer Teil]. – H. Apfelböck, Tradition und Gattungsbewußtsein im deutschen Leich, 1991. – J. Janota, Studien zu Funktion und Typus des deutschen geistlichen Liedes im Mittelalter, 1968.

Großepische Formen: K. Ruh, Epische Literatur des deutschen Spätmittelalters, in: NHL, S. 117–188; W. Haug, Über die Schwierigkeiten des Erzählens in ‚nachklassischer‘ Zeit, in: Positionen, S. 338–365; W. Haug, Literaturtheorie im deutschen Mittelalter, ²1992. – W. Haug, Paradigmatische Poesie, DVjs 54 (1980) 204–231, wieder in: W. H., Strukturen als Schlüssel zur Welt, 1989, S. 651–671; V. Mertens, 'gewisse lêre'. Zum Verhältnis von Fiktion und Didaxe im späten deutschen Artusroman, in: Artusroman und Intertextualität, 1990, S. 85–106. – T. Ehlert, Deutschsprachige Alexanderdichtung des Mittelalters, 1989. – W. Hoffmann, Mittelhochdeutsche Heldendichtung, 1974; Dietrichepik. – A. Masser, Bibel- und Legendenepik des deutschen Mittelalters, 1976. – E. E. Metzner, Die deutschsprachige chronikalische Geschichtsdichtung im Rahmen der europäischen Entwicklung, in: NHL, S. 623–643; H. Wenzel, Höfische Geschichte, 1980.

Kleinepische Formen: J. Heinzle, Vom Mittelalter zum Humanismus, in: Handbuch der deutschen Erzählung, 1981, S. 17–27, 558f. – I. Glier, Kleine Reimpaargedichte und verwandte Großformen, in: Glier, S. 18–141. – Fischer; H.-J. Ziegeler, Erzählen im Spätmittelalter, 1985; J. Heinzle, Altes und Neues zum Märenbegriff, ZfdA 117 (1988) 277–296. – G. Dicke / K. Grubmüller, Die Fabeln des Mittelalters und der frühen Neuzeit. Ein Katalog der deutschen Versionen und ihrer lateinischen Entsprechungen, 1987.

Formen der Rede: B. Sowinski, Lehrhafte Dichtung des Mittelalters, 1971; Fischer; I. Glier, Kleine Reimpaargedichte und verwandte Großformen, in: Glier, S. 18–141. – Bergmann; U. Hennig, Die lateinische Sequenz Planctus ante nescia und die deutschen Marienklagen, in: Latein und Volkssprache im deutschen Mittelalter 1100–1500, 1992, S. 164–177. – I. Glier, Artes amandi, 1971. – Müller.

Das geistliche Spiel: Bergmann. – R. Bergmann, Mittelalterliche geistliche Spiele, in: RL IV, S. 64–100; H. Linke, Drama und Theater, in: Glier, S. 153–233. – B. Neumann, Geistliches Schauspiel im Zeugnis der Zeit, I. II, 1987.

Der Durchbruch der Prosa: R. Schnell, Prosaauflösung und Geschichtsschreibung im deutschen Spätmittelalter, in: Literatur und Laienbildung im Spätmittelalter und in der Reformationszeit, 1984, S. 214–248. – G. Keil, Prosa und gebundene Rede im medizinischen Kurztraktat des Hoch- und Spätmittelalters, in: Poesie und Gebrauchsliteratur im deutschen Mittelalter, 1979, S. 76–93.

Prosa des Rechts: K. von Amira, Germanisches Recht, I, [4]1960 (bearb. von K. A. Eckhardt); P. Johanek, Rechtsschrifttum, in: Glier, S. 396–431; Oppitz. – I. Reiffenstein, Zur Begründung der Schriftlichkeit in deutschen Urkunden des 13. Jahrhunderts, in: Sprache und Recht, II, 1986, S. 659–669. – G. Dilcher, Oralität, Verschriftlichung und Wandlungen der Normstruktur in den Stadtrechten des 12. und 13. Jahrhunderts, in: Pragmatische Schriftlichkeit im Mittelalter, 1992, S. 9–19. – Deutsche ländliche Rechtsquellen. Probleme und Wege der Weistumsforschung, 1977; D. Werkmüller, Die Weistümer. Begriff und Forschungsauftrag, in: Brüder-Grimm-Symposion zur Historischen Wortforschung, 1986, S. 103–112. – W. Kleiber, Das Aufkommen der deutschen Sprache in domanialen Rechtsquellen (Urbaren) Südwestdeutschlands zwischen 1250–1450, Alemannisches Jahrbuch 1973/75, S. 202–220. – H. Angermeier, Königtum und Landfriede im deutschen Spätmittelalter, 1966.

Prosa der Geschichtsschreibung: s.u. zu den einzelnen Texten.

Geistliche Prosa: K. Ruh, Geistliche Prosa, in: NHL, S. 565–605; G. Steer, Geistliche Prosa, in: Glier, S. 306–370. – Predigt.

Der erste Prosaroman: s.u. ‚Lancelot‘.

Zu einzelnen Autoren und Werken

Albrant: *G. Eis, Meister A.s Roßarzneibuch, 1960.* – VL I (R. Rudolf).

Albrecht (Dichter des ‚Jüngeren Titurel‘): *A. von Scharfenberg, J. T., hg. von W. Wolf (ab III/1: A.s J. T., nach den Grundsätzen von W. Wolf krit. hg. von K. Nyholm), I. II/1.2. III/1.2, 1955–92.* – VL I (D. Huschenbett). – Wolfram-Studien 8 (1984) [Würzburger Kolloquium über den J. T. 1982]; H. Guggenberger, A.s J. T. Studien zur Minnethematik und zur Werkkonzeption, 1992.

Albrecht von Kemenaten: *DHB V (J. Zupitza).* – VL I (J. Heinzle).

Albrecht von Scharfenberg: VL I (D. Huschenbett).

‚Alemannische Tochter Sion‘: *Der Mönch von Heilsbronn, hg. von Th. Merzdorf, 1870.* – VL[1] IV unter ‚Tochter Sion‘ (L. Wolff).

‚Alexius F‘: *Altdeutsche Dichtungen, hg. von N. Meyer / L. F. Mooyer, 1833.* – VL I (H.-F. Rosenfeld).

‚Alischanz‘: *K. Roth, Die Schlacht von A., 1874.* – VL I (H. Schanze).

‚Alpharts Tod‘: *U. Zimmer, Studien zu A. T., 1972.* – VL I (H. Rosenfeld). – H.-J. Behr, Der Held und seine Krieger oder über die Schwierigkeiten, ein Gefolgsherr zu sein, in: PH, S. 13–23; G. Zimmermann, Wo beginnt der Übermut?, in: PH, S. 165–182.

‚Amicus und Amelius': *H. Rosenfeld, Eine neuentdeckte A. u. A.-Verslegende des 13. Jahrhunderts, PBB (Tüb.) 90 (1968) 43–56.* – VL I (H. Rosenfeld).

‚Amorbacher Spiel von Mariae Himmelfahrt': *R. Heym, Bruchstück eines geistlichen Schauspiels von Marien Himmelfahrt, ZfdA 52 (1910) 1–56.* – VL I (B. Neumann). – M. Haibach-Reinisch, Ein neuer Transitus Mariae des Pseudo-Melito, Rom 1962.

(Pseudo-)Anselm von Canterbury, ‚Admonitio Morientis': VL I (G. Steer). – s. auch ‚Buch von geistlicher Lehre'.

‚Aristoteles und Phyllis' (B): *H. Rosenfeld, A. u. Phillis, ZfdPh 89 (1970) 321–336.* – VL I (H. Rosenfeld). – Fischer; C. Herrmann, Der „Gerittene Aristoteles", 1991.

‚Augsburger Drittordensregel': H. Stopp, Die Augsburger Handschrift der deutschen Tertiarenregel, in: Studien zur deutschen Literatur des Mittelalters, 1979, S. 575–588. – VL II unter ‚Franziskanerregeln' (N. R. Wolf).

‚Augsburger Klarissenregel': s. ‚Klarissenregel'.

‚Augsburger Sachsenspiegel': *K. A. Eckhardt, Studia Iuris Teutonici. Deutschenspiegel, 1971.* – VL I (P. Johanek).

‚Augsburger Stadtrecht': *Das Stadtbuch von Augsburg, hg. von Ch. Meyer, 1872.* – Oppitz.

‚Bartholomäus': VL I (G. Keil).

‚Baumgarten geistlicher Herzen': *H. Unger, Geistlicher Herzen Bavngart, 1969.* – VL I (H. Unger).

‚Bayrischer Landfrieden': *MGH Const. (Nr. 438).*

‚Benediktbeurer Passionsspiel': *Carmina Burana, hg. von A. Hilka / O. Schumann, I/3, hg. von O. Schumann / B. Bischoff 1970; Carmina Burana, hg. von B. K. Vollmann, 1987 (jeweils Nr. 16*).* – U. Mehler, dicere und cantare, 1981.

‚Benediktinerregel': *Middle High German Translations of the Regula Sancti Benedicti, hg. von C. Selmer, Cambridge (Mass.) 1933, Neudruck New York 1970.* – VL I (N. R. Wolf). – R. H. Lawson, Some prominent instances of semantic variation in the Middle High German Benedictine rules, ABäG 22 (1984) 147–154.

‚Bernhardstraktat': *E. Schröder, Fragment einer frühen Bearbeitung der Interrogatio Anshelmi, ZfdA 68 (1931) 249–254.* – VL I (H. Eggers [dazu Bergmann, S. 435]).

Berthold von Herbolzheim: VL I (W. Fechter).

Berthold von Holle: *B. v. H., hg. von K. Bartsch, 1858, Neudruck 1967.* – *B. v. H., Demantin, hg. von K. Bartsch, 1875.* – VL I (H. Fromm). – M. Zimmermann, Nachklassische Artusepik ohne Artus: Die Dichtungen B.s v. H., in: Artusroman und Intertextualität, 1990, S. 235–244.

Berthold von Regensburg: *B. v. R., Predigten, hg. von F. Pfeiffer / J. Strobl, I. II, 1862. 80, Neudruck 1965.* – *Franziskanisches Schrifttum im deutschen Mittelalter, II, hg. von K. Ruh / D. Ladisch-Grube / J. Brecht, 1985.* – VL I (F. G. Banta). – G. Steer, Bettelorden-Predigt als ‚Massen-Medium', in: Interessenbildung, S. 314–336.

Biterolf: VL I (H. Buntz).

‚Biterolf und Dietleib': *B. u. D., hg. von A. Schnyder, 1980.* – VL I (M. Curschmann). – F. P. Knapp, Sagengeographie und europäischer Krieg in B. u. D., in: PH, S. 69–77.

‚Blanschandin': *Meyer-Benfey.* – VL I (U. Ruberg).

‚Böhmenschlacht': *A. Bach, Die Werke des Verfassers der Schlacht bei Göllheim (Meister Zilies von Seine?), 1930.* – VL VIII unter ‚Schlacht bei Göllheim' (I. Glier). – Behr.

‚Die böse Frau': *Daz buoch von dem übeln wîbe, hg. von E. A. Ebbinghaus, ²1968.* – VL I (H.-F. Rosenfeld). – Fischer.

‚Braunschweigische Reimchronik': *MGH DC II.* – VL I (Th. Sandfuchs). – H. Patze / K.-H. Ahrens, Die Begründung des Herzogtums Braunschweig im Jahre 1235 und die B. R., Blätter für deutsche Landesgeschichte 122 (1986) 67–89.

Brun von Schönebeck: *B. v. Schonebeck, hg. von A. Fischer, 1893, Neudruck 1977.* – VL I (L. Wolff). – A. Hagenlocher, Littera meretrix. B. v. Sch. und die Autorität der Schrift im Mittelalter, ZfdA 118 (1989) 131–163.

‚Buch von geistlicher Lehre' (‚Tiroler Christenspiegel'): *A. Wielander, Ein Tiroler Christenspiegel des 14. Jahrhunderts, Diss. Freiburg (Schweiz) 1959.* – VL I (G. Steer).

‚Buch der Könige alter ê und niuwer ê': *K. A. Eckhardt, Studia Iuris Suevici, I: Urschwabenspiegel, 1975.* – VL I (H. Herkommer). – G. Kornrumpf, Das B. d. K., in: Haug / Wachinger I, S. 505–527.

Burkhard von Hohenfels: *KLD.* – VL I (H. Kuhn). – Th. Cramer, Sô sint doch gedanke frî. Zur Lieddichtung B.s v. H. und Gottfrieds von Neifen, in: Liebe als Literatur, 1983, S. 47–61; D. Joschko, Drei Lyriker an der Schwelle des Spätmittelalters: B. v. H., Gottfried von Neifen, Ulrich von Winterstetten, in: Deutsche Literatur des Spätmittelalters, 1986, S. 104–122.

Caesarius von Heisterbach: VL I (K. Langosch).

‚Cantilena de rege Bohemiae': *MGH Scriptores, XVII, 1861, S. 251f. (H. Pertz / M. Haupt).* – VL I (E. Kleinschmidt). – Behr.

‚Carmina Burana': *C. B., hg. von A. Hilka / O. Schumann, I/1–3. II/1, 1930–70; Carmina Burana, hg. von B. K. Vollmann, 1987.* – VL I (G. Bernt). – O. Sayce, Plurilingualism in the C. B., 1992.

‚Cato': *L. Zatočil, C. a Facetus, Brünn 1952.* – VL I (P. Kesting). – R. Clark, A father's advice to his son: Der deutsche C., in: Germanic studies in honor of Otto Springer, Pittsburgh 1978, S. 61–75; N. Henkel, Beiträge zur Überlieferung der Disticha Catonis in deutscher Übersetzung, ZfdA 107 (1978) 298–318 / 109 (1980) 152–179.

‚Christherre-Chronik': VL I (N. H. Ott). – Trojalit.

‚Christophorus B': *A. Schönbach, Sanct Ch., ZfdA 17 (1874) 85–141.* – VL I (H.-F. Rosenfeld).

‚Crescentia C': *Gesammtabenteuer, hg. von F. H. von der Hagen, I, 1850, Neudruck 1961.* – VL II (E. Nellmann).

David von Augsburg: *Deutsche Mystiker des 14. Jahrhunderts, hg. von F. Pfeiffer, I,*
1845, Neudruck 1962. − D. v. A., Die sieben Staffeln des Gebetes, hg. von K. Ruh, 1965 [B].
− F. M. Schwab, D. of A.'s Paternoster and the Authenticity of His German Works, 1971. −
Franziskanisches Schrifttum im deutschen Mittelalter, II, hg. von K. Ruh / D. Ladisch-
Grube / J. Brecht, 1985 [Ave-Maria-Auslegung] − VL II (K. Ruh). − C. Rüegg, D. v. A.,
Bern 1989; Ruh.

‚Deutschenspiegel': K. A. Eckhardt, Studia Iuris Teutonici. D., 1971. − VL IX unter
‚Spiegel aller deutschen Leute' (P. Johanek). − Oppitz.

Bruder Dietrich: *A. E. Schönbach, Mitteilungen aus altdeutschen Handschriften, IX,*
1907, Neudruck 1976. − VL II (L. Denecke).

‚Dietrichs Flucht' (‚Buch von Bern') / ‚Rabenschlacht': *DHB II (E. Martin).* −
VL II (H. Kuhn). − N. Voorwinden, Das intendierte Publikum von D. F. und R., in: PH,
S. 79−102.

Dietrich von der Glesse: *O. R. Meyer, Der Borte des D. v. d. Glezze, 1915, Neudruck*
Nendeln 1973. − VL II (H.-F. Rosenfeld). − Fischer.

‚Dietrich und Wenezlan': *DHB V (J. Zupitza).* − VL II (J. Heinzle).

‚Die drei Blumen des Paradieses': s. ‚Die Lilie'.

‚Der dreifache Schmuck der seligen Jungfrauen': s. ‚Die Lilie'.

‚Dukus Horant': *D. H., hg. von P. F. Ganz / F. Norman / W. Schwarz, 1964.* − VL II
(M. Caliebe). − K. Stackmann, D. H. − der Erstling jüdisch-deutscher Literatursymbiose,
in: Juden in der deutschen Literatur, 1986, S. 64−76; G. L. Strauch, D. H., Amsterdam /
Atlanta 1990.

Eberhard von Gandersheim: *Priester E., Die Gandersheimer Reimchronik, hg. von*
L. Wolff ²1969. − VL II (V. Honemann). − E. Stutz, Langzeilen in der Gandersheimer
Reimchronik, in: Studien zur deutschen Literatur des Mittelalters, 1979, S. 465−484.

Ebernand von Erfurt: *E. v. E., Heinrich und Kunegunde, hg. von R. Bechstein, 1860,*
Neudruck Amsterdam 1968. − VL II (H. Schüppert).

‚Eckenlied': *Das E. Text, Übersetzung, Kommentar von F. B. Brévart, 1986.* − VL II
(J. Heinzle). − M.-L. Bernreuther, Herausforderungsschema und Frauendienst im E.,
ZfdA 117 (1988) 173−201.

‚Edolanz': Meyer-Benfey. − VL II (Ch. Cormeau).

Eike von Repgow: *Sachsenspiegel, hg. von K. A. Eckhardt, I. II, ²1955. 56.* − VL II
(R. Schmidt-Wiegand). − P. Johanek, E. v. R., Hoyer von Falkenstein und die Entstehung
des Sachsenspiegels, in: Civitatum Communitas, II, 1984, S. 716−755; Text − Bild − Interpretation. Untersuchungen zu den Bilderhandschriften des Sachsenspiegels, I. II, 1986;
Oppitz; Der Sachsenspiegel als Buch, 1991; B. Janz, Auf den Spuren E.s v. R., Forschungen
zur Rechtsarchäologie und Rechtlichen Volkskunde 14 (1992) 25−56.

‚Elisabeth von Thüringen': *Deutsche Volkslieder. Balladen, III, hg. von J. Meier,*
1954. − VL II (H. Lomnitzer).

Ellenhard(-Codex): VL II (D. Mertens).

Freidank: *Fridanc, Bescheidenheit, hg. von H. E. Bezzenberger, 1872, Neudruck 1962.* – VL II (F. Neumann). – J. Goheen, Societas humana in F.s Bescheidenheit, Euphorion 77 (1983) 95–111.

Der Freudenleere: *Der Wiener Meerfahrt, hg. von R. Newald, 1930.* – VL II (H.-F. Rosenfeld). – Fischer.

Friedrich von Sonnenburg: *F. v. S., Die Sprüche, hg. von A. Masser, 1979.* – VL II (G. Kornrumpf). – A. Schwob, Plädoyer für die wandernden Literaten. F. v. S.: Spruch 67, 68 und 69, in: Spectrum Medii Aevi, 1983, S. 457–477; Behr.

‚Fünfzehn Vorzeichen des Jüngsten Gerichts‘: VL II (H. Eggers). – s. auch ‚Buch von geistlicher Lehre‘ und ‚Sächsische Weltchronik‘.

‚Der fursten geslehte‘: *MGH DC III/2 (Anhang I).* – Lhotsky (S. 238).

Gedrut / Geltar: *KLD.* – VL II (V. Mertens).

St. Georgener Prediger: *Der sog. St. G. P., hg. von K. Rieder, 1908.* – VL II (W. Frühwald). – K. O. Seidel, Die St. Georgener Predigten und ihre Mitüberlieferung, in: Predigt, S. 18–30.

‚Gerart van Rossiliun‘: *H. Naumann, Altdeutsches Prosalesebuch, 1916.* – VL II (H. Beckers). – H. Beckers, Der mittelniederdeutsche Prosaroman Gerhard von Roussilon, Jahrbuch des Vereins für niederdeutsche Sprachforschung 106 (1983) 74–95.

Der von Gliers: *SMS.* – VL III (I. Glier).

Goeli: *SMS.* – VL III (V. Mertens).

‚Göttweiger Trojanerkrieg‘: *Der G. T., hg. von A. Koppitz, 1926.* – VL III (H. H. Steinhoff). – W. Schröder, Beobachtungen und Überlegungen zum G. T., 1990; Trojalit.

Gottfried von Neifen: *KLD.* – VL III (V. Mertens). – Th. Cramer, Sô sint doch gedanke frî. Zur Lieddichtung Burghards von Hohenfels und G.s v. N., in: Liebe als Literatur, 1983, S. 47–61; D. Joschko, Drei Lyriker an der Schwelle des Spätmittelalters: Burkhard von Hohenfels, G. v. N., Ulrich von Winterstetten, in: Deutsche Literatur des Spätmittelalters, 1986, S. 104–122.

‚Die gute Frau‘: *E. Sommer, D. g. F., ZfdA 2 (1842) 385–481 / 4 (1844) 399f.* – VL III (D. J. B. Mackinder-Savage). – V. Honemann, Guillaume d'Angleterre, G. F., Wilhelm von Wenden, in: Chrétien de Troyes and the German Middle Ages, London 1993, S. 311–329.

Gottfried Hagen: *Godefrit H., Reimchronik der Stadt Cöln, hg. von E. von Groote, 1834, Neudruck 1972.* – VL III (H. Beckers).

‚Die Heidin‘: *L. Pfannmüller, Die vier Redaktionen der H., 1911, Neudruck New York 1966.* – VL III (K.-H. Schirmer). – Fischer.

‚Die heilige Regel für ein vollkommenes Leben‘: *D. h. R. f. e. v. L., hg. von R. Priebsch, 1909.* – VL III (G. von Siegroth-Nellessen).

Heinrich von Anhalt: *KLD.* – VL III (V. Mertens).

Heinrich von Breslau: *KLD.* – VL III (F. J. Worstbrock). – H. Endermann, Ein Minnelied H.s von Pressela – sprachliche Probleme des Ostmitteldeutschen im 13. Jahrhundert, in: Sammlung – Deutung – Wertung, [Amiens] 1988, S. 409–416.

Heinrich von Freiberg: *H. v. F., hg. von A. Bernt, I. II, 1906, Neudruck 1978. – H. v. Freiberg, T., hg. von D. Buschinger, 1982.* – VL III (H.-H. Steinhoff). – Behr. – S. Grothues, Der arthurische Tristanroman, 1991; J.-D. Müller, Tristans Rückkehr, in: Haug / Wachinger II, S. 529–548; P. Strohschneider, Gotfrit-Fortsetzungen, DVjs 65 (1991) 70–98.

Heinrich der Klausner: *Mitteldeutsche Gedichte, hg. von K. Bartsch, 1860.* – VL III (H.-G. Richert). – Behr.

Heinrich von Kröllwitz: *H. v. Krolewiz, Vater Unser, hg. von G. Ch. F. Lisch, 1839.* – VL III (B. Adam).

Heinrich von dem Türlin: *H. v. d. T., Diu Crône, hg. von G. H. F. Scholl, 1852, Neudruck Amsterdam 1966. – O. Warnatsch, Der Mantel, 1883, Neudruck 1977.* – VL III (Ch. Cormeau). – A. Mentzel-Reuters, Vröude. Artusbild, Fortuna- und Gralkonzeption in der Crône des H. v. d. T., 1989; Ch. Zach, Die Erzählmotive der Crône H.s v. d. T. und ihre altfranzösischen Quellen, 1990; W. Schröder, Zur Literaturverarbeitung durch H. v. d. T. in seinem Gawein-Roman Diu Crône, ZfdA 121 (1992) 131–174.

Bruder Hermann: *B. H., Leben der Gräfin Iolande von Vianden, hg. von J. Meier, 1889, Neudruck 1977.* – VL III unter B. H. I (W. Jungandreas). – R. H. Lawson, Count Henry of Vianden and his daughter Yolanda, in: Semper idem et novus, 1988, S. 255–266.

Herrand von Wildonie: *H. v. W., Vier Erzählungen, hg. von H. Fischer, [2]1969 (rev. von P. Sappler).* – *KLD; W. Hofmeister, Die steirischen Minnesänger, 1987.* – VL III (M. Curschmann). – Fischer; I. Strasser, Ein mündiger Poet. Tradition und Neuerung in zwei Erzählungen H.s von W., in: Die mittelalterliche Literatur in der Steiermark, Bern 1988, S. 249–267; A. Deighton, Die ‚nichtpolitischen‘ Erzählungen H.s von W., in: Kleinere Erzählformen im Mittelalter, 1988. S. 111–120.

‚Herzog Ernst D‘: s. Ulrich von Etzenbach.

Hildegard von Hürnheim: *Hiltgart v. H., Mittelhochdeutsche Prosaübersetzung des Secretum secretorum, hg. von R. Möller, 1963.* – VL IV (G. Keil).

‚Himmelgartner Passionsspielfragmente‘: *E. Sievers, Himmelgartner Bruchstücke, ZfdPh 21 (1889) 385–404 (393–395).* – VL IV (R. Bergmann).

‚Das himmlische Gastmahl‘: s. ‚Die Lilie‘.

Markgraf von Hohenburg: *KLD.* – VL IV (V. Mertens).

Jans (Der Jansen Enikel): *MGH DG III/1.2.* – VL II unter Enikel (K.-E. Geith). – U. Liebertz-Grün, Das andere Mittelalter, 1984; J. Ashcroft, Fürstlicher Sex-Appeal. Politisierung der Minne bei Tannhäuser und J. E., in: Liebe in der deutschen Literatur des Mittelalters, 1987, S. 91–106; Trojalit.

‚Jenaer Martyrologium‘: *F. Wilhelm, Das J. M. und die Unterweisung zur Vollkommenheit, Münchener Museum 5 (1928) 1–105.* – VL IV (W. Williams-Krapp).

‚Das Jüdel‘: *Meyer-Benfey.* – VL IV (H.-F. Rosenfeld).

‚Klarissenregel': *D. Brett-Evans, Diu regel der sanct Clara swestern orden, Euphorion 54 (1960) 135–169.* – VL IV (N. R. Wolf).

‚Klosterneuburger Osterspiel': *K. Young, The Drama of the Medieval Church, I, London 1933, Neudruck Oxford 1962, S. 421–429.* – VL IV (H. Linke).

Konrad von Haslau: *K. v. H., Der Jüngling, hg. v. W. Tauber, 1984.* – VL V (H.-F. Rosenfeld). – W. Hofmeister, Der Jüngling K.s v. H., Sprachkunst 15 (1984) 1–13.

Konrad von Heimesfurt: *K. v. H., Unser vrouwen hinvart und Diu urstende, hg. von K. Gärtner und W. J. Hoffmann, 1989.* – VL V (W. Fechter).

Konrad von Hohenburg (Der Püller): *KLD.* – VL VII (V. Mertens).

Konrad von Landeck: *SMS.* – VL V (G. Schweikle). – V. Bolduan, Minne zwischen Ideal und Wirklichkeit, 1982.

Konrad von Stoffeln: *Gauriel von Muntabel, hg. von F. Khull, Graz 1885, Neudruck 1969.* – VL V (Ch. Cormeau). – I. Neugart, Beobachtungen zum G. v. M., in: Haug / Wachinger II, S. 603–616.

Konrad von Würzburg: *K. v. W., Kleinere Dichtungen, hg. von E. Schröder, I (Der Welt Lohn, Das Herzmaere, Heinrich von Kempten), Dublin / Zürich* [10]*1970. II (Der Schwanritter, Das Turnier von Nantes), Dublin / Zürich* [5]*1974. III (Die Klage der Kunst, Leiche, Lieder und Sprüche), Dublin / Zürich* [4]*1970. – K. v. W., Die Legenden, hg. von P. Gereke, I (Silvester), 1925. II (Alexius), 1926. III (Pantaleon), 1927,* [2]*1974 (von W. Woesler). – K. v. W., Engelhard, hg. von P. Gereke,* [3]*1982 (bearb. von I. Reiffenstein). – K. v. W., Partonopier und Meliur, hg. von K. Bartsch, Wien 1871, Neudruck 1970. – K. v. W., Die goldene Schmiede, hg. von E. Schröder,* [2]*1969. – K. v. W., Der Trojanische Krieg, hg. von A. von Keller, 1858, Neudruck Amsterdam 1965.* – VL V (H. Brunner). – Das ritterliche Basel. Zum 700. Todestag K.s v. W., Basel 1987; R. Brandt, K. v. W., 1987; Jahrbuch der Oswald von Wolkenstein Gesellschaft 5 (1988/89) [K. v. W. Seine Zeit, sein Werk, seine Wirkung (Tagung Würzburg 1987)]; H. Kokott, K. v. W., 1989. – Fischer. – Behr; Ch. Huber, Herrscherlob und literarische Autoreferenz, in: Interessenbildung, S. 452–473. – U. Peters, Roman courtois in der Stadt: K. v. W.s Partonopier und Meliur, Zeitschrift für Literaturwissenschaft und Linguistik 12/48 (1982) 10–28. – K. Bertau, Beobachtungen und Bemerkungen zum Ich in der Goldenen Schmiede, in: Philologie als Kulturwissenschaft, 1987, S. 179–192. – Trojalit.; E. Lienert, Der Trojanische Krieg in Basel, in: Interessenbildung, S. 266–279.

Konradin: *KLD.* – VL V unter König Konradin der Junge (G. Schweikle).

‚Kudrun': *K., hg. von K. Bartsch,* [5]*1965 (1980) (überarb. von K. Stackmann).* – VL V (K. Stackmann). – W. McConnell, The Epic of K., 1988; Th. Nolte, Wiedergefundene Schwester und befreite Braut. K.epos und Balladen, 1988; B. Siebert, Rezeption und Produktion. Bezugssysteme in der K., 1988.

Lamprecht von Regensburg: *L. v. R., Sanct Francisken leben und Tochter Syon, hg. von K. Weinhold, 1880.* – VL V (J. Heinzle).

‚Landbuch von Österreich und Steier': *MGH DC III/2 (Anhang II).* – Lhotsky (S. 272f.).

‚Lancelot': *L., hg. von R. Kluge, I–III, 1948–74.* – VL V (U. Ruberg). – Wolfram-Studien 9 (1986) [Schweinfurter Lancelot-Kolloquium 1984]; K. Keinästö, Studien zu Infinitivkonstruktionen im mittelhochdeutschen Prosa-L., 1986; Ch. Huber, Von der Gral-Queste zum Tod des Königs Artus. Zum Einheitsproblem des Prosa-L., in: Positionen, S. 21–38.

‚Laurin': *L. und der kleine Rosengarten, hg. von G. Holz, 1897.* – VL V (J. Heinzle). –
M. Cometta, Il L. nella tradizione tedesca del XV e XVI secolo, ACME (Annali della Facoltà
di Lettere e Filosofia dell' Università degli Studi di Milano) 37 (1984) 29–74.

‚Leben Jesu': *Das Leben Jhesu, hg. von Ch. Gerhardt, Leiden 1970.* – VL II unter
‚Evangelienharmonien' I (H. Jeske).

‚Lichtenthaler Marienklage': *Ph. Wackernagel, Das deutsche Kirchenlied von der
ältesten Zeit bis zu Anfang des XVII. Jahrhunderts, II, 1867, Neudruck 1964 (Nr. 509).* –
VL V (H. Eggers).

‚Die Lilie': *D. L., hg. von P. Wüst, 1909 [darin auch: ‚Die drei Blumen des Paradieses',
‚Der dreifache Schmuck der seligen Jungfrauen', ‚Das himmlische Gastmahl', ‚Warnung
vor der Sünde'].* – VL V (H. Neumann).

‚Loccumer Artuseposfragmente' (‚Loccumer Artusroman'): *H. Beckers, Ein
vergessenes mittelniederdeutsches Artuseposfragment*, in: Niederdeutsches Wort 14 (1974)
23–52. – VL V (H. Beckers).

‚Lohengrin': *Th. Cramer, L., 1971.* – VL V (Th. Cramer). – R. Unger, Wolfram-Rezeption
und Utopie. Studien zum spätmittelalterlichen bayerischen L.-Epos, 1990; Ch. Bertelsmeier-
Kierst / J. Heinzle, Zur Datierung des L., ZfdA 122 (1993) 418–424.

‚Ludus de Antichristo': *L. de A., hg. von G. Vollmann-Profe, I. II, 1981.* – M. Litz,
Theatrum Sacrum und symbolische Weltsicht. Der staufische l. d. a., 1990.

‚Magdeburger Weichbildchronik / Weichbildrecht': *E. Rosenstock, Ostfalens
Rechtsliteratur unter Friedrich II., 1912.* – Oppitz.

‚Der Magezoge': *Kleinere mittelhochdeutsche Erzählungen, Fabeln und Lehrgedichte,
hg. von G. Rosenhagen, III, 1909, Neudruck Dublin / Zürich 1970 (Nr. 36).* – VL V (K.
Gärtner).

‚Mai und Beaflor': *M. u. B., 1848.* – VL V (W. Fechter). – A. Ebenbauer, Beaflor-
Blanscheflur, in: Sammlung – Deutung – Wertung, [Amiens] 1988, S. 73–90.

‚Mainzer Reichslandfrieden': *MGH Const. (Nr. 196a).* – A. Buschmann, Herrscher
und Landfriede im 13. Jahrhundert, in: Geistliche und weltliche Epik des Mittelalters in
Österreich, 1987, S. 75–98; R. Schmidt-Wiegand, Der M. R. im Spannungsfeld zwischen
Mündlichkeit und Schriftlichkeit, in: Verborum Amor, 1992, S. 342–357.

‚Der Mantel': s. Heinrich von dem Türlin.

‚Manuel und Amande': *Meyer-Benfey.* – VL V (H.-H. Steinhoff).

‚Marburger Alexander' (‚Waldecker Alexander'): *G. Schieb, Ein neues Alexander-
fragment, PBB (Halle) 90 (1968) 380–394.*

Marner: *Der M., hg. von Ph. Strauch, 1876, Neudruck 1965.* – VL VI (B. Wachinger).

Mechthild von Magdeburg: *M. v. M., Das fließende Licht der Gottheit, hg. von
H. Neumann, I.II (bes. von G. Vollmann-Profe), 1990.93.* – VL VI (H. Neumann). –
W. Mohr, Darbietungsformen der Mystik bei M. v. M., in: Mythos, Dichtung, 1963,

S. 375–399; A. M. Haas, Die Struktur der mystischen Erfahrung nach M. v. M., Freiburger Zeitschrift für Philosophie und Theologie 22 (1975) 3–34, wieder in: A. M. H., Sermo mysticus, Freiburg (Schweiz) 1979, S. 104–135; H.-G. Kemper, Allegorische Allegorese, in: Formen und Funktionen der Allegorie, 1979, S. 90–125; A. M. Haas, M.s v. M. dichterische ,heimlichkeit', in: Gotes und der werlde hulde, 1989, S. 206–223; K. Grubmüller, Sprechen und Schreiben. Das Beispiel M. v. M., in: Haug / Wachinger I, S. 335–348; Ruh.

Meißner: *G. Objartel, Der M. der Jenaer Liederhandschrift, 1977.* – VL VI (G. Objartel). – Behr.

,Mühlhäuser Reichsrechtsbuch': *Das M. R. aus dem Anfang des 13. Jahrhunderts, hg. von H. Meyer, ³1936.* – VL VI (P. Johanek). – Oppitz.

Neidhart: *N., Die Lieder, hg. von E. Wießner / H. Fischer, ⁴1984 (rev. von P. Sappler, Musikanhang von H. Lomnitzer).* – VL VI (S. Beyschlag). – G. Schweikle, N., 1990; U. Schulze, N.-Forschung von 1976 bis 1987, PBB 113 (1991) 124–153; F.-J. Holznagel, Literarische Interessenbildung in der N.-Überlieferung bis 1350, in: Interessenbildung, S. 21–38.

,Österreichischer Landfrieden': *MGH Const. (Nr. 440).*

,Österreichisches Landrecht': *Ausgewählte Urkunden zur Verfassungsgeschichte der deutsch-österreichischen Erblande im Mittelalter, hg. von E. von Schwind und A. Dopsch, Innsbruck 1895, Neudruck 1968 (Nr. 34).* – VL VII (M. Weltin).

,Ortnit': *DHB III (A. Amelung), IV (O. Jänicke).* – VL VII (W. Dinkelacker).

Ortolf (von Baierland): *O. v. B., Das Arzneibuch, hg. von J. Follan, 1963.* – VL VII (G. Keil). – O. Riha, O. v. B. und seine lateinischen Quellen, 1992.

,Osterspiel von Muri': *Das O. v. M., hg. von F. Ranke, Aarau 1944; Das O. v. M. Faksimiledruck der Fragmente und Rekonstruktion der Pergamentrolle. Textbd. (Text nach Ranke mit Übers. von M. Wehrli) und Theaterrolle, Basel 1967.* – VL VII (M. Wehrli).

Otto von Brandenburg: *KLD.* – VL VII (I. Glier).

,Parcheval': *L. Zatočil, Prager Bruchstück einer bisher unbekannten mittelfränkischen Übertragung der mittelniederländischen Versbearbeitung von Chrétiens de Troyes Percevalroman, in: L. Z., Germanistische Studien und Texte, I, Brünn 1968, S. 247–280.* – VL VII (B. W. Th. Duijvestijn).

Pfeffel: *SMS.* – VL VII (M. Schiendorfer).

Pleier: *Der P., Garel von dem blůnden Tal, hg. von W. Herles, Wien 1981.* – *Der P., Meleranz, hg. von K. Bartsch, 1861, Neudruck 1974.* – *Der P., Tandareis und Flordibel, hg. von F. Khull, Graz 1885.* – VL VII (P. Kern). – I. Strasser, Das Ende der Aventiure. Erzählen und Erzählstruktur im Garel des P., in: Liebe und Aventiure im Artusroman des Mittelalters, 1990, S. 133–150. – Ch. Cormeau, Tandareis und Flordibel von dem P., in: Positionen, S. 39–53.

,Rabenschlacht': s. ,Dietrichs Flucht'.

,Rede von den fünfzehn Graden': *W. Dolfel, Die R. v. d. XV G., Germania 6 (1861) 144–160.* – VL VII (V. Honemann). – Ruh.

Reinbot von Durne: *R. v. D., Der heilige Georg, hg. von C. von Kraus, 1907.* – VL VII (W. Williams-Krapp).

Reinmar von Zweter: *R. v. Z., Die Gedichte, hg. von G. Roethe, 1887, Neudruck Amsterdam 1967.* – VL VII (H. Brunner). – Behr.

‚Renout van Montalbaen' (‚Reinolt von Montelban'): *G. Roethe, Günser Bruchstück des mnl. R. v. M., ZfdA 48 (1906) 129–146.* – VL VII (H. Beckers).

‚Rheinfränkische Marien Himmelfahrt': *Weigand, M. H., ZfdA 5 (1845) 515–564.* – VL V unter ‚Marien Himmelfahrt' (P. Kern).

‚Rheinisches Marienlob': *Das rh. M., hg. von A. Bach, 1934.* – VL VIII (V. Honemann).

‚Rosengarten (zu Worms)': *Die Gedichte vom R. zu Worms, hg. von G. Holz, 1893, Neudruck 1982.* – VL VIII (J. Heinzle).

Rudolf von Ems: *R. v. E., Alexander, I. II, hg. von V. Junk, 1928. 29, Neudruck (in einem Band) 1970.* – *R. v. E., Barlaam und Josaphat, hg. von F. Pfeiffer, 1843, Neudruck 1965.* – *R. v. E., Der guote Gêrhart, hg. von J. A. Asher,* ³*1989.* – *R. v. E., Weltchronik, hg. von G. Ehrismann, 1915, Neudruck Dublin / Zürich 1967.* – *R. v. E., Willehalm von Orlens, hg. von V. Junk, 1905, Neudruck Dublin / Zürich 1967.* – VL VIII (W. Walliczek).

Rudolf von Rotenburg: *KLD.* – VL VIII (S. Ranawake).

Rüdiger (Rüdeger) der Hinkhofer: *Mittelhochdeutsche Novellen, hg. von L. Pfannmüller, II, 1912.* – VL VIII (U. Williams). – Fischer.

Rumelant von Sachsen: *Minnesinger, hg. von F. H. von der Hagen, III, 1838, Neudruck 1963 (Nr. 20).* – VL VIII (P. Kern).

‚Sächsische Weltchronik': *MGH DC II.* – VL VIII (H. Herkommer).

Der von Scharpfenberg (Scharfenberg): *KLD; W. Hofmeister, Die steirischen Minnesänger, 1987.* – VL VIII (I. Glier).

Der Schulmeister von Eßlingen: *KLD* – VL VIII (G. Kornrumpf).

‚Schwabenspiegel': *K. A. Eckhardt, Studia Iuris Suevici, I: Urschwabenspiegel, 1975.* – VL VIII (P. Johanek). – Oppitz.

Schwarzwälder Prediger (‚Schwarzwälder Predigten'): *Deutsche Predigten des 13. Jahrhunderts I. II, hg. von F. K. Grieshaber, 1844. 1846.* – *Fest- und Heiligenpredigten des Schw. P.s, hg. von P. Schmitt / U. Williams / W. Williams-Krapp, 1982.* – VL VIII (H.-J. Schiewer). – H.-J. Schiewer, Et non sit tibi cura quis dicat sed quid dicatur. Entstehung und Rezeption der Predigtcorpora des sog. Schw. P.s, in: Predigt, S. 31–54.

‚Segremors': *Meyer-Benfey.* – VL VIII (Ch. Cormeau).

‚Seifried Helbling'(-Autor): *S. H., hg. von J. Seemüller, 1886.* – VL III unter Helbling (I. Glier). – U. Liebertz-Grün, Das andere Mittelalter, 1984; M. Weltin, Die Gedichte des sogenannten S. H. als Quelle für die Ständebildung in Österreich, Jahrbuch für Landeskunde von Niederösterreich N. F. 50/51 (1984/85) 338–416; G. Wolf, Die Kunst zu lehren. Studien zu den Dialoggedichten (Kleiner Lucidarius) der S. H.-Sammlung, 1985.

‚Die sieben Todsünden‘: *H. Hoffmann, Hec scribimus propter simplices et minus intelligentes, in: M. Haupt / H. H., Altdeutsche Blätter, I, 1836, S. 362–370.* – VL VIII (B. Söller).

Sigeher: *H. P. Brodt, Meister S., 1913, Neudruck 1977.* – VL VIII (J. Haustein). – Behr.

‚Sigenot‘: *DHB V (J. Zupitza); Der Jüngere S., hg. von A. C. Schoener, 1928.* – VL VIII (J. Heinzle).

Der von Stamheim: *KLD.* – VL IX (E. Hages).

Steinmar: *SMS.* – VL IX (I. Glier). – E. Simon, Literary affinities of St.'s Herbstlied and the songs of Colin Muset, Modern Language Notes 84 (1969) 375–386; N. Haas, Trinklieder des deutschen Spätmittelalters, 1991.

Stricker: *Die Kleindichtung des St.s, hg. von W. W. Moelleken, I–V, 1973–78.* – *Der St., Der Pfaffe Amis, hg. und übers. von H. Henne, 1991.* – *Der St., Daniel von dem Blühenden Tal, hg. von M. Resler, 1983.* – *Der St., Karl der Große, hg. K. Bartsch, 1857, Neudruck 1965.* – H. Ragotzky, Gattungserneuerung und Laienunterweisung in Texten des St.s, 1981. – St. L. Wailes, Studien zur Kleindichtung des St., 1981; Fischer; H.-J. Ziegeler, Beobachtungen zum Wiener Codex 2705 und zu seiner Stellung in der Überlieferung früher kleiner Reimpaardichtung, in: Deutsche Handschriften 1100–1400, 1988, S. 469–526. – R. Kalkofen, Der Priesterbetrug als Weltklugheit. Eine philologisch-hermeneutische Interpretation des Pfaffen Amis, 1989. – M. Schilling, Der St. am Wiener Hof? Überlegungen zur historischen Situierung des Daniel von dem Blühenden Tal (Mit einem Exkurs zum Karl), Euphorion 85 (1991) 273–291. – R. Brandt, ‚erniuwet‘. Studien zu Art, Grad und Aussagefolgen der Rolandsliedbearbeitung in St.s Karl, 1981.

Tannhäuser: *J. Siebert, Der Dichter T., 1934, Neudruck 1980.* – J. Ashcroft, Fürstlicher Sex-Appeal. Politisierung der Minne bei T. und Jansen Enikel, in: Liebe in der deutschen Literatur des Mittelalters, 1987, S. 90–106; Behr; J. Kühnel, Der Minnesänger T., in: Ergebnisse der XXI. Jahrestagung des Arbeitskreises ‚Deutsche Literatur des Mittelalters‘, 1989, S. 125–151; H. Ragotzky, Minnethematik, Herrscherlob und höfischer Maitanz: Zum I. Leich des T.s, ibid. S. 101–125. – J. Bumke, T.s Hofzucht, in: Architectura poetica, 1990, S. 189–205.

‚Thomas von Kandelberg‘: *R. Scholl, Th. v. K., 1928.* – VL¹ IV (H.-F. Rosenfeld).

‚Tirol und Fridebrant‘: *Winsbeckische Gedichte nebst T. u. F., hg. von A. Leitzmann, ³1962 (bearb. von I. Reiffenstein).* – VL V unter ‚König T.‘ (I. Reiffenstein). – Ch. Gerhardt, Zu den Rätselallegorien in T. u. F., Euphorion 77 (1983) 72–94.

‚Tristan als Mönch‘: *B. C. Bushey, T. a. M., 1974.* – A. Jungreithmayr, T. a. M., in: Sprache – Text – Geschichte, 1980, S. 409–440; P. Strohschneider, Gotfrit-Fortsetzungen, DVjs 65 (1991) 70–98.

Der Tugendhafte Schreiber: *KLD.*

Ulrich von Etzenbach: *U. v. Eschenbach (!), Alexander, hg. von W. Toischer, 1888, Neudruck 1974.* – *Herzog Ernst D (wahrscheinlich von U. v. E.), hg. von H.-F. Rosenfeld, 1991.* – *U. v. E., Wilhelm von Wenden, hg. von H.-F. Rosenfeld, 1957.* – VL¹ IV unter U. v. Eschenbach (H.-F. Rosenfeld); VL III unter ‚Herzog Ernst‘ (H.-J. Behr). – Behr. – B. K. Vollmann, U. v. E., Alexander, in: Positionen, S. 54–66. – V. Honemann, Guillaume d'Angleterre, Gute Frau, Wilhelm von Wenden, in: Chrétien de Troyes and the German Middle Ages, London 1993, S. 311–329.

Ulrich von Lichtenstein: *U. v. L., hg. von K. Lachmann, 1841, Neudruck 1974. – U. v. L., Frauendienst, hg. von F. V. Spechtler, 1987. – U. v. L., Frauenbuch, hg. von F. V. Spechtler, 1989. – KLD.* – K. Grubmüller, Minne und Geschichtserfahrung. Zum Frauendienst U.s v. L., in: Geschichtsbewußtsein in der deutschen Literatur des Mittelalters, 1985, S. 37–51; A. H. Touber, U.s v. L. Frauendienst und die Vidas und Razos der Troubadours, ZfdPh 107 (1988) 431–444; D. F. Tinsley, Die Kunst der Selbstdarstellung in U.s von L. Frauendienst, GRM 71 (1990) 129–140. – E. Brüggen, Minnelehre und Gesellschaftskritik im 13. Jahrhundert. Zum Frauenbuch U.s v. L., in: Euphorion 83 (1989) 72–97. – S. Ranawake, Der manne muot – der wîbe site. Zur Minnedidaxe Walthers von der Vogelweide und U.s v. L., in: Walther von der Vogelweide, 1989, S. 177–196.

Ulrich von Türheim: *H. Gröchenig / P. H. Pascher, U. v. T.: Cliges, Klagenfurt 1984. – U. v. T., Rennewart, hg. von A. Hübner, 1938, Neudruck 1964. – U. v. T., Tristan, hg. von Th. Kerth, 1979.* – Ch. Westphal-Schmidt, Studien zum Rennewart U.s v. T., 1979. – J.-D. Müller, Tristans Rückkehr. Zu den Fortsetzern Gottfrieds von Straßburg, in: Haug / Wachinger II, S. 529–548; P. Strohschneider, Gotfrit-Fortsetzungen, DVjs 65 (1991) 70–98.

Ulrich von dem Türlin: *U. v. d. T., Willehalm, hg. von S. Singer, Prag 1893.* – W. Schröder, Arabel-Studien, I–V, 1982–1988; T. McFarland, Minne-translatio und Chanson de geste-Tradition. Drei Thesen zum Willehalm-Roman U.s v. d. T., in: Geistliche und weltliche Epik des Mittelalters in Österreich, 1987, S. 57–73; Behr.

Ulrich von Winterstetten: *KLD.* – G. Streicher, Minnesangs Refrain. Die Refrain-Kanzonen des U. v. W., 1984; D. Joschko, Drei Lyriker an der Schwelle des Spätmittelalters: Burkhard von Hohenfels, Gottfried von Neifen, U. v. W., in: Deutsche Literatur des Spätmittelalters, 1986, S. 104–122; S. Hartmann, U. v. W. und die ‚Materie' des Dichtens, in: Ist zwîvel herzen nâchgebûr, 1989, S. 105–126.

‚Unser vrouwen klage': *G. Milchsack, U. v. k., PBB 5 (1878) 193–357.* – VL¹ V (H. Eggers). – E. Büttner, Die Überlieferung von U. v. k. und des Spiegel, 1987.

‚Virginal': *DHB V (J. Zupitza).* – Dietrichepik; P. K. Stein, V., Jahrbuch der Oswald von Wolkenstein Gesellschaft 2 (1982/1983) 61–88.

Volmar: *V., Das Steinbuch, hg. von H. Lambel, 1877.* – VL¹ IV (H. Niewöhner).

‚Vorauer Novelle': *Die V. N. und die Reuner Relationen, hg. von H. Gröchenig, 1981.*

‚Wallersteiner Margarethe': *K. Bartsch, Wetzels heilige Margarete, in: Germanistische Studien, I, Wien 1872, Neudruck 1977, S. 1–30.* – VL V unter ‚Margareta von Antiochien' (W. Williams-Krapp).

Walther von Klingen: *SMS.*

‚Walther und Hildegund': *Ekkehard, Waltharius, hg. von K. Strecker, 1907 (S. 100–109).* – VL¹ IV (K. Langosch).

‚Die Warnung': *L. Weber, D. W., 1913.* – K. Zatloukal, Zur W.e, in: Österreichische Literatur zur Zeit der Babenberger, Wien 1977, S. 278–296.

‚Warnung vor der Sünde': s. ‚Die Lilie'.

‚Der Wartburgkrieg': *D. W., hg. von K. Simrock, 1858.* − Wachinger; H. Wolf, Zum W., in: Festschrift für Walter Schlesinger, I, 1973, S. 513−530; T. Tomasek, Zur Sinnstruktur des ‚Fürstenlobs' im W., PBB 115 (1993) 421−442.

‚Der Weinschwelg': *Der Stricker, Verserzählungen, II, Mit einem Anhang: D. W, hg. von H. Fischer,* ³*1984 (rev. von J. Janota).* − N. Haas, Trinklieder des deutschen Spätmittelalters, 1991.

Wenzel von Böhmen: *KLD.* − B. Wachinger, Hohe Minne um 1300. Zu den Liedern Frauenlobs und König W.s v. B., Wolfram-Studien 10 (1988) 135−150; Behr.

Bruder Wernher: *A. E. Schönbach, Beiträge zur Erklärung altdeutscher Dichtwerke, III. IV: Die Sprüche des B. W., I. II, Wien 1904.* − F. V. Spechtler, Strophen und Varianten. Zur Sangspruchlyrik des 13. Jahrhunderts am Beispiel des B. W., in: Spectrum Medii Aevi, 1983, S. 491−508; Behr; H. Brunner, Die Töne B. W.s, in: Liedstudien, 1989, S. 47−60.

Wernher der Gartenaere: *W. d. G., Helmbrecht, hg. von F. Panzer und K. Ruh,* ¹⁰*1993 (bes. von H.-J. Ziegeler).* − U. Seelbach, Bibliographie zu W. d. G., 1981. − U. Seelbach, Kommentar zum Helmbrecht von W. d. G., 1987; ders., Späthöfische Literatur und ihre Rezeption im späten Mittelalter, 1987.

Wetzel von Bernau: *G. G. van den Andel, Die Margaretalegende in ihren mittelalterlichen Versionen, Diss. Amsterdam 1933.*

‚Wigamur': *W., hg. von D. Buschinger, 1987.* − VL¹ IV (H. Kuhn). − D. Blamires, The sources and literary structure of W., in: Studies in Medieval Literature and Languages in Memory of Frederick Whitehead, Manchester 1973, S. 27−46; A. Ebenbauer, Wigamur und die Familie, in: Artusrittertum im späten Mittelalter, 1984, S. 28−46; A. G. Martin, The concept of ‚reht' in W., Colloquia Germanica 20 (1987) 1−14.

Wilhelm von St. Thierry: *V. Honemann, Die Epistola ad fratres de Monte Dei des W. v. St.-Th., 1978.*

Der wilde Alexander (Meister Alexander): *KLD.* − VL I (I. Glier). − W. C. McDonald, A Pauline Reading of D. W. A.'s ‚Kindheitslied', Monatshefte 76 (1984) 156−175; P. Kern, M. A.s Lied ‚Owê, Minne', in: Textkritik und Interpretation, Bern 1987, S. 85−93.

Wizlav: B. Spitschuh, W. von Rügen − Zum Forschungsstand, in: Ergebnisse der XXI. Jahrestagung des Arbeitskreises ‚Deutsche Literatur des Mittelalters', 1989, S. 152−162.

‚Wolfdietrich': *DHB III, IV (A. Amelung, O. Jänicke); W., I: Der echte Teil des W. der Ambraser Handschrift (W. A), hg. von H. Schneider, 1931, Neudruck 1968.* − VL¹ (H. Kuhn).

‚Wunderer': *Le W. Fac-similé de l'édition de 1503, hg. von G. Zink, Paris 1949.* − Dietrichepik.

Register

(Autoren, sonstige historische Personen, Werke)
von Klaus Klein